AFRO
TEOLOGIA

Construindo uma teologia das
tradições de Matriz Africana

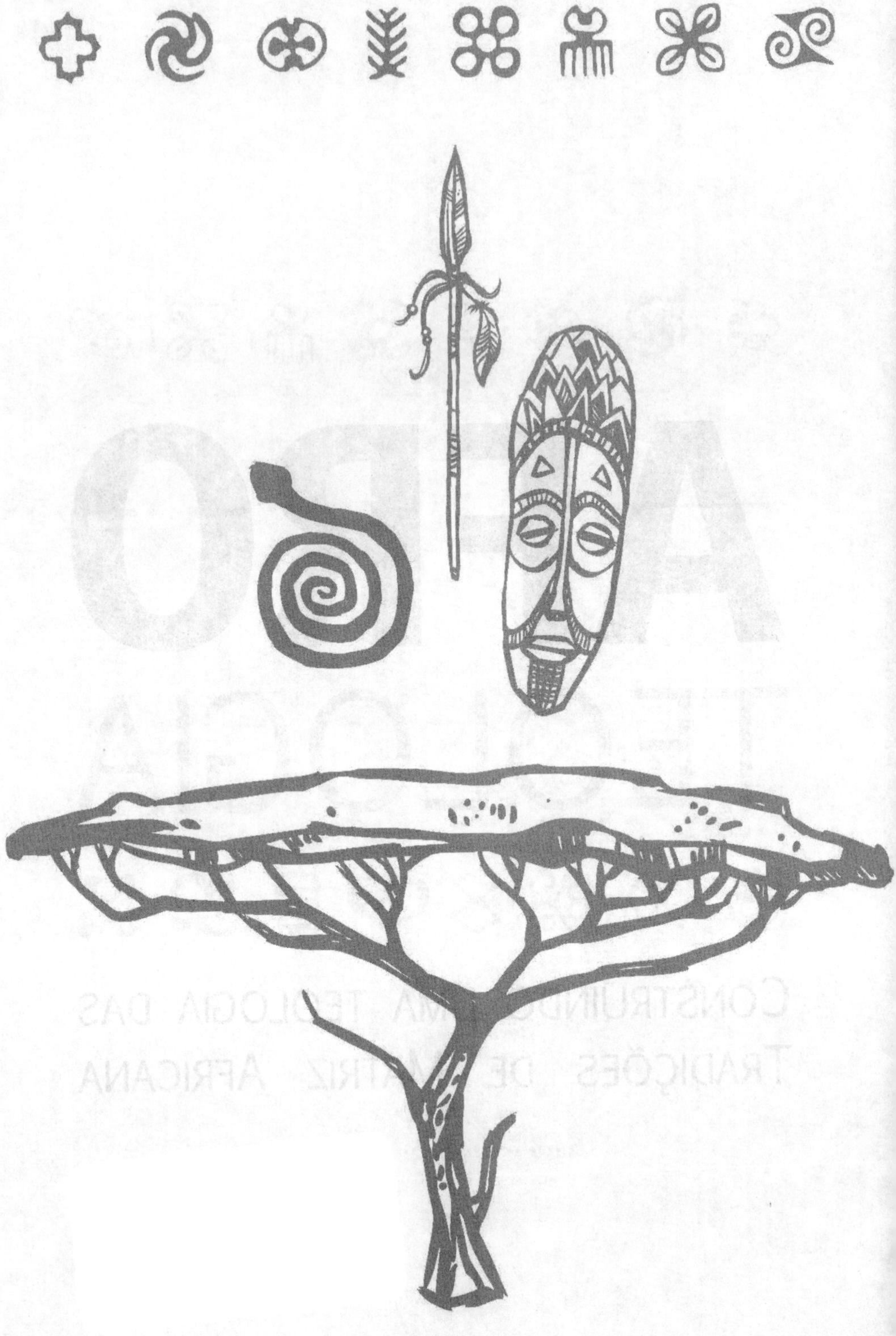

AFRO TEOLOGIA

Construindo uma teologia das tradições de matriz africana

HENDRIX SILVEIRA

Todos os direitos reservados © 2024

É proibida qualquer forma de reprodução, transmissão ou edição do conteúdo total ou parcial desta obra em sistemas impressos e/ou digitais, para uso público ou privado, por meios mecânicos, eletrônicos, fotocopiadoras, gravações de áudio e/ou vídeo ou qualquer outro tipo de mídia, com ou sem finalidade de lucro, sem a autorização expressa do autor.

Dados Internacionais de Catalogação na Publicação (CIP)

S587a   Silveira, Hendrix

Afroteologia: Construindo uma teologia das Tradições de Matriz Africana / Hendrix Silveira. - São Paulo : Arole Cultural, 2024.

ISBN: 978-65-86174-21-2

1. Religiões afro-brasileiras. 2. Teologia. 3. Batuque gaúcho. 4. Candomblé. 5. Umbanda. 6. Hermenêutica. 7. Sociologia. 8. Povos africanos. 9. Crenças espirituais. I. Título.

2024-898   CDD 299.6

Elaborado por Odilio Hilario Moreira Junior - CRB-8/9949

Índice para catálogo sistemático

Religiões africanas 299.6

Religiões africanas 299.6

Dedico este estudo ao povo de terreiro que luta diariamente contra o racismo e a afroteofobia que envenena nossa sociedade. Que sirva bem.

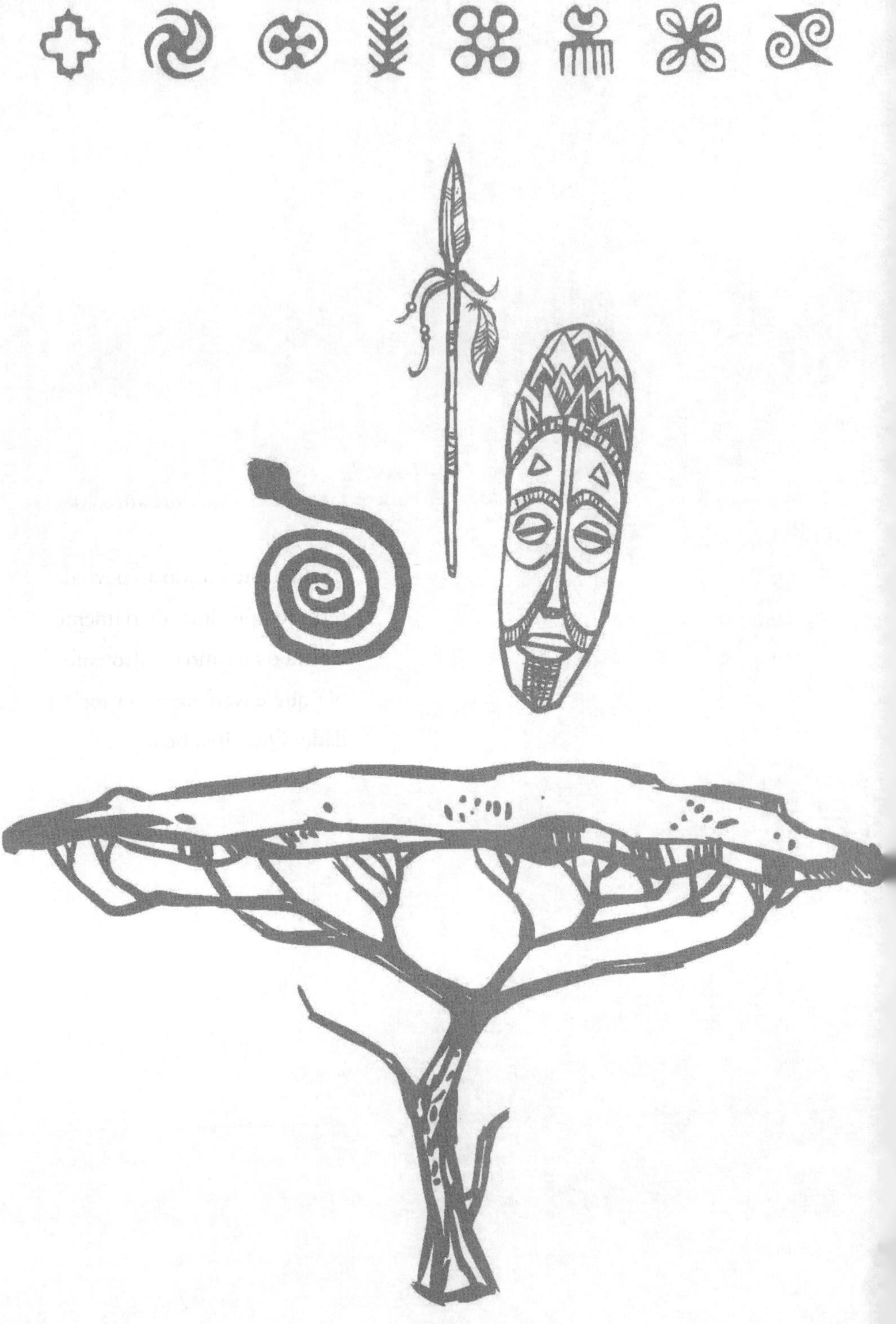

AGRADECIMENTOS

A expressão *yorùbá* "*a dùpẹ́*" significa literalmente "nós agradecemos". Isso porque, para esse povo, o agradecer nunca é um ato individual, mas se inscreve na perspectiva coletivista de mundo, algo tipicamente africano. O agradecimento vem de mim e dos meus ancestrais, aqueles que me antecederam e me tem como legado. Assim, quando agradeço o faço em nome de todos e todas aqueles e aquelas que contribuíram na formação de minha pessoa, tanto mítica, quanto biologicamente.

Se agradecer é um *ẹbọ*, ofereço este aos que contribuíram na conformação desta tese, seja de forma direta ou indireta. Assim, nomino algumas pessoas cuja *força ancestral* proporcionou que alcançássemos estes objetivos.

À minha avó, Amarolina Xavier Anzorena (*in memoriam*), e à minha mãe Tania Marisa Xavier Anzorena, por acreditarem no meu potencial e investirem na minha formação, mesmo sabendo que o lugar que a sociedade queria que estivéssemos fosse outro.

À minha esposa, Patrícia Sant'Anna Peixoto, pelo apoio incondicional e incentivo irrestrito; por compreender minhas ausências, meus estresses, meus medos; por ler e opinar crítica e positivamente sobre o meu trabalho. Aos meus filhos carnais e espirituais, por terem tido paciência e disposição comigo, além de apoiar e incentivar.

Ao meu *Bàbálóriṣà*, Pedro de Oxum, e minha família espiritual por acreditarem e apostarem em mim. Ao meu padrinho Bàbá Diba de Yemọjá, pela retroalimentação epistemológica, apoio, incentivo e parceria em projetos. Meus amigos-irmãos Nina Fọla, Oloriobá, Olumidê, Bàbá Sidnei de Ṣàngó, Dom Humberto Maiztegui, Frei Vanildo Zugno, por contribuírem intelectualmente e "serumanamente" nessa jornada.

Aos colegas e professores das Faculdades EST, que compreenderam minha posição, meus discursos, e se preocuparam em ser mais "ouvidos" que "boca", oportunizando-me a trocas extremamente frutíferas.

Ao professor Gideon Babalọlá Ìdòwú, nigeriano da cidade de Lagos, que foi sempre muito solícito em me ajudar na construção das palavras e frases em língua *yorùbá* e na sua tradução para a língua portuguesa.

Ao professor Jayro Pereira de Jesus (Olorodè Ògyán Kalafò), por ter plantado aquela sementinha que me fez acreditar na existência e entender a importância da Afroteologia.

Ao grupo do Facebook *Acervo – Candomblé para todos*, de onde pude acessar uma infinidade de obras que foram importantes para a argumentação neste trabalho. Assim como ao grupo *Bolsistas CAPES*, por me divertir mesmo no estresse da produção acadêmica.

Especialmente agradeço ao meu orientador, Prof. Dr. Oneide Bobsin, pela dupla coragem ao me orientar neste tema tanto no mestrado quanto sua continuação no doutorado, pela confiança e paciência depositada em mim. Suas contribuições são sempre excepcionais.

Agradeço também à Coordenação de Aperfeiçoamento de Pessoal de Nível Superior (CAPES) pela bolsa de estudos, pois sem ela seria impossível desenvolver o projeto.

A dùpẹ́ o!
Muito Obrigado

A ciência sem fé é loucura,
e a fé sem ciência é fanatismo.

Martim Lutero

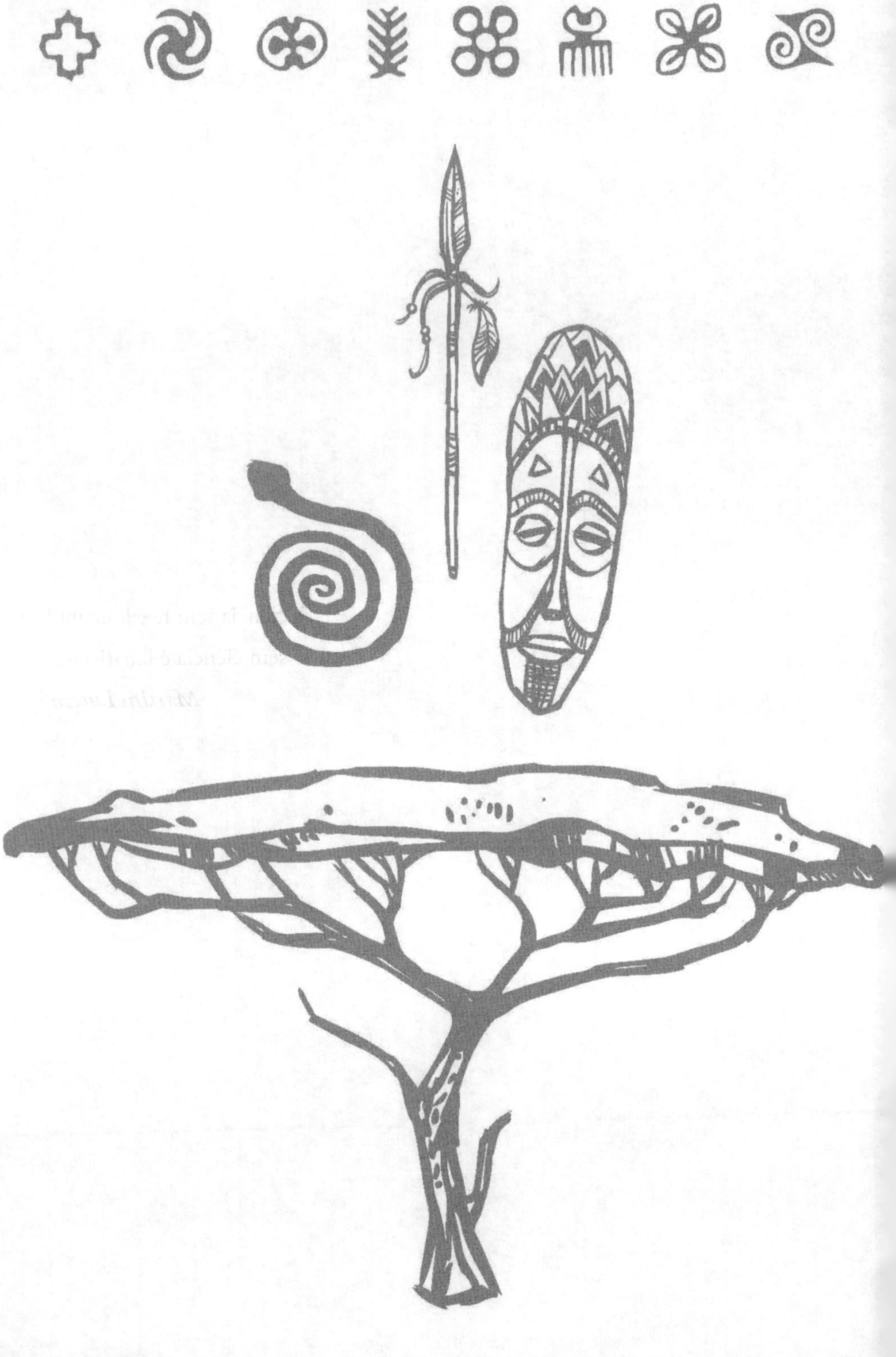

SUMÁRIO

PREFÁCIO.. 15
KÍKỌ ATI NÍ KÍKÀ ÈDÈ YORÙBÁ (escrevendo e lendo no idioma iorubá)
.... 23
INTRODUÇÃO... 27
ILÉ ÀṢẸ AS COMUNIDADES TRADICIONAIS DE MATRIZ AFRICANA... 45
    INTRODUÇÃO 45
    CONCEITUANDO AS TRADIÇÕES DE MATRIZ AFRICANA.............. 45
    OTTO E ELIADE BAIXARAM NO MEU TERREIRO: O SAGRADO PARA AS TRADIÇÕES DE MATRIZ AFRICANA 55
        Uma breve história sobre os estudos das religiões............ 56
        As vertentes metodológicas no estudo das religiões 61
        A fenomenologia nos estudos da religião.......................... 66
    AS COMUNIDADES TRADICIONAIS DE TERREIRO COMO ESPAÇOS DE APRENDIZAGEM AFROTEOLÓGICA E FILOSÓFICA 75
        Idade é posto: a hierarquia nas Tradições de Matriz Africana 75
        Ọmọlúwabí: a comunidade tradicional de terreiro como espaço pedagógico.. 82
        Síntese... 85
O TERREIRO COMO LOCUS DIFUSOR DA FILOSOFIA AFRICANA
.... 89
    INTRODUÇÃO 89
    EXISTE UMA FILOSOFIA AFRICANA? 90
        Não! Não existe uma Filosofia Africana 91
        Sim! Existe uma Filosofia Africana 98
    A FILOSOFIA AFRICANA 102

PERMANÊNCIA DA FILOSOFIA AFRICANA NA DIÁSPORA 108
   Ancestralidade e memória 109
   Senioridade e transgeracionalidade 111
   Circularidade, complementaridade e integração 113
   Corporeidade, musicalidade e ludicidade 116
   Oralidade, religiosidade e *àṣẹ* 123
   Comunitarismo/cooperativismo e ética ubuntu 131
RELAÇÃO ENTRE FILOSOFIA AFRICANA E AFROTEOLOGIA 139
SÍNTESE 144

ỌGBỌ́N MẸ́FÀ CORPUS ORAL EPISTÊMICO DA AFROTEOLOGIA (PARTE 1) 149

INTRODUÇÃO 149
IFÁ 150
   Ifá como o conjunto de textos orais sagrados 151
   Ifá como oráculo sagrado 159
   Ifá como divindade 188
ÒWE 197
SÍNTESE 200

ỌGBỌ́N MẸ́FÀ CORPUS ORAL EPISTÊMICO DA AFROTEOLOGIA (PARTE 2) 205

INTRODUÇÃO 205
ÌPÈJẸ: O BANQUETE DE IMOLAÇÃO ANIMAL 206
BORÍ 212
ỌSẸ̀ 225
ÌSINKÚ 229
SÍNTESE 243

AFROTEONTOLOGIA ESTUDO AFROTEOLÓGICO SOBRE DEUS 247

INTRODUÇÃO 247
AFROTEONTOLOGIA: CONCEITUANDO 250
ỌRUN-AYÉ 254
OLÓDÙMARÈ: ORIGENS E ATRIBUIÇÕES 264
OLÓDÙMARÈ E O PROBLEMA DO MAL 271
SÍNTESE 279

ORIXALOGIA ESTUDO AFROTEOLÓGICO SOBRE AS DIVINDADES 283

INTRODUÇÃO 283

Irúnmalẹ̀ 291
Os quatrocentos *Irúnmalẹ̀* da direita: os *Òrìṣà Funfun* 293
Os duzentos *Irunmalẹ̀* da esquerda: os *Ẹbọra* 297
Divindades da cultura material 299
    Ògún 299
    Ọdẹ 301
Divindades dos rios 304
    Ọya 304
    Ọbà 308
    Ọ̀sun 309
    Yemọjá e Nàná Buruku 311
Outras divindades primordiais 312
    Èṣù 313
    Ṣàngó 316
Tradições de matriz africana e saúde 318
    O acolhimento 318
    Os motivos para a doença 322
    Òrìṣà ìlera: divindades da saúde 325
    Afrobioética 331
Síntese 335
CONCLUSÃO 339
POSFÁCIO...343
REFERÊNCIAS 347

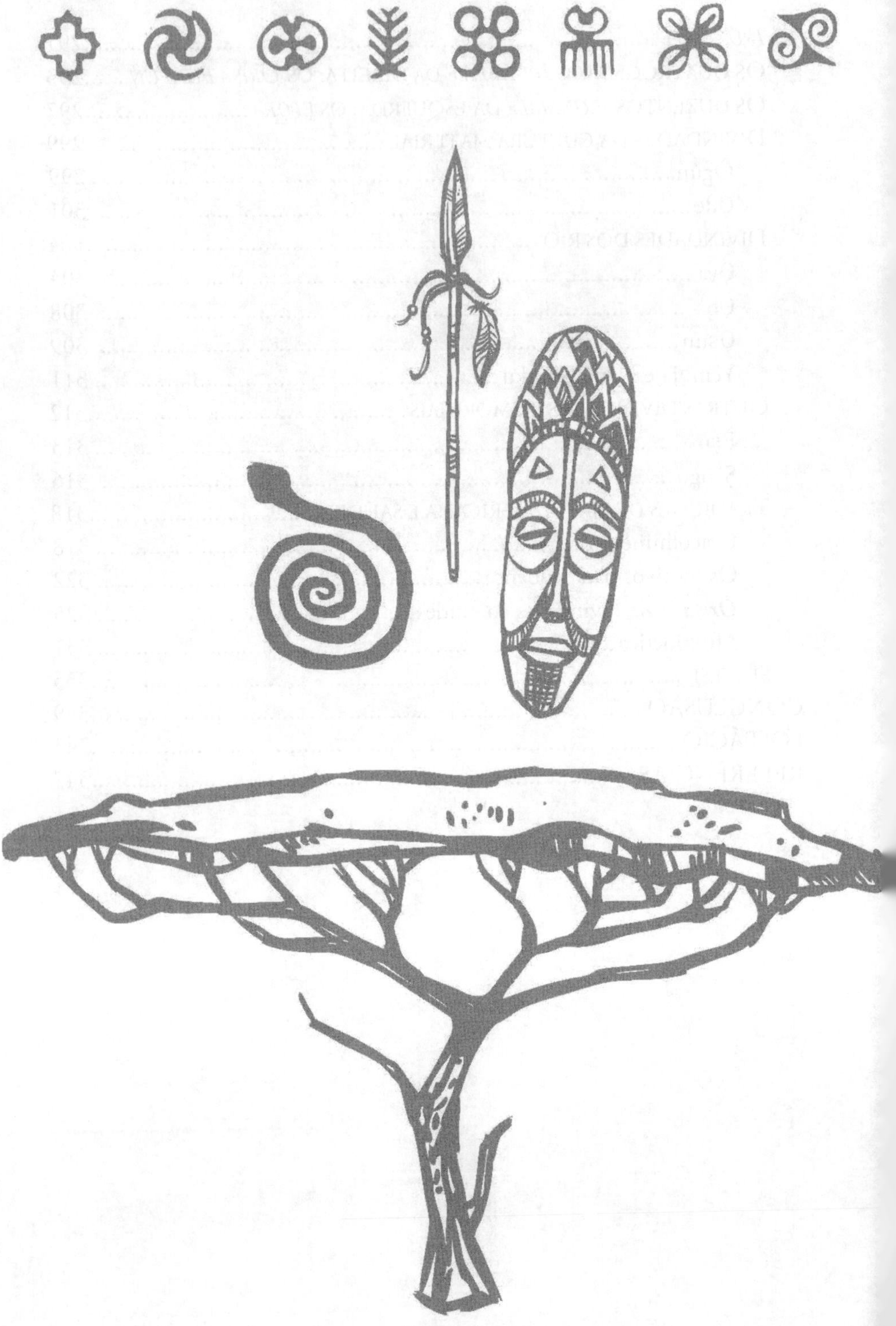

PREFÁCIO

> *"Ògbèri nko mo màrìwo".*
> *"O não iniciado não pode conhecer os segredos do mariwo".*
> Mãe Stella de Oxóssi (2007, p. 11).

Olùpo Bara! Ògún Yè! Epa Hey Yánsàn! Káwó Kábíèsílẹ̀ Sàngó!
Òkè Àró, Òkè Bangbo Ọdẹ! Ọtin! Eṣo Ọbà! Ewè ó Ọ̀sányìn!
Abawó Ṣànpọ̀nná! Yèyé ò Ọ̀sùn!
Omi Odò Yemọjá! Hèpa ò Bàbá!

O que diria Ọbà à Ọ̀rúnmìlà sobre a Afroteologia? Como ela escreveria esse prefácio? Que caminho percorreria nessa encruzilhada? Que sentidos seriam ativados no percurso dessa travessia?

Que Ọbà permita que as palavras aqui ditas, escritas, pronunciadas em meio ao Ẹ̀mí lançado pelo movimento de minha língua e narinas – vida expressa na respiração –, sobre o percurso do Senhor que tudo sabe, sejam de sacudimento, de refazimento, de feitura e de assentamento de nossa existencialidade afrodiaspórica.

Ah, meu amigo-irmão de tradição... que delicadeza de compromisso você entregou em minhas mãos. Nós que, aos pés de Ọbà e Ọ̀rúnmìlà, já vivenciamos e partilhamos de ritos e liturgias, danças e manifestações de nosso sagrado, ao mesmo tempo em que também compartilhamos de produções intelectuais sobre a nossa matriz civilizatória africana. Prefaciar **Afroteologia: construindo uma teologia das Tradições de Matriz Africana** é uma alegria e, ao mesmo tempo, uma grande responsabilidade. Afinal, o *màrìwo* ao ser cuidado, preservado, consagrado, delimita espaços e nos dá pistas sobre até onde podemos ir.

Até onde podemos ir com a Afroteologia?

No que ela nos potencializa?

Tenho diante de meus olhos e ouvidos um importante registro teórico-epistemológico-vivencial, produzido desde dentro, desde a tradição de matriz africana (re)territorializada e (re)criada no Rio Grande do Sul, Brasil – o Batuque –, em diálogo com outras tradições. As reflexões afroteológicas aqui apresentadas são concebidas na trama, na trança, na dança, no saboreio de tudo o que é experienciado em nossas comunidades tradicionais de terreiro. Falo de experiências diversas, plurais, heterogêneas, cujo "rastro/resíduo" de pensamento se torna fundamental para a formação do que denominamos Tradições de Matriz Africana. Evidencia-se, aqui, um movimento de perscrutar e ressignificar nossas experiências de terreiro, juntando rastros/resíduos daquilo que nossos mais velhos e mais velhas conseguiram preservar em suas memórias e no cotidiano de nossas comunidades. Para Édouard Glissant[1], o *"pensamento rastro/resíduo é aquele que se aplica, em nossos dias, da forma mais válida, à falsa universalidade dos pensamentos de sistema"*. Falo dos pensamentos que tentam nos fazer andar em linha reta, logo nós que nascemos, crescemos e desenvolvemo-nos em espirais, conforme nos lembra Leda Martins.

Meu querido amigo-irmão Bàbálórìṣà Hendrix Silveira tem a habilidade de tecer tramas entre pontas, contas, ìtàn, ritos, oríkì, danças, liturgias, palavras, sussurros preservados em diferentes tradições, apostando no devir afroteológico de nossas comunidades. Ele nos apresenta, desde o rastro/resíduo, aquilo que nos conecta, que nos (re)estabelece em uma *"unidade cultural*

---

[1] GLISSANT, 2005

orgânica", como refere Cheikh Anta Diop, ou seja, uma matriz africana que se expressa em diferentes tradições. Eis a unidade na pluriversidade de experiências que a Afroteologia tem a potência de enunciar. Ou seja, ao mesmo tempo em que a Afroteologia tem a potencialidade de colocar em análise experiências singulares de diferentes tradições, ela também põe em análise os *"organizadores civilizatórios invariantes – tradição oral, sistema oracular divinatório, culto e manifestação de divindades, ritos de iniciação e de passagem"*[2] de nossa matriz africana. É a unidade na pluriversidade e a pluriversidade na unidade! Portanto, ao tratarmos da ideia-conceito matriz africana, precisamos ter como referencial teórico-epistemológico a unidade cultural africana de Cheikh Anta Diop expressa em diferentes tradições, contrapondo-se à matriz ocidentocêntrica que nos violentou e continua nos violentando e vilipendiando diuturnamente.

Faz sentido para você?

Mas de que modo a Afroteologia emerge?

Acompanha-me nesta reflexão?

Deixemos a roda girar...

Nessa obra a tradição oral é tomada como principal dispositivo para a construção de um corpus de análise e, consequentemente, para a forja da Afroteologia. Vansina define tradição oral como um testemunho transmitido verbalmente de geração a geração, cujo seu *"corpus é a memória coletiva de uma sociedade que se explica a si mesma"*[3]. Assim, mergulhado, encharcado, implicado com e na tradição oral, meu amigo-irmão se coloca a escutar de boca em boca, a sentir o cheiro que escapa pelas frestas da cozinha, a saborear na ponta da língua o amalá batido com mão de pilão e a sentir à flor da pele os valores civilizatórios que mantêm viva a Filosofia Africana na diáspora: ancestralidade e memória; senioridade e transgeracionalidade; circularidade, complementaridade e integração; corporeidade, musicalidade e ludicidade; oralidade, reli-

---

2 ALVES, 2012, p. 150
3 2010, p. 140

giosidade e àṣẹ; comunitarismo/cooperativismo e ética *ubuntu*. Convoca-nos a deixar escorrer pelo corpo os sentidos das Ọgbọn Mẹ́fà, ou as "Seis Sabedorias": Ifá, Oríkì, Adúrà, Orin, Òwe e Orò. Invoca a experiência batuqueira apostando na afroteontologia e na orixalogia enquanto áreas de estudos que formam a Afroteologia como campo de conhecimento das Tradições de Matriz Africana. Explicita uma potente relação entre Afroteologia e Filosofia Africana, preservadas e vivenciadas na diáspora e no continente africano.

Essa travessia tem como inscrição primordial o lugar de diferentes tradições que constituem o complexo cultural africano e sua dinâmica civilizatória em nosso cotidiano[4]. Tradições que fazem emergir um sistema de valores, crenças e ideias, e que constroem um modo de observar, agir e compreender o mundo em suas dimensões visível e invisível, estabelecendo um ética-estética-política para o viver coletivo[5]. Sinta esse complexo civilizatório no *ìtàn* "*Ajagunã ganha uma cabeça nova*", recuperado por Reginaldo Prandi[6]:

> *Ajagunã nasceu de Obatalá.*
> *Só de Obatalá.*
> *Nasceu num igbim, num caramujo.*
> *Ajagunã não tinha ori, não tinha cabeça*
> *e andava pela vida sem destino certo.*
> *Um dia, quase louco, encontrou Ori na estrada*
> *e Ori fez para Ajagunã uma cabeça branca.*
> *Era de inhame pilado sua cabeça.*
> *Mas a cabeça de inhame esquentava muito*
> *e Ajagunã sofria torturantes dores de cabeça.*
> *De outra feita, lá ia pela estrada*
> *Ajagunã padecendo de seus males,*
> *quando se encontrou com Icu, a Morte.*

---

4 LUZ, 2000; SANTOS, 2008; SODRÉ, 1988
5 ALVES, 2012
6 PRANDI, 2001, p. 489

*Icu se pôs a dançar para Ajagunã e se ofereceu
para dar a ele outro ori.
Oxaguiã, com medo, recusou prontamente,
mas era tão insuportável o calor que ele sentia
que não pôde recusar por muito tempo a oferta.
Icu prometeu-lhe um ori negro.
Icu ofereceu-lhe um ori frio.
Ele aceitou.
A sorte de Ajagunã contudo não mudou.
Era fria e dolorida essa cabeça negra.
Mas pior era o terror que não o abandonava
de sentir-se perseguido por mil sombras.
Eram as sombras da Morte em sua cabeça fria.
Então surgiu Ogum e deu sua espada a Ajagunã.
E com a espada ele afugentou a Morte e as suas sombras.
Ogum fez o que pôde para socorrer o amigo,
com a faca retirando o ori frio grudado no ori quente.
Na operação de Ogum as duas cabeças se fundiram
e o ori de Oxaguiã ficou azulado,
um novo ori nem muito quente, nem muito frio.
Uma cabeça quente não funciona bem.
Uma cabeça fria também não.
Foi o que se aprendeu
com a aventura de Ajagunã.
Finalmente a vida de Ajagunã se normalizou.
Com a ajuda de Ogum, mais uma vez,
o orixá aprendeu todas as artes bélicas
e assim venceu na vida muitas batalhas e guerras.
Hoje o seu nome, como o nome de Ogum,
é relembrado entre os dos mais destemidos generais.*

*E foi assim que Oxaguiã foi chamado Ajagunã,
título do mais valente entre todos os guerreiros.*

O que Ajagunã tem a nos ensinar?
O que é possível compreender sobre os "antagônicos"?
Em que tempo e espaço o *itàn* transita?
É razão? É emoção? É tradição?

Vamos a algumas reflexões sem a pretensão de esgotar qualquer possibilidade de análise. O *itàn* diz de uma lógica, de uma racionalidade presente na matriz civilizatória africana. Aborda a incompletude do ser e a busca pelo equilíbrio existencial e cósmico por meio da complementaridade entre os "antagônicos". Antagônicos para quem? Explicita uma temporalidade e espacialidade espiralada dos conhecimentos africanos e afrodiaspóricos, mantendo-os vivos e atuais. Marca a presença do coletivismo social enquanto valor que potencializa a existência do outro e da comunidade. Não obstante, é importante salientar que a tradição oral não se limita a histórias, lendas, relatos mitológicos ou históricos, bem como os sábios mais velhos não são os únicos guardiões e transmissores do conhecimento[7]; a tradição oral é identificada, experimentada, saboreada de corpo inteiro no modus vivendi africano e afrodiaspórico.

Isso é Filosofia Africana?

Fidelis Okafor[8] refere que uma característica da Filosofia Africana – que a torna diferente da Filosofia Ocidental –, é que ela não foi concebida e não se desenvolveu como uma disciplina separada da vida, mas sim foi incorporada a formas particulares de práticas e crenças. Enunciamos uma filosofia que não é concebida como "*uma erupção misteriosa de conceitos provenientes do espaço sideral, sem qualquer conexão com o nosso mundo empírico, apesar de o afetarem*"; ou como "*um voo ao abstrato e obtuso, ou seja, em direção a temáticas obscuras e mistificadoras*"[9], como refere Mogobe Ramose. Mas sim, uma filo-

---

7 HAMPATÉ-BÂ. In: KI-ZERBO, 2010, p. 169
8 OKAFOR, 1997
9 RAMOSE. In: SANTOS, 2010, p. 176

sofia que está enraizada na vivência e na experiência das pessoas, de sua comunidade e coletividade. É nessa pegada, e longe de se aprisionar aos ditames da racionalidade da ciência da modernidade, que o filho de Ọ̀rúnmìlà toma a tradição oral como base epistemológica para colocar em discussão modos de ser, estar e conhecer o mundo desde o lugar de quem vivencia as comunidades tradicionais de terreiro de matriz africana. Afinal, a tradição oral está conectada ao comportamento cotidiano das pessoas e de suas comunidades, concebendo o mundo como um todo, de modo que tudo está conectado e em interação[10]. Nesta obra, somos convocadas a filosofar desde a experiência, desde os movimentos empíricos da vida.

Hendrix Silveira penetra nas histórias e memórias das tradições de matriz africana, colocando-se a escutar todo tipo de conhecimento experienciado e transmitido transgeracionalmente do mais velho ao mais novo, no *pèjí* ou na cozinha, no salão ou no mato, em qualquer espaço-tempo em que o sagrado é vivido. Propõe-se a uma produção acadêmica desde dentro da tradição, desde suas vivências e observações cotidianas em terreiros de matriz africana, afirmando o conhecimento afrocentrado. Molefi Asante assevera que o pensamento afrocêntrico diz sobre a proposta epistemológica do lugar. Assim, considerando que povos africanos foram deslocados, desterritorializados, expropriados *"em termos culturais, psicológicos, econômicos e históricos, é importante que qualquer avaliação de suas condições em qualquer país seja feita com base em uma localização centrada na África e sua diáspora"*[11].

O cerne da afrocentricidade está na afirmativa de que as pessoas africanas e afrodiaspóricas devem operar como agentes autoconscientes de sua história, cuja autodefinição positiva e assertiva deve partir da matriz cultural africana[12]. Trata-se de *"[...] um tipo de pensamento, prática e perspectiva que percebe os africanos como sujeitos e agentes de fenômenos atuando sobre sua própria*

---

10 HAMPATÉ-BÂ. In: KI-ZERBO, 2010
11 ASANTE. In: NASCIMENTO, 2009, p. 93
12 MAZAMA, 2009

imagem cultural e de acordo com seus interesses humanos"[13]. A afrocentricidade parte do continente africano como centro, buscando extirpar a lógica colonial da experiência africana e afrodiaspórica. É revolucionária por problematizar e estudar as diferentes dimensões da vida de um ponto de vista da pessoa africana e afrodiaspórica enquanto "sujeito" e não como "objeto" de estudo, tendo como pressuposto a localização, o lugar de enunciação.

É nesse caminho que a Afroteologia é forjada, tendo como centro a reflexão filosófica sobre a experiência, a vivência e a memória transatlântica que marcam nossas comunidades tradicionais de terreiro de matriz africana. As linhas, os traços, os percursos assumidos pelo autor vão afirmando a Afroteologia como caminho possível de compreensão e ressignificação de nossas existências.

Chegue pertinho, sinta o prazer de escutar, vivenciar, saborear pacientemente, ao pé do ouvido, conhecimentos transmitidos por um mais velho, um grande *Bàbálóriṣà* do Batuque do Rio Grande do Sul.

Drª Míriam Cristiane Alves

Ẹ̀gbọ́n Ọbà Olóríọba
Professora do Departamento de Psicologia Social da UFRGS
Presidenta do Conselho Regional de Psicologia do Rio Grande do Sul - CRPRS.
Ex-coordenadora da Saúde da População Negra do Estado do RS

---

13 ASANTE. In: NASCIMENTO, 2009, p. 93

KÍKỌ ATI NÍ KÍKÀ ÈDÈ YORÙBÁ
(escrevendo e lendo no idioma iorubá)

As palavras em língua iorubá que figuram neste trabalho estão escritos segundo a obra *Uma abordagem moderna ao yorùbá* (Edição do Autor, 2011), do linguista nigeriano Gideon Babalọlá Ìdòwú. Utilizamos a ortografia moderna a fim de tornar mais compreensível a rica tradição oral preservada nas Tradições de Matriz Africana.

Tive a oportunidade de ser discente de cursos dessa língua, com os professores nigerianos Adébayọ̀ Abìdemí Majarọ̀ e Gideon Babalọlá Ìdòwù, onde pude desenvolver a pronúncia e a escrita. Este anexo aproveita essa experiência com a finalidade de auxiliar os leitores deste trabalho a pronunciarem corretamente as palavras dessa língua africana. As diferenças entre a língua portuguesa e a língua iorubá são gritantes, mas não são totalmente indiferentes uma à outra, talvez por muito dessa cultura ter se tornado a fundação de nossa própria. Da mesma forma, as obras do professor José Beniste contribuíram na construção de palavras e frases, além da tradução.

A língua iorubá é tonal e palavras idênticas, porém pronunciadas ou escritas de forma diferente, se referem a coisas diferentes. Por exemplo: **owó** (dinheiro), **òwò** (negócio), **ọwọ́** (mão), **ọwọ̀** (vassoura), **Ọ̀wọ̀** (nome de uma cidade nigeriana), **ọ̀wọ̀** (**respeito**). O alfabeto iorubá é constituído por 25 letras:

A B D E Ẹ F G GB H I J K L M N O Ọ P R S Ṣ T U W Y

Consoantes e vogais têm a mesma fonética que em português, porém a vogal **E** pronuncia-se sempre fechada, como em "ema", a **Ẹ** é sempre aberta, como em "Eva". **G** tem som gutural, como em "gado", e nunca como **J**. **GB** é uma letra única e tem som explosivo. **H** é sempre pronunciado e tem som aspirado, como em "*hell*" (inglês). A vogal **O** é fechado, como em "ovo", e **Ọ** é aberto, como em "pó". **R** tem um som brando, como em "*rest*" (inglês), nunca como **RR**. A consoante **S** é sibilante, como em "sistema", e **Ṣ** é chiada, como em "xícara" ou "chimarrão". **W** tem som de **U** e **Y** tem som de **I**. Não existem as consoantes **C**, **Q**, **V**, **X** e **Z**. A indicação do tom das sílabas é feita pela acentuação: grave (`) indica tom baixo (dó), sem acento é tom médio (ré) e agudo (´) indica tom alto (mi).

Imploro-te Exu
Plantares na minha boca
O teu axé verbal
Restituindo-me a língua
Que era minha
E me roubaram
Laroiê![14]

---

14 Trecho do poema "Padê de Exu Libertador", publicado em NASCIMENTO (1983).

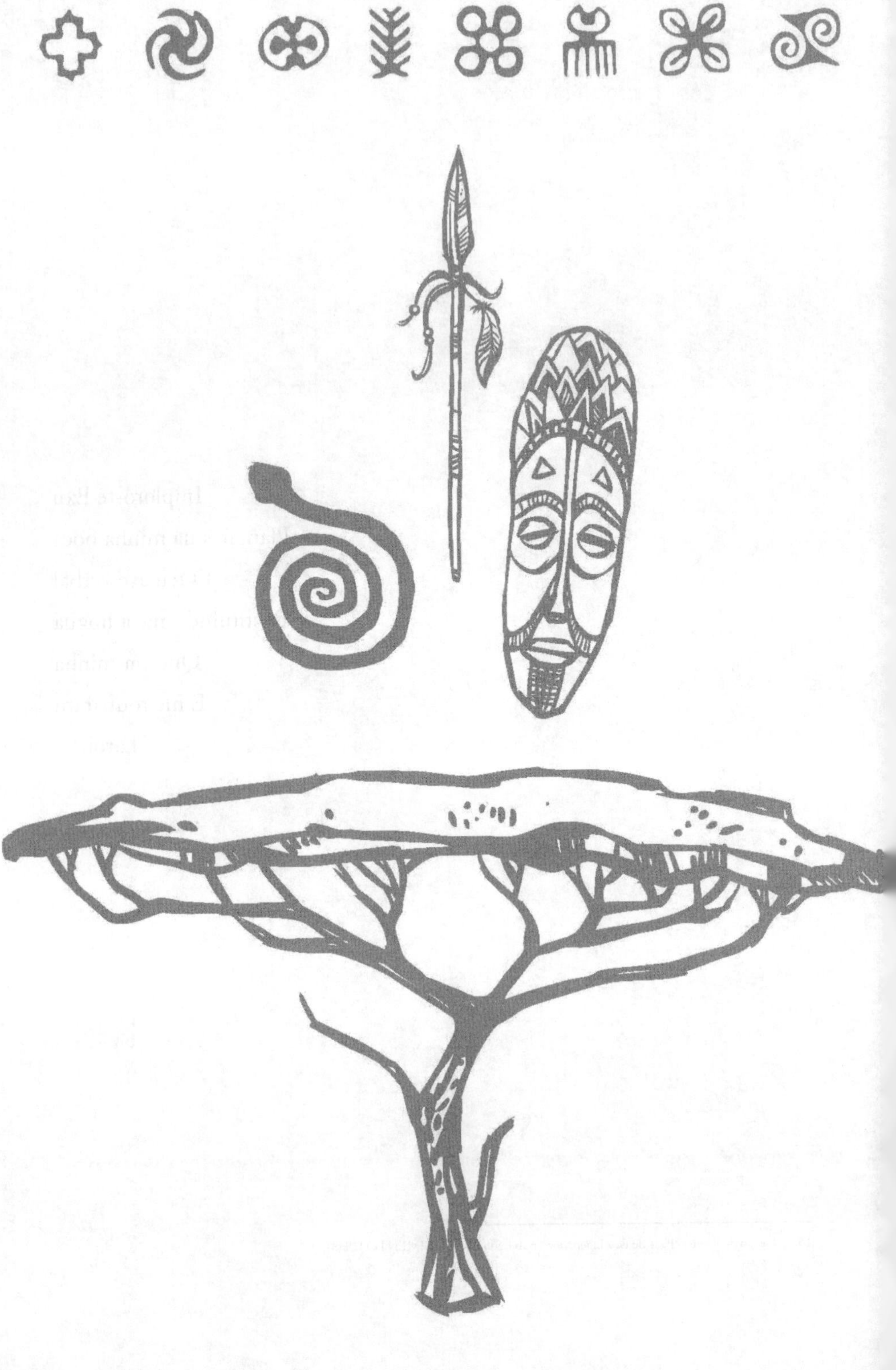

INTRODUÇÃO

O site *Adherents.com*, uma coleção crescente de mais de 43.870 estatísticas e citações de geografia religiosa, lista as religiões tradicionais africanas e afrodiaspóricas como um grande grupo religioso, estimando que haja cerca de 10 milhões de adeptos, ou seja, pouco mais de 0,14 por cento da população mundial. Certamente estes dados estão equivocados, pois os africanos não entendem como religião o que os pesquisadores *outsiders*[15] chamam de *religião tradicional africana*. Para eles é sua cultura, de forma que podem assumir uma religiosidade cristã ou islâmica e ainda assim cultuar Òrìṣà e ancestrais.

Todos os aspectos da cultura africana são aprendidos de forma oral. Não que não haja registros escritos, mas eles não têm a mesma importância que têm no Ocidente. Amadou Hampaté Bâ, historiador malinês, diz que:

> *Quando falamos de tradição em relação à história africana, referimo-nos à tradição oral, e nenhuma tentativa de penetrar a história e o espírito dos povos africanos terá validade a menos que se apoie nessa herança de conhecimentos de toda espécie, pacientemente transmitidos de boca a ouvido, de mestre a discípulo, ao longo dos séculos.*[16]

A tradição oral é a raiz da qual brota todo o tipo de conhecimento e sabedoria africanos. Não são meramente palavras reproduzidas pela boca.

---

15 ENGLER, 2010
16 BÂ. In: KI-ZERBO, 2010

Há todo um envoltório religioso no ato de falar. Por isso a mentira não é nunca tolerada. Falhas ou lapsos não fazem parte do seu cotidiano. A fala é muito levada a sério, pois o hálito, o ar de nossos pulmões (ẹ̀mí), é proveniente de *Olódùmarè* (Deus) que o insufla em nosso corpo para nos dar vida ao nascermos. "*A tradição africana, portanto, concebe a fala como um dom de Deus. Ela é ao mesmo tempo divina no sentido descendente e sagrada no sentido ascendente.*"[17] Usá-la para fins vis é sumariamente condenado na teologia das Tradições de Matriz Africana. De fato, Bâ diz que "*na África tradicional, aquele que falta à palavra mata sua pessoa civil, religiosa e oculta.*"[18] A palavra falada é carregada de *força criadora divina* (àṣẹ), por isso, segundo Bâ, ela está presente em tudo:

> *A tradição oral é a grande escola da vida, e dela recupera e relaciona todos os aspectos. [...] Ela é ao mesmo tempo religião, conhecimento, ciência natural, iniciação à arte, história, divertimento e recreação, uma vez que todo pormenor sempre nos permite remontar à unidade primordial. Fundada na iniciação e na experiência, a tradição oral conduz o homem à sua totalidade e, em virtude disso, pode-se dizer que contribuiu para criar um tipo de homem particular, para esculpir a alma africana.*[19]

Trabalho difícil é transformar a tradição oral em palavra escrita. A coisa toda pulula em nossa mente em cores, sons e significados. Mas no papel perde muito de sua magia. No meu livro anterior[20] apresentei um pouco da história e da teologia do Batuque do Rio Grande do Sul. Embora estudiosos "desde dentro"[21] tenham apontado essa pesquisa como de extremo valor, é evidente que necessita de aprofundamentos, assim, a presente pesquisa busca

---

17 BÂ. In: KI-ZERBO, 2010, p. 172.
18 BÂ. In: KI-ZERBO, 2010, p. 172.
19 BÂ. In: KI-ZERBO, 2010, p. 169.
20 SILVEIRA, 2020
21 SANTOS, 2002

ser um estudo, um evidenciamento e uma potencialização da teologia das Tradições de Matriz Africana, a partir de agora denominada simplesmente *Afroteologia*, através da produção de conhecimento acadêmico, trazendo à tona categorias de análise e quadros de referência, que efetivamente dimensionem uma teologia construída por meio da *exunêutica* a partir da *cosmopercepção* africana com seu viés cultural/civilizatório de concepção da existência humana, configurando um delineamento teórico conceitual.

Ao contrário da cultura Ocidental que se propõe uma práxis cotidiana a partir das considerações religiosas e teológicas, a Afroteologia é uma *Teologia da Vivência*, ou seja, a reflexão afroteológica é *a posteriori*; é da vivência nas comunidades tradicionais de terreiro que surge a afroteologia.

Já em minha pesquisa ulterior corroborei a tese de Tillich[22] demonstrando que o Batuque, assim como as demais Tradições de Matriz Africana, é promotor de uma axiologia civilizacional e de uma ontologia que concebe o ser humano como parte integrante do Universo nas dimensões material e espiritual de forma indivisível. Daremos continuidade à complexidade desta forma de entender as civilizações como construções do ideal religioso.

O objetivo geral desta pesquisa é atribuir sentidos e propósitos aos rituais das Tradições de Matriz Africana a partir de uma reflexão teológica fundamentada numa epistemologia afrocentrada e no método da exunêutica; estabelecer as relações entre a afroteologia e a filosofia africana presentes na diversidade de formas religiosas desde suas origens no continente africano até às tradições afrodiaspóricas; servir de auxílio tanto a pesquisadores e pesquisadoras do tema quanto a profissionais na área de educação, sobretudo no campo da Teologia, das Ciências da Religião e do Ensino Religioso; assim como abastecer os vivenciadores e vivenciadoras no combate à *afroteofobia*.[23]

---

22 Concordo plenamente com sua mais célebre afirmação: "A religião, considerada preocupação suprema, é a substância que dá sentido à cultura, e a cultura, por sua vez, é a totalidade das formas que expressam as preocupações básicas da religião. Em resumo: religião é a substância da cultura e a cultura é a forma da religião." TILLICH, 2009

23 O termo foi criado pelo professor Jayro Pereira de Jesus para definir a relação que existe entre o racismo e a intolerância religiosa quando

Como objetivos específicos, investigamos com maior profundidade as compreensões teológicas e filosóficas das tradições africanas e afrodiaspóricas – principalmente o Batuque e o Candomblé – buscando elementos em comum entre eles e com suas origens nigerianas; identificar o processo de busca da "África perdida" a partir de conceitos teológicos e filosóficos estabelecidos epistemologicamente pelo paradigma da Afrocentricidade;[24] estabelecer uma sistematização do conhecimento afroteológico.

Os símbolos adinkras são ideogramas que servem como aulas de filosofia africana impressas em desenhos ou esculturas, em tecidos, tábuas ou até mesmo em cadeiras especiais que servem de assento a pessoas importantes. O símbolo adinkra denominado Sankofa, representado por uma ave que olha para trás, nos ensina que devemos sempre olhar para trás para resgatarmos aquilo que ficou pelo caminho, perdido ou esquecido. Com isso acreditamos ser de extrema importância o resgate dessa filosofia e dessa teologia "perdidas" e este trabalho se inscreve nesta perspectiva.

Preciso retomar aqui meu lugar de fala[25] como a quinta geração de minha família que vivencia o Batuque, e o terceiro a alcançar o posto de Sumo Sacerdote (*Bàbálóriṣà*) de uma comunidade tradicional de terreiro. No trans-

---

se trata das Tradições de Matriz Africana. Define que as Tradições de Matriz Africana não sofrem apenas com a intolerância religiosa, mas também com o racismo devido a origem racial da geocultura dessa espiritualidade. Outro termo empregado no mesmo sentido é *racismo religioso*, amplamente divulgado pelo advogado paulista, doutor em Direito Constitucional e ogan de Candomblé Hédio da Silva Júnior. Entrementes, prefiro o termo afroteofobia à racismo religioso devido à dificuldade no entendimento por parte dos vivenciadores brancos. Segundo dados do Censo 2010 do Instituto Brasileiro de Geografia e Estatística, pouco mais de 51 por cento das pessoas que se identificaram como afrorreligiosos, também se autodeclararam brancos. Por não sofrerem com o racismo pela cor da pele, muitos adeptos brancos não se sensibilizam pela luta antirracista e acabam por negar a existência do racismo religioso por não compreender bem o termo. Já o termo afroteofobia deixa bem claro essa questão.

24 ASANTE. In: NASCIMENTO, 2009
25 RIBEIRO, 2019

curso de meu processo iniciático me deparei com a falta de um conhecimento sistematizado sobre a teologia da tradição que vivencio. Já expliquei, em outro trabalho,[26] que foram o eurocentrismo, o colonialismo, o racismo e o cristianocentrismo que fomentaram o epistemicídio africano no Brasil.

Me sinto profundamente comprometido em buscar as raízes epistemológicas das Tradições de Matriz Africana, pois acredito que isto devolve a dignidade ao povo africano e sua descendência nas Américas naquilo que, penso, ser o que mais lhe importa: suas crenças, sua espiritualidade, sua cultura, que a duras penas foi mantida viva na memória das comunidades de terreiro. Retomar esses saberes é crucial para o fortalecimento do culto sob a ótica das culturas descolonizadas. Neste contexto, essa pesquisa trará alguns elementos que possibilitarão aos vivenciadores e vivenciadoras dessa tradição se valorizarem positivamente. Entrementes, a produção deste tipo de trabalho se insere no preenchimento de lacunas a partir do campo teológico-filosófico, redimensionando os saberes acadêmicos ao proporcionar conhecimentos em áreas pouco exploradas nessa temática.

Esta pesquisa também se insere nas políticas atuais de reparação às comunidades afrodescendentes, uma vez que procura recuperar a sua teologia e filosofia e ainda auxilia na implementação das leis 10.639/03 e 11.645/08, que obriga o estudo da História e Cultura Africana e Afro-brasileira no Ensino Fundamental e Médio das escolas públicas e privadas.

- ❖ Existe uma teologia das Tradições de Matriz Africana?
- ❖ Essa teologia pode ser pensada de forma a agregar todas as Tradições de Matriz Africana ou vale apenas para uma?
- ❖ Como a cosmopercepção africana concebe a vida humana?
- ❖ E sua escatologia (pós-morte)?
- ❖ Há uma soteriologia (salvação)?
- ❖ Quem são as divindades e qual seu papel na Criação?

---

26 SILVEIRA, 2020.

❖ Como essas tradições concebem o Ser Supremo?
❖ Qual relação pode ser estabelecida entre a filosofia africana e a vivência nos terreiros?

Estas e outras questões que surgiram na pesquisa ganharam algum esclarecimento, para isso combino elementos de minha própria vivência com a pesquisa bibliográfica, esta preferencialmente de cunho afrocentrado ou interpretada segundo os parâmetros da *exunêutica*, que servirá de método.

As Tradições de Matriz Africana sucumbiram, onde se estabeleceram, ao seu próprio epistemicídio, o que gerou grandes mudanças estruturais, ritualísticas e teológicas. Algumas dessas mudanças foram cruciais para sua sobrevivência no meio alienígena às suas origens. Mas à medida que a democratização dos saberes e a sua relativização se tornam inerentes ao tempo moderno, sobretudo no século XXI, podemos repensá-las naquilo que lhes foi tirado: um saber calcado na cosmopercepção africana.

O cerne de minha pesquisa é o de que as Tradições de Matriz Africana possuem uma teologia e filosofia próprias e que, como tal, pode ser minimamente sistematizada, e proponho que sejam a partir de pensadores africanos e da diáspora, exuneutizados por um quadro teórico decolonial e afrocentrado.

Falar de método na Teologia parece sempre complexo. *Exunêutica*[27] foi o método que se apresentou a mim enquanto cursava o mestrado e desde então o tenho utilizado. Se constitui principalmente em interpretar o mundo a partir da cosmopercepção[28] que aflora na experiência vivida no terreiro. O termo é derivado de hermenêutica que, segundo Grondin, é "*a ciência e, respectivamente, a arte da interpretação.*"[29] Interpretar os dados que nos apresentaram foi um trabalho que necessitou de um olhar mais específico. Dilthey explica que "*o gênio religioso, poético ou metafísico vive numa região em que está*

---

27 SILVEIRA, 2020, p. 150-160.
28 OYĚWÙMÍ, 2021
29 GRONDIN, 1999

subtraído à vinculação social, ao trabalho em tarefas restritas, à sua subordinação ao acessível dentro dos limites do tempo e da situação histórica."[30] Esta afirmação corrobora a ideia de que o olhar interpretativo está sempre imerso em certos paradigmas originados nas culturas, nos costumes, nas vivências. De fato, a hermenêutica de Dilthey, como diz Napoli, *"é definida como uma hermenêutica da vida, pois trata da compreensão das formas de exteriorização da vida (Lebensäuberungen) e das objetivações da vida."*[31] Assim, interpretar textos não é, para este autor, o único ponto capaz de nos fazer compreender o mundo.

Compreendo, então, que a vivência em comunidades tradicionais de matriz africana ou, mais especificamente, comunidades tradicionais de terreiro, propõe uma interpretação do mundo calcada nos valores civilizatórios africanos. Logo, imaginei que se a hermenêutica é um termo originado no culto ao deus grego da comunicação e interpretação Hermes, o termo que sintetiza a forma afrocentrada de interpretação é a exunêutica, a divindade *yorùbá* da comunicação e interpretação: *Èṣù*.[32]

De fato, posso dizer que a exunêutica surge a partir de experiências anteriores de desenvolvimento de métodos. Em 1972, Juana Elbein dos Santos defendeu sua tese de doutorado em Etnologia na Université Paris-Sorbonne (Paris IV), sob a orientação de Roger Bastide. A autora nos apresenta o que chama de método "desde dentro" e o define da seguinte maneira:

> *Devido a que a religião Nàgó constitui uma experiência iniciática, no decorrer da qual os conhecimentos são aprendidos por meio de uma experiência vivida no nível bipessoal e grupal, mediante um*

---

30 DILTHEY, 1992
31 NAPOLI, 1999
32 Existe um debate no meio religioso e acadêmico a respeito da existência de uma "nagocracia" nos estudos das Tradições de Matriz Africana. A "nagocracia" se refere a priorização dos estudos antropológicos, sociológicos ou etnográficos sobre a tradição de origem *yorùbá* (ou nagô), que gera em sua decorrência a ausência de estudos sobre outras tradições como as de origem *ewe-fon* (jeje) e bantu (Angola-Congo). No entanto, nossos estudos são em Teologia na perspectiva da dinâmica civilizatória que perpassa todas as tradições, logo, o uso dos termos em língua *yorùbá* é meramente instrumental, uma convenção para melhor entendimento da questão sem reduzi-la a mera etnografia de um grupo. É perfeitamente possível que vivenciadores e pesquisadores de outras tradições possam refletir sobre o que vivencia ou pesquisa explorando os conceitos aqui apresentados e fazendo a devida *legbanêutica* ou *pambunjilanêutica*.

desenvolvimento paulatino pela transmissão e absorção de uma força e um conhecimento simbólico e complexo a todos os níveis da pessoa, e que representa a incorporação vivida de todos os elementos coletivos e individuais do sistema, parece que a perspectiva que convencionamos chamar "desde dentro" se impõe quase inevitavelmente.[33]

Sob o ponto de vista da Teologia fica mais clara essa posição, pois, como diz Boff,[34] um é o Deus da fé e dos teólogos, outro é o Deus da pluralidade de ciências, filosofias e ideologias.

Engler e Gardiner[35] apontam duas versões do que chamam de "*insiderismo*": a primeira é definida como *versão relativa*, que sustenta que alguns grupos possuem acesso privilegiado ao conhecimento; a segunda seria a *versão absoluta*, que sustenta que certos grupos têm o monopólio de tal acesso. Certamente buscamos nos enquadrar na versão relativa.

O contrário seria a perspectiva que Santos define como "desde fora" e Engler e Gardiner chamam de *outsider*. Seriam os pesquisadores que não fazem parte do grupo ao qual pesquisam e que, por isso, estariam sujeitos a não obter com precisão todos os detalhes de seu objeto de estudo. Engler e Gardiner apontam que a questão *insider/outsider* não é realmente um problema e que as duas perspectivas não se anulam na construção do conhecimento. Da mesma forma, Santos diz que:

> *É certo que a absorção de uma série de valores coletivos e individuais e o fato de os viver numa inter-relação de grupo não é suficiente aos fins de uma análise e de uma interpretação desses valores. É preciso, pois, colocá-los em perspectiva e reestruturar conscientemente os elementos, suas relações particulares, revelando assim seu simbolismo.*[36]

---

33 SANTOS, 2002, p. 17. (Grifo da autora)
34 BOFF, 2012.
35 ENGLER; GARDINER, 2010, p. 92.
36 SANTOS, 2002, p. 17.

A discussão que frequentemente surge aqui é a do *ético* versus o *êmico* em pesquisa. Em uma palestra sobre História das Religiões ministrada no I Simpósio do GT Regional Rio de História das Religiões e das Religiosidades da Associação Nacional de História (ANPUH), na Universidade Estadual do Rio de Janeiro (UERJ), em 2012, o historiador goiano Ciro Flamarion Cardoso[37] (1942-2013) aponta a dicotomia do ético e do êmico em estudos da religião. Para o professor, o nível êmico na pesquisa pode ser um problema ao impor uma visão de dentro, subjetiva, pois subjugaria o objeto de pesquisa às verdades internalizadas pelo pesquisador que é integrado de alguma forma ao objeto. Nesse nível, o pesquisador e o objeto se confundem e a pesquisa pode se perder na emotividade. Já no nível ético, a visão de fora isentaria o pesquisador de suas subjetividades; corresponderia ao padrão científico que analisa o objeto sem interferir nele ou ser interferido por ele, assim o pesquisador e o objeto seriam coisas distintas, bem separadas, possibilitando uma análise mais racional.

Entendemos o que o temor de Cardoso representa para as pesquisas em religião, mas sua premissa é falha ao pressupor que a visão êmica é antagônica à ética. É perfeitamente possível ser ético numa pesquisa em que o seu objeto seja o grupo ao qual se pertence. Colocamo-nos metodologicamente na posição que Cruz Neto chama de "observador participante pleno", ou seja, o observador se envolve *"por inteiro em todas as dimensões de vida do grupo a ser estudado."*[38] Com isso, nossa inserção não caracteriza essa pesquisa como empírica segundo os parâmetros formais da metodologia de pesquisa social.

Preconizamos que a exunêutica seja um método "desde dentro"/"*insider* relativo" aos estudos das Tradições de Matriz Africana sem corromper a ética e sem excluir o que vem sido construído pelo viés "desde fora"/*outsider*. Principalmente porque parte de alguns princípios na abordagem epistemológica: a afrocentricidade e os estudos decoloniais.

---

37 CARDOSO, Ciro Flamarion.
38 CRUZ NETO. In: MINAYO, 2002.

A afrocentricidade foi desenvolvida por alguns intelectuais dos quais se destacam os seguintes: a) Molefi Kete Asante (1942) é professor da *Temple University*, Filadélfia, EUA, onde criou o primeiro Programa de doutoramento em Estudos Afro-Americanos, em 1987, e fundador da teoria; b) Ama Mazama (1961) é professora associada da *Temple University* no programa de Estudos Afro-Americanos. Nascida em Guadalupe, no Caribe, é uma *Mambo* (sacerdotisa do culto vodu do Haiti); c) Maulana Karenga (1941) é professor da *California State University, Long Beach*, precursor dos estudos *Africana*[39] e fundador do feriado panafricano do *Kwanzaa*;[40] d) Elisa Larkin Nascimento (1953) é socióloga, jurista e educadora estadunidense, fundadora e diretora-presidente do Instituto de Pesquisas e Estudos Afro-Brasileiros (IPEAFRO) e viúva de Abdias do Nascimento, o fundador do *Quilombismo*.

Convém, de imediato, informar que a afrocentricidade não é a versão africana do eurocentrismo, como podemos supor num apressado primeiro momento, pois o eurocentrismo é uma ideologia excludente e universalista, criada para garantir privilégios aos europeus brancos. Já a afrocentricidade se referencia nos valores civilizatórios africanos, ou seja, o da inclusão e da pluriversalidade, cujo paradigma serve para garantir que todos e todas tenham acesso às facetas da realidade humana, seja no trabalho, na economia, na saúde, na política, na espiritualidade etc., pois como diz Nascimento:

> *Um primeiro e básico postulado da afrocentricidade é a pluralidade. Ela não se arroga, como fez o eurocentrismo, à condição de forma exclusiva de pensar, imposta de forma obrigatória sobre todas as ex-*

---

[39] Elisa Larkin Nascimento (2009, p. 29) explica que "o termo 'estudos *Africana*' usa a forma plural em latim para indicar dois aspectos de sua polivalência: a múltipla abrangência do campo, que estuda os povos africanos e afrodescendentes em todo o mundo, e a sua metodologia multidisciplinar, interdisciplinar e transdisciplinar. Com essa orientação plural, a disciplina explora as histórias, as instituições, os movimentos políticos e culturais, as economias, as culturas, a criatividade e as identidades dos africanos e da diáspora em suas expressões históricas, econômicas, políticas, artísticas, literárias, teóricas e epistemológicas."

[40] Kwanzaa é um tipo de "rito de recuperação" celebrado entre os dias 26 de dezembro e 1º de janeiro, cujo esforço é o de recuperar os valores culturais africanos perdidos na diáspora. Criado em 1967, é inspirado em valores sociais africanos de origem Kiswahili, o kwanzaa busca valorizar o chamado *Nguzo Saba*, ou sete princípios, que são: *umoja* (unidade), *kujichagulia* (autodeterminação), *ujima* (trabalho coletivo e responsabilidade), *ujamaa* (economia cooperativa), *nia* (propósito), *kuumba* (criatividade) e *imani* (fé). Para saber mais: KARENGA, Maulana. **Kwanzaa**: a celebration of family, community, and culture. Los Angeles: Sankore Press, 1997.

periências e todos os epistemes. Ao enfatizar a primazia do lugar, a teoria afrocêntrica admite e exalta a possibilidade do diálogo entre conhecimentos construídos com base em diversas perspectivas, em boa fé e com respeito mútuo, sem pretensão à hegemonia.[41]

Temos analisado e evidenciado alguns elementos que antecederam o surgimento da afrocentricidade e podemos dizer que essa teoria é uma árvore com muitas raízes e alguns ramos. Evidenciamos que, e seguindo uma linha do tempo, a afrocentricidade é uma *teoria de resistência* que surge ainda durante o período escravocrata nas Américas. Finch III,[42] ao dissertar sobre os antecedentes da Afrocentricidade, aponta esta resistência a partir dos eventos ocorridos no Haiti que resultaram na sua independência em 1804 e em "*tratados e depoimentos elaborados desde o século XVIII por africanos submetidos ao holocausto da escravatura mercantil europeia.*"[43]

O elemento seguinte é o desenvolvimento do pensamento panafricano que buscava uma identidade africana dos negros do mundo todo. Marcus Garvey e W. E. B. Du Bois se destacam nesta frente. Segundo Moore, o panafricanismo gerou ideias e lutas sócio-raciais no mundo todo: nos Estados Unidos, com o movimento político-cultural chamado *Black Power*, mobilizando as massas graças a líderes carismáticos como Malcolm X (1925-1965), Martin Luther King (1929-1968), Stokely Carmichael (1941-1998), Huey P. Newton (1942-1989) e Maulana Karenga. Mas foi na própria África que o panafricanismo se tornou o cimento das lutas dos países pela independência e contra o neocolonialismo imposto, desde 1885, pela Conferência de Berlim.

O quadro não era menos complexo – e sangrento – na África, no Caribe e no Pacífico, onde correntes panafricanistas contrárias disputavam o poder em movimentos de libertação nacional com aspi-

---

41 NASCIMENTO, 2009.
42 FINCH III; NASCIMENTO. In: NASCIMENTO, 2009. p. 37-70.
43 FINCH III; NASCIMENTO. In: NASCIMENTO, 2009, p. 42.

rações a dirigir futuros Estados (MPLA, FNLA e Unita, em Angola; PAC, ANC, Movimento da consciência Negra, de Steve Biko, e Inkhata, na África do Sul; Frelimo e Renamo, em Moçambique; facções rivais no interior do PAIGC, na Guiné Bissau).[44]

A seguir temos Léopold Sédar Senghor (1906-2001), do Senegal, Léon-Gontran Damas (1912-1978), da Guiana e Aimé Césaire (1913-2008), da Martinica, que fundam o movimento que fomentava a exaltação dos valores culturais dos povos negros. O escritor e ensaísta tunisiano Albert Memmi (1920) e o psiquiatra martinicano Frantz Fanon (1925-1961) estudaram as implicações do neocolonialismo na África, o que promove, ainda hoje, discussões sobre os efeitos aterradores da colonialidade no povo negro.

O neocolonialismo provocou intelectuais do mundo todo a lutarem para dar voz ao seu próprio povo. Assim surge o "Orientalismo" de Edward Said (1935-2003), os Estudos Culturais do jamaicano Stuart Hall (1932-2014), do indiano Homi K. Bhabha (1949) e do inglês Paul Gilroy (1956) e os Estudos Subalternos na Índia com Ranajit Guha (1922), Gayatri Chakravorty Spivak (1942), Partha Chatterjee (1947) e Dipesh Chakrabarty (1948).

Segundo Ballestrin,[45] todos esses intelectuais compõem os *Estudos Pós-Coloniais* ou *Decoloniais*, embora estes termos tenham surgido em círculos de intelectuais latino-americanos tais como Walter Mignolo (1941), Edgardo Lander (1942) e Enrique Dussel (1934). Dussel é o grande expoente da *Filosofia da Libertação*, correlato filosófico da *Teologia da Libertação* e da *Pedagogia do Oprimido*. A proposta dos Estudos Decoloniais é criticar o colonialismo e a colonialidade presentes nos países terceiro-mundistas em decorrência do domínio colonial europeu, principalmente França, Inglaterra e Espanha.

No Brasil temos a Frente Negra Brasileira que surge em 1931 a partir da imprensa negra. Tornou-se partido político em 1936, sendo fechado no

---

44 MOORE. In: NASCIMENTO, 2008. p. 236-237.
45 BALLESTRIN, 2013.

ano seguinte pelo ditador Getúlio Vargas. Contudo, segundo o historiador gaúcho e professor na Universidade Federal de Pernambuco, Arilson dos Santos Gomes,[46] influenciou sobremaneira a luta negra brasileira por três motivos: o fazer uma política nacional voltada para a problemática das relações étnico-raciais em época em que isso não era propício; promover iniciativas de caráter nacional que incluíam como temática as questões negras entre os anos 1930 e 1950, a partir de seus ex-membros; e a movimentação desses ex-membros e suas ideias entre as regiões brasileiras, o que identifica um intenso movimento frentenegrino. O resultado disso é a criação do Movimento Negro Unificado no início da década de 1970. O mesmo movimento que institui, inspirado em Biko, o 20 de novembro como Dia da Consciência Negra. É a partir daí que o termo "quilombo" passa a ser utilizado como símbolo da resistência negra, sendo que em 1980, Abdias do Nascimento publicou o livro *O quilombismo*, onde nos apresenta o papel político do termo. No Rio Grande do Sul, o maior divulgador do quilombismo é Waldemar Moura Lima, o Prof. Pernambuco como é carinhosamente conhecido pelos militantes gaúchos da causa negra.

Todos esses elementos compõem a exunêutica, construída *de* e *para* o povo de terreiro em dois caminhos: "desde dentro para fora" e "desde fora para dentro",[47] ou seja, através da exunêutica adequo o conhecimento acadêmico ocidental para a compreensão das Tradições de Matriz Africana, ao mesmo tempo que também adapto os saberes das comunidades tradicionais de terreiro para a compreensão dos círculos acadêmicos e das pessoas que não vivenciam esses espaços. Assim, a exunêutica se torna uma proposta de abordagem epistemológica essencial para a construção deste trabalho, não apenas como um conceito filosófico ou sociológico, mas também uma posição política, uma hermenêutica cultural e, sobretudo, uma categoria de análise. É com esta lente que me aproprio das obras literárias das quais disponho para a construção da pesquisa.

---

46 GOMES, 2008, p. 35.
47 SANTOS, 2002, p. 18.

Por ser vivenciador e ocupar o lugar de sumo sacerdote de uma comunidade tradicional de terreiro na cidade de Porto Alegre, uso minha experiência para refletir teologicamente essa tradição. Minha inserção no meio me garante uma imersão profunda nos rituais e acesso amplo à sabedoria dos mais velhos no culto, garantindo a apreensão de conhecimentos que proporcionam reflexões teológicas e filosóficas.

Existem muitos trabalhos desenvolvidos sobre as Tradições de Matriz Africana, contudo a sua maioria são estudos dirigidos pela Antropologia ou Etnologia. Embora sejam estudos importantes, a maior parte foi desenvolvido por *outsiders*. Meu interesse é total no campo da Teologia, por isso me referirei apenas aos trabalhos realizados por teólogos. Verificando nos bancos de teses e dissertações de várias academias teológicas do país, nos deparamos com nada mais nada menos que zero em pesquisas desenvolvidas onde o tema central são as Tradições de Matriz Africana nos últimos dez anos. Não revisei trabalhos de conclusão de curso de graduação, monografias em cursos *lato sensu* ou dissertações de mestrado. Optei por revisar quatro obras de teólogos que têm como centro de suas pesquisas as Tradições de Matriz Africana: Frei Raimundo Cintra, irmã Franziska C. Rehbein, Frei Volney J. Berkenbrock e Padre Paulo Cezar Loureiro Botas.

Raimundo Cintra é um frei dominicano, membro da Ordem dos Pregadores e sua obra *Candomblé e Umbanda: o desafio brasileiro* é fruto de sua tese de doutorado pela Faculdade de Teologia Nossa Senhora da Assunção, em 1978. O autor divide o trabalho em duas partes: na primeira faz um relato que chama de "síntese das conclusões históricas e socioculturais" sobre o Candomblé e a Umbanda, com ênfase no primeiro, descrevendo rituais e caracterizando essa tradição. Na segunda parte, o autor traz "a abordagem católica", ou seja, como a igreja Católica se relacionou com as Tradições de Matriz Africana ao longo da história sem perdoar os abusos cometidos em "nome de Deus". Contudo, percebemos que o trabalho é dirigido à Igreja no sentido de como esta deve ser no relacionamento com outras tradições religiosas que, no decorrer do trabalho, o autor acredita serem incompletas por não terem a salvação garantida por Jesus Cristo.

A alemã radicada no Brasil, irmã Franziska Carolina Rehbein, é membro das Missionárias Servas do Espírito Santo da Igreja Católica e publicou o resultado de sua tese de doutorado defendida na Faculdade de Teologia da Pontifícia Universidade Católica do Rio de Janeiro. Assim como Cintra, Rehbein divide *Candomblé e salvação: a salvação na religião nagô à luz da teologia cristã* em duas partes: na primeira traz valiosas contribuições para o entendimento teológico das Tradições de Matriz Africana, embora não fuja das questões mais típicas da antropologia como a transcrição de ritos e de divindades. Na segunda parte, mais uma vez vemos um estudo sobre o cristianismo com ênfase em sua soteriologia de acordo com a Igreja Católica, onde podemos perceber uma supervalorização desta. No final, conclui que há uma soteriologia nagô embora (mais uma vez) incompleta, pois lhe falta a compreensão da mensagem de Cristo.

Volney José Berkenbrock é frei franciscano e professor na Universidade Federal de Juiz de Fora. Seu livro *A experiência dos Orixás: um estudo sobre a experiência religiosa no Candomblé* também é fruto de sua tese de doutorado defendida, em 1995, na *Friedrich-Wilhelm-Universität* (Bonn, Alemanha), e segue o mesmo tom dos anteriores (dividido em duas partes, sendo a primeira um estudo histórico-sócio-antropológico sobre o Candomblé e a segunda parte versando sobre o relacionamento da Igreja Católica com esta tradição), contudo a visão crítica do autor sobre a atuação da Igreja ganha destaque. Ao contrário dos estudos anteriores que defendem o relacionamento entre a Igreja Católica e as Tradições de Matriz Africana, mas que a entendem como incompleta, Berkenbrock prega a possibilidade de haver um relacionamento amigável entre as duas tradições sem que a Igreja procure uma intenção evangelizadora, ou seja, verdadeiramente reconhecendo uma isonomia na tradição. Aqui há alguma crítica ao Candomblé sem, no entanto, interpretá-lo como falho ou incompleto.

O padre Paulo Cezar Loureiro Botas é doutor em Filosofia, teólogo e diácono dominicano, além de possuir um título nobiliárquico no *Ilé Àṣẹ Òpó Afọ̀njá*, Candomblé de Salvador. Ele publicou, em 1996, o livro *Carne do sagrado, edun ara: devaneios sobre a espiritualidade dos Orixás*, no qual reflete teologicamente sobre o Candomblé usando como referencial teórico e metodológico a Teologia sem, no entanto, estabelecer um comparativo ou algum outro tipo de relação com o cristianismo.

Para melhor compor meu estudo, redijo um texto dissertativo que ocupa seis capítulos. No primeiro trato sobre o papel afroteológico e social das comunidades tradicionais de matriz africana. No segundo abordo a Filosofia Africana e sua permanência nestas comunidades. No terceiro e quarto, trato de parte dos textos sagrados que compõem e orientam a afroteologia e que chamo de *Ọgbọ́n Mẹ́fà* ou as "Seis Sabedorias". A *afroteontologia*, ou seja, a teologia sobre Deus propriamente dito, segundo a percepção africana de mundo, ocupa o quinto capítulo e a *Orixalogia*, o estudo afroteológico sobre os *Òrìṣà*, está no sexto capítulo. Finalizando, minhas conclusões.

Vinham pelos caminhos,
Atendendo ao chamado de um tambor
que bate dentro de seus próprios peitos:
tuc-tuc-tuc
Vinham - caules decepados -
nutrir-se nas raízes.[48]

---

48 Trecho de *No caminho da casa-de-nação*, do poeta gaúcho Oliveira Silveira. Publicado em: CORRÊA, 2006

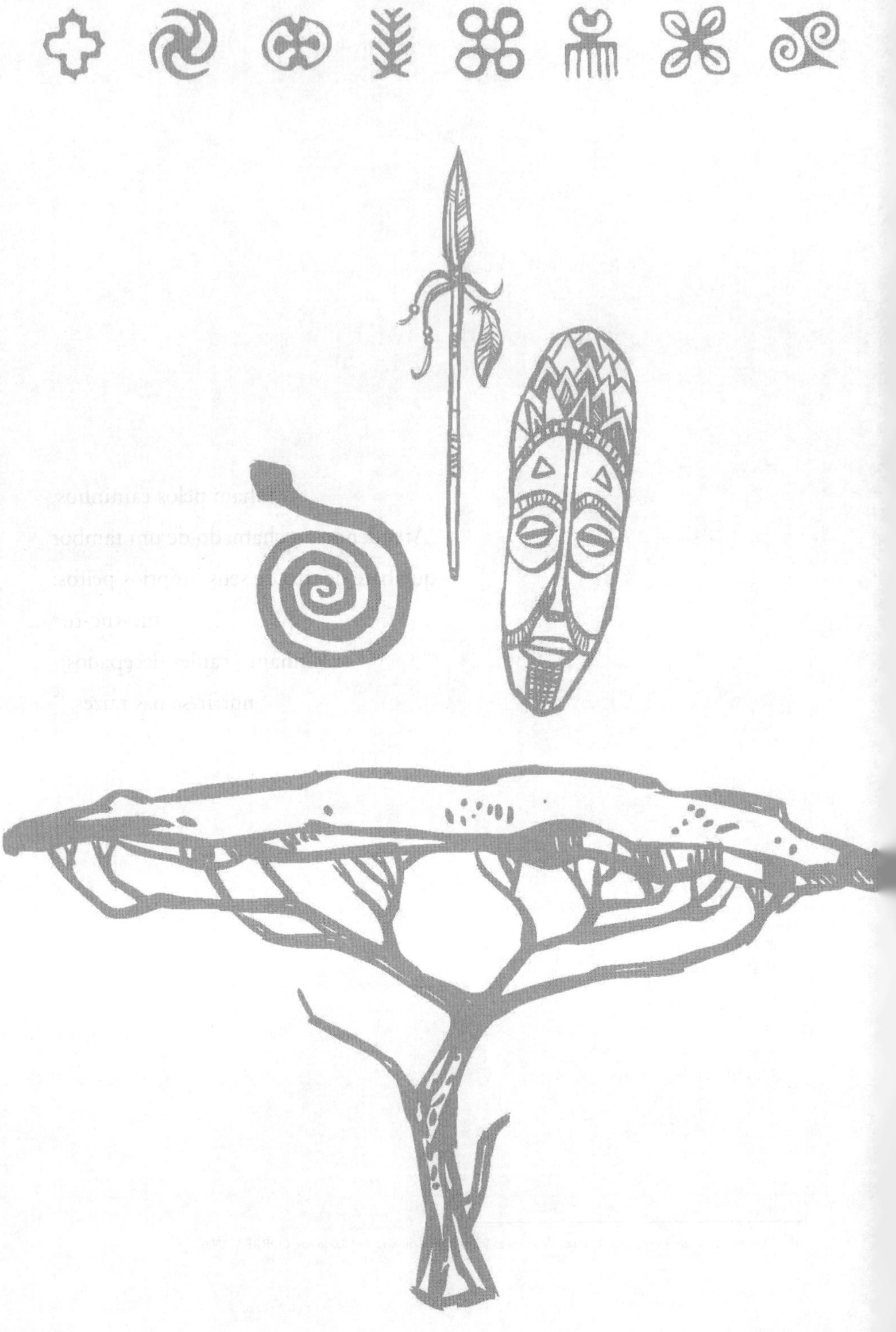

ILÉ ÀṢẸ
AS COMUNIDADES TRADICIONAIS
DE MATRIZ AFRICANA

Introdução

Neste primeiro capítulo apresento as comunidades tradicionais de matriz africana em todos os seus aspectos: teológicos, religiosos, geográficos, políticos e sociais. Apresento uma proposta de conceituação mais profunda, o que parece que não foi preocupação de outros pesquisadores. Veremos suas relações com o sagrado e sua hierarquia. Muitos dos elementos apresentados aqui possuem origem em minha vivência e, como já expliquei na Introdução, a tradição oral será minha principal base epistemológica.

Conceituando as Tradições de matriz africana

No dia 7 de fevereiro de 2007, o então presidente Luis Inácio Lula da Silva instituiu a *Política Nacional de Desenvolvimento Sustentável dos Povos e Comunidades Tradicionais* por meio do Decreto Presidencial nº 6.040. Esta política tem como principal objetivo a promoção do desenvolvimento sustentável dos grupos entendidos como "culturalmente diferenciados". O projeto tem ênfase no *"reconhecimento, fortalecimento e garantia de direitos territoriais, sociais, ambientais, econômicos e culturais"*, no respeito e na valorização de *"suas identidades, formas de organização e instituições".*[49] Para o geógrafo paranaense Douglas Grzebieluka, comunidades tradicionais são as que *"desenvolvem um modo singular de viver, pois estão em constante interdependência com a natureza, desenvolvendo sistemas de manejo sustentáveis."*[50] São comunidades que possuem um saber próprio e que o repassam transgeracionalmente, garantindo a continuidade de seus jeitos e modos de pensar, fazer e produzir.

O meio ambiente está imbricado nessa relação, embora o seu uso seja considerado de *"baixo impacto ambiental e de baixa articulação com o mercado, sendo em sua maioria atividades para a própria subsistência."*[51] e, com base nas ideias do sociólogo Antônio Carlos Sant'Ana Diegues, Grzebieluka ainda apresenta sua definição para comunidades tradicionais:

> *Estas comunidades desenvolveram formas particulares de manejo dos recursos naturais, que não visam diretamente ao lucro, mas à reprodução cultural e social, além de percepções e representações em relação ao mundo natural, marcadas pela ideia de associação com a natureza e a dependência de seus ciclos. Culturas tradicionais, nessa perspectiva, são aquelas associadas à pequena produção. Assim, comunidades tradicionais são grupos coletivos humanos que possuem um modo de vida distinto da nossa sociedade padronizada pela indústria cultural, não produzindo os danos ambientais que as comunidades urbanas produzem; sendo a autoidentificação, o 'reconhecer-se como pertencente,' uma das mais importantes características para o reconhecimento destas comunidades enquanto povos tradicionais.*

Estima-se que cerca de 4,5 milhões de pessoas fazem parte de comunidades tradicionais atualmente no Brasil, ocupando 25% do território na-

---

49   BRASIL, [S.d.].
50   GRZEBIELUKA, 2012
51   GRZEBIELUKA, 2012

cional, representados por caboclos, caiçaras, extrativistas, indígenas, pescadores, quilombolas, ribeirinhos, pomeranos (de maioria luterana), entre outros.

Os vivenciadores das Tradições de Matriz Africana, no entanto, não se encontravam neste conceito. Originalmente os termos mais utilizados para autodefinição dos vivenciadores numa tradição de matriz africana no Rio Grande do Sul era o "de religião". Em conversas ouvíamos: "sou de religião", "ela é de religião", "minha família é toda de religião", etc. Estas expressões remetem ao pertencimento ao Batuque, pois como diz Corrêa:

> *Este conjunto de elementos e símbolos, concretos ou abstratos, atuam para marcar a identidade batuqueira, como indivíduos pertencentes a determinado grupo. Ao mesmo tempo, assinalam, também, as fronteiras do grupo (a comunidade do Batuque) delimitando assim um espaço social próprio aos que a ela pertencem.[52]*

O pensamento ocidental a respeito da cultura e fé africanas transpostas às Américas e mantidas nos terreiros inicialmente é que se tratava de folclore, superstição, seita e, mais recentemente, religião. A academia ocidental também seguiu essa mesma lógica. Com isso surge o termo acadêmico *Religiões Afro-Brasileiras* para definir o conjunto de expressões religiosas que se estruturaram no território brasileiro, *Religiões Afro-Caribenhas* para se referirem às surgidas em Cuba, Haiti, Trinidad e Tobago, República Dominicana e sul dos Estados Unidos, e *Religiões Tradicionais Africanas* para aquelas que já existiam no continente negro antes dos processos coloniais e que permanecem ainda hoje, mais ou menos intactas. Surge então o termo afrorreligioso, em parte devido ao amplo uso do termo "religiões afro-brasileiras" pela Antropologia.

Tenho entendido que religiões afro-brasileiras são muitas. É toda e qualquer que tenha ao menos algum elemento de origem africana em sua com-

---

52 CORRÊA, 2006, p. 67.

posição. Neste quesito entra, além do Candomblé, o Batuque, o Tambor de Mina e o Nagô do Recife, também a Umbanda, a Quimbanda, o Babaçuê, o Catimbó, a Barquinha, a Jurema, a Encantaria e muitas outras expressões amalgamadas de religiosidade.

Em meados dos anos 2000, sobretudo após a divulgação da Lei 10.639/03 que fortalece as identidades africanas no contexto escolar brasileiro, surge no Brasil o termo "africanista" e "africanismo". Esta é uma apropriação equivocada do termo acadêmico, pois o africanista é aquele que *estuda* a África, o que inclui o estudo da cultura, da história, da demografia, da política, da economia, das línguas e da religião africanas. Africanismo é a corrente de estudos interdisciplinares que tem como objeto a África. Parece que a partir de 2003 se buscou uma separação do que tem uma origem mais direta africana das do que não tem. Assim instituiu-se o termo *religiões de matriz africana* para tipificar as tradições que se estabeleceram por aqui e que pouco ou nada tem de elementos alienígenas à África. Este termo é muito empregado por antropólogos, sociólogos, juristas e professores de várias áreas.

Entre os dias 18 e 21 de setembro de 2010 ocorreu, no Hotel Everest em Porto Alegre/RS, o I Encontro Nacional de Tradições de Matriz Africana e Saúde – Didá Ará. Neste encontro, promovido pela Rede Nacional de Religiões Afro-Brasileiras e Saúde, em parceria com o Ministério da Saúde, tinha como objetivo fortalecer o debate em torno do tema "Terreiros e Saúde", reunindo diferentes lideranças das Tradições de Matriz Africana e pesquisadores do país e do estado do Rio Grande do Sul, bem como setores governamentais e não-governamentais da saúde em torno da temática "Comunidades Tradicionais de Terreiro Integrando Saberes, Fortalecendo Vínculos e Construindo o SUS". A intenção era dar visibilidade aos saberes tradicionais das comunidades terreiro, além de propor a construção de estratégias de interlocução entre terreiros e o SUS. Neste contexto, apresentou-se o termo *Tradições de Matriz Africana*, uma visão "desde dentro" – ou seja, pensado e propagado pelos vivenciadores e não determinado por pesquisadores – que buscou no decreto 6.040/2007 um amparo para a sua construção teórica. Em 2012 repetiu-se o evento garantindo a solidificação do termo como um conceito que ora me valho, contudo, ainda há muita resistência por parte dos pesquisadores em adotá-lo.

Em julho de 2013 participei da Plenária Nacional de Povos de Matriz Africana que preparava a III Conferência Nacional de Promoção da Igualdade Racial. Nessa plenária difundiu-se o termo *Tradições de Matriz Africana* a partir do lançamento, em janeiro do mesmo ano, do *Plano Nacional de Desenvolvimento Sustentável dos Povos e Comunidades Tradicionais de Matriz Africana*, que conceitua os Povos e Comunidades Tradicionais de Matriz Africana da seguinte forma:

> *Povos e comunidades tradicionais de matriz africana são definidos como grupos que se organizam a partir de valores civilizatórios e da cosmovisão trazidos para o país por africanos para cá transladados durante o sistema escravista, o que possibilitou um contínuo civilizatório africano no Brasil, constituindo territórios próprios caracterizados pela vivência comunitária, pelo acolhimento e pela prestação de serviços à comunidade.*

Neste ínterim ficam incluídos as comunidades remanescentes de quilombos e os quilombos urbanos, bem como os terreiros de Batuque, Candomblé etc. A partir desse respaldo governamental, se entende que os terreiros são comunidades tradicionais, logo, comunidades que exprimem uma tradição que envolve ritos religiosos, mas também uma filosofia própria, uma teologia específica, um paradigma civilizatório, uma cultura, enfim tudo o que uma civilização complexa possui e que se mantém em solo americano.

O professor Jayro Pereira de Jesus, em várias palestras dos quais fui ouvinte atento, defendeu que o conceito ocidental de religião não consegue exprimir com totalidade a experiência batuqueira, candomblecista e dos demais fenômenos de permanência da espiritualidade africana nas Américas.

Ele é o idealizador e precursor do uso do termo "Tradições de Matriz Africana", termo esse que surge a partir do conceito de comunidades tradicionais e da ideia de que esses fenômenos são mais complexos que meramente uma religião (que por si só já possui complexidade), ou seja, não se resumem a ritos. De fato, o termo "religião" é muito difícil de explicar, pois, como diz Smith:

> [...] houve, pelo menos, uma variedade desconcertante de definições, e nenhuma delas teve ampla aceitação. [...] Neste caso, poder-se-ia argumentar que a própria incapacidade persistente de clarificar o sentido da palavra "religião" sugere que se abandone o termo, que se trata de um conceito distorcido que não corresponde realmente a algo definido ou distintivo existente no mundo objetivo.[53]

Atualmente, ao menos no Ocidente, o senso comum e a academia assumiram o conceito pensado por Lucio Célio Firmiano Lactâncio (240-320) – um dos primeiros filósofos romanos cristãos e conselheiro do Imperador Constantino – de que o termo "religião" provém do latim *re-ligare*, significando "religar". Para Lactâncio, os seres humanos se distanciaram de Deus quando Adão e Eva foram expulsos do Paraíso, por isso haveria a necessidade de se "religar" por meio dos ritos e cerimônias.

A definição de Lactâncio, entretanto, não se encaixa nos parâmetros africanos, uma vez que os seres humanos não estão "desligados" do divino. Na concepção africana, os seres humanos nascem como descendentes míticos das divindades. Há em nós uma centelha divina, em nosso próprio DNA, que garante a ascendência e a presença divina em todos os momentos de nossas vidas. Além disso, a evidente posição pró-cristianismo do filósofo romano interfere sobremaneira na sua interpretação do termo. Particularmente, prefiro a definição dada por outro filósofo romano, que viveu anteriormente ao surgimento do cristianismo. Marco Túlio Cícero (106-43) atenta que o termo

---

53 SMITH, 2006

seria derivado da palavra *re-legere*, significando "reler", não no sentido de "revisar", mas no sentido de "ler novamente", "repetir". A repetição está intrínseca à observação do homem sobre a natureza. As coisas se repetem: todas as manhãs o sol nasce, e se põe à noite; todos os anos há estações bem delimitadas pelo clima; todos os seres vivos nascem, crescem, se reproduzem e morrem. O constante repetir da vida e da natureza nos propõe uma ordem cósmica. Assim a constante repetição dos rituais e cerimônias serve para tornar presente novamente os acontecimentos ocorridos *in illo tempore*, nos tempos imemoriais.[54]

As Tradições de Matriz Africana deixam isso bem claro ao percebermos que o rito é mais importante que tudo. Um dos grandes problemas apontados pela comunidade batuqueira é justamente o fato de hoje haver muitos vivenciadores estudantes. O ato legitimador de saberes e conhecimento é ritualístico. É no momento do ato ritualístico que esses saberes e conhecimentos são postos à prova. Os diplomas oferecidos por instituições de Ensino Superior como legitimadores de certos conhecimentos são rechaçados pela comunidade batuqueira e muitas vezes entendidos como deslegitimadores do poder sacerdotal. O advento das redes sociais provocou essa desconfiança na legitimidade daqueles que se diziam sacerdotes e sacerdotisas de uma tradição de matriz africana. "*Religião se aprende no terreiro, não nos livros*" – bradavam muitos. Essa afirmação é a cobrança para que o conhecimento se dê na prática cotidiana dos terreiros e não por meio da leitura de obras literárias. A acusação com a pecha de "pai de santo de livro" é, frequente, o que corresponde a dizer que a pessoa não pratica nada, apenas lê. "*Acho bonito esse estudo, mas o que me interessa és tu aqui no quarto de santo, segurando galinhas!*" – ouvi dizer, certa vez, um *Bàbálóriṣà*. A tradução dessa frase seria: o estudo é mera estética, o importante é aprender o que fazer diante desses altares sagrados. Entendo plenamente esse discurso, já que não são os diplomas, mas sim as ações e práticas ritualísticas, que salvam pessoas da miséria, da tristeza e até da morte.

---

54 *In illo tempore* é um termo em latim pensado por Mircea Eliade e apresentado em várias de suas obras para definir o tempo mítico imemorial.

Contudo, prefiro o termo "Tradições de Matriz Africana" para definir as diversas tradições vivenciadas nos terreiros das Américas e da África. São "tradições", no plural, porque se exprimem numa diversidade de fenômenos como, por exemplo: Batuque no Rio Grande do Sul; Candomblé na Bahia; Tambor de Mina e Tambor de Nagô no Maranhão; Xangô ou Nagô em Pernambuco; *Santería, Regla del Ocha* e *Regla del Arará* em Cuba; Vodu no Haiti; Tchamba em Trinidad e Tobago; e o "africismo"[55] na África.

"Matriz" porque há apenas uma matriz teológica e filosófica. Assim como a própria África,[56] há uma unidade na diversidade de expressões espirituais de origem africana no mundo. Esta unidade pode estar vinculada, como diz Alves, a organizadores civilizatórios invariantes, tais como *"tradição oral, sistema oracular divinatório, culto e manifestação de divindades, ritos de iniciação e de passagem"*,[57] que servem para forjar um paradigma civilizatório negro-africano. Ou, como diz o teólogo espanhol Raul Altuna:[58]

> *Embora as manifestações desta Religião Tradicional e algumas crenças variem de uma zona a outra e até de um grupo a outro, se pode falar com exatidão de "Religião Tradicional Africana". A unidade de crenças, o substrato fundamental, o significado e a finalidade dos cultos, ritos e símbolos e a homogeneidade de aspirações mostram-se idênticos em toda a África Negra. Os seus traços essenciais são comuns e os acidentes não rompem a unidade básica.[59]*

---

55 Africismo é um termo cunhado pelo teólogo ugandense Aloysius Muzzanganda Lugira. Com um currículo invejável Lugira, que foi professor visitante em Harvard para ministrar aulas sobre religiões africanas e hoje é docente em Teologia na Boston College, EUA, criou o termo para se referir ao sistema de crenças religiosas autóctones africanas. .

56 Conforme proposição de vários autores como Cheikh Anta Diop e Amadou Hampâté Bâ.

57 ALVES, 2012.

58 Segundo site da editora Paulinas, Raul Ruiz de Asúa Altuna nasceu em Biscaia, Espanha. Foi ordenado sacerdote em Bilbao, em 1955. Chegou a Angola, com o primeiro grupo de padres diocesanos das Missões Diocesanas Bascas, em 1959. Em 1960, fundou a Missão de Brito Godins, no distrito de Malanje. Passou a trabalhar na Arquidiocese de Luanda em 1965. Em 1971, doutorou-se em Teologia Dogmática, em Roma.

59 ALTUNA, 1985, p. 369.

Alguns estudiosos têm usado a expressão "religiões de matrizes africanas" por entenderem que há uma diversidade africana que precisa ser respeitada. No entanto, desprezam a unidade que há nesta diversidade, ou seja, dão mais valor a casca, ao superficial, ao externo, ao estético, que à polpa, à profundidade, ao interno, à essência. Num olhar superficial, diremos que a pera é completamente diferente da banana. Mas com um olhar mais apurado percebemos que ambas têm casca, polpa, sementes, geram árvores, ou seja, são frutas. Há algo de essencial nesses dois objetos. O mesmo ocorre com as Tradições de Matriz Africana. Contudo, observamos que esses organizadores não estão presentes em outras tradições classificadas como religiões afro-brasileiras, como a Umbanda, Quimbanda, Catimbó, Babaçuê, Barquinha, Jurema, etc. Logo, defendemos que essas expressões amalgamadas de religiosidade não são Tradições de Matriz Africana.

Terreira é um termo genérico para as comunidades da tradição de matriz africana no Rio Grande do Sul, mas devido à influência da literatura sobre o Candomblé o termo "terreiro" também tem sido empregado. Para Juana Elbein dos Santos, o terreiro é um espaço de propagação de valores civilizatórios africanos, são verdadeiras "miniáfricas":

> Assim, o século XIX viu transportar, implantar e reformular no Brasil os elementos de um complexo cultural africano que se expressa atualmente através de associações bem organizadas, ẹgbẹ́, onde se mantém e se renova a adoração das entidades sobrenaturais, os Òrìṣà, e a dos ancestrais ilustres, os égun.[60]

Outra forma muito comum no Rio Grande do Sul de chamar este espaço, como já disse antes, é "casa de religião". Este termo talvez esteja alicerçado na compreensão de que é um lugar onde se pratica a parte religiosa da comunidade, ou seja, os ritos específicos e internos. Encruzilhadas, matas,

---

60   SANTOS, 2002, p. 32.

praias, cachoeiras e pedreiras são lugares tão sagrados quanto os terreiros, mas é ali em que são realizadas as iniciações e onde estão os altares das divindades, os Òrìṣà. Assim o terreiro se inscreve como um *axis mundi*, um local que liga o mundo material ao mundo espiritual e também um *imago mundi*.

> *[...] se o Templo constitui um imago mundi, é porque o Mundo, como obra dos deuses, é sagrado. Mas a estrutura cosmológica do Templo permite uma nova valorização religiosa: lugar santo por excelência, casa dos deuses, o Templo ressantifica continuamente o mundo, uma vez que o representa e o contém ao mesmo tempo. Definitivamente, é graças ao Templo que o Mundo é ressantificado na sua totalidade. Seja qual for seu grau de impureza, o Mundo é continuamente purificado pela santidade dos santuários.*[61]

Volney J. Berkenbrock também vê no terreiro um espaço de unificação do cosmo, onde *"os terreiros são como ilhas africanas, isoladas em uma realidade estranha, onde todo o universo (Orum e Aiye) está reunido. [...] Ali pode ser trocado o axé e garantida a dinâmica e a continuação da existência. Os terreiros são unidades completas e fechadas."*[62]

Contudo, materialmente, o que pode ser pensado dessa forma é o *yàrá Òrìṣà*, o quarto de *Òrìṣà* ou "quarto de santo", um cômodo da casa destinado aos altares onde ficam os assentamentos coletivos dos Òrìṣà, o *peji*, e os implementos sagrados. Geralmente, este quarto fica dentro da casa de moradia dos sacerdotes e é contíguo à uma sala grande de estar. Esta sala se torna o salão de ritos após ter seus móveis removidos em dias das festas religiosas. O terreiro, efetivamente, compreende todo o espaço do terreno. Segundo a tradição oral, os primeiros terreiros fundados na região de Porto Alegre ficavam fora da zona urbana, por isso dispunham de um grande espaço físico onde havia a casa de moradia dos sacerdotes, o *Ilésin L'odè* – uma casinhola onde

---

61 ELIADE, 2010, p. 56. Grifos do autor.
62 BERKENBROCK, 2007

ficam os assentamentos dos *Òrìṣà L'odè* (que ficam fora do *yàrá Òrìṣà*): *Èṣù L'odè, Ògún Avagan* e *Yánsàn*[63] – além de um grande pátio para cultivo de plantas e ervas medicinais e litúrgicas, e para a criação de animais destinados ao abate tradicional religioso, tais como galináceos, caprinos, suínos e ovinos. Em alguns casos, nos fundos, há um espaço destinado ao *Igbàlẹ̀*, nome dado ao local de culto aos ancestrais. Outro termo que vem sendo usado frequentemente, mas de forma muito recente também por influência do Candomblé, é *Ilé* (casa) ou *Ilé Àṣẹ* (casa de Axé), porém figura mais na nomenclatura dos terreiros do que propriamente como forma corrente de se referenciar o espaço.

OTTO E ELIADE BAIXARAM NO MEU TERREIRO: O SAGRADO PARA AS TRADIÇÕES DE MATRIZ AFRICANA

Um dos problemas que dificulta a união política entre as diferentes Tradições de Matriz Africana é a ideia de que cada uma é totalmente distinta das demais. O Prof. Jayro Pereira de Jesus – o primeiro verdadeiramente afroteólogo acadêmico do Brasil – rodou o país num esforço hercúleo para desfazer essa premissa. Essa desunião lembra em muito a *Carta de Willie Linch*.

A Carta de Willie Lynch[64] é apontada como um documento supostamente de 1712, o qual explica como um proprietário de escravizados no Caribe mantinha seus cativos disciplinados e submissos. Na carta, Lynch orienta aos escravizadores de sua época a reforçar as diferenças entre os cativos, pois era a forma de criar entre eles medo, desconfiança e inveja. Assim estariam sempre submissos exclusivamente aos seus captores, dos quais dependeriam para tudo. Embora sua autenticidade seja contestada, a carta foi amplamente divulgada na internet e é utilizada pelo movimento social negro, tanto do Brasil quanto dos Estados Unidos, como denúncia das estratégias empregadas ainda hoje para a desestabilização das lutas por direitos do povo negro.

---

63 Segundo a tradição *Ijẹ̀ṣà*. Para outras tradições, de forma geral, além destes podem ter outras divindades que também têm seus assentamentos do lado de fora da casa principal.

64 A CARTA, 2012

A mesma ideia descrita na carta é a entendida também pelo povo de terreiro. Sempre que surge a pergunta do porquê os vivenciadores das Tradições de Matriz Africana serem tão desunidos, a resposta mais rápida e também a mais difundida é a de que "as tribos na África eram inimigas e passaram transgeracionalmente esta animosidade", chegando assim até os nossos dias. Quando Milton Santos[65] disse que "*a força da alienação vem dessa fragilidade dos indivíduos, quando apenas conseguem identificar o que os separa e não o que os une*", estava se referindo aos problemas causados pelo individualismo exacerbado no tocante ao consumo de bens na sociedade. Entrementes, parece que se encaixa perfeitamente no contexto das Tradições de Matriz Africana. Na mesma direção, o Prof. Jayro denunciou em várias de suas palestras e cursos, entre os anos de 2004 e 2014, como a ideia da diferença contribuiu e ainda contribui para a desunião das Tradições de Matriz Africana.

Mas de que forma é possível demonstrar a unidade entre tradições como o Batuque, o Candomblé e o Nagô do Recife, se todos possuem práticas tão distintas? A resposta parece estar nos teóricos da fenomenologia. Nesta parte do trabalho, apresentaremos alguns elementos teóricos que dão suporte à interpretação das Tradições de Matriz Africana sob o prisma da fenomenologia da religião. Para tanto, apresentarei uma breve história dos estudos das religiões; abordarei os principais teóricos da fenomenologia e seus apontamentos e, por fim, a visão de sagrado para essas tradições.

Uma breve história sobre os estudos das religiões

Tomei emprestado à Associação Brasileira de História das Religiões (ABHR) o termo que serve de título para a primeira das obras de sua coleção,[66] *estudos das religiões*, por entender que este define os estudos acadêmicos, sistematizados em diversas áreas do conhecimento, das diferentes religiões do

---

65 SANTOS, 2001, p. 17.
66 GUERREIRO, 2004.

mundo. Prefiro este termo a outros como Ciências da Religião ou História das Religiões, para evitar disputas geradas por estas disciplinas.

> *É preciso dizer que o termo "ciência da religião" (Religionwissenschaft) foi cunhado na segunda metade do século XIX para destacar a emancipação das ciências humanas em relação à filosofia e à teologia – até então vozes imperantes – no tratamento dos fenômenos religiosos e das concepções últimas sobre o ser.*[67]

Mircea Eliade parece desdenhar levemente das Ciências da Religião ao defender que a História das Religiões é mais antiga.[68] Esta, contudo, é apenas uma disciplina que pende ora para a área de História, ora para as Ciências da Religião, assim como as demais disciplinas: Filosofia da Religião, Sociologia da Religião, Psicologia da Religião etc.

No prefácio de sua mais conhecida obra, *Sagrado e profano*, Eliade tece um longo histórico sobre os estudos das religiões. Segundo ele, esses estudos teriam iniciado na Grécia Antiga com Parmênides (530-460), Empédocles (490-430), Heródoto (484-425), Demócrito (460-370), Platão (428-348) e Aristóteles (384-322). Todos demonstraram interesse a respeito das religiões, seja a do seu próprio povo ou a de outros. Mas foi Teofrasto (372-287) que teria sido "*o primeiro historiador grego das religiões: segundo Diógenes Laércio (V. 48), Teofrasto compôs uma história das religiões em seis livros.*"[69]

> *Mas foi a partir das conquistas de Alexandre, o Grande (356-323), que os escritores gregos tiveram oportunidade de conhecer diretamente e descrever as tradições religiosas dos povos orientais. Sob Alexandre, Bérose, sacerdote de Bel, publica suas Babyloniká. Megasténe, várias vezes enviado por Seleukos Nikator, entre os anos de 302 e 297, em embaixada ao rei indiano Chandragupta, publica*

---

67 LIMA, 2008, p. 204
68 ELIADE, 2010.
69 ELIADE, 2010.

Indiká. Hecateu de Abdera ou de Mos (365-270/275) escreve sobre os hiperbóreos e consagra à teologia dos egípcios os seus Aigyptiaká. O sacerdote egípcio Manéton (século III) aborda o mesmo assunto em obra publicada sob o mesmo título. Foi assim que o mundo alexandrino passou a conhecer um grande número de mitos, ritos e costumes religiosos exóticos.[70]

Com Epicuro (341-270) temos a "crítica radical da religião" e, então, os estoicos que buscavam nos mitos uma origem histórica através de seu método de exegese alegórica. Ainda no período que antecede o cristianismo, temos os filósofos romanos dos quais Cícero e Varrão (116-27) são dos mais importantes. Os apontamentos de Cícero me interessam mais por conta do conceito que traz à palavra "religião", como já visto algumas páginas atrás.

Foi devido à expansão do Império Romano que podemos conhecer as crenças e costumes dos povos conquistados como os descritos por César (101-44) sobre os gauleses; Tácito (55-120) sobre os germanos; Fílon (64-141) sobre os fenícios; Pausânias (115-180) sobre a Grécia; Apuleio (125-170) sobre o culto à deusa egípcia Isis; e Luciano de Samósata (125-181) sobre os sírios. Alguns desses autores contribuíram, segundo Eliade, para a *"revalorização da exegese espiritualista dos mitos e dos ritos"*,[71] tais como Plutarco (46-120).

Com o advento do cristianismo como religião separada do judaísmo e crescente em adeptos e poder, surgem autores que precisam ao mesmo tempo refutar o paganismo[72] ainda existente e vinculado às elites romanas e exortar o cristianismo para que se torne hegemônico, o que de fato ocorrerá em 395,

---

70 ELIADE, 2010, p. 4.
71 ELIADE, 2010, p. 5.
72 O termo paganismo aqui é empregado como generalização para as variadas formas de religiosidade existentes na Europa pré-cristã; o termo tem origem no latim *pagus*, que significa "campo". As religiões pagãs eram rurais, vinculadas aos ciclos da agricultura. O campo era o grande produtor de alimentos para a população romana e fonte de riqueza dos patrícios, a casta abastada romana, descendentes dos fundadores da cidade e os únicos que poderiam ter terras, rebanhos e escravos. Os plebeus eram os comerciantes e artesãos. Na hierarquia social romana ficavam abaixo dos patrícios. Os patrícios não tinham apenas o poder político e econômico, mas também o religioso. O cristianismo surge como religião urbana, fortalece os plebeus e ataca os patrícios, num primeiro momento, para se estabelecerem no poder. Daí a demonização do paganismo e, subsequentemente, de todas as religiões não cristãs.

quando este se torna a religião oficial do Império Romano sob o comando do imperador Teodósio I.[73] Clemente de Alexandria (150-215), Marco Minúcio Félix (150-270), Tertuliano (160-220), Orígenes (185-253), Lactâncio, Eusébio de Cesaréia (265-339), Júlio Fírmico Materno (séc. IV), Santo Agostinho (354-430) e Paulo Orósio (385-420) são exemplos desse período.

A Idade Média produziu autores cristãos, islâmicos e judeus. Pelo lado dos árabes, temos *"Ibn Hazn (994-1064) [que] compilara um volumoso e erudito Livro [...] no qual falava do dualismo masdeísta e maniqueu dos brâmanes, judeus, cristãos, ateístas e das numerosas seitas islâmicas."*[74]

> *Entre os judeus da Idade Média, merecem destaque dois autores: Saadia (892-942), com seu livro "Das crenças e das opiniões" (publicado por volta de 933), no qual faz uma exposição das religiões dos brâmanes, cristãos e muçulmanos, integrada a uma filosofia religiosa, e Maimônides (1135-1204), que empreendeu um estudo comparativo das religiões, evitando cuidadosamente a posição do sincretismo. Nesse estudo, o autor tentou explicar as imperfeições da primeira religião revelada, o judaísmo, pela doutrina da condescendência divina e do progresso da humanidade, teses que haviam sido utilizadas também pelos padres da Igreja.*[75]

A despeito destes autores, a Idade Média foi um período em que o cristianismo se sagra como religião triunfante na Europa, praticamente exterminando todas as outras formas de religiosidade no continente. Com isso, os estudos das religiões ficaram bem menos entusiasmados que em épocas anteriores. A partir desse período os pensadores cristãos fizeram duras críticas à

---

[73] Costuma-se dizer que foi o Imperador Constantino quem tornou o cristianismo a religião oficial do Império Romano, mas os fatos históricos apontam que este foi apenas o primeiro imperador cristão, embora tenha se batizado apenas em seu leito de morte, em 337. Ele deixou o cristianismo como legado para seus descendentes, mas a religião oficial do Império ainda era o paganismo até que Graciano renunciou ao cargo de pontífice máximo, em 379. Após ter sido assassinado e tendo o trono usurpado por dois imperadores pagãos, Teodósio I toma o poder e torna o cristianismo a única religião permitida em todo o Império, em 395.
[74] ELIADE, 2010, p. 7-8
[75] ELIADE, 2010, p. 8.

diversidade religiosa e isto se dá, concluí depois de anos de observações e análises, ao que denominei de "os quatro pilares do cristianismo", que são: o exclusivismo, o universalismo, o proselitismo e o maniqueísmo.[76]

Assim os estudos da religião, ao menos na Europa cristã, ficaram voltados para o próprio cristianismo, ainda que não fossem mais sobre a religião, mas sim sobre a fé.[77] Santo Anselmo de Cantuária (1033-1109) se destaca por buscar apresentar provas da existência de Deus. O cristianismo tem total poder sobre o povo da Europa Medieval e sua busca por um mundo não mundano gerará uma luta contra todos aqueles que falassem diferente da Igreja. O conhecimento era considerado "perigoso" e, por isso, ficava circunscrito aos monastérios, seminários e universidades – este último, espaços das elites. Foi graças à invasão muçulmana na Europa[78] que o Ocidente teve acesso aos textos gregos. Estes, por sua vez, foram estudados pelos padres cristãos.[79] São Tomás de Aquino (1225-1274) foi incumbido pela Igreja para estudar e contestar os textos gregos, mas, ao contrário, os usou para legitimar o próprio cristianismo. A história avança passando pelos colonizadores das Américas no século XVI e os pensadores iluministas do século XVIII, antes de chegarmos aos estudiosos do século XIX, entre eles Müller, Tylor e Durkheim.

---

76 Nesta perspectiva, o exclusivismo se refere a ideia de que apenas o cristianismo possui ou conduz à *verdade*; o *universalismo* afirma que esta *verdade* vale para todos indistintamente, à revelia de suas próprias crenças; por meio do *proselitismo* os cristãos se empenham em convencer os não cristãos sobre essa *verdade*, com a intenção de convertê-los; o principal argumento para a conversão é o uso da filosofia religiosa que afirma a existência de um conflito cósmico entre as forças do *Bem* e do *Mal*. No *maniqueísmo* essas forças são antagônicas, de origens teológicas distintas (o Bem se origina em Deus, enquanto o Mal no Diabo) e que a recusa em aceitar a conversão automaticamente gera a compreensão de que a pessoa ou grupo alvo dessa "missão" religiosa, está irremediavelmente em conluio com as forças do mal, como argumenta Dussel (2005) e Morin (2009). Os "quatro pilares" a que nos referimos neste trabalho, constituem-se, nos dias de hoje, num problema a ser resolvido pelo cristianismo em suas inúmeras vertentes, uma vez que vivenciamos um período global de valorização e respeito às diversidades. Felizmente várias denominações cristãs têm se alinhado a essa posição.

77 SMITH, 2006, p. 35.

78 Entre 711 e 726 houve uma série de deslocamentos militares e populacionais de islâmicos do Norte de África, sob o comando do general bérbere Tárique. Essas tropas cruzaram o estreito de Gibraltar, penetraram na península Ibérica, e venceram Rodrigo, o último rei dos visigodos. Nos anos seguintes, os muçulmanos foram alargando as suas conquistas na península, apoderando-se do território por quase oitocentos anos. A dominação muçulmana na Espanha sofreu sua derrocada em 1492, quando foram definitivamente expulsos pelos reis católicos Fernando de Aragão e Isabel de Castela e Leão.

79 DUSSEL. In: LANDER, 2005.

As vertentes metodológicas no estudo das religiões

Vários estudiosos contemporâneos das religiões, tais como Jacqueline Hermann, Hermann Brandt e Adone Agnolin, entre tantos outros, apontam que o estudo das religiões passou por vários norteamentos ou métodos ao longo de sua história. Desde o advento do pensamento evolucionista, muitos cientistas europeus do século XIX direcionaram suas pesquisas para o viés classificatório. Classificar animais, raças humanas e religiões, hierarquizando-as sob o prisma evolutivo era o mote nonocentista. Assim, surgiram também nos estudos das religiões algumas vertentes, tais como: a sistemática, a fenomenológica e a histórica.

Foi a premissa de que há uma distinção evolutiva entre o princípio dos tempos e o hoje que fez surgir a vertente sistemática dos estudos das religiões. Max Müller (1823-1900), Edward Burnett Tylor (1832-1917) e Émile Durkheim (1858-1917) são apontados por Agnolin[80], professor do Departamento de História da Universidade de São Paulo, como os autores que defenderam esta posição.

Nesta vertente, Agnolin apresenta duas possibilidades nos estudos sistemáticos da religião: o primeiro seria o que ele chama de "romântico", possibilidade apresentada por Müller *"que faz dos 'primitivos' os depositários do primeiro fundamental elemento (a religião) que transforma o indiferenciado, em povo, etnia, nação."*[81] Adota-se a ideia de que as religiões em suas origens eram ou mais elaboradas ou primitivas, chegando aos nossos dias com degeneração ou evolução, respectivamente.

> *Desde a teoria animista de Edward Burnett Tylor, a comparação histórico-religiosa constituiu-se, não como forma de distinção, mas como forma de equiparação. A partir dessa equiparação, os fatos re-*

---

80 AGNOLIN, 2008.
81 AGNOLIN, 2008, p. 16.

ligiosos eram colocados em relação analógica e acabavam por constituir um sistema religioso: consequentemente, as religiões deixavam de ser levadas em consideração em suas dimensões históricas e eram reduzidas a sistemas classificatórios. [...] Desta maneira, as civilizações "primitivas" individualizavam-se por serem percebíveis sub specie religionis, isto é, do ponto de vista genericamente "religioso" que as pré-ordenava segundo estágios, degraus, ou etapas, em seu constituir-se enquanto sistema: desse ponto de vista, a perspectiva positivista não fez outra coisa que re-transcrever a diferenciação sistemática por estágios dentro da ótica "processual" que já foi própria ao determinar-se do "processo civilizador".[82]

Müller defendia que haveria uma religião primordial que, com o passar dos séculos, foi se diversificando em povos e comunidades, o que garantiu a sua degeneração. Já para Tylor, acontece o contrário. As religiões eram rudimentares no passado e aos poucos foram "evoluindo" até os dias atuais. O passo seguinte seria dado por Émile Durkheim, apontado por Agnolin como um teórico da sistematização, ao lado de Müller e Tylor, justamente por defender uma posição genérica a respeito do totemismo aos povos ditos "primitivos". Durkheim não observa os aborígenes australianos a partir de sua própria história e costumes, mas sim sob a ótica evolucionista, introduzindo o conceito de totemismo na escala classificatória das religiões. Durkheim é a "tampa da panela" na vertente sistemática do estudo das religiões.

Essa era a proposta de classificação aplicada até bem pouco tempo nas academias (quiçá ainda hoje) onde as religiões "primitivas" seriam animistas (creem que todas as coisas possuem uma "alma") ou totemistas (crença de que os clãs descendem de certos animais ou heróis, por isso seriam portadores de sua força vital representada pelo totem); no período clássico, teríamos as politeístas (crença na existência de diversos deuses) ou monodeístas (crença de

---

[82] AGNOLIN, 2008, p. 16-17.

que embora haja muitos deuses, cultua-se apenas um), e na modernidade o advento da modalidade superior das formas religiosas: o monoteísmo (crença na existência de um único deus). Ou como diz Jacqueline Hermann:

> As influências do positivismo de Comte, aliadas as teses evolucionistas de H. Spencer (1820-1903), marcadas pelo modelo biológico e inspiradas pela teoria de C. Darwin (1809-1882), certamente estiveram presentes nas conclusões de E. B. Tylor (1832-1917), sobre a cultura e a religiosidade primitivas, contidas no clássico Primitive culture, de 1871. Para Tylor o animismo [...] era a característica original da criação religiosa, passando do politeísmo ao monoteísmo, ponto máximo de um processo de evolução espiritual. Também para J. G. Frazer (1854-1941) estas seriam as principais etapas do desenvolvimento religioso da humanidade.[83]

Há ainda o *ateísmo*, que figuraria, segundo esses cientistas do século XIX e início do XX, como o estágio final da compreensão humana sobre a ordem cósmica, já que as formas supersticiosas e inferiores de pensamento, as religiões, seriam superadas pela razão apresentada pela Filosofia e pelas ciências empíricas.

A crítica que faço a esta vertente de estudos é que a hierarquização das religiões desenvolvida pelos cientistas europeus tende a legitimar uma posição epistemológica eurocêntrica e anacrônica ao ignorar a historicidade de povos e sociedades humanas, buscando certa "evolução" nas práticas religiosas. Analisando essas mesmas práticas na contemporaneidade, mas encaixando-as em tempos díspares, geram, assim, uma ideia de que as práticas religiosas europeias passaram por todas as fases que ainda permanecem em sociedades "primitivas" como os povos nativos das Américas ou da África e os aborígenes da Austrália, e por isso estariam no estágio máximo de categorização.

---

83 HERMANN. In: CARDOSO, 1997

Faço uma crítica ao uso indiscriminado do termo "evolução". Este termo tem aparecido no senso comum como sinônimo de algo "melhorado" ou ainda "superior". Este discurso foi muito utilizado nos processos de dominação de outros povos pelos europeus durante o período do neocolonialismo (final do século XIX e meados do XX) e o é ainda hoje, em pleno Brasil do século XXI, quando se trata das Tradições de Matriz Africana como o Batuque e o Candomblé, pois a *afroteofobia*[84] - o temor ou ódio a essas tradições religiosas -, costuma classificá-las ora como satânicas, ora como primitivas, garantindo assim a supremacia e hegemonia das tradições cristãs.[85] No entanto, essas teorias caem por terra ao serem confrontadas com as Tradições de Matriz Africana. Seguindo a lógica dessas classificações, poderíamos alocar as Tradições de Matriz Africana como pertencentes a todos esses tipos.

    O totemismo é atribuído à época em que a caça e a coleta eram a economia principal dos povos. Com isso, as habilidades e conhecimentos de certos heróis eram tão importantes que se tornaram motivo de cultos totêmicos. Segundo os seus *Ìtàn* (histórias sagradas) preservadas pela tradição oral, *Ògún* era um grande e invencível guerreiro, também dominava técnicas de metalurgia, fabricando ferramentas para a agricultura e armas de ferro, mais poderosas que as de madeira ou bronze. No Batuque e no Candomblé, ele é representado por instrumentos de trabalho e de combate, o que pode ser considerado um tipo de totem. *Ọdẹ* ou *Ọ̀ṣọ́ọ̀sí* e *Ọtin* são divindades da caça, com suas habilidades na atividade caçadora que garantiram a perpetuação de seu culto sob a forma afroteológica de divindades protetoras da vida animal e garantidoras da segurança alimentar. Também são cultuados sob a forma de totens que os representam: no Batuque pelo *eré*, uma pequena escultura em

---

84 SILVEIRA, 2016.
85 Um bom exemplo é o caso do Projeto de Lei 21/2015 que a deputada evangélica Regina Becker Fortunati apresentou à Assembleia Legislativa do Estado do Rio Grande do Sul. Na justificativa ao projeto (ver em https://bit.ly/2MQY4b0), a parlamentar argumenta que as práticas religiosas de matriz africana são primitivas e que por isso não seriam mais toleradas pela sociedade moderna. O termo "primitivo", neste contexto, é utilizado sempre como sinônimo de atrasado, arcaico, logo, como missão civilizadora, o mundo evangélico busca resgatar as pessoas desse estado obsoleto da humanidade para a moderna forma de viver e se relacionar com o sagrado.

forma humana feita em madeira. O mesmo ocorre com Ọ̀sányìn, divindade potencializadora do poder curativo das plantas e ervas medicinais. Por conta disso, também é uma divindade civilizatória e, mais uma vez, cultuada em forma de totem.

Também atribuído aos "povos primitivos", o animismo seria a fase religiosa em que se acredita que todas as coisas possuem uma "alma". As tradições africanas também podem ser categorizadas dessa forma, uma vez que crê que todas as coisas são hierofanias dos Òrìṣà. Essa vinculação da natureza com os Òrìṣà é tão grande e poderosa que muitos antropólogos afirmaram que eles seriam as "forças da natureza" ou mesmo os próprios "elementos da natureza". Veremos mais adiante que não é essa minha posição. Entrementes, muitos Òrìṣà são representados por pedras que possuem formatos especiais que os identificam. Animais, cores, espaços naturais e geográficos e até mesmo fenótipos humanos também possuem essa identificação. Crer que esses lugares, objetos e seres são "animados" pelas divindades em muito se assemelha a teoria animista.

Povos da Antiguidade eram tidos como politeístas. Sumérios, acádios, amorritas, assírios, caldeus, fenícios, hititas, egípcios, axumitas, cuxitas, gregos, romanos, germanos, celtas, gauleses e muitos outros acreditavam na existência de muitos deuses. Mesmo os hebreus, no princípio, teriam sido politeístas antes de adotar o monoteísmo como forma de unificar suas tribos, que estavam dispersas desde o domínio babilônico, em uma nação. Frequentemente, alguns autores classificam as Tradições de Matriz Africana como politeístas ao entenderem que estas cultuam uma diversidade de deuses. Embora essa interpretação não esteja correta, pois lhe falta um estudo mais profundo sobre a natureza do que seria um deus, ainda assim, numa rápida e superficial observação, poderíamos dizer que sim: cada Òrìṣà possui um culto próprio, com sacerdotes próprios, sendo que cada um deles atua no mundo usando o seu poder na interrelação entre as demais divindades, a natureza e os seres humanos.

Vários estudos apontam que Zoroastro teria sido o fundador da religião persa, a primeira a adotar o monoteísmo e o maniqueísmo. Os hebreus teriam aprendido com eles e transformado seu próprio sistema de crenças politeístas em monoteísmo. A crença em um único deus foi o diferencial apresentado pelos hebreus à sociedade ocidental com o advento do cristianismo e por fim com a fundação do islamismo no Oriente Médio. Todavia, as Tradições de Matriz Africana também podem ser arroladas como monoteístas, uma vez que existe a crença num único Deus, *Olódùmarè*, que é quem cria os *Òrìṣà* e lhes dá poderes para a manutenção da vida, como veremos mais adiante. De fato, tenho defendido que as Tradições de Matriz Africana são monoteístas. Não o monoteísmo exclusivista pregado pelo cristianismo, mas um monoteísmo africano, que respeita a diversidade e as crenças alheias, pois o proselitismo não faz parte dessa tradição, por isso não há uma missiologia que busca incansavelmente converter mais do que ajudar as pessoas.

A fenomenologia nos estudos da religião

A virada do século XIX para o XX viu, nos estudos da religião, uma fuga da sociologia da religião, ou seja, do estudo dos aspectos mais humanos e sociais presentes na comparação entre as religiões e sua classificação, para o estudo do sagrado enquanto essência à todas as religiões. O termo "fenômeno" vem do grego φαινόμενο (*phainomenon*), que significa "aquilo que é observável", "que se mostra". Logo, a fenomenologia pode ser apontada como sendo "o estudo do que é observável". De fato, isto nos remete a uma citação geralmente atribuída ao físico dinamarquês Niels Bohr: "*Nenhum fenômeno é fenômeno até ser observado.*"

Vários autores trabalharam com esse conceito ao longo da história. Immanuel Kant[86] (1724-1804) define que nós não podemos saber da essência das "coisas-em-si", mas apenas das coisas que nossas experiências permitiriam

---

86   KANT, 2012.

apreender e que essa experiência adquirida são *fenômenos*. Embora o termo tenha sido criado por Johann Heinrich Lambert (1728-1777), foi Edmund Husserl (1859-1938) quem ficou conhecido como o "pai da fenomenologia". Seus alunos Max Scheler (1874-1928) e Martin Heidegger (1889-1976) levaram adiante sua fenomenologia, ainda que personalizadas por ideias próprias. Ainda temos Jean-Paul Sartre (1905-1980) e Emmanuel Lévinas (1906-1995) como grandes influenciados por ele em seus trabalhos.

A fenomenologia de Husserl é um método que busca compreender a essência da experiência humana a partir da análise das suas manifestações ou fenômenos. É uma tentativa de compreensão do ponto de vista da pessoa que teve a experiência. Aplicada aos estudos da religião, a fenomenologia propõe um método de compreensão, e não apenas de descrição, da experiência religiosa a partir da análise dos fenômenos que se apresentam.

> *Aplicada à(s) religião(ões), a fenomenologia não estuda os fatos religiosos em si mesmos (o que é tarefa da história das religiões), mas sua intencionalidade (seus eidos) ou essência. A pergunta do historiador é sobre quais são os testemunhos do ser humano religioso, a pergunta do fenomenólogo é sobre o que significam. Não o que significam para o estudioso, mas para o homo religiosus, que vive a experiência do sagrado e a manifesta nesses testemunhos ou "fenômenos".*[87]

Foi o holandês Gerard van der Leeuw (1890-1950) o primeiro a atribuir este método em sua obra *Fenomenologia da Religião*, de 1933. Van der Leeuw foi um historiador e teólogo que chegou a ser ministro da educação em seu país. Sua obra se destaca por objetivar:

> *[...] captar o divino a partir da experiência do homem religioso, as características são alcançadas não no sentimento (como acontecia*

---

[87] CROATTO, 2001.

com Otto), mas no próprio comportamento: a objetivação da religião torna-se a objetivação da "experiência religiosa", mesmo que isso venha significar um afastamento da história para recuperar uma significação universal, com o objetivo final de alcançar uma pressuposta essência da religião.[88]

A fenomenologia da religião quer entender a essência da religião, uma essência que pode perpassar todas ou apenas a singularidade de uma delas. Entretanto, essa busca não era nova. Em meio à primeira guerra mundial, o teólogo luterano Rudolf Otto (1869-1937) publicou uma das mais importantes obras para a fenomenologia das religiões, ainda que não seja especificamente uma obra fenomenológica. Como diz Brandt na apresentação de *O sagrado* (1917), "*Otto ressalta o elemento aterrador, o estremecimento cotidiano da experiência com Deus*".[89] Já para Agnolin, Otto ofereceu um modelo de análise para uma interpretação da experiência religiosa.[90]

O que entendemos é que Otto, em sua obra, busca a compreensão do sagrado enquanto algo de origem divina que transcende o pensamento racional. Assim, o sagrado é entendido como algo misterioso. No centro da obra está a ideia do numinoso como algo "irracional" e "totalmente outro" (*gans andere*).[91] Esta "irracionalidade" não está aqui sendo apresentada como algo que não pode ser racionalizado, mas sim algo que escapa à racionalidade. Outra forma de dizer é que a racionalidade não pode alcançar plenamente o numinoso, por isso ele é "irracional"; ou, ainda, que o sagrado supera em muito a capacidade racional de ser entendido, é "não-racional".[92] O tradutor da obra,

---

[88] AGNOLIN, 2008
[89] BRANDT. In: OTTO, 2011
[90] Agnolin parece desdenhar desses dois autores por seus vínculos religiosos. Otto era teólogo luterano e van der Leeuw foi pastor da Igreja Reformada holandesa. Esse desdém, contudo, não nos surpreende, já que Agnolin é historiador e em seu artigo busca demonstrar que a vertente que chama de *Histórica* representa a superação das análises sistemática e fenomenológica. Não discorrerei neste trabalho sobre essa vertente analítica.
[91] OTTO, 2011
[92] Em 2018 a revista acadêmica, vinculada à pós-graduação das Faculdades EST (a mais bem conceituada faculdade de Teologia do Brasil

Walter O. Schlupp, faz o seguinte recorte de uma fala de Otto, extremamente pertinente na tentativa de explicar essa questão:

> Esta é a terceira tentativa de se publicar uma tradução de 'Das heilige' de Rudolf Otto em português. É sinal de que o original apresenta consideráveis dificuldades de compreensão. Isso não causa surpresa, já que o próprio autor declara: 'A categoria do sagrado [...] apresenta um elemento ou 'aspecto' bem específico, que foge ao acesso racional [...], sendo algo árreton ['impronunciável'], um ineffabile ['indizível'] na medida em que foge totalmente à apreensão conceitual' Cum grano salis pode-se dizer, portanto, que ele se propõe a falar de algo do qual a rigor nem se pode falar. Que dirá traduzir.[93]

Otto cita o escritor reformado alemão Gerhard Tersteegen (1697-1769): "*Ein **begriffener** Gott ist kein Gott*", ou "um Deus **compreendido** não é Deus"[94] e dedica vários capítulos para explicar como o numinoso é percebido por aqueles que o experimentam como *mysterium tremendum, augustus* e *fascinans*. O sagrado nos fascina, nos atrai, ao mesmo tempo em que guarda em si um mistério que nos aterroriza. Talvez isso não seja bem entendido por quem nasce e cresce em zonas urbanas, rodeado de criações tecnológicas e iluminação artificial. Só pude entender perfeitamente o que Otto propunha quando ministrei palestra no município de Tavares, que fica a 225 quilômetros de Porto Alegre. Ao retornarmos, eu e minha esposa, já à noite, paramos na estrada num completo breu e olhamos o céu. Ficamos estarrecidos com o brilho das estrelas e da Via Láctea, visão impossível na capital devido à iluminação artificial e à poluição do ar. Este estarrecimento deixou-nos clara, via experiência própria, a ideia de *fascinans* e *tremendum* apresentada por Otto.

---

e uma das melhores do mundo), Protestantismo em Revista, dedicou um número especial sobre a obra de Otto sob o título *Centenário da publicação de "Das heilige: über das irrationale in der idee des göttlichen und sein verhältnis zum rationalen" – de Rudolf Otto*. Disponível em: <https://bit.ly/2MpNWaJ>. Acesso em: 23 out. 2018.

93 SCHLUPP, In: OTTO, 2011

94 OTTO, 2011, p. 56. Grifo do autor. (Schlupp traduz "um deus compreendido não é Deus", mas optei pela contribuição de meu orientador neste trabalho, Dr. Oneide Bobsin, em colocar o primeiro "Deus" com letra maiúscula seguindo a escrita original de Otto.)

Para as Tradições de Matriz Africana, as concepções de Otto são validadas. Contudo, precisamos ter cautela. Os conceitos de "inefável" ou o de "totalmente outro" pode ser aplicado a *Olódùmarè*, a suprema divindade na cultura *yorùbá*, Deus. No tocante aos *Òrìṣà*, a situação é bem outra. Na concepção afro-ontológica *"o sujeito é constituído a partir do sentido e significado das divindades e ancestrais, de seus elementos naturais e de sua relação com o coletivo – sujeito bio-mítico-social."*[95] Nesta perspectiva a divindade não é externa a nós,[96] mas é nós e nós somos ela. Somos seres biológicos com uma origem mítico-teológica e um papel social inalienável. Entrementes, o "sentimento de dependência" que Otto atribui a Friedrich Daniel Ernst Schleiermacher (1768-1834) assim como "sentimento de criatura" também estão presentes nas Tradições de Matriz Africana. Há um profundo respeito pelas divindades e ancestrais entendendo que somos dependentes de seu poder de atuação no mundo, contudo, o sentimento de criatura deve ser pensado de forma diversa daquela apresentada pelo cristianismo. Otto diz:

> *O "sentimento de criatura" na verdade é apenas um efeito colateral, subjetivo, é por assim dizer a sombra de outro elemento de sentimento (que é o "receio"), que sem dúvida se deve em primeiro lugar e diretamente a um objeto fora de mim. Esse é justamente o objeto numinoso.*[97]

Fica claro que a ideia de Otto sobre o "sentimento de criatura" provém do cristianismo e que, de certa forma, ensina a extrema humildade como parâmetro ético na relação com o sagrado, mas nas tradições africanas, embora haja a ideia de que somos criados pelos *Òrìṣà*, o "objeto *numinoso*" não está fora de nós, mas sim em nós e há um orgulho altivo neste "sentimento de criatura" e não uma ideia de indignidade.

---

95 ALVES, 2012, p. 135.
96 Expressão de Lutero em Otto *"extra nos"*.
97 OTTO, 2011, p. 42.

O aspecto que me salta aos olhos aqui é o de haver certa horizontalidade nas concepções africanas de cosmo. A hierarquia é minimizada, de certa forma, onde os seres vivos, os ancestrais e as divindades estão mais ou menos no mesmo patamar, longe da austera hierarquia cristã que é totalmente verticalizada. O elemento mais próximo de uma hierarquização nas Tradições de Matriz Africana é o paradigma civilizatório da senioridade, ou seja, os mais velhos possuem um status privilegiado nas sociedades africanas, mas também possuem um papel a ser cumprido.

De acordo com a tradição oral, os Òrìṣà também cumprem um papel, mas há o entendimento de reciprocidade no relacionamento com as divindades. Isto não significa que o aspecto "*tremendum*" definido por Otto seja inexistente. Certamente há um medo terrível da fúria dos Òrìṣà, mas este "medo" se esvai se a pessoa cumpre com suas obrigações religiosas, o que significa participar ativamente dos ritos, sejam individuais ou coletivos.

Recentemente um *Bàbálórìṣà* paulista publicou um vídeo em suas redes sociais em que aparece dançando o *àlujá* (dança cerimonial de Ṣàngó). No vídeo ele dança e rodopia, gesticula com as mãos encenando os *Ìtàn* em que Ṣàngó atira seus *èdún ará* (pedras de raio) ao solo. O vídeo causou controvérsia porque vemos um homem dançando como um Òrìṣà. Com este episódio pude comprovar a teoria do cristianocentrismo, ou seja, o cristianismo não apenas como aparelho ideológico legitimador da colonialidade, mas sendo a própria colonialidade em si.[98] Os olhos e línguas cristianocentradas veem ali um desrespeito à divindade, uma falta de humildade, enquanto que o sacerdote – conhecedor de sua relação com o sagrado – se entende como parte viva

---

98 Devemos salientar que este aspecto do cristianismo foi amplamente usado na Idade Média para conversão dos povos europeus, no período da Idade Moderna para a dominação dos povos ameríndios e escravização dos africanos e durante o neocolonialismo na África e na Ásia entre os séculos XIX e XX. Contudo, após o Concílio Vaticano II (1962-1965), a Segunda Conferência Geral do Episcopado Latino-americano, que se realizou em Medellín, na Colômbia, em 1968, e do surgimento das teologias libertárias como o Evangelho Social das igrejas estadunidenses (trazido ao Brasil pelo missionário e teólogo presbiteriano Richard Shaull); a Teologia da Esperança, do teólogo reformado Jürgen Moltmann; e a Teologia da Libertação (José Comblin, Gustavo Gutiérrez, Leonardo Boff, Rubem Alves, Frei Betto, entre outros), alas progressistas do cristianismo se aliam ao movimento decolonial para que esta tradição espiritual se adeque ao século XXI, onde o respeito à diversidade e à liberdade de escolhas é fundamental.

de *Ṣàngó* e dançar o *àlujá* é demonstrar respeito através do orgulho de ser quem é. Orgulho altivo, não arrogante.

O outro nome citado por Agnolin como pertencente a vertente fenomenológica, ainda que não o seja de fato, é o do romeno Mircea Eliade (1907-1986). Eliade não era propriamente um fenomenólogo e sim um historiador das religiões, ainda assim, me parece clara a influência de Gerard van der Leeuw sobre seu trabalho e suas pesquisas acabaram por fornecer um imenso e valoroso material para a fenomenologia religiosa. Sem dúvida nenhuma Eliade é o mais importante historiador das religiões do século XX. Entrei em contato com sua obra quando ainda estava na graduação em História, ao pesquisar sobre alguns conceitos. De lá para cá, tive acesso às suas obras mais importantes como *Tratado de história das religiões* (1949), *O mito do eterno retorno* (1954), *Sagrado e profano* (1959) e *Origens: história e sentido na religião* (1961). Estas obras trazem conceitos importantes que uso em todo o trabalho.

> *Mircea Eliade elaborou uma morfologia do sagrado, construindo, mediante o método comparativo, modelos ou estruturas da experiência religiosa, buscando neles suas características mais permanentes.*"[99]

Contudo, Eliade não é infalível. A tese central em todas as obras de Eliade é a dicotomização entre o sagrado e o profano. Esta preposição faz sentido no mundo ocidental cristianocentrado, mas para as Tradições de Matriz Africana não é bem assim.[100]

As Tradições de Matriz Africana entendem os espaços naturais e os espaços geográficos como sagrados. São hierofanias que, no dizer de Eliade, apresentam-se como "*a manifestação de algo 'de ordem diferente' – de uma rea-

---

99 SILVA, 2013
100 Entrementes, uma interpretação que se dá aos acontecimentos no momento da morte de Jesus é a de que quando o véu do santuário rasgou de alto a baixo, mostra, assim, que não há mais a separação entre sagrado e profano.

lidade que não pertence ao nosso mundo – em objetos que fazem parte integrante do nosso mundo 'natural', 'profano'".[101] Assim, não apenas os rios e lagos, mares, cachoeiras, matas e formações rochosas são sagradas, mas os campos agrícolas, as estradas, os caminhos, as encruzilhadas e as estradas de ferro também são espaços sagrados, pois guardam em si algum aspecto hierofânico. Contudo, a premissa de Eliade de que há uma oposição entre o sagrado e o profano não se aplica completamente às Tradições de Matriz Africana.

Para essas tradições tudo é sagrado. Absolutamente tudo. Nada se inscreve exclusivamente como profano. Entretanto, existe algo que pode ser entendido como profanação. Talvez os chamados *ewo*, como se diz em *yorùbá*, ou *kizila* nas tradições bantu. São impedimentos ou interdições que podem ser individuais ou coletivas, sempre com alguma relação às divindades, ou seja, quando hierofanias são transgredidas por outras hierofanias, como a tradição oral nos ensina. Um exemplo seria ofertar um *ẹbọ* – oferenda de alimentos – para *Yemọjá*, divindade do mar, em uma encruzilhada. A encruzilhada é um local sagrado, mas pertence ao *Òrìṣà Èṣù*. Isto poderia causar a ira de ambos os *Òrìṣà*. Outro exemplo seria a prática sexual no *pejí*, o quarto onde ficam os assentamentos dos *Òrìṣà*. O sexo é sagrado, mas especificamente neste espaço configuraria uma profanação. O mais notável *ewo* no Batuque é a proibição de se alimentar com arroz com galinha (arroz cozido com galinha com osso na mesma panela). Este alimento pertence aos *égún* e, portanto, só pode ser consumido durante seus rituais, nunca em outros momentos.

O espaço natural, conceito da Geografia que abrange o local em que não houve transformações por intervenção humana, é teologicamente entendido como criação divina, mais precisamente obra de *Òṣàálá*,[102] e por isso é um espaço sagrado. Praias de mar e de rios, cachoeiras, lagos, florestas, montanhas e morros são espaços naturais e por isso pertencem aos *Òrìṣà*. Os espaços construídos ou produzidos pela mão humana como ruas, cruzamentos e

---

101 ELIADE, 2010, p. 13.
102 Veremos mais sobre as divindades *yorùbá* e suas caracterizações no capítulo quatro.

cemitérios também são sagrados devido a intervenção de divindades civilizatórias como Ògún, Sànpònná/Omolu/Obalúwáyé e Èṣù. As comunidades tradicionais de terreiro também são espaços geográficos que reproduzem em seu ambiente, os espaços naturais. São como o que Eliade chama de "*axis mundi*" e se caracterizam como sendo um espaço de práticas litúrgicas e por isso, se constitui num espaço sagrado.

Para Eliade, os seres humanos vivem num mundo profano e por isso precisariam buscar símbolos e elementos que sacralizem sua vida e ações. Para os africanos, isto não ocorre desta maneira. O terreiro é uma referência para a vida das pessoas mais do que um templo, pois o terreiro é a casa onde moram os sacerdotes e suas famílias.[103] De fato, o termo *ilé* em *yorùbá* significa "casa". Uma prática comum que, de certa forma, está se perdendo nos dias de hoje é que, ao menos na tradição do Batuque, dentro da casa dos sacerdotes há um quarto em que ficam os assentamentos dos *Òrìṣà*. Este quarto é chamado de "quarto de santo" ou *pejí*. Contíguo a esse quarto é a sala de visitas, espaço secundário nas casas de cultura negra (o principal é sempre a cozinha), que durante as festividades religiosas terá os móveis retirados para que se torne um "salão" onde ocorrerá a celebração coletiva.

> *[...] trata-se de uma peça mais ampla, à frente do imóvel, e com acesso direto para quem vem da rua. Nele se realiza a parte mais ativa (as danças sagradas, a possessão) das cerimônias públicas, as "festas" [...] quase sempre o salão é usado como sala-de-visitas em ocasiões não-religiosas. Então em dias de culto removem-se os móveis aí existentes, deixando-se o espaço livre. [...] [O pejí] é a peça mais importante e sagrada de uma casa-de-Batuque, sendo usada apenas para o culto. Sua localização, como disse, é sempre junto do salão, comunicando-se com este através de uma porta.*[104]

---

103 CORRÊA, 2006. p.75.
104 CORRÊA, 2006, p. 76-77.

As comunidades tradicionais de terreiro, então, são espaços ambíguos, pois ao mesmo tempo em que são a moradia de sacerdotes e sua família (que às vezes nem é iniciada na tradição) e onde se dão todas as relações comuns de uma família típica brasileira, com festas de aniversário regadas a churrasco e cerveja, atividades sexuais de cônjuges, conflitos familiares ou reuniões para assistir um filme na TV; também são espaços ritualísticos, cerimoniais, de consagração, de regeneração cósmica, de encaminhamento para o pós vida, de aprendizagem, de compromisso social, de espiritualidade e tudo o mais que essa tradição oferece.

As comunidades tradicionais de terreiro como espaços de aprendizagem afroteológica e filosófica

As comunidades tradicionais de terreiro são mais complexas do que aparentam. São espaços que reproduzem os valores civilizatórios africanos e, como tal, repassam transgeracionalmente, através da vivência e da transmissão oral, os saberes africanos que assim se perpetuaram até os dias de hoje. Esta aprendizagem, no entanto, requer especificidades quanto a composição hierárquica na própria comunidade. Muitos dos ensinamentos são abertos a todos, mas há outros que são restritos aos círculos sacerdotais estabelecidos nesta complexa hierarquia. Vejamos a seguir.

Idade é posto: a hierarquia nas Tradições de Matriz Africana

Em 25 de abril de 2014, o juiz federal Eugênio Rosa de Araújo emitiu sentença em que definia que as Tradições de Matriz Africana não podem ser entendidas como religiões porque não possuem um corpo literário basilar, uma hierarquia e a crença em um único Deus. A dificuldade do excelentíssimo Sr. Juiz em identificar a presença desses elementos está na concepção cristianocentrada que ele possui. Nesta parte do trabalho falarei sobre a hierarquia no terreiro, deixando os outros dois aspectos para apresentar mais adiante.

As comunidades tradicionais de terreiro possuem uma hierarquia muito diversificada entre si e bem diferente da católica, geralmente apontada como modelo comparativo. Já disse, algumas páginas atrás, que a hierarquia cristã reflete sua visão teológica e, por isso, nos parece extremamente verticalizada. Já para as tradições africanas, há certa horizontalidade na hierarquia, o que pode confundir um pouco e provocar a dedução de sua inexistência.

> *A divisão do trabalho e do poder assim vivenciadas conduziu, por um lado, à paulatina dispersão de seus poderios e, por outro, deu ensejo a que os líderes máximos dos Terreiros aqui no Brasil – os Bàbálóriṣà e Ìyálóriṣà – obtivessem os meios necessários para que eles próprios executassem estas atividades.*[105]

A base da hierarquia é a família. Por isso as relações no terreiro se dão dessa forma onde todos são irmãos e irmãs, filhos e filhas do seu/sua iniciador/iniciadora. Este, por sua vez, se torna seu "pai" ou "mãe" de fato, não apenas religiosamente, pois acaba por participar ativamente de todas as facetas de sua vida. O ponto mais importante na hierarquia é o paradigma civilizatório da senioridade, ou seja, do mais velho para o mais novo. Ao contrário da sociedade capitalista em que vivemos, onde os idosos são vistos como um ônus social, para as Tradições de Matriz Africana eles são os baluartes do conhecimento e da sabedoria e devem ser profundamente respeitados e venerados, pois são os seres humanos vivos mais próximos dos ancestrais. Essa hierarquia perpassa toda a cultura *yorùbá*, não apenas na questão religiosa. Contudo, certos títulos são oferecidos àqueles que passaram por ritos tornando-os também mais velhos. Isso não significa que os jovens estão aquém nessa hierarquia, mas sim que o nível de reconhecimento dentro desta hierarquia é menor.

Mas além de seguirem a filosofia da senioridade, as Tradições de Matriz Africana como o Batuque e o Candomblé são tradições iniciáticas e,

---

105 BARROS, 1993, p. 45-58.

como tais, existem níveis de iniciação que são muito respeitados. A seguir explicarei os níveis iniciáticos adotados na comunidade tradicional de terreiro que dirijo com minha esposa, Patricia de Ọya, o *Ilé Àṣẹ Òrìṣà Wúre*.

Leigo é o não iniciado. São as pessoas que acreditam e têm fé nos *Òrìṣà*, mas que ainda não passaram pelo processo iniciático. Podem visitar o templo nas festas públicas e consultar *Ifá* para organizar suas vidas sem qualquer outro tipo de compromisso. Embora os coloquemos na hierarquia dessas tradições, os leigos tecnicamente estão fora dela, já que seu vínculo com a casa é essencialmente descomprometido. O leigo muitas vezes é chamado de "cliente", porque tem fé na força dos *Òrìṣà*, consultando o oráculo sagrado, realizando oferendas e contratando a realização de trabalhos espirituais, mas não tem vínculo direto com o Templo. Contudo, são os principais contribuidores financeiros da casa, o que garante seu funcionamento.

Abíyán é toda pessoa que se converte a tradição e já passou por um ritual simples de vínculo com a comunidade e com o/a sacerdote/sacerdotisa, que consiste na lavagem de cabeça com uma efusão de ervas maceradas em água chamada *omièrọ*. Neste estágio, para algumas tradições como o Batuque, já é considerado "filho de santo" ou *ọmọrìṣà*, e poderá avançar no seu processo iniciático ou não. É considerado um vivenciador da religião, mas seu comprometimento com o culto e a comunidade é mínimo e o conhecimento é restrito a questões teológicas e filosóficas. Tem poucas possibilidades de participação no culto, não podendo participar ativa ou diretamente da maioria dos rituais. Também não pode aprender detalhes do culto, nem participar de trabalhos espirituais. Em termos práticos, fica incumbido de tarefas simples como a limpeza e manutenção da infraestrutura da casa, o que lhe garante o aprendizado da humildade. Essa fase é muito importante para se aprender vendo e ouvindo. Existem três níveis de feitura de um *abíyán*:

* ❖ *Omièrọ*: é a pessoa com o nível mais baixo de obrigação, pois apenas tem a cabeça lavada com ervas maceradas e água. O termo

significa "água que apazigua" no sentido de acalmar, tranquilizar o *Orí*, a cabeça mítica, nossa ligação com o mundo espiritual. Tem a mesma função do sacramento do batismo para a Igreja Católica, ou seja, a introdução do neófito no mundo afrorreligioso.

- ❖ **Oríbíbọ**: é a pessoa que cumpriu feitura com *ẹiyẹlé* (pombos). O termo significa "a cabeça nasce para a oferenda" (de *orí* = cabeça + *bí* = nascer + *ẹbọ* = oferenda). A ideia é de que, ao cumprirmos as feituras, estamos alimentando a nossa cabeça mítica, ou seja, fortalecendo-a, e esta é a primeira vez que isto acontece, por isso "nasce".

- ❖ **Borí**: é a feitura mais importante para as Tradições de Matriz Africana, pois quem a cumpre estabelece uma relação mais pessoal com o seu *Òrìṣà* garantindo um relacionamento mais profundo. Esta feitura também é escatológica, pois garante longevidade e uma pós vida plena. A feitura de *borí* está intimamente relacionada à noção ontológica de humanidade (ser físico e ser espiritual). A feitura de *borí* pode ser comparada ao sacramento da crisma para a Igreja Católica ou ao batismo das igrejas evangélicas. Falarei mais sobre este ritual noutro capítulo.

Ìyàwó é a denominação dos filhos de santo já iniciados na feitura de *Òrìṣà*. No Batuque, é comum o uso do termo "pronto" ou "pronto de cabeça" também para defini-lo. A pessoa passa a ser um *Ìyàwó* após um longo e variado período de recolhimento no *Ilé*. Os motivos que levam a este tipo de feitura dependem de três possibilidades: necessidade; quando o próprio *Òrìṣà* pedir a iniciação; ou por merecimento, devido à dedicação. É nesta fase – que no Candomblé duram sete anos, mas que em outras tradições como o Batuque, pode variar muito – que a pessoa vai ter que aprender as rezas, as cantigas, os preceitos, os segredos só confiados aos iniciados. Este nível iniciático funciona como um seminário que o prepara para o sacerdócio. Tem participação ativa em todos os rituais e trabalhos espirituais onde aprende de tudo. O *Ìyàwó* já é considerado um sacerdote, mas ainda está em formação.

Ẹ̀gbọ́n refere-se à pessoa que já concluiu seu processo iniciático como *Ìyàwó*, ou seja, atingiu sua "maioridade" iniciática. Nesta fase o iniciado pode receber *oyè* (cargos no terreiro). Em correspondência com a Igreja Católica o *ẹ̀gbọ́n* seria um padre consagrado. Quando os *ẹ̀gbọ́n* ocupam cargos específicos, são chamados de *Ajòyè*, os que receberam *oyè*, os títulos que lhes imputam responsabilidades diretas com o culto. Os *ajòyè* são divididos em *Olóri Ajòyè*, *Ọ̀tún Ajòyè* e *Òsì Ajòyè*. Os *Olóri Ajòyè* são os titulados principais e poderiam ser comparados aos bispos da Igreja Católica. Os *Ọ̀tún Ajòyè* e *Òsì Ajòyè* são, respectivamente, o primeiro e segundo auxiliares e eventualmente os substituem. Todos os títulos acompanham cargos (exceto *Alàgbà*) e são vitalícios. No *Ilé Àṣẹ Òrìṣà Wúre* existem os seguintes títulos e cargos:

- ❖ *Olúpọ̀na*: sacerdote do culto ao *Òrìṣà Èṣù* (só pode ser exercido por filhos homens iniciados a *Èṣù*);
- ❖ *Olọbẹ*: sacerdote responsável pelas imolações (só pode ser exercido por pessoas iniciadas no culto a *Ògún*);
- ❖ *Olọya*: sacerdotisa do culto à *Òrìṣà Ọya* (preferencialmente exercido por filhas de *Ọya*);
- ❖ *Alágbè*: sacerdote ou sacerdotisa encarregado/a dos instrumentos musicais e cânticos sagrados de todos os *Òrìṣà* e também nos ritos aos ancestrais (só pode ser exercido por iniciados no culto à *Ṣàngó*);
- ❖ *Olóọ̀sányìn*: sacerdote ou sacerdotisa encarregado do culto às folhas, conhecendo seu poder farmacológico e mágico (só pode ser exercido por iniciados no culto à *Ọ̀sányìn*);
- ❖ *Ìyágbàṣẹ*: sacerdotisa responsável pela cozinha (preferencialmente exercido por mulheres iniciadas em *Òrìṣà* feminino);

- *Aláṣẹ*: sacerdote ou sacerdotisa responsável pelo *Ojúbọ*, o quarto sagrado onde ficam os assentamentos dos *Òrìṣà*, o *pejí* (pode ser exercido por iniciados em qualquer *Òrìṣà*);
- *Olúwo*: sacerdote responsável pelo culto à *Ọ̀rúnmìlà* e que conhece os segredos de *Ifá* e o sistema oracular de jogo de búzios (só pode ser exercido por iniciados no culto à *Ọ̀rúnmìlà*);
- *Olòjẹ́*: sacerdote ou sacerdotisa responsável pelo culto aos ancestrais, os *égún* (pode ser exercido por iniciados em qualquer *Òrìṣà*);
- *Olùkọ́*: é o teólogo do *Ilé* (pode ser exercido por iniciados de qualquer *Òrìṣà*);
- *Bàbáẹgbẹ́* ou *Ìyáẹgbẹ́*: sacerdote ou sacerdotisa responsável pela administração do terreiro (pode ser exercido por iniciados de qualquer *Òrìṣà*);
- *Alàgbà*: é o que tem a iniciação de *Borí* mais velha do *Ilé*, o ancião ou anciã. Embora este seja um título, não possui cargo, nem é necessário que seja iniciado (pessoa de qualquer *Òrìṣà* pode receber este título);
- *Bàbákékeré* ou *Ìyákékeré*: sacerdote ou sacerdotisa segundo em comando no *Ilé* (pode ser exercido por iniciados de qualquer *Òrìṣà*);
- *Bàbálórìṣà* ou *Ìyálórìṣà*: é o sumo-sacerdote ou sumo-sacerdotisa. É responsável por todo o *Ilé*, tanto materialmente, quanto administrativamente e espiritualmente. É responsável pelos processos iniciáticos. É o cargo mais importante dentro de um *Ilé* e é o único que pode acumular todos os outros na falta de pessoas para ocupá-los, por isso mesmo deve ter todos os conhecimentos de todo o funcionamento do *Ilé* (pode ser exercido por iniciados de qualquer *Òrìṣà*).

Todos os *Olóri Ajòyè* formam juntos o *Iwàràta*, um conselho de anciãos que administra o *Ilé* como um todo e que é presidido pelo *Bàbálóriṣà* ou *Ìyálóriṣà*. O título sacerdotal máximo é o de *Bàbálóriṣà* (para homens) e *Ìyálóriṣà* (para mulheres), ou seja, "pai de *Òriṣà*" e "mãe de *Òriṣà*". Foi o sincretismo que provocou a associação do termo *Òriṣà* com "santo", daí os termos "pai de santo" e "mãe de santo", ainda correntes. É preciso dizer que estes termos não existiam em África e que foram criados no Brasil pelo Candomblé como um título mais abrangente que os títulos africanos, que são mais específicos. Explico: em África, entre os *yorùbá*, cada *Òriṣà* possui um culto próprio de acordo com as cidades desse povo, assim o sacerdote ou sacerdotisa do culto a *Òriṣà Ọya*, possui o título *Olọya*; do culto a *Ọ̀sányìn* era o *Oníṣegún*; de *Èṣù*, *Olúpọ̀na*. Mas, no Brasil, todos os cultos se concentraram num único lugar, o terreiro, com um único sacerdote que agora passa a se chamar *Bàbálóriṣà* ou *Ìyálóriṣà*. Este título faz de seu portador ou portadora um sumo sacerdote/sacerdotisa, pois cada terreiro funciona como um pequeno "Vaticano", com muitos sacerdotes, e o líder de todos que é o *Bàbálóriṣà* ou a *Ìyálóriṣà*. Este cargo exige um comprometimento com a comunidade, uma liderança política, um comportamento ético e moral, um nível de compreensão teológica e filosófica, pois é uma autoridade civilizatória.

Em uma comunidade de terreiro, em cada um desses níveis ainda há a hierarquia do tempo de iniciação. Assim, por exemplo, uma pessoa que tem oito anos de *borí* e trinta anos de idade é considerada hierarquicamente mais velha que outra que tenha quatro anos de *borí* e sessenta de idade. A idade biológica não tem muita relevância para a hierarquia que é sempre iniciática, embora seja observada. O tempo de comprometimento com a comunidade também não é tão relevante, pois uma pessoa que está há quinze anos na comunidade, mas foi consagrada *Ìyáwo* há dez é mais velha que outra que esteja há vinte anos na comunidade e foi consagrada *Ìyáwo* há cinco.

O mais velho é o mais responsável e, por consequência, o mais respeitável. Isso exige desse mais velho um comportamento ética e moralmente exemplar, modelar para os mais novos. O poder dos mais velhos não é subjugar os mais novos, mas torná-los aptos a chegar ao seu nível de conhecimento e sabedoria. O mais velho não pode ser um ditador e general, tampouco um displicente e fraco. O mais velho é quem ajuda a manter o nome do *ilé* com honras e ajuda o *Bàbálórìṣà* ou a *Ìyálórìṣà* a ensinar os mais novos a se comportar e a cumprir seus compromissos e tarefas. Enfim, ajuda a manter a ordem no terreiro. Mas todo terreiro precisa se renovar para se perpetuar e se manter fortalecido, por isso a presença dos mais novos é sempre importante, então o respeito e a paciência são cruciais, pois eles serão os mais velhos de amanhã.

A tradição oral é sábia ao nos ensinar que aos mais novos cabe o exercício da humildade. Saber ouvir é aprender. Obedecer é, antes de qualquer coisa, cumprir com o que deve ser feito. Todo o trabalho no terreiro é sagrado e deve ser feito com seriedade e abnegação. No terreiro não existem títulos acadêmicos, postos profissionais ou status social. Eles não valem nada nestes espaços. Como disse mais acima, o título de *Bàbálórìṣà* e *Ìyálórìṣà* se referem exclusivamente a postos numa comunidade tradicional de terreiro. O portador ou a portadora desse título não tem qualquer poder em outras comunidades de terreiro. Por isso, na comunidade de seu/sua iniciador/iniciadora, um *Bàbálórìṣà* ou *Ìyálórìṣà* são *Ọmọrìṣà* como os demais, ficando sujeito a hierarquia daquele terreiro.

Ọmọlúwabí: a comunidade tradicional de terreiro como espaço pedagógico

As comunidades tradicionais de matriz africana são espaços pedagógicos por excelência. Nele se estruturam identidades psicológicas e sociológicas, se ensina os cuidados com a natureza e o respeito para consigo e com os demais membros da comunidade.[106] A aprendizagem é tão importante que

---

106 MACHADO, 2002. p. 43-63.

uma pessoa reconhecida pela comunidade como prodigiosa carrega um "título": Ọmọlúwabí. Segundo o Prof. Gideon Babalọlá Ìdòwú[107] receber este título "não é fácil". Para Benites, significa que:

> Os princípios da educação são baseados sobre a concepção Ọmọlúwabí, ou seja, um bom caráter em todos os sentidos da vida, e que inclui o respeito aos mais velhos, lealdade para os pais e a tradição local, honestidade, assistência aos necessitados e um desejo irresistível ao trabalho. É um processo de vida longa, onde a sociedade inteira é a escola.[108]

Machado aborda o quanto as comunidades tradicionais são espaços naturalmente assistêmicos ao compararmos com a escola tradicional. Ela traz os argumentos do teórico estadunidense Michael Apple como parâmetro crítico dos sistemas de Educação. Apple diz que as escolas são legitimadoras das ideologias e valores socioeconômicos das elites. Para Machado, as comunidades de terreiro se apresentam na perspectiva contrária a esta ao apresentar como método pedagógico a relação com o sagrado na perpetuação da tradição.

> Este argumento de Apple se aplica in totum ao processo de ensino para a referida comunidade, processo de educação que já se faz efetiva assistematicamente pela comunicação oral que contém no seu bojo a mesma estrutura para o conhecimento legitimado pelos princípios do "que", do "como" e do "para", objetivando também a continuidade da tradição que mantém a dinâmica organizacional do agrupamento humano estudado.[109]

Em muitas comunidades tradicionais de terreiro existem atividades pedagógicas, de lazer e projetos sociais. Muitos estão arrolados como *pontos de cultura*, sedes de OCIPs e ONGs ou sociedades beneficentes. Existem muitos

---

107 Comunicação pessoal.
108 BENISTE, 2005, p. 35.
109 MACHADO, 2002, p. 61-62.

trabalhos acadêmicos em diversas áreas que falam sobre estes aspectos das comunidades terreiro, mas enfatizarei apenas ao aspecto religioso-espiritual. Tenho pensado que numa comunidade tradicional existem cinco espaços de aprendizagem conforme a hierarquia permite ter acesso a certos conhecimentos. Estes espaços serão tipificados claramente para melhor compreensão.

Espaço "tanque" é o espaço onde o "recém-nascido", o *Abíyán*, aprenderá a desenvolver sua humildade ao tratar diretamente com a parte do trabalho de manutenção do terreiro. Lavar louça, esfregar o chão, limpar banheiros, pintar paredes, lavar janelas, capinar o pátio e demais atividades típicas de manutenção de uma casa qualquer são atividades consideradas, no terreiro, como sagradas e é para onde o "noviço" é direcionado nos primeiros anos de vivência comunitária. No passado africano, este trabalho seria o do plantio e colheita, mas no Brasil foi substituído pelas necessidades típicas das sociedades urbanas. De certa forma, ainda faz parte da "economia teologal" apontada por Dussel.[110] A humildade intentada aqui não é a de submissão, mas a de abandono da visão de mundo de sua vida ocidental que, geralmente, vê o trabalho como castigo e, por isso, costuma hierarquizar os postos de trabalho. Aqui, independentemente de sua posição social, profissional ou acadêmica, o vivenciador terá que se dedicar a este tipo de trabalho.

O espaço seguinte é o que denominei *espaço salão* ou *espaço barracão*. Neste espaço se aprende os comportamentos éticos e morais do terreiro, bem como a reprodução de sua filosofia. Neste espaço, os vivenciadores aprendem a se comportar, o respeito com os mais velhos, as saudações, prostrações, o que deve ser feito primeiro ao entrar na comunidade, e o depois, como cumprimentar as pessoas, o momento de falar e o de calar etc.

É no *espaço cozinha* onde se aprende o mais importante para o culto, que são as oferendas, o alimento sagrado aos *Òrìṣà*. Este é o espaço mais importante, pois os vivenciadores acreditam que se o alimento for preparado com

---

110 DUSSEL, 1997, p. 154.

erros, pode trazer tragédias para toda a comunidade. Por isso este espaço é restringido aos *Abíyán*. A partir daqui apenas sacerdotes podem ter acesso ao conhecimento, pois também é aí que se aprendem as propriedades mágicas da oferenda quando direcionada a certos intentos.

O próximo nível é o que chamo de *espaço Ojúbọ*, ou "quarto de santo". Neste espaço se aprendem todas as facetas do culto de cada *Òrìṣà* até que se domine todos de memória, de *Èṣù* a *Òṣààlá*. O *espaço Igbálẹ̀* é o último nível de aprendizado. Nele se aprende a tratar dos ancestrais e falecidos. Esta parte é extremamente complexa e totalmente diferente do culto aos *Òrìṣà*.

Embora o acesso a esses espaços seja restrito, ele é sempre cumulativo conforme se torna mais importante na hierarquia, ou seja, não há abandono das tarefas anteriores, mas as posteriores só podem ser executadas de acordo com o grau iniciático do vivenciador. Assim, faz parte das atribuições de uma pessoa de alto grau também limpar o banheiro, por exemplo.

Síntese

Neste capítulo elaborei algumas questões sobre as Tradições de Matriz Africana e de seu espaço de reprodução civilizatória, as comunidades tradicionais de terreiro. Pude avaliar brevemente que a visão dessas tradições com relação a sua classificação pelos intelectuais da antropologia e demais áreas está equivocado e que sob o ponto de vista da fenomenologia da religião, os conceitos apresentados por Rudolf Otto e Mircea Eliade podem as enquadrar completamente. Pude verificar que a estrutura do terreiro possui uma complexa forma de hierarquia e de espaços para a aprendizagem.

A intenção deste capítulo foi o de situar o terreiro como centro da vivência dos iniciados no Batuque ou no Candomblé. Acredito que o terreiro é o espaço por excelência de reminiscência e preservação do modo de vida africano, incluídos aí sua afroteologia e filosofia, reproduzidas na prática.

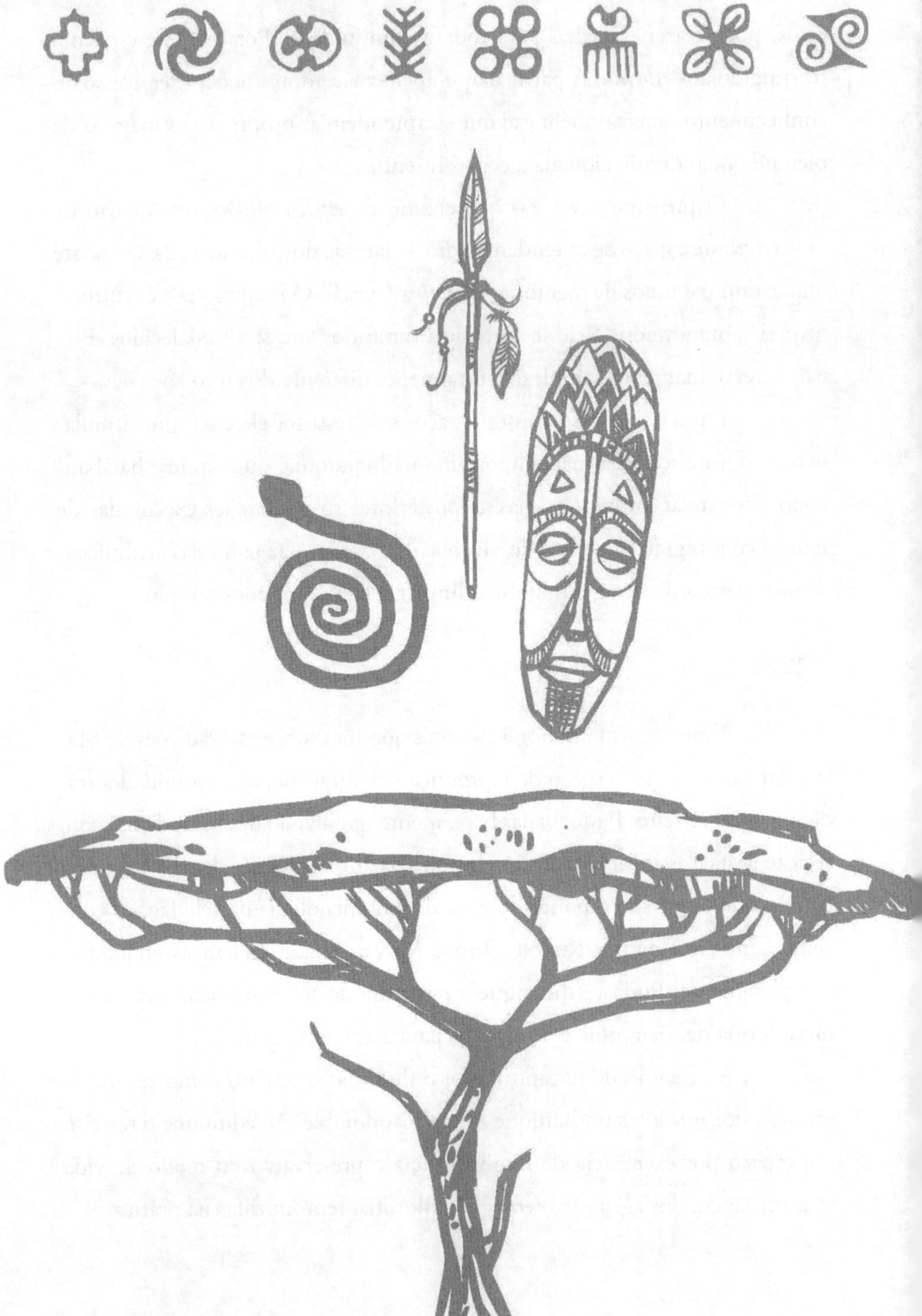

Os ninguéns: os filhos de ninguém, os donos de nada
Os ninguéns: os nenhuns, correndo soltos,
morrendo a vida, fodidos e mal pagos
Que não são embora sejam
Que não falam idiomas, falam dialetos
Que não praticam religiões, praticam superstições
Que não fazem arte, fazem artesanato
Que não são seres humanos, são recursos humanos
Que não tem cultura, têm folclore
Que não têm cara, têm braços
Que não têm nome, têm número
Que não aparecem na história universal,
aparecem nas páginas policiais da imprensa local
Os ninguéns, que custam menos
do que a bala que os mata[111]

---

111 Trecho de *Os ninguéns*, do jornalista e poeta uruguaio Eduardo Galeano. GALEANO, 2002.

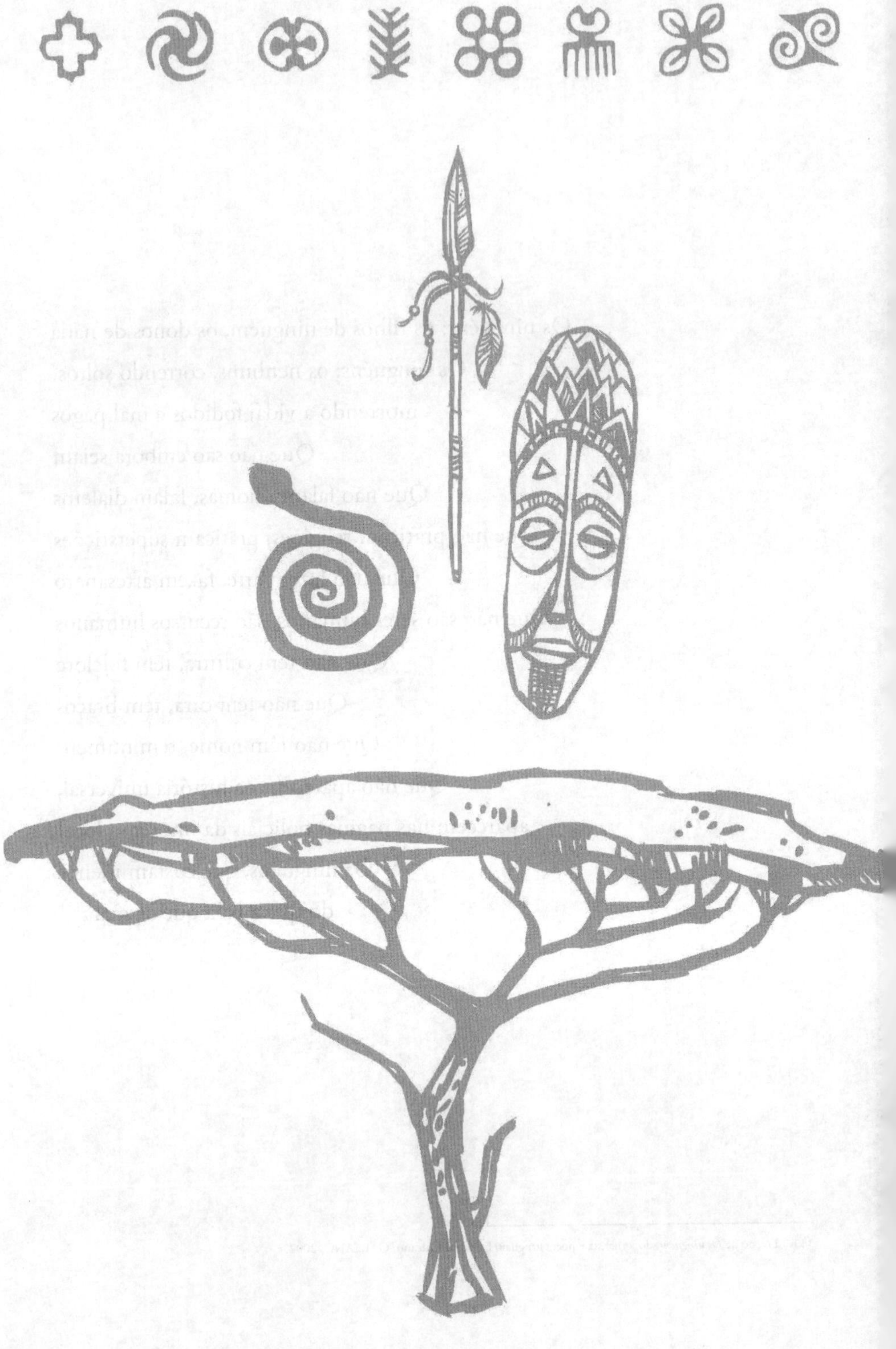

O TERREIRO COMO LOCUS DIFUSOR DA FILOSOFIA AFRICANA

Introdução

Como vimos no capítulo anterior, as comunidades tradicionais de terreiro não são apenas espaços de reprodução ritualística, como um templo, mas sim espaços que manifestam a complexidade da civilização africana em território brasileiro. São como aldeias africanas no Brasil. Este capítulo reforça essa condição ao apresentar a permanência dos elementos filosóficos das tradições africanas nestes espaços. Para isto, utilizo o método de pesquisa bibliográfica principalmente em autores africanos, mas também em africanólogos. Neste sentido, este capítulo se inscreve nas perspectivas teóricas decoloniais, subalternas, nas epistemologias do Sul, na afrocentricidade e na exunêutica.

Este capítulo está dividido em quatro partes: na primeira parte proporciono o velho questionamento sobre a existência da Filosofia Africana apresentando os argumentos pró e contra; na segunda parte trato sobre a Filosofia Africana em si, seus caminhos e argumentação teórica; na terceira apresento os valores civilizatórios africanos que permaneceram no *modus vivendi* das comunidades tradicionais; a relação entre a Filosofia Africana e a Afroteologia proponho na quarta parte; ao final uma síntese.

Existe uma Filosofia Africana?

A pergunta "existe uma filosofia africana?" pode ser apreendida em dois níveis. O primeiro é: existe de fato uma filosofia africana? Em decorrência de uma resposta positiva, a pergunta seguinte seria: esta filosofia é aplicável a toda a África?

A discussão sobre a existência de uma filosofia africana é questionada tanto por autores africanos quanto europeus. O ponto é que a filosofia ocidental é proposta não como o pensamento de um povo, mas sim como a de um indivíduo, ou seja, não se diz filosofia grega – ao menos não numa acepção mais genérica –, mas sim a filosofia de Aristóteles, Sócrates ou Platão, por exemplo. Também não são apontadas as filosofias francesa, alemã ou inglesa, ou tampouco se fala em filosofia europeia.

A disciplina é definida apenas como *Filosofia*, mas ao se tratar da diversidade de formas e meios de pensar provenientes de outras partes do mundo são reduzidas, acrescentando-se o prefixo "etno" ao termo, o que resulta em *etnofilosofia*. Seguindo a prerrogativa do eurocentrismo, que institui uma "geopolítica do conhecimento" caracterizada pela ideia de que "*o conhecimento produzido fora dos centros hegemônicos e escrito [ou falado] em outras línguas não-hegemônicas [são apenas] saberes locais ou regionais.*"[112], isto significaria que a Filosofia produzida e desenvolvida por europeus é entendida como uma *filosofia universal*, enquanto a de povos não europeus é apregoada como sendo exclusiva daquele e para àquele povo.

O próprio termo "universal" carrega em si uma ideologia hegemonizadora, pois emprega a perspectiva de que só há "uma versão" (universo), um lado, uma verdade que se pretende absoluta e válida para toda a humanidade. E é na "universidade" que se aprende a "versão única" – porque verdadeira – do conhecimento. A escritora nigeriana Chimamanda Ngozi Adi-

---

112 PORTO-GONÇALVES. In: LANDER, 2005, p. 3.

chie[113] já denunciou "o perigo de uma história única", pois "cria estereótipos". Estereótipos estes que desqualificam e subalternizam os povos não europeus.

Esta visão das coisas está fortemente arraigada na ideologia chamada de eurocêntrica. O eurocentrismo promove a ideia de que os saberes europeus ou eurodescendentes, ou mais propriamente ocidentais, são os que efetivamente contemplam uma dinâmica legítima de projeto de humanidade, enquanto as demais formas de pensamento contemplam apenas os povos que as pensaram e aplicaram. O eurocentrismo se institui, então, como um modelo universal de ética, de moral, de costumes, de cultura, de conhecimentos etc.

Não! Não existe uma Filosofia Africana

Sócrates é comumente entendido como o criador da Filosofia Ocidental ao promover a racionalidade como base exclusiva para a compreensão da ordem cósmica. Basicamente, separou a filosofia da religião. Seus discípulos Platão e Xenofonte aprofundaram seu método, passando para outras gerações. A educação grega era, em geral, privada, e apenas filhos dos ricos tinham acesso ao conhecimento, tais como Alexandre, o Grande que tomou aulas com Aristóteles, discípulo de Platão. A formação de indivíduos completos, ou seja, com bom preparo físico, psicológico e cultural, era o objetivo principal da educação grega.

Ao longo dos séculos, a Europa olhou para si mesma com sonhos de grandeza. Ansiou conquistar o mundo. A expansão do reino da Macedônia tornou Alexandre o líder de um império que triangulava a Grécia, a Índia e o Egito. Alguns séculos mais tarde essa pretensão foi exercida pelo Império Romano, que controlou toda a Europa, parte do Oriente Médio e o Egito, acabando com o regime dos faraós. Entre os séculos I e VIII, com o advento do cristianismo, surge a *patrística*, que se caracteriza pelas diligências de apóstolos como Paulo e João e dos chamados *Pais da Igreja* para conciliar a religião cristã

---

113 ADICHIE, 2009

com as correntes filosóficas grega e romana da época. Sobre isso, o professor da Universidade Estadual do Paraná A. C. Santiago Almeida, cita a obra *Filosofia na Idade Média* de Étienne Gilson:

> *Para esse estudioso, foi com João, evangelista de Cristo, que o helenismo e o cristianismo entraram em contato. Gilson aponta também a contribuição de São Paulo para a unidade entre religião e filosofia, especialmente em suas epístolas. Essa junção entre helenismo e cristianismo acontece quando a religião se apropria da filosofia, isto é, do conteúdo filosófico, para a formalização de uma religião nascente, nesse caso o cristianismo.*[114]

A junção entre religião e filosofia no medievo parece um retorno aos pré-socráticos, quando a mitologia era o instrumento para a apreensão filosófica e compreensão da ordem cósmica. Essa junção é justificada, mais adiante, por Almeida, ainda com base em Gilson:

> *[...] a Igreja, por meio dos primeiros padres, precisava acomodar os espíritos inquietos, isto é, fornecer respostas que pudessem, em algum momento, satisfazer a inquietação que resulta de um procedimento filosófico. Por isso, segundo Gilson (2007), com João evangelista e Paulo apóstolo, a filosofia se esmerou no corpo teológico e funcionou como instrumento de justificação da fé.*[115]

Ao se converter ao cristianismo, o imperador Constantino transferiu a capital para a antiga cidade de Bizâncio, chamando-a de Nova Roma e, posteriormente, Constantinopla. A parte ocidental do Império, e sua antiga capital, Roma, sofreram com as invasões bárbaras. Temerosos pela expansão dos hunos na região, os povos germânicos migraram para o território dominado pelos romanos, o que resultou no fim do controle ocidental do Império na

---

114 ALMEIDA, 2015, p. 77.
115 ALMEIDA, 2015, p. 78.

Europa. Entrementes, o Império Romano do Oriente, também chamado de Império Bizantino, manteve-se unificado sob o cristianismo, única religião permitida pelo imperador Teodósio I a partir do final do século IV.

O cristianismo ganhou força, entre os séculos V e VIII, com a conversão dos reinos que se estabeleceram após as invasões germânicas, sendo que o reino dos francos ganha destaque. Carlos Martel (690-741), rei dos francos e defensor da Igreja, impediu o avanço muçulmano sobre a França mantendo-os na península ibérica. Seu filho, Pepino, o Breve (714-768), distribuiu terras à Igreja, criando os *Estados Pontifícios*. Seu sucessor, Carlos Magno (742-814) expandiu o poderio da dinastia carolíngia se tornando o primeiro (e único) imperador. Promoveu o mundo das artes e da literatura sob influência do cristianismo. Protegeu e ampliou o poder da Igreja ao proibir as religiões tradicionais dos povos conquistados e ainda os obrigou a se converterem ao cristianismo, o que mais tarde faria dessa tradição religiosa uma força que superaria a dos próprios reis. Com isso, o cristianismo se tornou hegemônico na Europa, promovendo uma visão de mundo, de sociedade e de cultura.[116]

Após a morte de Carlos Magno, seu império ruiu diante das disputas por controle, fragmentando o território e favorecendo a centralização do poder nas mãos da nobreza, que logo se tornaram senhores feudais. Para se proteger dos ataques de novas invasões bárbaras e de muçulmanos, estes nobres (condes, duques e marqueses) construíram castelos e muralhas, o que atraiu o povo campesino, que oferecia seus serviços em troca de proteção.

> *O colapso do Império Carolíngio no século IX foi acompanhado por uma comoção de guerras destrutivas e invasões nórdicas. Por entre a generalizada anarquia e insegurança, ali ocorreu uma fragmentação universal e a localização do poder dos nobres, que se concentrou em praças fortes selecionadas e em castelos através do país, em condições que aceleraram a dependência de um campesinato que se*

---

116 TILLICH, 2009. 212 p.

achava exposto à ameaça constante da rapina viking ou muçulmana. [117]

Logo, a sociedade foi dividida em três estamentos: o clero, a nobreza e os trabalhadores. Nessa conformação social, o clero se destaca como o norteador ideológico das ações das populações europeias, legitimando o status social de cada estamento e ditando regras sob o auspício das doutrinas religiosas num verdadeiro regime de castas.[118] O cristianismo, como herdeiro do judaísmo, promoveu sua própria visão de "povo escolhido". Ora, se existe um povo escolhido por Deus (os judeus, ampliados pela misericórdia divina em Jesus Cristo), significa que o resto não o é. Com base em interpretações da principal obra de Agostinho de Hipona, *De civitate Dei*, os considerados ímpios ou gentios são perseguidos caso neguem a conversão e até mortos na "guerra justa"[119] contra as "hordas satânicas".[120] As cruzadas e a inquisição são um exemplo. Penso não ser um exagero definir que esta obra construiu a Idade Média, tornando a sociedade da época profundamente cristianizada e sua cultura cristianocentrada[121], o primeiro passo para a conformação de uma ideologia que prega a supremacia da Europa diante dos demais povos a partir da Idade Moderna: o *eurocentrismo*.

Segundo Asante, *"eurocentrismo está assentado sobre noções de supremacia branca que foram propostas para proteção, privilégio e vantagens da população branca na educação, na economia, política e assim por diante."*[122] Para Enrique Dussel[123] o discurso eurocêntrico é aquele sobre como a Europa Moderna suplantou a África e a Ásia na conformação de um Sistema Mundo, ou seja, ser o povo que orienta as propostas políticas e econômicas mundiais.

---

117 ANDERSON, 1991, p. 152.
118 Claro que as ações da Igreja acabaram por produzir movimentos questionadores como os de Francisco de Assis, na Itália do século XIII, e os de Martim Lutero, na Alemanha, trezentos anos mais tarde, mas isso não abalou, realmente, a hegemonia de seu poder.
119 DUSSEL. In: LANDER, 2005, p. 29.
120 MORIN, 2009, p. 21.
121 SILVEIRA, 2014, p. 74-80.
122 ASANTE apud SANTOS JÚNIOR, 2010
123 DUSSEL. In: LANDER, 2005, p. 24-32.

Os árabes convertidos ao islamismo no século VII, logo se atreveram a conquistar novas terras e a invasão de uma das mais importantes cidades do mundo de então e sede do Império Romano do Oriente, Constantinopla, se tornou uma realidade para o Império Otomano. O interesse pelo lugar fica claro ao percebermos que sua localização privilegiada funcionava como uma ponte de ligação entre as rotas comerciais asiáticas, que tinham ali uma porta de entrada para a Europa. A construção da cidade está diretamente vinculada às mudanças provocadas pela legalização do cristianismo no Império Romano a partir de Constantino. Como visto antes, Constantino não podia assumir a fé cristã porque uma de suas atribuições como imperador era a de ser o líder da religião tradicional romana, que legitimava o poder dos patrícios, grupo social descendente dos fundadores de Roma e os únicos que poderiam ocupar cargos administrativos e portar títulos de nobreza. Assim, Bizâncio se torna Constantinopla, com o cristianismo ortodoxo como religião oficial da nova capital do Império. Contudo, Roma cai sob as mãos dos vândalos e em 476 o último imperador é deposto.

Quase mil anos se passaram até que em 1453, após um grande período de desgaste, Constantinopla caísse sob o jugo do imperador otomano – sultão Maomé II, o Conquistador. Este evento é entendido entre os historiadores como demarcador do fim da Idade Média. Contudo, Dussel aponta outros dois eventos históricos como mais importantes para a História Mundial: em 1492, a união dos reinos católicos de Aragão e Castela proporcionaram a expulsão de muçulmanos e judeus da Espanha após séculos de influência. A Espanha está um século atrás de Portugal nas expedições marítimas, por isso financia a empresa de Cristóvão Colombo rumo ao oeste buscando alcançar o Oriente. No entanto, é Américo Vespúcio quem descobre que o lugar era um novo continente e não as Índias como Colombo afirmou até sua morte em 1506.[124] A conquista das Américas reconfigurou não apenas o *mapa mundi*

---

124   Por isso o nome do continente ser *América*.

moderno, mas toda uma forma de ver e se relacionar política e economicamente no mundo. O outro evento apontado por Dussel é a Reforma Protestante iniciada por Martim Lutero, em 1517. Este movimento fomentou mudanças drásticas não apenas no campo religioso e teológico, mas também no político, ao gerar rompimentos entre monarcas e a Igreja Católica. Por isso, para Dussel, esses três fatos históricos configuram uma tríade de eventos deflagradores da Modernidade.

O sistema feudal já não correspondia aos anseios da sociedade moderna, perdendo terreno para o mercantil, um proto-capitalismo. Grandes filósofos renascentistas como Nicolau Maquiavel (1469–1527), Thomas More (1478–1535) e Jacques Bossuet (1627-1704) legitimavam o fortalecimento do poder do rei, o que gerou a centralização necessária para o surgimento dos Estados Monárquicos e o desencadeamento de um paulatino enfraquecimento do poder do Vaticano. A Igreja continuava legitimando o poder dos reis, mas agora o *absolutismo* era a ideologia política empregada e o colonialismo a ação política e econômica das grandes potências europeias no mundo. Este é o segundo passo rumo ao eurocentrismo, que se conforma como uma ideologia que promove a Europa como centro de um sistema político, econômico e cultural entendido como superior ao dos demais povos, algo que a maioria dos pensadores iluministas não se preocuparam em superar. A consolidação se dará com o cientificismo do século XIX, com as teorias de superioridade racial e o darwinismo social. Todos esses elementos ajudaram a construir uma epistemologia eurocentrada que determina "o que é" e "o que não é" nas ciências e nos saberes mundiais, constituindo uma hierarquia dos saberes.

A defesa da não existência de uma filosofia africana está intimamente relacionada à estrutura propagada academicamente como definidora do que é e do que não é filosofia. Um desses aspectos estruturais é o que Boaventura de Sousa Santos aponta como um paradigma das epistemologias do

Norte: o "individualismo autoral".[125] A Filosofia é apontada como a suprema invenção grega porque Sócrates e os que se seguiram teriam tomado a razão como base para as reflexões sobre a ordem cósmica. Antes dele, a filosofia era totalmente embasada na interpretação dos mitos. Platão chega a separar a Filosofia da Teologia ao definir que a segunda consistia no estudo sobre as narrativas mitológicas,[126] ainda que a patrística e a escolástica tenham se debruçado entusiasticamente em reuni-las.

Outro ponto é o racismo como ideologia de dominação e favorecimento do colonialismo e base para o eurocentrismo. David Hume (1711-1776) e Georg Wilhelm Friedrich Hegel (1770-1831) defenderam que os negros eram inferiores aos brancos e que a África é um papel em branco que nada contribuiu para a história mundial. Já Immanuel Kant afirmou que *"os negros da África não possuem, por natureza, nenhum sentimento que se eleve acima do ridículo"*[127] e que, portanto, os povos africanos estariam impossibilitados de exercer o raciocínio. O sociólogo cubano Carlos Moore se esmerou numa pesquisa hercúlea sobre as origens do racismo em *Racismo & sociedade: novas bases epistemológicas para entender o racismo,*[128] estabelecendo competentemente as relações entre o racismo e o sistema escravista, ou seja, essa ideologia como promotora de relações de poder e dominação de um povo sobre outro, desde a Grécia Antiga. Então, temos alguns valores que devem ser considerados como promotores da afirmação que nega a existência de uma Filosofia Africana: o racismo, que é a ideologia que afirma que a raça[129] branca é superior à negra; o eurocentrismo, que prega a superioridade da civilização

---

125 SANTOS, 2018, p. 101.
126 GROSS. In: TEIXEIRA, 2008. p. 324-325.
127 FOÉ *apud* MACHADO, 2014, p. 3.
128 MOORE, 2007. 320 p.
129 O conceito de raça aqui empregado é o de raça sociológica e não biológica, como bem aponta o sociólogo britânico Anthony Giddens em sua obra intitulada **Sociologia** (4. ed. Porto Alegre: Artmed Editora S. A., 2005. 598 p.). Para Giddens (p. 205), o conceito de raça sociológica se inscreve como um "conjunto de relações sociais que permitem situar os indivíduos e os grupos e determinar vários atributos ou competências com base em aspectos biologicamente fundamentados" e conclui que "as distinções raciais representam mais do que formas de descrever as diferenças humanas – são também fatores importantes na reprodução de padrões de poder e de desigualdade dentro da sociedade."

europeia em comparação com a africana; e o cristianocentrismo, que estabelece que o cristianismo é a religião mais bem acabada – lê-se moderna, verdadeira, superior – que as Tradições de Matriz Africana. Estes elementos impregnam o pensamento filosófico ocidental, construindo certos paradigmas que visam promover uma estrutura que sempre legitima o modo branco, europeu e cristão de ser e viver, em detrimento dos demais povos, principalmente os africanos.

Como diz o filósofo anglo-ganês Kwame Anthony Appiah: *"a Filosofia é o rótulo de maior status no humanismo ocidental. Pretender-se com direito à Filosofia é reivindicar o que há de mais importante, mais difícil e mais fundamental na tradição do Ocidente."*[130] Ou, ainda, a afirmação de Charles Wade Mills, filósofo jamaicano, citado por Katiúscia Ribeiro em sua dissertação: *"a Filosofia é a mais branca dentre todas as áreas no campo das Humanidades"*.[131]

Sim! Existe uma Filosofia Africana

A luta contra o eurocentrismo se dá em vários movimentos oriundos de pensadores das ex-colônias europeias, como a Índia e países da África e América Latina. Este conjunto de teorias é chamado de estudos pós-coloniais e decoloniais. O termo "pós-colonial" é bem explicado por Luciana Ballestrin, professora de Ciência Política na Universidade Federal de Pelotas, como sendo um termo que possui entendimentos diferentes dependendo do autor e do período. Ela nos oferece uma definição dada por Sanjay Seth, político indiano e professor da *University of London*:

> *"O 'pós' na teoria pós-colonial não significa o período ou era 'depois' que o colonialismo chegou ao fim, mas ao contrário, significa o período histórico inteiro depois do início do colonialismo". Ao sugerir que o colonialismo não faz parte do passado, o termo reivindica que*

---

130 APPIAH, 1997, p. 131.
131 PONTES, 2017, p. 42.

> *a conquista, o colonialismo e o império 'não são uma nota de rodapé ou episódio em uma história maior, como aquela do capitalismo, modernidade ou expansão da sociedade internacional, mas são, ao contrário, uma parte central e constitutiva dessa história'.*[132]

Assim, toda a resistência durante e após o colonialismo faz parte do pós-colonialismo e é objeto de seu estudo. A obra considerada como fundadora dessa perspectiva é *Orientalismo: o Oriente como invenção do Ocidente*, de Edward Said (1935-2003), publicada em 1978. No entanto, existem obras apontadas como precursoras:

> *Os precursores do pós-colonialismo como Césaire, Fanon e Memmi, no entanto, já eram sensíveis ao complexo mundo da identidade e da subjetividade, retomado posteriormente por Said, Spivak, Gilroy, Hall e Bhabha. Pode-se afirmar que o ponto central da crítica subalterna e pós-colonial possui um caráter epistemológico fundamental. Incentivada pela própria abertura pós-estrutural e pós-marxista, é a partir dela que os intelectuais pós-coloniais puderam elaborar a existência de outros sujeitos que não europeus, brancos, ocidentais, homens, heterossexuais e proletários.*[133]

De fato, o machismo, o racismo, a heteronormatividade e o cristianocentrismo são elementos cruciais na conformação de um paradigma cultural que coloca no centro de poder e privilégios homens, brancos, heterossexuais e cristãos. Neste paradigma, mulheres, negros, homossexuais e não cristãos ficam na parte mais periférica deste sistema de coisas. O seguinte quadro, pensado por mim a partir de um curso sobre Direitos Humanos que ministrei para professores da Rede Municipal de Canoas, explicita melhor a situação:

---

132 BALLESTRIN, 2018, p. 194.
133 BALLESTRIN, 2014, p. 195.

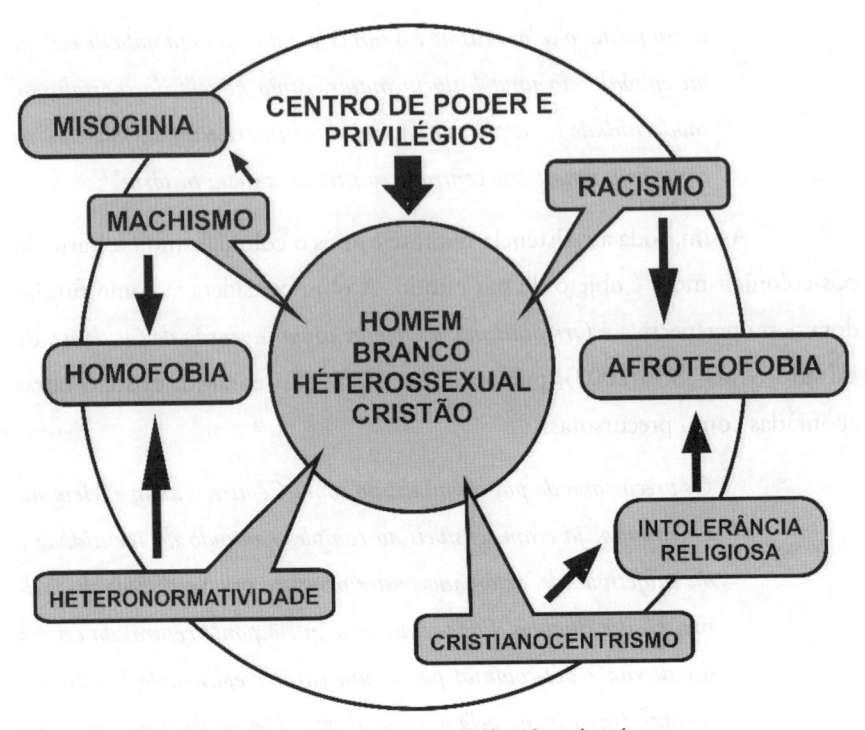

Quadro 1: Pilares ideológicos da cultura brasileira

Podemos observar no quadro que há um centro de poder e privilégios representado pelo pequeno círculo onde observamos os grupos sociais beneficiados. Num plano mais aberto, vemos os pilares ideológicos que sustentam estes grupos no centro. Num terceiro nível podemos observar que quando alguns destes pilares são mesclados surgem novos elementos paradigmáticos como a homofobia, confluência do machismo com a heteronormatividade, e a afroteofobia, composição do racismo com a intolerância religiosa, fruto da dinâmica da exclusividade,[134] já falado antes. O círculo mais externo representa a periferia desse sistema, onde podemos afirmar que residem as mulheres negras lésbicas e vivenciadoras das Tradições de Matriz Africana.

---

134 Cabe lembrar que a intolerância religiosa não é uma ação exclusiva do cristianismo. Tenho pensado, com base em estudos históricos, que é uma ação decorrente de vínculos estabelecidos entre instituições religiosas e o Estado, ou ainda quando determinada tradição religiosa se estabelece como hegemônica num território específico, assim a intolerância religiosa serve como instrumento estrutural nas relações de poder.

Entendo que existem duas forças em eterno conflito. Convencionei chamá-las de forças conservadoras e forças progressistas. As forças progressistas são aquelas que, ao se depararem com injustiças como as que causam a manutenção do *status quo* de poder e privilégios dos grupos já apresentados, unem-se em movimentos sociais para lutar contra as ideologias que mantêm essa estrutura. Assim, surgiram os movimentos feminista, negro, LGBTQIAP+[135] e o combate à intolerância religiosa promovido por movimentos confessionais, ecumênicos ou inter-religiosos com participação – e algumas vezes até liderados – de instituições do próprio cristianismo, como as Comunidades Eclesiais de Base (CEB) da Igreja Católica, a Fundação Luterana de Diaconia (FLD) e o Conselho Nacional de Igrejas Cristãs (CONIC). Mas esses movimentos são refreados por forças conservadoras que querem manter o *status quo* e, às vezes, conseguem até mesmo garantir que esses movimentos deem passos atrás.

> *Todo parto é doloroso. Toda desconstrução, especialmente se for condizente com a alteração do status quo, gera confusão e, inevitavelmente, uma reação conservadora. As grandes mudanças sociais representam momentos de parto para uma nação que, constantemente, deve fazer uma escolha entre os gritos do recém-nascido e os alaridos daqueles que tudo fizeram para impedir a nascença, ou renascença social.*[136]

Para exemplificar, recentemente a orientadora de uma formanda do Rio Grande do Sul – ambas negras – denunciou em seu perfil em rede social

---

135 O Prof. Claudenilson Dias, pesquisador do Núcleo de Pesquisa e Extensão em Culturas, Gêneros e Sexualidades (NuCuS) do Instituto de Humanidades, Artes e Ciências (IHAC) da Universidade Federal da Bahia (UFBA), onde desenvolve tese doutoral sobre identidades trans no Candomblé baiano, contribuiu para o entendimento desta sigla através de conversa pelo Facebook Messenger: "O uso habitual é LGBT, embora a versão LGBTQI+ aponta para um alargamento político do movimento." O professor indica a leitura de FACCHINI, Regina. **Sopa de letrinhas?**: movimento homossexual e produção de identidades coletivas nos anos 90: um estudo a partir da cidade de São Paulo. 2002. 241 p. Dissertação (mestrado) - Universidade Estadual de Campinas, Instituto de Filosofia e Ciências Humanas, Campinas, SP, no qual apresenta um "panorama estratégico político do movimento LGBT." Perguntado em rede social, muitas pessoas apontaram a sigla usada no corpo do texto como a mais atualizada e dinâmica, pois significa lésbicas, gays, bissexuais, transsexuais/transgêneros, queers, intersexo e assexuados. O "+" é um símbolo indicativo de inclusão de todas as pessoas não cisgêneros que não se consideram trans, e por todas as outras orientações que não são hétero.

136 MOORE, 2007, p. 24.

a fala de outra professora, de "pele bem branca do interior" como se autodefiniu, membro da banca examinadora do trabalho de conclusão de curso, que defendia a inexistência da Filosofia Africana. Podemos entender isso da seguinte forma: quando se busca a valorização da diversidade cultural e de suas formas de ver e refletir o mundo, aparecem representantes das forças conservadoras com seus discursos coloniais, eurocêntricos e racistas para o bem da "UNIversidade". A formanda e sua orientadora representam as forças progressistas, a resistência diante do discurso colonial, logo, são protagonistas do pós-colonialismo. Os estudos pós-coloniais, então, se colocam como base epistemológica para a luta contra o colonialismo, o imperialismo e o eurocentrismo.

A afirmação de que a Filosofia Africana é existente e legítima no contexto dos saberes mundiais e pós-coloniais de acordo com as epistemologias ditas do Sul é cabal neste contexto. Embora essa expressão seja usada de múltiplas formas por diferentes filósofos, a posição que assumo neste trabalho é a de que se refere ao conteúdo da filosofia, ou seja, envolve temas ou utiliza métodos tipicamente africanos.

A Filosofia Africana

O principal argumento contra a existência da Filosofia Africana é o fato de que esta filosofia se embasa na análise de mitos e provérbios. Neste sentido, Mulundwe e Tshahwa discutem a questão. Em seu artigo *Mito, mitologia e filosofia africana*, os autores apresentam argumentos críticos sobre o discurso eurocêntrico que questiona a legitimidade da Filosofia Africana por usar mitos como base reflexiva. Já na apresentação do texto, os autores afirmam que *"toda a filosofia, independentemente de qual seja, nasce do mito graças à hermenêutica, ao método semiológico. E assim é o mesmo com a filosofia africana."*[137] Os autores apresentam primeiramente os críticos do mito, enumerando e apontando os pontos de cada um. Em seguida nos apresentam os de-

---

[137] MULUNDWE; TSHAHWA, 2007.

fensores dos mitos, utilizando o mesmo método descritivo de cada. Importante para nós é o argumento de Esopo que, segundo os autores, se dá da seguinte forma:

> *Esopo (-620/-560) contou através da escrita de narrativas didáticas onde os animais passam lições aos humanos. Essas narrativas não são, contudo, criadas por ele, mas sim tiradas da tradição oral, da palavra antiga. A razão está em somente o povo grego do século VI a.C. ser analfabeto, mandando ele registrá-las através da escrita como forma de resguardar a obra. Consagrada pelos anciãos (quer sejam gregos ou africanos), a importância do mito e da mitologia. Constitui-se assim uma urgência e uma interpelação endereçada aos intelectuais africanos em face das tradições ameaçadas de seus povos.*[138]

Em seguida, cita aquele que é considerado um dos fundadores da antropologia social: "*não grego, B. Malinowski (1884-1942) afirma que o mito transcende a história, perscruta o passado, justifica o presente e prefigura o devir do homem e seu próprio destino. Ele convida o homem a se preparar para assumir o comando.*"[139] A insistência dos autores é de que "o mito não é apenas pura e simples ficção", mas uma narrativa simbólica que apresenta uma explicação para o mundo e os seres humanos. Para os autores, a Filosofia Africana se vale da mitologia oriunda dos ancestrais africanos e da tradição oral como fundamento para a compreensão e reflexão filosófica, tendo necessariamente a semiótica como método. Após uma série de argumentos, Mulundwe e Tshahwa concluem que "*o mito contém e veicula um determinado conhecimento e uma concepção de mundo e de ser humano, isto é uma cosmologia, uma cosmogonia e uma antropologia.*"[140]

---

[138] MULUNDWE; TSHAHWA, 2007, p. 4.
[139] MULUNDWE; TSHAHWA, 2007, p. 4.
[140] MULUNDWE; TSHAHWA, 2007, p. 9-10.

Já Kaphagawani e Malherbe se detém na questão da epistemologia africana. Tendo como premissa a Filosofia Africana no seu sentido mais lato, apontam que este ramo da filosofia *"abrange todas as formas e tipos do filosofar, então se segue que faz sentido falar de epistemologia africana, assim como é sensato falar em uma ética, estética e metafísica africanas, por exemplo."*[141] Por outro lado, o filósofo queniano H. Odera Oruka (1944-1995) entende que a filosofia africana contemporânea possui quatro tendências: a etnofilosofia, a filosofia da sagacidade, a filosofia nacional-ideológica e a filosofia profissional.[142]

A *etnofilosofia*[143] se refere a uma filosofia que brota das comunidades de forma coletiva, impessoal e acrítica, a comunidade a aceita sem questionar. É naturalizada no contexto da comunidade, onde há reprodução de certos valores sem que estes sejam refletidos ou questionados. Pelo menos não de forma a que sejam alterados abruptamente.

> *Léopold Senghor, por exemplo, argumentou que a lógica é grega, assim como a emoção é africana. A filosofia europeia também é presumida como individualista, ou seja, um conjunto de pensamentos produzidos ou formulados por vários pensadores individuais. Portanto, a comunidade em oposição à individualidade é apresentada como o atributo essencial da filosofia Africana. Pe. P. Tempels coloca em sua mítica filosofia banta que a "sabedoria dos bantos baseada na filosofia da força vital é aceita por todos, não está sujeita a crítica", pois é tomada por toda a comunidade como a "verdade imperecível".*[144]

---

141 KAPHAGAWANI; MALHERBE. In: COETZEE, 2002, p. 219-229.
142 ORUKA. In: COETZEE; ROUX, 2002, p. 120-124.
143 O termo etnofilosofia conceituado por Oruka é diferente daquele que apontamos no início deste capítulo. Enquanto o prefixo "etno" lá tem o sentido eurocêntrico de restrição do pensamento filosófico a um grupo específico, ou seja, é a comunidade falando (pensando) exclusivamente para ela mesma, aqui se refere a origem identitária do pensamento filosófico, o que significa a comunidade falando a partir de si para si mesma e para fora. Pensamos que talvez, e para ficar mais claro, o termo etnofilosofia possa ser melhor entendido se trocarmos o prefixo "etno" por "afro", resultando afrofilosofia. Outra proposta seria a apresentada pelo filósofo brasileiro Eduardo David de Oliveira e sua Filosofia da Ancestralidade.
144 ORUKA. In: COETZEE; ROUX, 2002, p. 2.

Assim, a etnofilosofia é essencialmente cultural, uma filosofia da cultura, apreendida por antropólogos, etnólogos ou teólogos que buscaram entender as formas de ser e viver africanas acabaram por produzir obras que registraram esses valores civilizatórios.

A *filosofia da sagacidade* é referida por Oruka como sendo aquela empreendida pelos sábios, homens e mulheres que embora não tenham experimentado o tipo de educação ocidental acadêmica, que Oruka chama de "moderna", desenvolvem atividades de reflexão crítica, individual e dialética. São *"pensadores críticos independentes que orientam seus pensamentos e julgamentos pelo poder da razão e da percepção inata, e não pela autoridade do consenso comum."*[145] Boaventura de Sousa Santos os chama de "superautores", pois:

> *[...] os sábios-filósofos combinam um entendimento profundo, muitas vezes ancestral, da tradição oral com uma percepção individual que lhes permite adquirir uma consciência crítica relativamente às perspectivas herdadas e, assim, criar novas perspectivas. Essas perspectivas têm sempre um carácter duplo de análise e orientação, interpretação e ética. Os sábios-filósofos são tradutores criativos da sua própria cultura; ao mesmo tempo, mantém os pés firmemente assentes nas emergências e nas exigências do presente, recorrendo de forma seletiva e pragmática a um passado que é inesgotável e apenas parcialmente transparente.*[146]

Entretanto, a expressão filosófica na sagacidade não é de forma longa e convencional. Sua maioria consiste em entinemas,[147] parábolas e provérbios. Entre os *yorùbá*, por exemplo, temos o seguinte provérbio:[148] "*Òwe lẹ́ṣin ọ̀rọ̀ bá sọnù, òwe la fi ń wá*", ou seja, "*o provérbio é o cavalo da palavra, quando se perde a palavra, utilizamos o provérbio para achá-la*". O significado

---

145 ORUKA. In: COETZEE; ROUX, 2002, p. 4.
146 SANTOS, 2018, p. 104.
147 Tipo de silogismo.
148 ÌDÒWÚ, [s.d].

desse provérbio é o de dar a devida importância aos próprios provérbios. O provérbio serve como um caminho, um guia que conduz ou facilita a apreensão e compreensão de determinado conhecimento.

A *filosofia nacionalista-ideológica* está relacionada principalmente às lutas nacionais contra o colonialismo e imperialismo europeus na África, na busca de uma unidade nacional dos países africanos controlados por e para eles mesmos. Por isso, elementos da cultura africana – como o que Oruka chama de comunalismo – se estabelecem como base sólida para a deflagração de uma visão política local.

Por fim, a *filosofia profissional* que é defendida pelos intelectuais acadêmicos africanos, aqueles que foram instrumentalizados academicamente pela disciplina, pois:

> *[...] é vista como um todo, que inclui o que foi produzido ou pode ser produzido por pensadores africanos ou no contexto intelectual africano em qualquer ramo do pensamento filosófico no sentido estrito. Portanto, não há razão para que uma obra de um pensador africano em, digamos, epistemologia moderna, metafísica ou lógica não deva ser vista como parte da filosofia africana.*[149]

Neste contexto, o filósofo, político e acadêmico beninense Paulin Hountondji conceitua: "*por 'Filosofia Africana' refiro-me a um conjunto de textos, especificamente ao conjunto de textos escritos pelos próprios africanos e descritos como filosóficos por seus próprios autores*".[150]

Ao explanar esses dados, fica evidente que a chamada etnofilosofia se torna a base para as demais tendências da Filosofia Africana. A filosofia da sagacidade só é possível quando os sábios, assim como os filósofos ocidentais, refletem sobre os aspectos de sua própria cultura e tempo histórico. A filosofia nacionalista-ideológica tem na cultura africana o ponto de apoio para as lutas

---

149 ORUKA. In: COETZEE; ROUX, 2002, p. 6-7.
150 HOUNTONDJI apud APPIAH, 1997, p. 131.

políticas. E a filosofia profissional é aquela produzida por africanos de acordo com sua identidade cultural.

Retornando a Kaphagawani e Malherbe, a racionalidade é posta à prova. A citação que Oruka faz de Senghor parece afirmar que a lógica (racionalidade) é fator preponderante nas análises e reflexões gregas, enquanto a emoção é o ponto chave das análises africanas. Isto pode implicar numa avaliação de que os africanos não são racionais, mas tão somente emotivos, o que, certamente, é um equívoco. O que Senghor afirma – e Kaphagawani e Malherbe confirmam – é que o africano é racional ao estabelecer suas relações com o universo, mas que essa racionalidade não exclui as sensibilidades contidas no aspecto emocional. Em outro capítulo veremos que um dos elementos da espiritualidade africana pode ser chamado de Ọkàn, o coração físico e simbólico, onde reside Ẹ̀mí, a alma, intimamente vinculada às emoções, ou seja, a alma é emocional.

Isto me parece ter relação com o que Oyèrónkẹ́ Oyěwùmí[151] tem dito sobre a cosmopercepção.[152] A autora critica o uso indiscriminado da expressão "cosmovisão" aplicada no Ocidente como valendo para a África, pois os africanos experimentam o mundo não apenas com a "visão", mas com todos os sentidos. Os "sentidos" são os pontos chave na questão que apresentamos, pois isto significaria pensar na humanidade como um ser integral, onde tudo conflui para a natureza do ser. Assim, a emotividade ficaria lado a lado com a racionalidade nas formulações do pensamento filosófico africano.

A partir daqui passamos a entender a permanência da Filosofia Africana nas comunidades tradicionais de terreiro como uma etnofilosofia, ou seja, valores civilizatórios africanos, coletivos, aplicados ao cotidiano dos terreiros. Porém, também fica evidente a filosofia da sagacidade uma vez que os Bàbálóriṣà e Ìyálóriṣà se tornam os grandes sábios neste contexto.

---

151 OYĚWÙMÍ, 1997, p. 3.
152 O prof. Wanderson Flor do Nascimento traduz a expressão *world-sense* utilizada por Oyěwùmí como "cosmopercepção" por julgar que "a palavra 'sense', indica tanto os sentidos físicos, quanto a capacidade de percepção que informa o corpo e o pensamento."

Permanência da Filosofia Africana na Diáspora

Como já apontei antes, é possível identificar reminiscências da Filosofia Africana nos espaços das comunidades tradicionais de terreiro. Essa permanência se dá principalmente no conjunto de valores que organizam as ações e o comportamento dos vivenciadores das Tradições de Matriz Africana na diáspora. A cultura africana, de modo geral, possui valores civilizatórios que podem ser percebidos de formas diferentes de acordo com grupos étnicos distintos, entretanto, possuem uma essência que as unifica.

Estes valores foram apresentados a mim pela primeira vez há mais de uma década na cartilha do Projeto *Ori Inu Erê,* desenvolvido numa comunidade tradicional de terreiro em Porto Alegre, cujo público-alvo são crianças vinculadas de alguma forma às Tradições de Matriz Africana. Tive a oportunidade de oferecer uma oficina pelo projeto. Este projeto, que ainda está em atividade, pretende construir nas crianças a compreensão do papel do terreiro em suas vidas, erigindo assim um sentimento de pertencimento e orgulho dessa tradição tão perseguida ao longo da história de nosso país.

A cartilha nos apresenta os seguintes valores civilizatórios: ancestralidade, senioridade, transgeracionalidade, circularidade, corporeidade, musicalidade, ludicidade, oralidade, memória, comunitarismo/cooperativismo, complementaridade, ser integrado ao todo, axé e religiosidade.[153] Todos estes elementos são, sem dúvida, a reprodução *in loco* da filosofia africana no cotidiano dos terreiros. Essa reprodução garante a perpetuação da civilização africana no mundo ocidental. Por sua vez, ao sair do espaço intramuros dos terreiros, essas ideias se propagam projetando um novo perfil de ser humano nas suas relações com a sociedade, com o mundo do trabalho, com a ecologia etc. A seguir, explicarei melhor.

---

153 VALORES, 2006, p. 7.

Ancestralidade e memória

Em África, a ancestralidade se refere ao culto aos antepassados familiares. Não necessariamente um culto religioso, embora exista, mas principalmente ter nos antepassados uma referência ética e moral. De fato, o culto religioso aos antepassados é para garantir o respeito àqueles que nos antecederam e deixaram um legado. A importância do ancestral pode ser vista em cena do filme estadunidense *Amistad*,[154] onde o personagem Cinque diz ao ex-presidente John Quincy Adams que sabia que sairia vitorioso em sua contenda judicial porque chamaria seus ancestrais. Estes viriam em seu socorro, pois ele, "era a única prova de que eles existiram".

Sob o ponto de vista afroteológico, a busca pela ancestralização se assemelha à busca pela salvação da alma pelos cristãos, pois não existe nada pior para o africano que ser esquecido. O esquecimento é a morte plena. Ser lembrado é ter garantias até mesmo do retorno de seu *èémi* (sopro divino) a uma nova vida, renascendo em seus próprios descendentes. Se há uma soteriologia africana, esta está na ancestralização.

O professor, doutor em Semiótica e Bàbálórìṣà Sidnei Barreto Nogueira, sobre isso, diz:

> *Ancestralizar-se tem a ver com produção de memória existencial. Você se ancestraliza por meio do que pensa, diz e faz. Você se ancestraliza por meio das relações que estabelece consigo mesmo e com o mundo e por meio do seu bom caráter. Ao ancestralizar-se, você continua no outro, com o outro e por meio do outro.*[155]

No Brasil, os laços familiares foram esfacelados pela escravidão, mas novos laços foram construídos. A sacralidade da consanguinidade deixou de ser o centro dessas relações para dar lugar à sacralidade dos processos iniciáti-

---

154 AMISTAD, 1997
155 NOGUEIRA, 2019

cos, cujos rituais praticados pelas Tradições de Matriz Africana estabelecem novos laços familiares agora vinculados às divindades, ao sagrado. Como diz Oliveira:

> *A ancestralidade, inicialmente, é o princípio que organiza o Candomblé e arregimenta todos os princípios e valores caros ao povo-de-santo na dinâmica civilizatória africana. Ela não é, como no início do século XX, uma relação de parentesco consanguíneo, mas o principal elemento da cosmovisão africana no Brasil. Ela já não se refere às linhagens de africanos e seus descendentes; a ancestralidade é um princípio regulador das práticas e representações do povo-de-santo. Devido a isso afirmo que a ancestralidade se tornou o principal fundamento do Candomblé.[156]*

Temos que lembrar que o ancestral no Brasil não é qualquer falecido, mas sim aquele que passou por uma série de processos litúrgicos para tal. Ele tem que ter passado pelos rituais de renascimento, consultado *Ifá*, o oráculo sagrado, para descobrir seu projeto mítico-social (*Odù*) e cumpri-lo, ter passado pelos rituais fúnebres, ter deixado descendentes e alcançado idade avançada. Somente assim poderá entrar no reino dos *Ègún*, os ancestrais ilustres. Na poesia *Ancestralidade*, do poeta senegalês Birago Diop,[157] podemos contemplar o seu aspecto mais espiritual:

> *Ouça no vento*
> *o soluço do arbusto:*
> *é o sopro dos antepassados...*
> *Nossos mortos não partiram.*
> *Estão na densa sombra.*
> *Estão na árvore que agita,*

---

156 OLIVEIRA, [s.d]
157 SILVEIRA, 2017

na madeira que geme,
estão na água que flui,
na água que dorme,
estão na cabana, na multidão;
os mortos não morreram...
Nossos mortos não partiram:
estão no ventre da mulher,
no vagido do bebê e
no tronco que queima.
Os mortos não estão sob a terra:
estão no fogo que se apaga,
nas plantas que choram,
na rocha que geme,
estão na floresta,
estão na casa,
nossos mortos não morreram.

Senioridade e transgeracionalidade

No mundo ocidental, o velho é tido como um estorvo, um peso morto. Nas relações capitalistas, o idoso é aquele que não produz mais, logo, se torna um inconveniente para as famílias e para a sociedade. O desprezo pelos idosos é tão grande que, para ter garantido um lugar para sentar-se no transporte coletivo público, é necessário a existência de uma lei. Na África jamais é assim. Lá, o idoso tem status privilegiado. Na cultura africana, o respeito aos mais velhos é a chave nas relações interpessoais. É respeitado por toda a sociedade, pois espera-se que tenha acumulado conhecimentos por toda a vida, o que o tornaria um sábio. Isto está evidente no seguinte provérbio:[158]

---

158 RIBEIRO, 1996, p. 61.

> Ìgbà kan ńlọ, ìgbà kan ńbọ̀
> Ọjọ nbori ọjọ
> Ero iwaju ńlọ,
> Ero ẹyin ntẹle
>
> *Um dia vai e outro vem*
> *Um tempo está partindo, outro está chegando*
> *Os da frente (os velhos) estão indo*
> *Os de trás (os jovens) os estão seguindo*
> *(dando-lhes continuidade)*

Seguir os mais velhos, trilhar os seus passos, é o caminho dos jovens. O respeito aos mais velhos e aos seus feitos. Por isso, o historiador malinês Amadou Hampaté Bâ (1901-1991) disse que quando um velho morre é como se uma biblioteca incendiasse. No entanto, isto não significa que a sociedade africana é ditada pelos mais velhos, mas que cada faixa etária tem seus papéis, como vemos no provérbio[159] "*Ọwọ́ ọmọdé ò tó pẹpẹ, tàgbà ò wọ kèrègbè*", ou seja, "*a mão de uma criança não consegue alcançar uma prateleira, a mão de um velho não entra dentro de um porongo (cabaça)*". Este provérbio nos ensina que tanto a criança quanto o idoso têm um papel a cumprir na comunidade. Isto é percebido nas comunidades tradicionais de terreiro no Brasil, com algumas diferenças. Como o processo iniciático é o legitimador das relações familiares nas comunidades tradicionais de terreiro, então os mais velhos são aqueles que passaram pelas iniciações há mais tempo, independentemente de sua idade biológica. Isso significa que uma pessoa que, por exemplo, tenha quarenta anos de idade e vinte de iniciação é considerada mais velha que outra de sessenta anos de idade e dez de iniciação. "*A senioridade como fundamento da relação social iorubá é relacional e dinâmica; [...] não é focada no corpo.*"[160]

---

159 ÌDÒWÙ, 2019.
160 OYĚWÙMÍ, 1997, p. 20.

A *transgeracionalidade* consiste na ideia de que todo o conhecimento é transmitido de uma geração à outra, sempre do mais velho para o mais novo. Isso não quer dizer que os mais novos não têm nada a contribuir, mas que a contribuição dos mais velhos, por serem mais experientes e sábios, é mais importante e deve ser ouvida. De fato, na cultura *yorùbá*, um jovem com menos de vinte e cinco anos de idade raramente tem voz ativa na comunidade, pois sua juventude, logo ausência de experiência, depõe contra ele. Um provérbio alerta a isso: "*a juventude é como um rio: entregue a si mesmo destrói as barragens*". Um eco disso vemos na prática da tradição do Batuque do Rio Grande do Sul, mais precisamente na nação *Ijẹ̀sà*. Nesta nação, o sacerdote ou sacerdotisa utiliza um complexo fio de contas chamado "Imperial" que revela seu estatuto sacerdotal. Este fio fica pendente no seu pescoço, sobre o peito. Mas ao atingir exatamente vinte e cinco anos de iniciação este mesmo fio de contas passa a ser usado sobre o ombro, atravessando o peito, identificando simbolicamente essa maioridade iniciática.

Circularidade, complementaridade e integração

Circularidade "*é a compreensão de que na vida tudo é cíclico, não tendo início nem fim e que circula entre os seres no espaço e no tempo*".[161] A ciclicidade é percebida pelos africanos por meio de observações da natureza. As sociedades africanas eram predominantemente agrárias, o que tornava importante a observação das estações do ano, dos ciclos das chuvas, para saberem qual a melhor época para o plantio e colheita. A natureza se apresenta de forma circular: a vida é gerada, nasce, cresce, se reproduz gerando novas vidas e perece; o sol nasce, cruza o céu e se põe todos os dias; as estações se repetem todos os anos; a lua possui seus ciclos. Ao perceberem que toda a existência se move de forma cíclica, entenderam que a circularidade faz parte da ordem cósmica, logo o círculo se torna um símbolo desta ordem.

---

161 VALORES, 2006, p. 7.

As antigas casas africanas eram construídas com paredes circulares e não retangulares como no Ocidente; nas festas religiosas as pessoas dançam formando um círculo; a consulta ao oráculo de *Ifá* pelo jogo de búzios se dá numa série de elementos dispostos em forma de círculo. O motivo do círculo ser tão importante pode ser o fato de que também simboliza o útero. Este órgão feminino é simbólico para as tradições religiosas antigas, como as africanas, como elemento crucial na geração e proteção da vida que ali surge.

Por conta disso, para os africanos, o tempo também é cíclico. A ciclicidade do tempo é típica entre vários povos. O tempo e o calendário são criações religiosas, de forma que cada povo tem sua própria visão do tempo. A linearidade do tempo é uma ideia relativamente nova, historicamente desenvolvida por Santo Agostinho com base na bíblia. A narrativa bíblica se coloca em forma linear ao estabelecer como primeiro livro canônico o Gênesis, onde narra a criação do mundo, e como último o Apocalipse, que narra o seu fim. Da mesma forma, o tempo é sagrado para os africanos e por isso é cultuado como uma divindade. Entre os *yorùbá* é o *Òrìṣà Ìrókò*, representado em África pela espécie homônima e, no Brasil, pela árvore gameleira branca. A árvore é o símbolo por excelência do tempo, pois ela pode viver mais que gerações de seres humanos e ao morrer pode gerar uma nova vida em si mesma.

Por entenderem que o tempo é cíclico, a história é a disciplina mais importante para os africanos. A ciclicidade do tempo permite que, ao conhecermos a história, não cometamos novos erros e tenhamos garantias de acertos pela experiência dos antepassados. Conhecer a história se torna crucial e até mesmo sagrado, por isso há uma divindade da história: *Ọ̀rúnmìlà*. Essa divindade possui o título de *opìtàn Ifẹ́*, "o grande historiador de *Ifẹ́*", a cidade sagrada para os *yorùbá*. *Ifá* é o conjunto de textos orais dos *yorùbá*, que narram as histórias sagradas (*ìtàn*) que servem de base para as ações do presente. A consulta a Ifá através tanto do opèlè quanto do jogo de búzios, ao contrário do que se imagina, é para conhecer como as pessoas resolveram suas questões no passado, pois elas podem servir no presente. O futuro não faz parte da alçada de ninguém, pois ainda não aconteceu, logo a consulta ao oráculo não é sobre o futuro, mas sim sobre o passado:

> *[...] as sociedades tradicionais africanas não têm uma grande preocupação com o futuro. Em sua interpretação, para essas sociedades, o "tempo é um fenômeno bidimensional, com um longo passado, um presente e virtualmente nenhum futuro. O conceito linear de tempo do pensamento ocidental, com um passado indefinido, um presente e um futuro infinito, é praticamente estranho ao pensamento africano. O futuro é virtualmente ausente porque os acontecimentos vindouros não foram realizados e, portanto, não podem fazer parte do tempo". [...] Mbiti (1970, p. 23) ressalta que o tempo tradicional africano se move mais para trás que para a frente e que o que acontece hoje, sem dúvidas se desdobra em futuro, mas só o presente nos atravessa e nos passa: o futuro não é, senão como potência.*[162]

A circularidade sugere a existência de uma *complementaridade*. Nada é completamente individual. A árvore depende do solo e da água das chuvas para existir. O solo será fértil com a morte das árvores e a água das chuvas. A água das chuvas, que é absorvida pelo solo, se tornará um manancial para rios cujas águas, ao evaporarem, se tornarão nuvens de chuva. A complementaridade se inscreve, então, como um valor que se expressa na doação e recepção de todas as coisas. Nada se encerra em si mesmo. Tudo depende de outros elementos para existirem, ou seja, há sempre uma coexistência natural entre tudo. O etnólogo malinês Amadou Hampaté Bâ afirma:

> *Uma vez que se liga ao comportamento cotidiano do homem e da comunidade, a "cultura" africana não é, portanto, algo abstrato que possa ser isolado da vida. Ela envolve uma visão particular do mundo, ou, melhor dizendo, uma presença particular no mundo –*

---

[162] NASCIMENTO. In: RODRIGUES; BERLE,; KOHAN, 2018, p. 586.

> *um mundo concebido como um Todo onde todas as coisas se religam e interagem.*[163]

A *integralidade* também é um valor civilizatório africano. "*É a ideia de que todos os seres estão interligados e fazem parte um do outro, seja vegetal, mineral, animal ou divindade.*"[164] Neste contexto, Bâ fala sobre o que concluímos ser um tipo de "solidariedade universal":

> *No interior dessa vasta unidade cósmica, tudo se liga, tudo é solidário, e o comportamento do homem em relação a si mesmo e em relação ao mundo que o cerca (mundo mineral, vegetal, animal e a sociedade humana) será objeto de uma regulamentação ritual muito precisa cuja forma pode variar segundo as etnias ou regiões.*[165]

Corporeidade, musicalidade e ludicidade

Se para o Ocidente cristianocentrado o corpo é o caminho para o pecado, para os africanos ele faz parte do sagrado. Oyěwùmí, em seu livro *A invenção das mulheres*, descortina os modos Ocidental e africano de ver e se relacionar no e com o mundo. Para a autora, o Ocidente centraliza suas percepções pelo sentido da visão (daí os termos "visão de mundo" e "cosmovisão"), o que gera relações sociais embasadas em questões estéticas, fenotípicas, ou seja, aquilo que os olhos veem.

> *No Ocidente, as identidades sociais são todas interpretadas através do "prisma da hereditariedade", para tomar emprestada a expressão de Duster. O determinismo biológico é um filtro através do qual todo o conhecimento sobre a sociedade funciona. [...] refiro-me a esse tipo de pensamento como raciocínio corporal; é uma interpretação*

---

163 BÂ. In: KI-ZERBO, 2010, p. 169.
164 VALORES, 2006, p. 7.
165 BÂ. In: KI-ZERBO, 2010, p. 173.

> *biológica do mundo social. O ponto, novamente, é que enquanto atores sociais como gestores, criminosos, enfermeiros e pobres sejam apresentados como grupos e não como indivíduos, e desde que tais agrupamentos sejam concebidos como sendo geneticamente constituídos, então não há como escapar do determinismo biológico.*[166]

O corpo, para os africanos possui outros aspectos não relacionados às construções sociais que o determinismo biológico do Ocidente pode afetar, ou seja, o corpo, em África, não determina quais espaços o sujeito deve ocupar socialmente.

> *Na sociedade iorubá, pelo contrário, as relações sociais derivam sua legitimidade dos fatos sociais e não da biologia. Os meros fatos biológicos da gravidez e parto importam apenas em relação à procriação, como devem ser. Fatos biológicos não determinam quem pode se tornar monarca ou quem pode negociar no mercado.*[167]

Nas comunidades tradicionais de terreiro o corpo não é determinante no acolhimento e na inserção nas famílias afrorreligiosas, se tornando um espaço de acolhimento amplo de todas as camadas sociais.

> *[...] a comunidade de terreiro é um território potencialmente democrático. Exatamente porque é um acolhimento, possibilita a incorporação do outro, do excluído, do diferente, do discriminado: o pobre, o desempregado /subempregado, a criança, o homossexual, o negro, a mulher. Sendo um locus de afirmação da negritude, incorpora também o branco. Logo, os Ilês são territórios com vocação democrática; espaços plurais que acolhem, não sem tensões e conflitos, diferentes sujeitos sociais: negros/não-negros, homens/mulheres/crianças, indivíduos de diferentes orientações sexuais e pertencentes a distintas*

---

166 OYĚWÙMÍ, 1997, p. 7.
167 OYĚWÙMÍ, 1997, p. 18.

> *frações de classe, inclusive muitos discriminados que não teriam lugar em outras práticas religiosas.*[168]

Até mesmo na hierarquia religiosa, fatores biológicos não influenciam podendo homens, mulheres, transgêneros, negros ou não negros ocuparem qualquer dos postos hierárquicos, inclusive os mais altos.

> *No Candomblé, os segmentos subordinados da sociedade experimentam a possibilidade de ascensão social, e de desenvolvimento de uma nova sociabilidade, metamorfoseando seus lugares de desvantagem social em posicionalidades de prestígio, geralmente ligadas à hierarquia religiosa. Aí as mulheres, inclusive as negras, ocupam altos cargos, diferentemente do que se verifica nas demais religiões.*[169]

O corpo também é manifestação sagrada. Nele se guarda aspectos da ancestralidade e da orixalidade. Isto significa que possuímos características físicas e psicológicas herdadas tanto de nossos antepassados biológicos quanto das divindades. Nosso corpo é sagrado, pois possui uma relação com os ancestrais, homens e mulheres que nos antecederam, e com os Òrìṣà, as divindades que doaram uma parte de seu próprio "DNA", digamos assim, para a criação dos seres humanos. Assim, ao contrário do que o senso comum dissemina, a manifestação dos Òrìṣà não é uma "incorporação" (de fora para dentro), mas sim uma "excorporação" (de dentro para fora). Na tradição do Batuque se usa a expressão "ocupação" para definir o momento da manifestação do Òrìṣà em seus descendentes. Na concepção das Tradições de Matriz Africana, a consciência humana, nestes momentos, fica em descanso enquanto o corpo é "ocupado" pela consciência divina.

No entanto, isto não significa que o corpo é intocável. O corpo (*ara*) é um elemento da vida e, portanto, tem utilidade prática. O sexo não é consi-

---

168 SILVA, 2010, p. 131.
169 SILVA, 2010, p. 131.

derado um ato libidinoso ou mundano, mas sim um ato natural e até teomórfico[170], uma vez que as divindades também se casam, fazem sexo, dançam e se alimentam. No dizer do afroteólogo baiano Jayro Pereira de Jesus,[171] somos seres *antropoteogônicos*, gerados a partir das divindades, reproduzindo suas ações e comportamentos, manifestando em características físicas ou arquetípicas nossa descendência mítica.

A alimentação como prática mantenedora da vida e da saúde é elemento crucial nas relações sociais, de forma que o principal cômodo nas casas africanas, nas famílias negras brasileiras e nas comunidades tradicionais de terreiro é a cozinha. É ali que se encontram para cozinharem, comerem, conversarem e resolverem de tudo. No Candomblé, a cozinha é tão importante que a pessoa responsável é designada por um cargo sacerdotal: a *Iyágbasè*.

As festas negras, sejam seculares ou religiosas, passam inevitavelmente pela alimentação, pela música e pela dança. As festas nos terreiros invariavelmente possuem muita comida distribuída gratuitamente em enormes banquetes públicos, onde seres humanos se encontram com *Òrìṣà* para cantarem, dançarem e comerem. A dança é a melhor manifestação da corporeidade, sendo até motivo de gracejos entre os próprios africanos.[172] Através da dança os corpos se expressam. Os próprios *Òrìṣà* dançam ao se manifestarem em seus filhos. A dança é a expressão da corporeidade. Para Nogueira:

> *Eu considero a dança uma grande narrativa ancestral que deve ser seguida – com certa liberdade, mas há uma base coreográfica sempre. Alguns a vislumbram como doutrinação ou como algo imposto. Mas não há cultura que não produza uma narrativa coreografada.*

---

170 Os antropólogos frequentemente utilizam o conceito de antropomorfização das divindades africanas como categoria de análise. Esta categoria conceitua que os seres humanos criam suas divindades a partir de si mesmos, ou seja, carrega a premissa da inexistência das divindades. O ateísmo "cientificizado", a partir de análises psicologizantes, defende que os Òrìṣà são criações humanas e que possuem atitudes humanas. Defendo a expressão "teomorfização" como uma categoria de análise que parte da premissa teológica da existência das divindades e que os seres humanos foram criados a partir delas e que reproduzem seus comportamentos, não apenas como modelos, como diz Eliade (2010), mas também nas ações naturais.
171 Comunicação pessoal.
172 THE, 2013.

> *Nesse sentido, a dança é fundamental e terapêutica. No caso dos iniciados, a possibilidade de, de olhos fechados, ser levado pela voz ancestral dos tambores, é altamente terapêutico.*[173]

Nos principais ritos das Tradições de Matriz Africana como o Candomblé e o Batuque, existe dança, sobretudo nas festas públicas chamadas de Ṣiré no Candomblé e de Ẹbọ, no Batuque. Ṣiré é uma palavra da língua *yorùbá* que significa "brincadeira". A semântica da palavra, no entanto, não condiciona a infantilidades, mas sim a ludicidade nos atos. Os ritos são sempre alegres e festivos, pois a vida assim deve ser. A palavra Ẹbọ, usada no Batuque para definir a festa pública, significa "oferenda", em *yorùbá*. A festa pública aqui é entendida como parte do que é oferecido às divindades. Nas casas de Batuque todos são convidados a dançar e comer e ainda a levar comida para casa, num ato de partilha do alimento e senso comunitário, comunháo entre as divindades e os seres humanos.

Os momentos de dança estão em quase todas as partes dos rituais. No Batuque, por exemplo, a ave que será abatida pelo método tradicional é conduzida de forma cuidadosa ao *Ojúbọ*, o cômodo onde estão os assentamentos sagrados (*pejì*). Após o abate, esses animais são conduzidos no colo – como num carinhoso abraço – até o centro do salão, espaço contíguo ao *Ojúbọ*, dançando. Quando se trata de um animal de maior porte, como caprinos, ovinos ou suínos, o animal abatido é conduzido por um *Òrìṣà* que o coloca sobre os ombros e segue dançando até a porta da frente, onde saúda a rua, depois segue até o *págòdò*, espaço onde ficam os *alágbe*, os sacerdotes encarregados de tocar os tambores (*ilú*) e entoar os cânticos sagrados, em seguida também se direciona ao centro do salão, sempre dançando.

Nas festas públicas, a dança é coletiva e se dá com os vivenciadores posicionados em forma de círculo que se movimenta em sentido anti-horário. O sentido anti-horário é uma referência ao passado. Essa dança é como se

---

[173] NOGUEIRA, 2019.

fosse uma máquina do tempo, onde retornamos a época em que as divindades viveram entre nós, como nos contam os *ìtàn*. Quando ocorre a manifestação dos *Òrìṣà*, logo seguem para o centro do círculo onde dançam e cumprem liturgias de saudação. Para cada *Òrìṣà* há uma dança específica que dramatiza suas histórias sagradas, representificando-as. Mas quando as festividades são aos antepassados, a roda gira no sentido horário, indicando que o tempo dos vivos é contínuo, e que nossa vida tem continuidade após a morte.

A origem da festa pública é contada por um *ìtàn* coletado pelo sociólogo paulista Reginaldo Prandi:[174]

> *Dizem que certa vez Orunmilá veio à Terra acompanhando os Orixás em visita a seus filhos humanos, que já povoavam este mundo, já trabalhavam e se reproduziam.*
>
> *Foi quando ele humildemente pediu a Olorum-Olodumare que lhe permitisse trazer aos homens algo novo, belo e ainda não imaginado, que mostrasse aos homens a grandeza e o poder do Ser Supremo.*
>
> *E que também mostrasse o quanto Olorum se apraz com a humanidade.*
>
> *Olodumare achou justo o pedido e mandou trazer a festa aos humanos.*
>
> *Olodumare mandou trazer aos homens a música, o ritmo, a dança.*
>
> *Olodumare mandou Orunmilá trazer para o Aiê os instrumentos, os tambores que os homens chamaram de ilu e batá, os atabaques que eles denominaram rum, rumpi e lé, o xequerê, o gã e o agogô e outras pequenas maravilhas musicais.*
>
> *Para tocar os instrumentos, Olodumare ensinou os alabês, que sabem soar os instrumentos que são a voz de Olodumare.*
>
> *E os enviou, instrumentos e músicos, pelas mãos de Orunmilá.*

---

[174] PRANDI, 2001, p. 446-447.

> *Quando ele chegou à Terra, acompanhando os Orixás e trazendo os presentes de Olodumare, a alegria dos humanos foi imensa.*
>
> *E, agradecidos, realizaram então a primeira e grande festa neste mundo, com toda a música que chegara do Orun como uma dádiva, homens e orixás confraternizando-se com a música e dança recebidas.*
>
> *Desde então a música e a dança estão presentes na vida dos humanos e são uma exigência dos orixás quando eles visitam nosso mundo.*

A música é parte importante destas festividades. Em todas as atividades nos terreiros há acompanhamento musical. Na concepção africana, tudo é música, ou como diz o músico guineense Mansa Camio:[175] "*todas as coisas possuem ritmo*". Seja jovens pilando cereais, o ferreiro maleando o ferro quente, as lavadeiras com suas roupas num rio, crianças brincando com latas e até a própria fala possui um ritmo, é música. Não existe qualquer elemento da cultura africana que não tenha corporeidade ou musicalidade. Nos rituais das comunidades tradicionais de terreiro, o ritmista ocupa um lugar de destaque, pois também é um sacerdote, como deixa claro o *itàn* narrado mais acima. Por vezes é chamado de *Ògán*, *Ògánilú* ou *Alágbe*. Para ocupar este posto são necessários anos de aprendizagem nos ritmos e nas letras das cantigas sagradas, além de passar por ritos específicos, desde que esteja em seu caminho esta função (Odù).

A poesia de Tolba Phanen,[176] que prefiro chamar de "A canção da humanidade",[177] fala sobre como uma criança, ao nascer, recebe uma música que será só sua. Esta música será entoada pela comunidade para lembrar a pessoa de seus compromissos; ativará sua memória ancestral em seus principais

---

175 FOLI, 2010.
176 Há uma discussão sobre a existência dessa suposta "poetisa africana". Investigações pela internet não nos apresentam resultados convincentes sobre sua existência e pelo menos no site <http://aidamanduley.com/tag/tolba-phanem> há uma investigação que apresenta a origem desse poema num certo Alan Cohen. Entrementes, o conteúdo do poema reflete verdades intrínsecas às comunidades africanas como um todo.
177 A CANÇÃO, [s.d].

momentos: o nascimento, ao ser educada, ao chegar na idade adulta, ao se casar, nos momentos de deslize moral e na morte. Curiosamente, é exatamente isso o que ocorre nas Tradições de Matriz Africana na diáspora. No Batuque, por exemplo, é cantada uma canção sagrada (*orin*) que acompanhará o vivenciador ou a vivenciadora em todos os seus passos nesta caminhada religiosa, em todos os processos iniciáticos, até a sua morte. Aquele *orin* sagrado definirá tudo em sua vida.

A *ludicidade* se refere "*a tudo que é feito com prazer, como se estivesse brincando, jogando, podendo ser em grupo ou individualmente.*"[178] O lúdico é uma forma de se expressar e se relacionar. O prazer está em tudo, mesmo nas tarefas cotidianas, no trabalho. Para o Ocidente cristianocentrado, o trabalho é castigo divino como vemos em Lamentações 3:5, Salmos 128:2 e, principalmente, Gênesis 3:17-19. Mas, para os africanos, o trabalho é sempre fonte de coisas boas. A vida não se perpetua sem a alimentação que provém do trabalho com a agricultura e o trato com animais. As invenções humanas, o desenvolvimento de técnicas e tecnologias, a construção de casas, a confecção de roupas e as próprias atividades religiosas são executadas de forma prazerosa, lúdica, pois o fim dessas atividades é trazer benefícios à comunidade.

Oralidade, religiosidade e *àse*

A cultura ocidental é cristianocentrada. Isto significa, em meu entendimento, que, por possuir uma cultura construída sobre uma religião que tem como elemento central um livro, concebe a palavra escrita como um elemento crucial no registro dos saberes. O saber escrito possui mais validade que qualquer outro tipo de saber, na visão ocidental. O livro ganha destaque tomando status de verdade. O conhecimento passado oralmente é questionado, pois sua fluidez poderia ser maleável, logo, as verdades ditas também. Esta percepção das coisas cria uma descrença na fiabilidade da palavra falada. Con-

---

[178] VALORES, 2006, p. 7.

tudo, deve-se postular que este tipo de pensamento se inscreve na perspectiva de quem vivencia culturas que põe na literatura uma importância ímpar.

Os historiadores eurocêntricos, para melhor estudarem os eventos históricos dos últimos nove mil anos, criaram a periodização quadripartite da História (Antiga, Medieval, Moderna e Contemporânea), colocando eventos europeus como referência na transposição de um período para outro. O marco que instituiu o nascedouro da História é a invenção da escrita. Tudo o que acontece antes disso, ou seja, mais ou menos 4,79 bilhões de anos, é chamado de Pré-História. Definir a invenção da escrita como evento referencial da História evidencia a Europa e descredibiliza os povos que não possuíam uma escrita ou mesmo desejo de registrar de forma gráfica a sua história. Segundo a filósofa baiana Adilbênia F. Machado, foi pensando dessa forma que o filósofo alemão Georg Hegel (1770-1831) definiu que a África não tem história.

> *Hegel está entre os filósofos que mais negaram qualquer capacidade intelectual do africano; na sua obra "Filosofia da História", declarou a África como um papel em branco, contra o qual se poderia comparar toda a razão. Classificou esse continente como o "país da infância", onde o negro torna-se o representante da "natureza em seu estado mais selvagem", num estado de total inocência, ou seja, o continente africano era, então, "uma terra baldia cheia de 'anarquia', 'fetichismo' e 'canibalismo', que espera que os soldados e missionários europeus a conquistem e a imponham 'ordem' e 'moralidade'".[179]*

Isto também se dá com Immanuel Kant. Machado[180] traz uma citação de Kant em Foé: "*os negros da África não possuem, por natureza, nenhum sentimento que se eleve acima do ridículo*". Para a filósofa, "*Kant entende que a*

---

179 "*una tierra baldía llena de 'anarquía', 'fetichismo' y 'canibalismo', que espera que los soldados y misioneros europeos la conquisten y le impongan el 'orden' y la 'moralidad'*", MACHADO, 2014, p. 3. .
180 MACHADO, 2014, p. 3.

cor da pele evidencia a capacidade ou ausência de raciocínio.". Nesta mesma linha de raciocínio, Machado posiciona o filósofo inglês David Hume (1711-1776) que teria dito que *"a raça negra ser inferior à raça branca, diz ainda que os negros ignoravam tudo aquilo que se referia à inteligência, citando a manufatura, a arte e a ciência."*[181]

Estes elementos serviram de base epistemológica para o eurocentrismo e, consequentemente, para o colonialismo e imperialismo, pois ao posicionarem os africanos como seres inferiores, os europeus legitimaram a expansão e o domínio no continente. Mas a concepção das sociedades africanas sobre a escrita e a oralidade é muito diferente. Nas sociedades africanas, mesmo as que possuem algum tipo de forma de grafia, a escrita jamais superará a importância dada à oralidade.

> *Seria um erro reduzir a civilização da palavra falada simplesmente a uma negativa, "ausência do escrever", e perpetuar o desdém inato dos letrados pelos iletrados [...]. Isso demonstraria uma total ignorância da natureza dessas civilizações orais.*[182]

De fato, a oralidade é um dos aspectos mais importantes da cultura africana. Mais uma vez a máxima de Paul Tillich é posta à prova e se corrobora. A cultura africana é profundamente religiosa e essa religiosidade transversaliza todos os aspectos de sua cultura. Assim, a palavra falada é considerada sagrada, logo, não apenas ganha importância nas sociedades africanas e afrodescendentes, como se torna a única fonte confiável de se transmitir conhecimento, pois as palavras por si só não carregam força, exceto quando pronunciadas. Para o etnólogo malinês Amadou Hampâté Bâ a tradição oral é, ao mesmo tempo, *"religião, conhecimento, ciência natural, iniciação à arte, história, divertimento e recreação, uma vez que todo pormenor sempre nos permite remontar à Unidade primordial"*, pois a palavra falada possui um *"caráter sa-*

---
181 MACHADO, 2014, p. 4.
182 VANSINA. In: KI-ZERBO, 2010, p. 139-166.

grado vinculado à sua origem divina e às forças ocultas nela depositadas",[183] ou seja, a tradição africana "*concebe a fala como um dom de Deus. Ela é ao mesmo tempo divina no sentido descendente e sagrada no sentido ascendente.*"[184]

Também é por isso que jamais existirá um "livro sagrado", pois mesmo que as histórias sagradas sejam ordenadas e registradas em livros,[185] essas obras jamais terão um caráter sagrado tal qual a bíblia, o torá ou o alcorão possuem. É na oralidade que reside a sacralidade. Vansina diz:

> *Uma sociedade oral reconhece a fala não apenas como um meio de comunicação diária, mas também como um meio de preservação da sabedoria dos ancestrais, venerada no que poderíamos chamar elocuções-chave, isto é, a tradição oral. A tradição pode ser definida, de fato, como um testemunho transmitido verbalmente de uma geração para outra. Quase em toda parte, a palavra tem um poder misterioso, pois palavras criam coisas. Isso, pelo menos, é o que prevalece na maioria das civilizações africanas.*[186]

Na afroteologia dos *yorùbá*, por exemplo, a vida é insuflada em nossas narinas por *Olódùmarè* (Deus), tornando o nosso hálito uma manifestação da Criação nos seres humanos. Assim, a palavra falada é a fonte da manifestação de forças, ou como diz Bâ: "*assim como a fala divina de Maa Ngala animou as forças cósmicas que dormiam, estáticas, em Maa, assim também a fala humana anima, coloca em movimento e suscita as forças que estão estáticas nas coisas.*"[187] E continua: "*na tradição africana, a fala, que tira do sagrado o seu poder criador e operativo, encontra-se em relação direta com a conservação ou com a*

---

183 BÂ. In: KI-ZERBO, 2010, p. 169.
184 BÂ. In: KI-ZERBO, 2010, p. 172.
185 Há mais de uma dezena de livros que compilam as histórias sagradas, ora chamadas de lendas, ora mitos dos Òrìṣà, mas conhecemos pelo menos duas tentativas de organizar essas histórias sagradas de forma cronológica ao estilo da bíblia: **Igbadu**: a cabaça da existência: mitos nagôs revelados, de Adilson de Oxalá (Rio de Janeiro: Pallas, 1998) e **Kitábu**: o livro do saber e do espírito negro-africanos, de Nei Lopes (Rio de Janeiro: Senac Rio, 2005).
186 VANSINA. In: KI-ZERBO, 2010, p. 139-140.
187 BÂ. In: KI-ZERBO, 2010, p. 173.

ruptura da harmonia no homem e no mundo que o cerca."[188] Devido à sacralidade da fala, é proibido a mentira. É vedado aos seres humanos usar do hálito divino para enganar outras pessoas. Para as sociedades africanas, a mentira é uma "lepra moral" que destrói aquele que as pronuncia e todos ao seu redor:

> *O sangue simboliza aqui a força vital interior, cuja harmonia é perturbada pela mentira. "Aquele que corrompe sua palavra, corrompe a si próprio", diz o adágio. Quando alguém pensa uma coisa e diz outra, separa-se de si mesmo. Rompe a unidade sagrada, reflexo da unidade cósmica, criando desarmonia dentro e ao redor de si.*[189]

Pior seria se o mentiroso for um sacerdote, pois como pontífice, ou seja, aquele que estabelece uma ponte entre o mundo material e o mundo espiritual, tem um compromisso divino com a harmonia do cosmo, do qual a mentira é um desestabilizador. Um *Bàbálóriṣà* ou *Ìyálóriṣà* não podem jamais usar da palavra falsamente. A mentira é condenada por *Èṣù* e *Ṣàngó*. Nenhum rito feito por sacerdote ou sacerdotisa que mente tem resultado positivo na vida das pessoas. Da mesma forma, as pessoas que mentem não alcançam seus objetivos na vida, tampouco por meio de ritos. Sobre isso diz Bâ:

> *A proibição da mentira deve-se ao fato de que se um oficiante mentisse, estaria corrompendo os atos rituais. Não mais preencheria o conjunto das condições rituais necessárias à realização do ato sagrado, sendo a principal estar ele próprio em harmonia antes de manipular as forças da vida. Não nos esqueçamos de que todos os sistemas mágico-religiosos africanos tendem a preservar ou restabelecer o equilíbrio das forças, do qual depende a harmonia do mundo material e espiritual.*[190]

---

188 BÂ. In: KI-ZERBO, 2010, p. 173.
189 BÂ. In: KI-ZERBO, 2010, p. 174.
190 BÂ. In: KI-ZERBO, 2010, p. 177.

No Brasil, a tradição oral é o principal método de guarda e transmissão de conhecimento nas comunidades tradicionais de terreiro. Com base nisso, pensei numa estruturação de um sistema, ou *corpus oral*, que sirva de instrumento para uma exunêutica afroteológica. Assim, elenco alguns elementos que podem nos servir de base para o estudo da afroteologia. Por acreditar na essencialidade destes elementos, pensei por bem agrupá-los e chamá-los, convencionalmente, de Ogbọ́n Mẹ́fà, ou as "Seis Sabedorias": *Ifá* (o conjunto de histórias sagradas), *Oriki* (louvações), *Adúrà* (rezas), *Orin* (cânticos), *Òwe* (provérbios) e *Orò* (ritos). Todos esses elementos têm na tradição oral o seu instrumento de propagação e apropriação.

Como vimos, a palavra falada é considerada sagrada por ser transmissora da força cósmica que rege o Universo. Esta força é chamada entre os *yorùbá* de *àṣẹ*, a força imaterial divina. Entre os grupos de fala bantu é *nguzu* e os de origem fọ̀n (jeje) é *hún*.[191] É o poder de criação, geração de vida e manifestação divina que nasce de *Olódùmarè/Nzambi/Mawu-Lisa*. Segundo Santos, *"é a força que assegura a existência dinâmica, que permite o acontecer e o devir. Sem àṣẹ, a existência estaria paralisada, desprovida de toda possibilidade de realização. É o princípio que torna possível o processo vital."*[192]

Reforço as palavras de Bâ: *"a fala humana anima, coloca em movimento e suscita as forças que estão estáticas nas coisas."* A fala é transmissora de *àṣẹ*. O *àṣẹ* brota da boca de *Olódùmarè*, que o transmite aos *Òrìṣà*. Estes, por sua vez, usam essa força para a criação e manutenção da vida. Também é transmitido aos seres humanos e estes a transmitem a todas as coisas para dinamizá-las, despertar sua força.

> *A oralidade é um instrumento a serviço da estrutura dinâmica Nàgô. A dinâmica do sistema recorre a um meio de comunicação que se deve realizar constantemente. Cada palavra proferida é*

---

[191] Contribuições do Prof. Dr. Wanderson Flor do Nascimento via mensageiro eletrônico.
[192] SANTOS, 2002, p. 39.

única. Nasce, preenche sua função e desaparece. O símbolo semântico se renova, cada repetição constitui uma resultante única. [...] transmite o àṣẹ concentrado dos antepassados a gerações do presente.[193]

Como o àṣẹ é transmitido através das palavras, se critica aquele que faz uso delas para maldizer o outro. O linguista paulista e Bàbálóriṣà Sidnei Barreto Nogueira tem se esforçado em suas redes sociais na divulgação do que chama de "boas palavras". As boas palavras são o àṣẹ sendo transmitido como força criadora, dinâmica da existência. O contrário seria uma força destruidora, que restringiria a existência.

> Contrariamente a todos os outros homens, o feiticeiro, após a morte, não é enterrado, mas incinerado ou jogado às hienas. O feiticeiro é o único a quem não é permitido sobreviver, sendo excluído da "imortalidade" prometida aos homens. A sociedade africana reserva, pois, a mais terrível punição metafísica àquele que destruiu a vida e fez mau uso da palavra: a aniquilação total, a única morte verdadeira e definitiva.[194]

Por outro lado, o uso de boas palavras extrai a força positiva das coisas. Fortalecendo as pessoas, os animais, as plantas, as comunidades, o meio ambiente, o planeta e o Universo, por meio do àṣẹ.

> O àṣẹ, como toda força, pode diminuir ou aumentar. Essas variações estão determinadas pela atividade e conduta rituais. A conduta está determinada pela escrupulosa observação dos deveres e das obrigações – regidos pela doutrina e prática litúrgica – de cada detentor de àṣẹ, para consigo mesmo, para com o grupo de olòriṣà a que pertence e para com o "terreiro". O desenvolvimento do àṣẹ indivi-

---

[193] SANTOS, 2002, p. 47.
[194] REHBEIN, 1985, p. 57. Grifo nosso.

> dual e o de cada grupo impulsiona o àṣẹ do "terreiro". Quanto mais um "terreiro" é antigo e ativo, quanto mais as sacerdotisas encarregadas das obrigações rituais apresentam um grau de iniciação elevada, tanto mais poderoso será o àṣẹ do "terreiro". O conhecimento e o desenvolvimento iniciático estão em função da absorção e da elaboração de àṣẹ.[195]

Como pudemos perceber ao longo deste capítulo, a *religiosidade* é elemento central da vida e da cultura africana. Ao constatarmos que, para os africanos, tudo é sagrado, logo percebemos que todas as instâncias da vida (nascimento, desenvolvimento, morte), todas as relações (familiares, comunitárias, religiosas, sexuais), todos os espaços (geográficos, naturais, sobrenaturais), todos os seres (humanos, animais, plantas, divindades) são motivos para o estabelecimento de rituais. Para Bâ *"[...] todas as tradições africanas postulam uma visão religiosa de mundo"*,[196] ou como dizem Tshibangu, Ajayi e Sanneh:

> *A religião, foi-nos dito, impregna toda a trama da vida individual e comunitária da África. O africano é um ser "profunda e incuravelmente crente, religioso". Para ele, a religião não é simplesmente um conjunto de crenças, mas, um modo de vida, o fundamento da cultura, da identidade e dos valores morais. A religião constitui um elemento essencial da tradição a contribuir na promoção da estabilidade social e da inovação criadora.*[197]

Assim como os africanos, os depositários dessa civilização na diáspora mantiveram essa percepção espiritual-religiosa do mundo. Para os vivenciadores das Tradições de Matriz Africana, a encruzilhada não é apenas um cruzamento de vias, mas o espaço sagrado, como um altar, onde reside *Èṣù*, pois este é um lugar que leva a todos os lugares e ao mesmo tempo a lugar

---

195 SANTOS, 2002, p. 40.
196 BÂ. In: KI-ZERBO, 2010, p. 173. Grifo do autor.
197 TSHIBANGU; AJAYI; SANNEH. In: MAZRUI; WONDJI, 2010. Cap. 17, p. 605.

nenhum. Por essa contradição, é o local por excelência de Èṣù. Rios, cachoeiras, lagos e praias são lugares sagrados pertencentes às Ìyába, as grandes Mães divinas comoỌya, Ọbà, Ọ̀ṣun e Yemọjá. Matas e florestas pertencem às divindades caçadoras Ọdẹ, Ọtin, Ọ̀ṣọ́ọ̀sí e aos ancestrais. As plantas medicinais, ervas e folhas em geral ganham força através de Ọ̀sányìn. Caminhos, trilhas e estradas de ferro são domínios de Ògún, o Òrìṣà civilizatório. Ṣànpọ̀nná – chamado de Ọmọlu ou Ọbalúwáyé no Candomblé – tem controle sobre as doenças e até mesmo a morte. Um vivenciador do Batuque, por exemplo, ao encontrar uma pedra com determinadas formas, reconhecerá uma hierofania neste mineral e o recolherá para usá-lo em rituais.

Por isso tenho dito que a dicotomia sagrado/profano é praticamente inexistente nas Tradições de Matriz Africana. Se tudo é sagrado, nada é efetivamente profano. A religiosidade como valor civilizatório se coloca como elemento crucial nas relações.

Comunitarismo/cooperativismo e ética ubuntu

Embora as sociedades ocidentais existam em coletividade, o valor primordial é o indivíduo. O sistema capitalista, em sua atual condição neoliberal, incita a promoção de um individualismo ao ponto de o outro ser desconsiderado como ser humano. A humanidade é concebida dentro de uma hierarquia de poder, geralmente embasado na economia, subalternizando os pobres e valorizando positivamente o modo de vida burguês de forma romantizada. A romantização do modo de vida burguês é o instrumento da colonialidade do poder.[198]

Em África, os valores são totalmente outros. Existe o indivíduo enquanto ser importante na conformação da sociedade, mas nunca o individualismo. A comunidade tem lugar de importância para as sociedades africanas. Não apenas faz parte, mas é elemento crucial no processo que compõe essa

---
198 QUIJANO. In: LANDER, 2005. Cap. 9, p. 107-130.

civilização. Como diz Senghor: "*a sociedade negro-africana é coletivista ou, mais exatamente, comunal porque é mais uma comunhão de almas do que um agregado de indivíduos.*"[199] Mas a escritora, filósofa e psicóloga nascida em Burkina Faso, Sobonfu Somé, é cirúrgica:

> *A comunidade é o espírito, a luz-guia da tribo; é onde as pessoas se reúnem para realizar um objetivo específico, para ajudar os outros a realizarem seu propósito e para cuidar umas das outras. O objetivo da comunidade é assegurar que cada membro seja ouvido e consiga contribuir com os dons que trouxe ao mundo, da forma apropriada. Sem essa doação, a comunidade morre. E sem a comunidade, o indivíduo fica sem um espaço para contribuir. A comunidade é uma base na qual as pessoas vão compartilhar seus dons e recebem as dádivas dos outros.*[200]

Ao tratar sobre isso, Carlos Moore nos apresenta a ideia de *xenofilia* como um valor intrínseco ao modo de ser do africano. É um conceito que abarca a complexa noção de alteridade, a busca pelo outro. Não se trata apenas de entender ou respeitar, mas literalmente buscá-lo para integrá-lo à realidade humana. O outro nunca é visto de imediato como um inimigo, mas sim como alguém que pode agregar valor à comunidade. Aqui, xenofilia é o contrário de endofilia, ou seja, o outro, o diferente, é incluído peremptoriamente na comunidade que rechaça a ideia de valorizar positivamente apenas os membros internos. Esse ensinamento africano tem como base a percepção da natureza feminina de ser a geradora de vários filhos a partir de um mesmo útero:

> *No berço civilizatório "meridional", a mulher goza de uma posição de destaque na comunidade, sendo ela emancipada da vida doméstica. O caráter feminino desse tipo de sociedade, fortemente ute-*

---

199 SENGHOR apud GYEKYE. Pessoa e comunidade no pensamento africano. In: COETZEE; ROUX, 2002, p. 297-312.
200 SOMÉ, 2003, p. 35.

rocêntrica, voltada para a cooperação solidária, teria secretado uma percepção positiva da alteridade, de maneira a conceber o Outro – seja qual for – como parceiro, não como inimigo. Assim, a xenofilia, o cosmopolitismo e o coletivismo social são expressões específicas desse berço, tornando-se dados culturais intrínsecos. De acordo com Diop, estas características implicaram uma "tranquilidade material de direito garantida para cada indivíduo. Isso faz com que a miséria material e moral sejam desconhecidas até os dias atuais. Embora haja pessoas vivendo na pobreza, ninguém se sente só ou angustiado."[201]

A noção de xenofilia apresentada por Moore se aproxima perfeitamente à ética do *Ubuntu*, muito discutida nos últimos anos. Vários autores africanos e diaspóricos têm debatido a complexidade desta ética e a apresentam como um modelo alternativo para o Ocidente, cada vez mais individualista e consumista. Um dos princípios mais básicos da filosofia africana é o do *Ubuntu*. Sobre este conceito o filósofo sul-africano Mogobe Ramose se debruçou de forma ímpar. Em sua obra *African Philosophy through Ubuntu*, Ramose traz um profundo estudo das origens etimológicas da palavra para denotar como a prática antecede qualquer conceito.[202]

A ética do Ubuntu nos é apresentado por meio de uma pequena história com duas versões: diz-se que um pesquisador ocidental quis brincar com algumas crianças africanas e propôs que a primeira que chegasse até uma árvore que estava a alguns metros, ganharia um saco de doces. Em uma versão as crianças dão as mãos e saem correndo todas juntas para repartir o prêmio. Noutra versão – e a que mais gostamos –, as crianças saíram em disparada e a primeira a chegar ganhou os doces e começou a repartir entre os demais. O pesquisador disse que ela não deveria fazer isso, pois era a vencedora e deveria

---

201 MOORE, 2007, p. 150.
202 RAMOSE, 1999, p. 49-66.

ficar com o prêmio todo para ela. Então a criança respondeu "Ubuntu!" "Como assim?" – indagou o pesquisador. "Ubuntu!" - respondeu. "De que adiantaria eu comer sozinho os doces e os outros ficarem apenas olhando?" A ética do Ubuntu então se refere à compartilhamento, a uma relação entre todos que não é meritocrática, que não valoriza o indivíduo como acontece no Ocidente, mas sim o coletivo.

Segundo Ramose, a ética *Ubuntu* é o *"conceito central da organização social e política, particularmente entre as populações falantes das línguas Banto"*, e tem como base os *"princípios de partilha e do cuidado mútuo"*. Refere-se a um estado de "ser" e de "tornar-se", ou seja, indica *"uma ação particular já realizada, uma ação ou estado duradouro de ser e uma possibilidade para outra ação ou estado de ser"*.[203] Para Alves:

> *O sujeito se constitui e se diferencia em sua subjetividade, ao mesmo tempo em que ela é produzida na multiplicidade e unidade da comunidade, dos ancestrais e das divindades; o sujeito se constitui e se diferencia a partir de uma base bio-mítico-social, ou seja, ele é constituído a partir do sentido e significado das divindades e ancestrais, de seus elementos naturais e de sua relação com o coletivo.*[204]

Ser um ser "bio-mítico-social" implica em ter um compromisso ético com a sociedade a partir de pressupostos biológicos (respeito ao legado dos ancestrais) e míticos (compromisso com o sagrado).

Entendo, a partir do filósofo e psicólogo sul-africano Dirk Louw, que o conceito de Ubuntu pode ser interpretado de duas formas: uma religiosa e outra que ele chama de "sentido comum". No sentido religioso, ubuntu se relaciona com as práticas religiosas e iniciações como parte do processo de inserção de pessoas nas comunidades ou grupos étnicos. Enquanto no "sentido comum" ou, se preferir, secular, ubuntu significa simplesmente compai-

---

203 RAMOSE. In: SANTOS; MENESES, 2010. Cap. 4, p. 211.
204 ALVES, 2012, p. 158.

xão, calor humano, compreensão, respeito, cuidado, partilha, humanitarismo ou, em uma só palavra, amor."[205]

Ramose ainda diz que "*a noção de comunidade na filosofia ubuntu provém da premissa ontológica de que a comunidade é lógica e historicamente anterior ao indivíduo. Com base nisso, a primazia é atribuída à comunidade, e não ao indivíduo.*"[206] Isso não significa que o indivíduo não possua identidade pessoal e autonomia, mas que, por ser anterior, as pessoas precisam se adequar às regras e costumes da comunidade. Pensando de forma mais dinâmica que Louw, Ubuntu, para o teólogo congolês Bas'Ilele Malomalo:

> *É o elemento central da filosofia africana, que concebe o mundo como uma teia de relações entre o divino (Oludumaré/Nzambi/Deus, Ancestrais/Orixás), a comunidade (mundo dos seres humanos) e a natureza (composta de seres animados e inanimados). Esse pensamento é vivenciado por todos os povos da África negra tradicional e é traduzido em todas as suas línguas.*[207]

Percebi aqui que a noção de simbiose e complementaridade apresentadas anteriormente se fazem presentes fortemente. Talvez os africanos do passado tenham aprendido que mais é melhor, que a noção de quantidade é importante para a perpetuação ou mesmo para o bom andar das coisas, do trabalho, da sociedade e até mesmo do amor e da família. Essa noção não parte apenas do ser humano para si mesmo, mas também para com todo o resto do mundo visível e invisível, bem como o contrário.

> *Na filosofia africana, Tshiamalenga Ntumba tem interpretado o ubuntu em termos de bisoidade. Tal prática se caracterizaria pela abertura ao diferente, encará-lo como parte de nós. Nessa direção, o mundo da fé, das divindades, dos Orixás, dos ancestrais deve dialo-*

---

[205] LOUW, 2010.
[206] RAMOSE. In: SANTOS, 2010.
[207] MALOMALO, 2010.

gar com o mundo dos seres humanos (natureza/cosmos). Esse conceito vislumbra o encontro ético e político do "Nós".[208]

Para as Tradições de Matriz Africana, este compromisso ético se exprime em todas as facetas da vivência numa comunidade tradicional de terreiro. Os rituais são todos coletivos, onde todas as pessoas são envolvidas num sentimento de comunitarismo intenso e de interdependência uns dos outros. Não existe, num terreiro, um rito individual ou uma prática solitária. O coletivo está sempre presente em todos os aspectos do terreiro, seja litúrgico ou de descontração.

Contudo, seria um erro afirmar, conforme o que expus, que as sociedades africanas "coisificam" os seres humanos dando demasiada importância à comunidade. Ramose diz que, embora a primazia seja atribuída à comunidade, os indivíduos não perdem suas identidades pessoais e sua autonomia e, por conta disso, são responsáveis por suas ações. Para Ramose, o ubuntu não é apenas uma ética, mas também uma epistemologia e uma ontologia, pois a busca consciente – e talvez até inconsciente – pela agregação do outro possivelmente está vinculada ao conceito de *Ser-Força*. Este conceito questiona a ontologia ocidental ao nos apresentar a ontologia africana que define que tudo possui e, de certa forma, é *força*.

O filósofo e economista português Adelino Torres, ao se debruçar sobre a obra do missionário franciscano belga Placide Tempels, *La philosophie bantoue* (impressa pela primeira vez em 1945 e que ainda não foi traduzida para a língua portuguesa), percebeu que a ontologia desses povos está amplamente firmada na ideia de que o ser é força:

> *A ideia central de Tempels é que a ontologia bantu é essencialmente uma "teoria das forças", noção dinâmica na qual, para o africano, "o ser é força", não apenas no sentido de que ele possui a "força"*

---

[208] MALOMALO, 2010, p. 21. Grifo do autor.

(porque isso quereria dizer que esta é um atributo do ser), mas no sentido de que ele é força na sua própria essência. Como Tempels escreve, "o ser é força, a força é ser (...), onde nós pensamos o conceito de 'ser', eles servem-se do conceito 'força'". [...] Assim, "força" não é apenas uma realidade, mas também um "valor". Portanto o esforço dos bantu visa aumentar a sua "força vital", considerando que a "força" pode reforçar-se ou enfraquecer. Ora isso é contrário, diz Temples, à concepção ocidental. Para o europeu, com efeito, tem-se natureza humana ou não. O homem, adquirindo conhecimentos, exercendo a sua vontade etc., não se torna mais homem. Inversamente, quando o bantu diz, por exemplo, "eu torno-me forte", ou quando, compartilhando a infelicidade de um amigo, declara: "a tua força vital reduziu-se, a tua vida está a esvair-se", essas expressões deverão entender-se literalmente, no sentido de uma modificação essencial da própria natureza humana".[209]

Estes aspectos são importantíssimos para entender os propósitos de certos rituais das Tradições de Matriz Africana. Visivelmente, o rito de *bori* objetiva aumentar a força dos seres humanos. É muito comum, no Batuque do Rio Grande do Sul, os sacerdotes prescreverem para seus iniciados que "reforcem" suas obrigações mediante oferendas cruentas. Estas oferendas visam fortalecer os assentamentos, a casa, a comunidade e devem ser executados de tempos em tempos por meio de rituais imolatórios.

Como já vimos, as sociedades africanas têm como valor o comunitarismo. No entanto, a estrutura política dessas sociedades se organiza, ainda hoje, como uma monarquia. Isto pode sugerir que estas sociedades não sejam democráticas, principalmente porque a configuração dessa monarquia é simbolizada pela própria organização mítica, tendo *Olódùmarè* como "rei do *Òrun*", ou seja, *Oba-Òrun*. Abaixo de *Olódùmarè* estão os *Òrìṣà*, que figuram

---

[209] TORRES, 2017.

como ministros que regem, mantém e organizam a Criação de forma coletiva e interdependente. Da mesma forma é organizada a estrutura política dessas sociedades: o rei (ọba) é o grande governante das cidades ou aldeias, tendo como auxiliares seus ministros (òjíṣẹ́). Embora o rei tenha muitos poderes, essa estrutura não se inscreve como uma monarquia absolutista como a que ocorria na Idade Moderna europeia. Era um tipo especial de monarquia. Uma monarquia democrática, pois o povo poderia decidir que o rei fosse destituído, caso fosse um mau governante e, em algumas sociedades, como no reino do Gana, por exemplo, ele deveria até mesmo tomar veneno para que pudesse morrer honradamente.[210]

De certa forma, esta estrutura também foi transposta às Américas na diáspora forçada. O *Bàbálóriṣà* ou a *Ìyálóriṣà* possuem um poder nas comunidades tradicionais equivalente ao dos reis africanos e talvez até mais, já que acumula poderes de "rei", sumo sacerdote, chefe de família, líder comunitário, político, teólogo, filósofo, psicólogo, tudo numa mesma pessoa. Neste contexto, a democracia se inscreve como uma práxis alienada de seu conceito original grego, ou, talvez, devamos questionar se o sistema sociopolítico que emerge das vivências no espaço dos terreiros pode ser rotulado de democracia.

O professor e diplomata ugandense Edward Wamala procura responder a esta questão sob o ponto de vista das estruturas de poder existentes na sociedade Ganda. Ele apresenta esta sociedade e sua história de busca por poder por certos grupos familiares que faziam parte de uma espécie de casta. Embora houvesse uma figura máxima como líder de toda a aldeia, este não poderia interferir em assuntos em que outros eram autoridades, mesmo que estes façam parte de clãs menores.

> *Inerente à ideia da subsidiariedade estava o princípio de que unidades mais altas tinham autoridade legítima, mas somente para promover o bem-estar das unidades mais baixas, auxiliando-os a*

---

[210] COQUERY-VIDROVITCH, 1981; GIORDANI, 1985; DAVIDSON, 1981.

perceber seu bem e seu potencial. Havia nos provérbios recém-citados uma indicação de que a interferência vinda de cima em relação aos assuntos concernentes às unidades menores não era bem-vinda e que até mesmo o Ssabataka, que tinha autoridade total sobre a tribo deveria, não obstante, reconhecer domínios nos quais outros detinham autoridade.[211]

Esta visão é perceptível nas relações entre comunidades tradicionais de matriz africana, sobretudo no Batuque. Ocorre que é típico que, no Rio Grande do Sul, as comunidades tradicionais possuam origem em comunidades ainda mais antigas e embora haja laços de dependência e hierarquia entre essas comunidades, os líderes das casas mais antigas não interferem em momento nenhum na vida cotidiana das comunidades descendentes. O mesmo acontece nos espaços internos dos terreiros. Nos Candomblés a comunidade é bem hierarquizada, onde cargos específicos são distribuídos entre os membros mais velhos da comunidade. Embora o *Bàbálóriṣà* ou a *Ìyálóriṣà* seja efetivamente o ou a líder da comunidade se tornando no que o afroteólogo Jayro Pereira de Jesus chamou de *autoridade civilizatória de matriz africana*, os cargos ocupados por iniciados no terreiro são autônomos sendo autoridades naquilo para que foram designados, ocupando assim uma posição de destaque na qual as atribuições não são interferidas pelo *Bàbálóriṣà* ou pela *Ìyálóriṣà*, exceto como orientação.

RELAÇÃO ENTRE FILOSOFIA AFRICANA E AFROTEOLOGIA

A relação entre a filosofia e a teologia é, por vezes, intrínseca, por outras, diversa. Muitos teólogos de formação acadêmica também estudam Filosofia – inclusive como uma segunda graduação – para ampliar e aprimorar seu cabedal intelectual na busca pela compreensão da Criação. Muitos dos

---

211 WAMALA. In: WIREDU, 2004, p. 435-442.

pensadores medievais, por exemplo, são considerados grandes filósofos que contribuíram enormemente para a configuração do pensamento ocidental, ainda que quase todos sejam primeiramente teólogos. Santo Agostinho (Agostinho de Hipona), Santo Anselmo (Anselmo de Cantuária) e São Tomás de Aquino são os melhores exemplos disso.

A diferença entre a Filosofia e a Teologia talvez esteja na principal ferramenta para a reflexão. Enquanto a Filosofia se vale quase que exclusivamente da *racionalidade* para a apropriação do conhecimento sobre a ordem cósmica, a Teologia questiona essa mesma ordem tendo por base a *fé* e a *revelação divina*. Essa diferença pode sugerir que a Teologia e a Filosofia são áreas do conhecimento que se eliminam ou se antagonizam, mas muitos teólogos têm demonstrado como estas disciplinas podem ser complementares. Um exemplo é, segundo Antônio Felici, o próprio Tomás de Aquino:

> *A problemática das relações entre razão e fé encontra no autor [Tomás] uma solução. Filosofia e teologia são duas ciências distintas e, portanto, não se opõem, não se hostilizam. O estudo da verdade revelada pertence à teologia e o estudo racional do Universo é objeto da filosofia. O objeto material das duas ciências poderá ser, às vezes, comum, mas o aspecto sob o qual ele é estudado (objeto formal) é diferente, sendo o estudo do dogma por autoridade e o da filosofia por demonstração científica.*[212]

Ao afirmar que a metodologia da Teologia é *sui generis*, Clodovis Boff[213] diferencia esta área do conhecimento das que se valem, sobretudo, do método cartesiano, evidentemente que, como também defende Wilhelm Wachholz[214] ao citar Michel de Certeau, o problema está em considerar que o método "cientificista racionalista" é o único apropriado para a aquisição de

---

212 FELICI, 2007, p. 74.
213 BOFF, 2012, p. 40.
214 WACHHOLZ. In: CRUZ, 2011, p. 213.

um conhecimento válido. Deixando um pouco de lado a questão do método, vemos duas categorias importantes na reflexão filosófica e na teológica: o binômio razão/fé – ora compreendidos como dialógicos ou convergentes, ora como dicotômicos ou divergentes – e a mitologia.

A Teologia, desde Santo Agostinho de Hipona e São Tomás de Aquino, tem se valido de vários elementos prognosticados pela Filosofia. Segundo a filósofa Susana Salete Raymundo Chinazzo,[215] Agostinho buscou solucionar o impasse entre fé e razão com a tese de que a racionalidade se dá como iluminação divina, ou seja, o ser humano raciocina sobre as coisas graças ao poder de Deus. A dúvida não é ruim para Agostinho, pois leva o ser humano a conhecer com mais clareza e certeza, e isto se dá por graça divina.

Como vimos acima, para Felici, Tomás de Aquino entendeu que por serem ciências distintas a Filosofia e a Teologia podem ser compreendidas como complementares, dialógicas. Somente entre os séculos XI e XII é que os filósofos gregos passaram a ser conhecidos na Europa.[216] As ideias de Aristóteles chegaram nas universidades que, na época, eram controladas pela Igreja e logo entraram em conflito com a sua doutrina. Tomás de Aquino passou a estudar profundamente Aristóteles com o fim de desconstruí-lo, mas o que faz, efetivamente, é cristianizá-lo. De Aristóteles, Tomás formula os seus *Cinco Caminhos*, ou seja, cinco passos para conhecer como Deus atua na Terra. Entretanto, segundo Bert Randall,[217] professor de Filosofia da Austin Peay University, muitos estudiosos do maior teólogo cristão do período da Baixa Idade Média entenderam que os *Cinco Caminhos* eram argumentos para comprovar a existência de Deus.

Ao procurar estabelecer a relação da Teologia com a Filosofia e demais ciências, Boff apresenta um caminho sólido em seu trabalho *Teoria do método teológico*:

---

215 CHINAZZO, 2013, p. 74-75.
216 DUSSEL. In: LANDER, 2005, p. 24-32.
217 CETICISMO, 2003.

> *Discutiremos sobre as mediações culturais a que recorre a fé para falar sobre Deus e tudo o que a Ele se refere. Trata-se, no concreto, de examinar a relação da teologia com as outras ciências, incluindo a filosofia.*[218]

Neste capítulo de seu trabalho, Boff nos proporciona alguns subsídios para pensarmos sobre a relação direta entre a teologia e a filosofia e com as outras ciências. O autor estabelece esta relação tendo a teologia como ciência primaz, ou seja, interpretando essa disciplina como "suprema", "sem paralelo", "absoluta", "elevada", "excelente".

> *'As outras ciências são chamadas servas da teologia' – sentencia Tomás de Aquino. Mas [...] são servas no sentido de mediações autônomas e não de escravas, como se estivessem sob a jurisdição epistemológica da teologia.*[219]

Entendo que, ao usar esses adjetivos, a proposta de Boff é demonstrar como a teologia pode dialogar com todas as ciências, ainda que resguarde sua autonomia, cuja base primeira é a revelação. Na relação entre estes três "lugares de fala" dos saberes, digamos assim, Boff alude a papéis específicos de cada uma delas, ainda que efetivamente sejam dinâmicos:

> *Para dar uma visão antecipada e sumária da articulação entre teologia, filosofia e ciências, poderíamos dizer: as ciências se ocupam com as "causas" do mundo, a filosofia com sua "essência" e a teologia com o seu "sentido" derradeiro - Deus. Por isso, a teologia põe toda e qualquer forma de saber humano a serviço do fim mais elevado do ser humano, que a tradição cristã representa por meio do símbolo do Reino. "Dobramos todo o pensamento à obediência do Cristo".*[220]

---

218 BOFF, 2012, p. 358.
219 BOFF, 2012, p. 361. Grifo do autor.
220 BOFF, 2012, p. 365-366.

Compreendo, com este excerto, que a fé é o grande motivador das análises e interpretações do mundo para Boff. Possuir uma orientação de fé nos conduz peremptoriamente ao objetivo final da teologia: o sagrado, o transcendente. Assim, a teologia se apropria de todas as ciências (humanas, naturais, médicas, exatas) para garantir o entendimento do sentido último de tudo isso:

> *A teologia que não dialoga com as outras ciências, incluindo a filosofia, e que não se deixa fecundar por elas, é como uma "virgem pura, mas estéril", segundo a conhecida expressão de F. Bacon, retomada mais tarde por K. Marx. Ou, pior ainda, será uma teologia onanística e não uma teologia casada com o real.*[221]

Entendo, então, que a teologia não pode ser o princípio e o fim em si mesma, mas deve ter um propósito mais abrangente, social. Ao estabelecer a realidade como ponto de questionamento, dialogando com as demais ciências e com a filosofia, a teologia se torna fértil de sentidos, o que fortalece nossa fé de forma a intelectualizá-la. Agostinho de Hipona fez isso ao se debruçar sobre Platão, e Tomás de Aquino ao estudar Aristóteles.

Como já vimos, no medievo a filosofia brota da teologia, ou seja, o estudo da filosofia medieval brota diretamente da teologia medieval. Os teólogos da época pensavam em sua sociedade e a criticavam com base nos seus entendimentos sobre as escrituras sagradas e o norteamento da Igreja. É certo que isso limita um pouco o pensamento no sentido discorrido hoje, mas não devemos tomar isso como algo ruim e sim que é fruto de seu tempo e espaço.

Ao contrário da alusão iluminista sobre a Idade Média ser a "idade das trevas", entendo que o medievo proporcionou uma filosofia teológica – ou seria teologia filosófica? – construindo modos de ser e de viver de acordo com o cristianismo.[222] Não tenho certeza se Tillich pensava no medievo ao

---

[221] BOFF, 2012, p. 367.
[222] ALMEIDA, 2015, p. 77.

desenvolver sua Teologia da Cultura, mas certamente sua máxima[223] mais uma vez se comprova aqui.

Então, podemos concluir que ao menos em algum período da história europeia a filosofia e a teologia eram praticamente a mesma coisa. Essa compreensão é importante para este trabalho, pois exatamente o mesmo ocorre com as Tradições de Matriz Africana. Filosofia e teologia são composições de um único saber. Saber, este, buscado na interpretação e compreensão dos Ọgbọ́n Méfà, que veremos no próximo capítulo.

SÍNTESE

Este capítulo nos serve como primeiro passo para a compreensão da filosofia africana e de como ela é reproduzida e perpetuada nas comunidades tradicionais de matriz africana como valores civilizatórios. Percebemos que a vida coletiva é o aspecto central do modo de ser africano e embasa toda a sua filosofia de vida, invadindo até mesmo seus rituais religiosos. Precisamos ainda avançar mais em estudos para efetivamente nos apropriarmos desses dados. O que podemos concluir, por enquanto, é que os terreiros têm apresentado, em seu sistema interno de organização hierárquica, todos os valores aqui apresentados como sendo típicos do pensamento africano.

A reprodução desses valores como uma espécie de doutrina faz com que os vivenciadores dessas tradições não se deem conta de que se apropriam da dinâmica civilizacional africana em suas vidas. O racismo à brasileira e o eurocentrismo faz com que todos esses fatores confluam num estranhamento da filosofia africana como se esta não existisse, contudo, como pudemos observar em nosso estudo, a presença dos valores civilizatórios africanos nas comunidades tradicionais garante a instituição de um *modus vivendi* tipicamente africano.

---

[223] "A religião, considerada preocupação suprema, é a substância que dá sentido à cultura, e a cultura, por sua vez, é a totalidade das formas que expressam as preocupações básicas da religião. Em resumo: religião é a substância da cultura e a cultura é a forma da religião." TILLICH, 2009, p. 83.

A filosofia aqui, se inscreve como promotora de um tipo de humanidade. Essa filosofia, que esculpiu a alma africana, também esculpe a alma de brasileiros e caribenhos na conformação de uma humanidade que vai de encontro às propostas atuais fomentadas pelo sistema capitalista e, sobretudo, àquelas apresentadas por políticos de extrema-direita que avançam na Europa[224] e que estiveram à frente dos três poderes tanto no Brasil (Era Bolsonaro) quanto nos Estados Unidos (Era Trump).

---

224 CARVALHO, 2018.

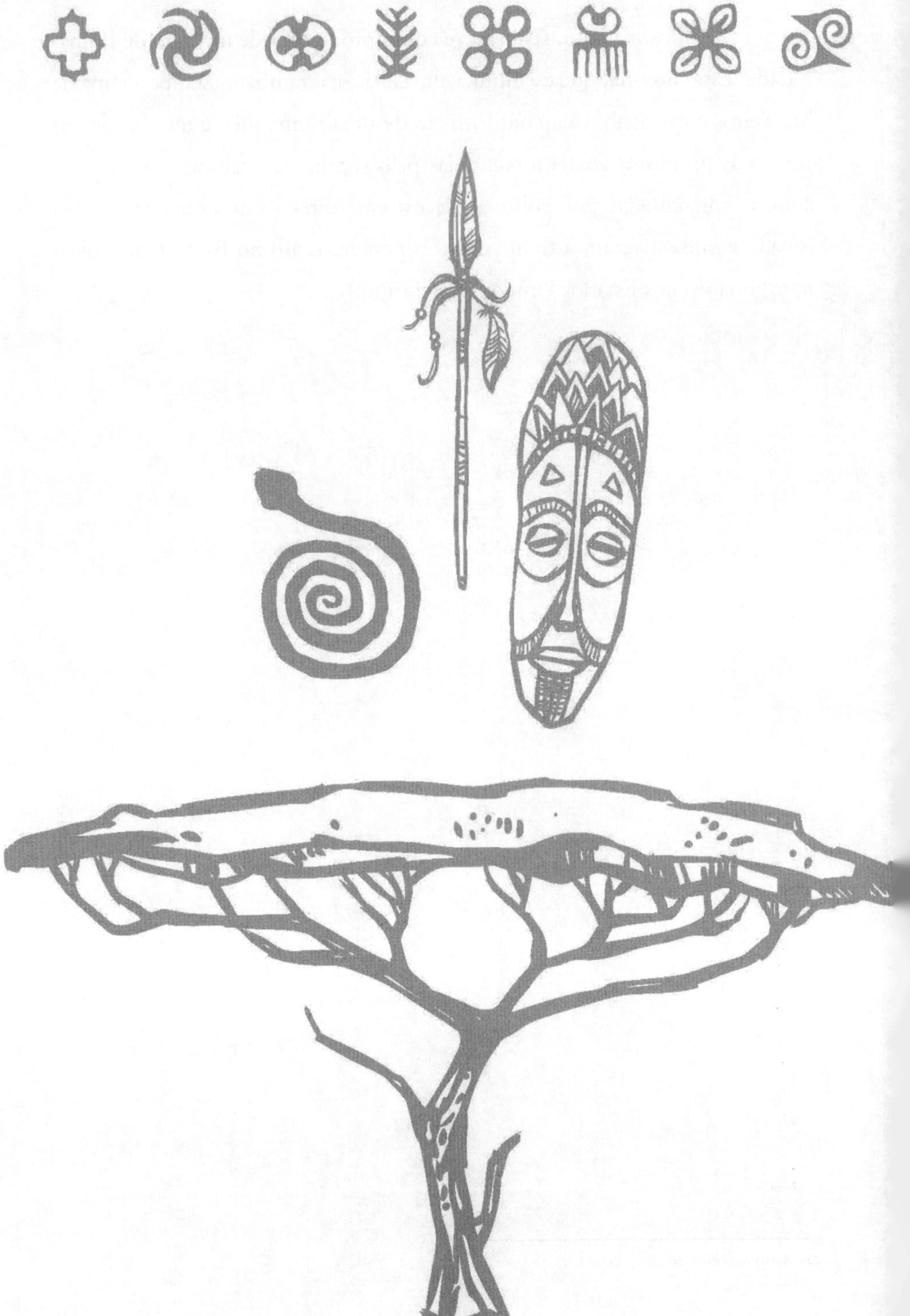

A escrita é uma coisa, e o saber, outra.
A escrita é a fotografia do saber, mas não o saber em si.
O saber é uma luz que existe no homem.
A herança de tudo aquilo que nossos ancestrais vieram a conhecer
e que se encontra latente em tudo o que nos transmitiram,
assim como o baobá já existe em potencial em sua semente.[225]

---

[225] Citação de Tierno Bokar em BÂ. In: KI-ZERBO, 2010, p. 167.

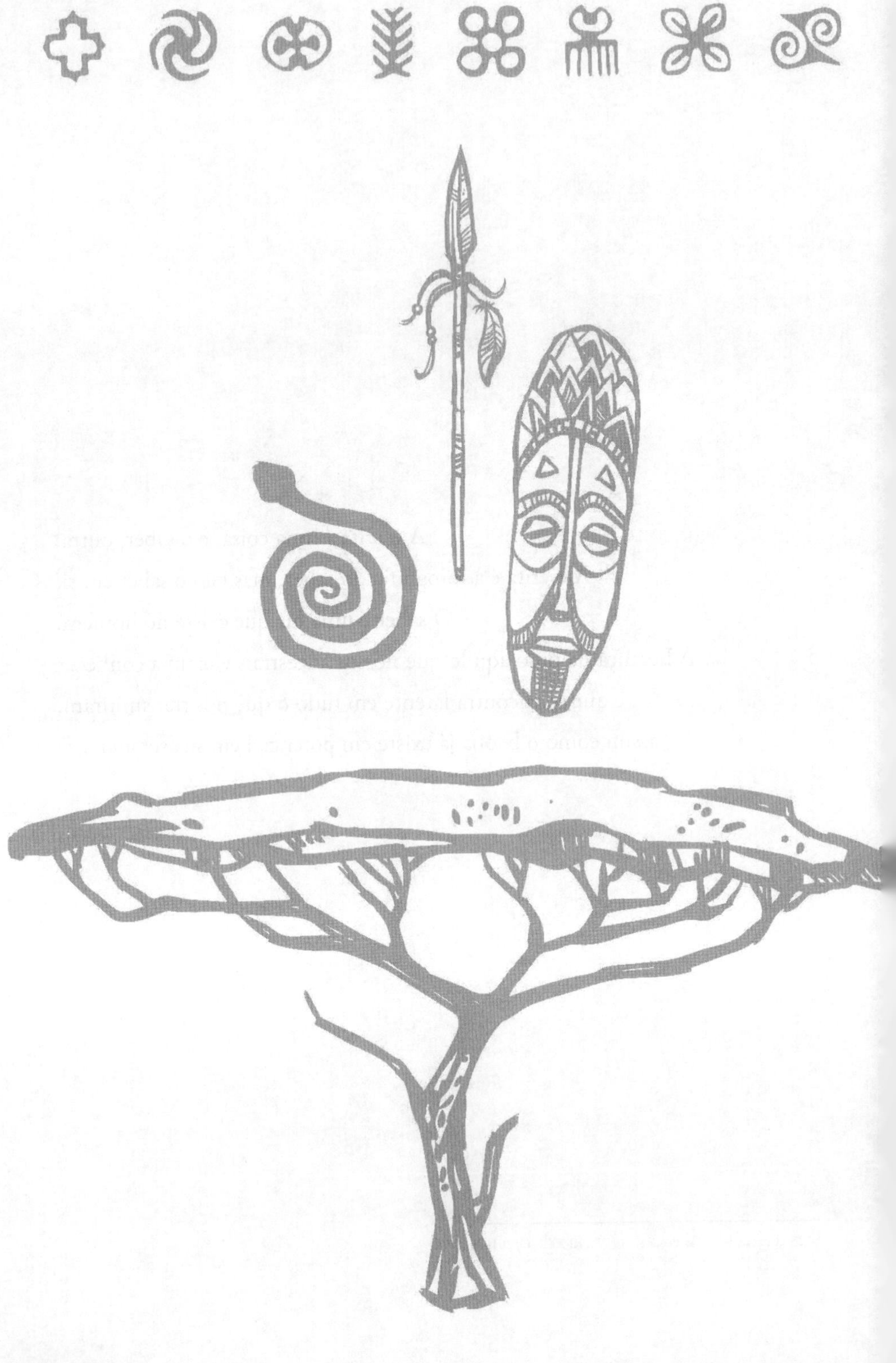

ỌGBỌ́N MẸ́FÀ
CORPUS ORAL EPISTÊMICO DA AFROTEOLOGIA
(PARTE 1)

INTRODUÇÃO

Vimos no capítulo anterior que a relação entre teologia e filosofia, assim como as demais ciências, deve ser dialógica. Entendemos que a teologia não pode ser o princípio e o fim em si mesma. Dialogando com as demais ciências, a teologia se torna fértil de sentidos, o que fortalece nossa fé de forma a intelectualizá-la. Mas se neste sentido a Teologia, enquanto área acadêmica, é um grande guarda-chuva que pode abrigar outras ciências, por outro lado, costuma ser menosprezada por elas. Já ouvi relatos que professores universitários de outras áreas teriam apontado, erroneamente, que a Teologia sequer deveria receber recursos governamentais, uma vez que trata de doutrinas e não de conhecimento científico. A despeito disso, o Ministério da Educação e seus institutos de fomento à pesquisa reconhecem a Teologia como área acadêmica e algumas instituições formadoras. Da mesma forma, a profissão de teólogo é reconhecida pelos órgãos federais como ocupação formal no mercado de trabalho brasileiro.

Por outro lado, há dentro da Teologia a recorrente ideia de que as Tradições de Matriz Africana são objeto de pesquisa e não sujeitos, que esta tradição não possui uma teologia ou ainda que esta é incompleta como deduzem Rehbein[226] e Cintra.[227] Em minha dissertação de mestrado pude contestar essas afirmações e legitimar a teologia dessas tradições como Afroteologia.

Neste capítulo aprofundarei alguns dos *Ọgbọ́n Mẹ́fà*, as Seis Sabedorias, que já apresentei brevemente em meu livro anterior.[228] Identifiquei, *Ifá*, *Oríkì*, *Adúrà*, *Orin*, *Òwe* e *Orò* como sendo partes deste corpus oral sagrado que nos serve de "Revelação" divina. Os *Oríkì* são um tipo de louvação, uma série de versos que exaltam as qualidades das divindades, dos ancestrais e são usados para dignificar pessoas ilustres e importantes para suas comunidades como reis, portadores de cargos ou títulos e chefes de família. *Adúrà* são as preces entoadas em forma de cantigas, porém sem o acompanhamento de instrumentos musicais. São empregados como invocações à presença imaterial dos *Òrìṣà*. *Orin* são os cânticos sagrados dedicados aos *Òrìṣà* e que lhes servem de evocação para a manifestação em seus descendentes míticos. Assim como os *adúrà*, também serve como invocação para a força imaterial das divindades. Neles estão relatadas histórias sobre as divindades que nos revelam muito de sua natureza. Nestes cânticos há o acompanhamento de instrumentos musicais tocados por uma orquestra sagrada liderada pelo sacerdote do tambor, o *Alágbè*. Cada um destes *Ọgbọ́n* terão seu lugar de destaque no próximo capítulo quando tratarmos dos *Òrìṣà*. Neste trato especificamente de *Ifá* e *Òwe*, seguindo a exunêutica como método. Por fim, uma síntese.

Ifá

Já vimos que as Tradições de Matriz Africana têm na oralidade um instrumento sagrado e que a memória é um valor civilizatório que se manteve

---

[226] REHBEIN, 1985.
[227] CINTRA, 1985.
[228] **SILVEIRA**, 2020.

na estrutura filosófica dos terreiros. Assim como as demais manifestações religiosas, as Tradições de Matriz Africana também possuem textos narrativos da história sagrada, contudo, eles são orais e ficam guardados na memória dos iniciados. Chamo o conjunto destes textos de *Ifá*. O professor afro-estadunidense Maulana Karenga chama de *Odu Ifa* e o define da seguinte maneira:

> *O Odu Ifa é o texto sagrado da tradição ética e espiritual de Ifa que tem sua origem na antiga Yorubalândia, localizada na Nigéria moderna. Ele ocupa uma posição única entre as religiões africanas como a única que sobreviveu ao holocausto e ao colonialismo da escravidão e se desenvolveu em nível internacional.*[229]

Na conjuntura dos estudos antropológicos, sociológicos ou etnográficos sobre as Tradições de Matriz Africana, o termo *Ifá* é utilizado de diversas formas: ora ele aparece como um outro nome para a divindade Ọ̀rúnmìlà, ora é como se chamam os diversos tipos de jogos oraculares, principalmente o ọ̀pẹ̀lẹ̀, do qual falarei mais tarde, mas também as distintas versões do *mẹ́rìndínlógún kawrí*, o popular jogo de búzios. Estas três perspectivas não se auto anulam, pelo contrário, se complementam, guardam relações entre si. Trataremos, a seguir, o Ifá nestas três perspectivas.

Ifá como o conjunto de textos orais sagrados

De forma geral, o *Ifá* pode ser entendido como um conjunto de textos orais em forma de poemas, que são recitados pelos *Bàbáláwo*, os sacerdotes responsáveis pelo culto a Ọ̀rúnmìlà, durante a consulta oracular. O seu propósito prático é o de orientar as pessoas na resolução de problemas, como veremos mais adiante. Contudo, podemos analisar esses poemas em sua forma estrutural com o fim de extrairmos revelações teológicas.

---

[229] The Odu Ifa is the sacred text of the spiritual and ethical tradition of Ifa that has its origins in ancient Yorubaland, which is located in modern Nigeria. It holds a unique position among African religions as the only one that survived the enslavement holocaust and colonialism and developed on an international level. KARENGA. In: ASANTE; MAZAMA, 2009, p. 475. Tradução do autor.

O formato de poema é típico na tradição oral, uma vez que a poesia, assim como a música, são instrumentos mnemônicos, permitindo que esses textos sejam apreendidos de forma minuciosa às suas origens, garantindo uma retransmissão fidedigna num processo que se perpetua por gerações. A informação é captada pela memória sensorial,[230] fazendo com que o sujeito memorize não apenas as palavras que lhe foram transmitidas, mas toda a conjuntura que envolveu a situação da aprendizagem. Amadou Hampaté Bâ deixa isso claro em *Amkoullel, o menino fula*:

> *Desde a infância, éramos treinados a observar, olhar e escutar com tanta atenção, que todo acontecimento se inscrevia em nossa memória como em cera virgem. Tudo lá estava nos menores detalhes: o cenário, as palavras, os personagens e até suas roupas. Quando descrevo o traje do primeiro comandante de circunscrição francês que vi de perto em minha infância, por exemplo, não preciso me "lembrar", eu o vejo em uma espécie de tela de cinema interior e basta contar o que vejo. Para descrever uma cena, só preciso revivê-la. E se uma história me foi contada por alguém, minha memória não registrou somente seu conteúdo, mas toda a cena – a atitude do narrador, sua roupa, seus gestos, sua mímica e os ruídos do ambiente, como os sons da guitarra que o griot Diêli Maadi tocava enquanto Wangrin me contava sua vida, e que ainda escuto agora...*[231]

Este tipo prodigioso de memória é, praticamente, inexistente no Ocidente. Não somos treinados para aguçar nossa memória, o que resulta em tornarmo-nos extremamente dependentes do registro escrito para garantir que essas memórias não se percam, seja em parte ou totalmente[232]. Porém, muito

---

230 MOURÃO JÚNIOR; FARIA, 2015.
231 BÂ, 2003, p. 13.
232 A esta altura o leitor deve acreditar que a cultura africana despreza completamente a escrita e que os povos africanos nunca a desenvolveram, o que é um equívoco. Ao mesmo tempo que os sumérios desenvolviam sua escrita cuneiforme na Mesopotâmia próximo ao ano

antes dos textos bíblicos serem de fato um livro, eram palavras aprendidas auditivamente, guardadas na memória e retransmitidos oralmente às gerações seguintes, como diz o teólogo Eduardo Arens:

> *Quando falei da Revelação, ressaltei que a palavra acontecida (as vivências, fatos, acontecimentos reveladores) precedeu os testemunhos que se deram dela, que passou a ser palavra testemunhada, quando lhe foi dada forma verbal e foi comunicada a outros. Em muitos casos, esses testemunhos foram primeiramente orais e, nessa forma, certamente eram Palavra de Deus. [...] E os apóstolos anunciaram essa boa nova oralmente antes que se escrevesse uma só linha a respeito. É fácil compreender, então, que a Bíblia é um conjunto de testemunhos escritos dessa Palavra de Deus, que foi primeiramente acontecida e depois testemunhada oralmente.*[233]

O mesmo dizem Ariel e Chana Bloch, citados pelo bispo da Igreja Evangélica de Confissão Anglicana do Brasil, Dom Humberto Maiztegui, em sua tese de doutorado que analisou o *Cântico dos Cânticos*:

> *Uma possível fonte do poeta podem ter sido cantos populares ou poemas de amor seculares apresentados em banquetes e festivais e transmitidos oralmente por, quem sabe, centenas de anos. De fato, grande parte da poesia na Bíblia originou-se na tradição oral e circulou na boca do povo muito antes de ser escrita.*[234]

4000 a.C., no antigo Egito sacerdotes africanos criaram a escrita sagrada: os hieróglifos. A invenção da escrita se dá principalmente para registrar entradas e saídas na economia de trocas entre os sumérios, mas para os egípcios essa escrita contava histórias e ensinamentos teológicos e filosóficos. Segundo Cheikh Anta Diop, vários desses textos foram deslocados para a Grécia, ainda na antiguidade por meios desonestos ou devido a guerras que ocasionaram na destruição, por exemplo, da Biblioteca de Alexandria. Hoje se estuda muito sobre a escrita ashanti de Gana denominada de símbolos *adinkra*, espécie de ideogramas constituídos por padrões, desenhos e signos que compõem significados filosóficos intrínsecos como o *sankofa*, que mencionamos na introdução deste trabalho.

233 ARENS, 2007, p. 291. Grifo nosso.
234 BLOCH, apud GONÇALVES, 2005.

O próprio Dom Humberto afirma que:

> *A identificação, nos textos, dos elementos originários da cultura oral passa pela identificação de pequenas unidades (small units), que permitiam primeiramente sua reprodução oral e a descrição de ações correspondentes à prática da transmissão oral (spoken actions) como os momentos litúrgicos, festas, reuniões, etc.*[235]

Contudo, ao menos por enquanto, o *Ifá* não se predispõe a se tornar um texto escrito no sentido atribuído aos textos sagrados de hoje. Como vimos no capítulo anterior, a oralidade e a memória são valores civilizatórios africanos; é inerente às estruturas religiosas das Tradições de Matriz Africana ser imbuído de força sobrenatural, logo, a transmissão oral a partir da memória dos sacerdotes é primaz nesta conjuntura. Certamente que hoje existem muitos livros contendo essas narrativas, não apenas de pesquisadores europeus que as coletaram no continente africano, mas também dos próprios africanos, alguns dos quais apresento neste livro. Entrementes, estas produções escritas não possuem status de livro sagrado.

No tocante às narrativas, assim como outros textos sagrados, o *Ifá* conta a história da Criação, desde a criação das divindades (teogonia) passando pela criação do mundo (cosmogonia) e dos seres humanos (antropogonia), além das histórias do cotidiano dos povos (ética e moral). Essas narrativas nos subsidiam na compreensão de uma série de elementos das práticas civilizatórias de matriz africana tais como ritos, por exemplo. Mas também explicam as origens de tudo.

De forma geral, se assume que *Ifá* é composto por dezesseis *Odù*. Cada *Odù* representa um capítulo da narrativa sagrada que se subdividem em dezesseis *itán* (às vezes também chamados de *Ọmọdù*, filhos de *Odù* ou *Odù* menores) que, por sua vez, subdividem-se em dezesseis *ẹsẹ* (versos), totali-

---

[235] GONÇALVES, 2005, p. 45.

zando mais de quatro mil versos. Cada verso conta uma história que serve para explicar a realidade, a sociedade, a ritualística, a teologia e a filosofia desses povos. Para o antropólogo estadunidense William Bascom "*os versos incorporam mitos[236] recontando as atividades das divindades e justificando detalhes do ritual e são frequentemente citados para resolver um ponto controverso da teologia ou ritual.*"[237]. Cada *Odù* possui um nome que o singulariza. Essa singularidade é descrita pelo escritor carioca José Beniste da seguinte forma:

> *Cada ODÙ tem uma personalidade definida, impondo tendências e determinando o ÒRÌṢÀ que responderá no jogo para se pronunciar sobre suas mensagens. Conhecer a natureza dos ODÙ e dos ÒRÌṢÀ é fundamental para uma análise correta das mensagens.*[238]

Embora haja certa divergência na ordem dos *Odù*, a maioria dos autores os apresentam com a seguinte nomenclatura, nesta sequência: *Éjì Ogbè, Ọ̀yẹ̀kú Méjì, Ìwòrì Méjì, Òdí Méjì, Ìròsùn Méjì, Ọ̀wọ́nrín Méjì, Ọ̀bàrà Méjì, Ọ̀kànràn Méjì, Ògúndá Méjì, Ọ̀sá Méjì, Ìká Méjì, Òtúrúpọ̀n Méjì, Otùwá Méjì, Ìrẹtẹ̀ Méjì, Ọ̀ṣẹ̀ Méjì e Ọ̀fún Méjì*.

A origem desses nomes está descrita num *itán* coletado por Prandi. Nele, é contado a história de como a divindade da sabedoria e da história, *Ọ̀rúnmìlà*, se aborrece com um de seus filhos que se negou a demonstrar respeito por ele. Por causa deste disparate, *Ọ̀rúnmìlà* se afasta do mundo permitindo que o caos se instale. Desesperados, os seres humanos suplicam o retorno

---

236 Sempre tive problemas em aceitar o uso do termo "lendas", frequente em livros de antropólogos e folcloristas tais como Pierre Verger, pois não é isso o que as narrativas sobre os Òrìṣà de fato são. O uso do termo "mito" me pareceu mais apropriado, até me deparar com uma frase de um dos maiores mitólogos do mundo, Joseph Campbell: "mito é como chamamos a religião do outro". Isto me deixou muito insatisfeito apesar de obras de autores importantes como José Beniste. De forma geral o termo "mito" é utilizado para definir as narrativas de religiões mortas. Podemos observar isso quando efetivamente ninguém aponta a narrativa bíblica como mitologia, mas sim história. Inclusive é chave para o cristianismo que a narrativa bíblica seja histórica, ainda que muitos teólogos cristãos afirmem como mitológica grande parte do livro de Gênesis. A palavra em yorùbá "itán" significa literalmente "história" e é empregado tanto no sentido de história factual, quanto às narrativas sagradas. Logo compreendo que os itán sobre os Òrìṣà eram "Histórias Sagradas", um dos elementos cruciais para entendermos a Afroteologia. Ao eliminarmos termos como "lendas" e "mitos" e propormos o uso de "histórias sagradas", alocamos essas narrativas no seu devido lugar de sacralidade de uma tradição espiritual viva e próspera.

237 The verses embody myths recounting the activities of the deities and justifying details of ritual and they are often cited to settle a disputed point of theology or ritual. BASCOM, 1969, p. 11-12. Tradução do autor.

238 BENISTE, 2008a, p. 101.

de Ọ̀rúnmìlà à Terra, mas este é irredutível. Entretanto, deixa para seus filhos dezesseis caroços de dendê para que, através deles, possam consultá-lo quando tiverem problemas a resolver. Os nomes de seus filhos são os nomes dos *Odù*.[239] Em outra narrativa coletada por Prandi entre os praticantes de Candomblé de origem *fọn* (Jeje), os nomes dos *Odú* correspondem aos nomes das esposas de Ọ̀rúnmìlà, que teria acolhido em sua casa um sacerdote que passava por grandes dificuldades. Ọrúnmìlà explicou ao sacerdote que suas esposas possuíam dezesseis filhos cada uma, e que cada filho tinha mais dezesseis filhos. Ọrúnmìlà contou a história de cada um deles ao sacerdote que, com esse conhecimento, pode retornar à sua terra e resolver todos os seus problemas e os de quem o procurava.[240]

A despeito disso, não há uma homogeneidade nos textos. Pude verificar que os textos narrados por Bascom – tendo como principal fonte o Bàbáláwo Sàlàkọ –, os narrados pelo sociólogo nigeriano radicado no Brasil Síkírù Sàlámi (também conhecido como Bàbá King), pelo escritor nigeriano Cromwell Osamaro Ibiè, pelo sacerdote yorùbá e professor Afolabi A. Epega, pelo professor nigeriano Wándé Abímbọ́lá, para citar apenas estes, não possuem qualquer semelhança. Entretanto, não podemos concluir que existam textos falsos enquanto outros são verdadeiros, mas sim que cada subgrupo étnico dentre os yorùbá, cada cidade, aldeia ou bairro onde esse povo se estrutura política, econômica e socialmente, possuem as suas próprias narrativas. Estes textos se relacionam intimamente com o povo específico do qual se originam.[241] Mas isso não significa que não possua um valor que possa ser interpretado de forma mais abrangente. Vou propor como exemplo a primeira parte do Odù Èjì Ogbè (também escrito Èjìogbè) publicados por três autores diferentes:

---

[239] PRANDI, 2001, p. 442-444.
[240] PRANDI, 2001, p. 445-446.
[241] Como acontece com a Bíblia, livros que tratam do povo judeu que mais tarde foram expandidos para os demais povos.

a) William Bascom:[242]

> *Uma cabeça de sorte usa uma coroa de cauris;*
> *Um pescoço de sorte usa contas de jaspe;*
> *Costelas sortudas usam um trono,*
> *Foi quem jogou para "meu corpo está relaxado" que era mulher de Òrìṣà.*
> *Òrìṣà a iniciou.*
> *Ela disse, "Òrìṣà, se eu uso o seu trono eu sou infiel a você."*
> *Òrìṣà.*
> *O primeiro nascido da montanha não é desgraçado aos olhos de seu iniciador.*
> *Èjì Ogbè é bem assim.*

b) Afolabi A. Epega:[243]

> *As mãos pertencem ao corpo,*
> *os pés pertencem ao corpo,*
> *Otaratara consultou o oráculo de Ifá para Eleremoju, a mãe de Agbonniregun.*
> *Foi pedido para ela sacrificar duas galinhas, duas pombas, e trinta e dois mil búzios, a serem usadas para satisfazer o Ifá de sua criança.*
> *Disseram que sua vida seria próspera.*
> *Ela obedeceu e fez o sacrifício.*

---

242 BASCOM, 1980, p. 61.
243 EPEGA; NEIMARK, 1995.

c) Síkírù Sàlámi:[244]

Ọwẹnrẹnwẹnrẹn lori eku
Ọwẹnrẹnwẹnrẹn ni ijẹ ori eku
Ọwẹnrẹnwẹnrẹn ni ijẹ ori ẹja
Ọwẹnrẹnwẹnrẹn ni ijẹ omi lobo igbin

Foi ele que adivinhou para Ajẹ, filha de Olokun
Foi o mesmo que adivinhou para Okun, filho de Onirada
Foi ele que adivinhou para Idẹ, filho de Onikanpa
Foi ele que adivinhou também para Esu Yalayala, filho de Onirapa
no dia em que eles vinham do orun para o aye.
Todos eles foram aconselhados a fazer ẹbọ com ọjá para evitar a morte.
o conselho – Recomendação de ẹbọ para evitar a morte.
Dos quatro, somente três fizeram o ẹbọ com ọja:
Ajẹ fez ẹbọ com seu ọja
Okun fez ẹbọ com seu ọja
Idẹ também fez ẹbọ com seu ọja.
Esu Yalayala recusou-se a fazer ẹbọ com seu ọja

Os três poemas são bem diferentes, embora tenham o mesmo nome: *Odù Èjì Ogbè*. O fato é que não podemos dizer que este ou aquele texto está correto e os demais errados, mas que são textos que correspondem às suas origens individuais. No caso do texto sagrado dos cristãos, espera-se que ao procurarmos o versículo 37 do capítulo cinco do livro de Marcos em diferentes bíblias, encontraremos o mesmo texto ainda que com pouquíssimas diferenças, mas mantendo o sentido e a estrutura frasal original. Não é o que acontece com o *Ifá*, como vimos. No entanto, isto não altera a possibilidade

---

244 SÀLÁMI, 1999, p. 251.

de interpretarmos individualmente cada um deles. No caso, a parte apresentada por Bascom se refere ao processo iniciático aos *Òrìṣà*, indicando que este processo garante uma relação de proximidade com as divindades e que estas lhe abençoarão por causa disto. A parte apresentada por Epega também fala de bênçãos que podem ser alcançadas (no caso a *prosperidade*) devido ao cumprimento de ritos (*Orò*) e oferendas (*Ẹbọ*), sejam elas cruentas ou incruentas. O terceiro também se refere a ritos de oferta, mas para se evitar a morte.[245]

Podemos dizer, então, que as três histórias publicadas pelos autores se referem a importância de se realizar oferendas para se atingir certos objetivos na vida. Perceba que o objetivo não é factual, momentâneo ou peculiar, mas sim algo para toda a vida. Se lembrarmos que um dos valores civilizatórios das Tradições de Matriz Africana é a coletividade ou comunitarismo, entenda que ter uma vida longa e próspera favorece não apenas o indivíduo, mas toda a comunidade, pois o que acontece com um, influencia a todos.

Ifá como oráculo sagrado

A palavra *Odù* possui muitos significados, expressos de formas diferentes por distintos autores. É mais comum traduzi-lo por "caminho" ou "destino". O termo "destino" é o que nos parece ser mais problemático, pois pode gerar muita confusão em sua interpretação. A ideia de "destino" imputa uma crença na imutabilidade do futuro, nos leva a pensar que tudo está predestinado e que, portanto, não adiantaria tomar qualquer medida na vida, pois todas conduziriam a um fim preciso e impossível de fugir. Contudo, este não é o entendimento a respeito do *Odù*, pois o "destino" das pessoas pode ser mudado se o sujeito seguir as premissas que entendemos ser importantes para conquistas pessoais e a busca pela vida plena. Entendo, pela minha experiência de vida nesta tradição, que três fatores são essenciais para a conformação de

---

[245] A história continua em outras partes revelando o que aconteceu com *Esu Yalayala*: como se recusou a fazer as oferendas acabou morto antes de completar sua missão.

uma vida plena: *orí rere*, *ìwàpẹ̀lẹ̀* e *ẹbọ*, que podem ser traduzidos como "boa cabeça", "bom caráter" e "oferenda". Explanarei sobre eles mais à frente.

Retornando à ideia de *Odù* como "destino", esta palavra só faz sentido se a entendermos como fim, ou seja, o objetivo final, ainda que provisório, na predição oracular. Então, para se encontrar o nosso "destino", se faz necessário a consulta ao *Ifá* por meio de um jogo que acessa os poemas de forma randômica. A consulta é semelhante ao que alguns cristãos fazem ao abrir a bíblia em página aleatória e escolher às cegas um versículo, entendendo que essa casualidade é na realidade o "dedo de Deus" agindo e lhe garantindo uma resposta fortuita aos problemas pelos quais estão passando. O acesso aleatório aos poemas de *Ifá* tem o mesmo propósito: apresentar respostas que trarão resoluções aos problemas que enfrentamos em nosso cotidiano.

Por isso, o outro termo empregado para *Odù*, "caminho", me parece ser mais sincero na interpretação, já que os *Odù* não definem realmente um destino para as pessoas, mas sim um caminho a ser trilhado para alcançar um fim satisfatório. Seguindo mais ou menos neste sentido, temos a percepção do professor Jayro Pereira de Jesus. Para o afroteólogo, *Odù* se estabelece como um "projeto mítico-social", ou seja, um projeto atribuído a cada um de nós por *Olódùmarè* (Deus) como um compromisso social. Isso significa que somos vocacionados por *Olódùmarè* para realizarmos algo; que nossa existência tem um propósito ou missão. E este algo tem a ver com um benefício comunitário-social. Assim, a consulta a *Ifá* também serve para descobrirmos qual é o propósito para nossa vida e para nossa comunidade. O *Bàbáláwo* nigeriano Ọmọ-Ọba Ayékọnilógbọ́n Ọlọ́runwa diz que *"desde o início dos tempos, Ifá foi a divindade que orienta as pessoas sobre o que fazer e o que não fazer"* e sentencia:

> *Em tempos antigos, quando uma mulher dava à luz a um bebê, nosso povo consultava Ifá para saber a missão dessa criança na*

> *Terra. Nós chamamos essa consulta de Àkọsẹ̀jayé.[246] É por esse ritual que se poderá saber os prós e contras no futuro da criança, que servirão como princípios orientadores para o referido bebê. Se uma mulher grávida se aproxima do nono mês, nossas mães[247], que se especializaram na função de parteira, vão terminar o parto e chamar um Sacerdote de Ifá para conhecer a missão do bebê – o que o fará ter ou não sucesso. Durante esse período, o espírito do bebê será analisado; o que ele ou ela almejará será conhecido. O Sacerdote perguntará a Ifá sobre as coisas que podem impedir o sucesso da criança, informado isso aos pais dela, aconselhando-os a terem cuidado com essas coisas, que deverão ser fielmente observadas.[248]*

A base da interpretação é a de que o *Ifá* não se trata de previsão de um futuro. Ao menos, não no sentido compreendido pelo senso comum. A ideia de "destino" também ajuda a formular, no senso comum, a compreensão de que a consulta a *Ifá* é um vislumbre daquilo que está por acontecer. Mas os oráculos não falam do futuro propriamente, mas sim do *passado*.

A palavra *yorùbá* "*ìtán*" significa "história". História sempre terá o sentido de acontecimentos do passado, nunca de coisas que estão por acontecer. Já vimos no capítulo anterior que o futuro não é de interesse dos africanos. A sua preocupação é com o passado e o presente, pois o futuro acontecerá em decorrência de escolhas que fazemos no aqui e agora. A consulta aos oráculos é para garantir que essas escolhas sejam auspiciosas.

O sociólogo e filósofo polonês Zygmunt Bauman nos ensina que a cultura pode ser analisada como "estrutura".[249] Segundo ele, a cultura enquanto estrutura se coloca como base para a ordenação de uma perspectiva

---

246 Ritual realizado no sétimo dia (para meninas) ou no nono dia (para meninos) após o nascimento de uma criança, no qual o *Bàbáláwo* consulta *Ifá* para saber quais serão as determinações, proibições e atividades que melhor se adéquam à criança.
247 Mãe, no sentido empregado no texto, são as mulheres de papel importante na sociedade yorubana.
248 ISHOLA, [s.d]
249 BAUMAN, 2012.

ontológica e epistemológica. Organiza a sociedade e prognostica a realidade do povo que a vivencia. Nestas condições, o ser humano é um sujeito objetivado pela cultura. Isto se encaixa perfeitamente se analisarmos que a consulta oracular em África se relaciona com a estruturação de um modelo de previsão que permite a essas sociedades não se desestabilizem mediante as peculiaridades de sua população. Assim, o oráculo é muito mais do que um simples jogo de perguntas e respostas. Ele é um mecanismo de estruturação e organização da sociedade africana. Uma sociedade bem organizada e estruturada garante uma boa previsão, pois *"os estados futuros de uma totalidade estruturada são previsíveis, quanto mais estruturado (ordenado) for um campo, menos informação será exigida para que se produza um prognóstico razoavelmente confiável."*[250]

Com isso, compreendo que Ifá, enquanto oráculo divinatório, organiza a sociedade ao descobrir qual o "projeto mítico-social" da pessoa garantindo o seu sucesso; também atua na resolução de problemas, assim como na prevenção de infortúnios; autoconhecimento; descoberta dos Òrìṣà que regem nossa vida e para os quais devemos ser iniciados; casamentos, nascimento de filhos, vida familiar; absolutamente para tudo Ifá tem a resposta.

> *Por intermédio de Ifá, os Òrìṣà transmitem suas mensagens ao ser humano sobre o que deve ser feito (oferenda) e como deve ser feito. Tudo isso por meio do odù e seus versos, cujo sistema é muito complexo em razão da visão geral que opera dentro do Ifá. Ele é necessário para a compreensão de seu relacionamento com a religião yorùbá, na qual está enraizado o conceito do povo yorùbá sobre este mundo, sua origem; é o poder com que Ifá controla os rumos e o objetivo da vida e do destino do homem que encontra a harmonia e o equilíbrio quando Ọ̀rúnmìlà direciona seu caminho para as situações positivas em iré.*[251]

---

250 BAUMAN, 2012, p. 157-158.
251 PORTUGAL FILHO, 2010, p. 16.

Ifá, como oráculo divinatório, pode ser consultado de várias formas, mas trataremos aqui apenas de três: *ọ̀pẹ̀lẹ̀*, *mẹ́rindínlógún kawrí* e *méjọ kawrí*. O *ọ̀pẹ̀lẹ̀* é a mais antiga das três formas de consulta aqui citadas, e consiste na consulta aos *Odù* por meio de certos instrumentos: o *òsùn*, tipo de bastão metálico representativo do poder dos sacerdotes; o *irọ́kẹ́*, uma sineta feita de marfim e utilizada pelos *Bàbáláwo* para invocar o poder de *Ifá*; o *ọ̀pẹ̀lẹ̀* propriamente dito, um fio de menos de um metro, contínuo, onde estão presas oito metades de sementes ou favas que possuem um lado convexo e outro côncavo. Ele é manejado pelo *Bàbáláwo*, que o jogará sob uma esteira ou uma bandeja de palha. De acordo com a posição em que as favas caírem, o *Odù* será revelado e posteriormente interpretado pelo sacerdote.[252]

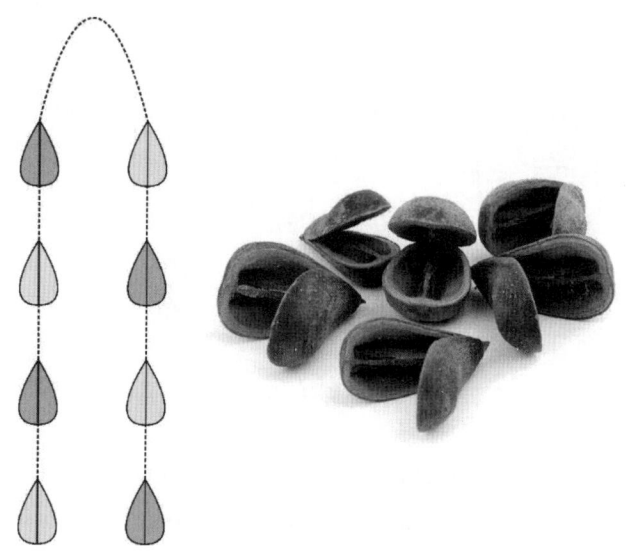

À esquerda, exemplo de montagem do ọ̀pẹ̀lẹ̀;
à direita, a fava a árvore africana usada para divinação (Schrebera golungensis)

Para saber a que *Odù* o *ọ̀pẹ̀lẹ̀* se refere é usado o *ọpọ́n*, uma tábua redonda ou quadrada com um compartimento no centro onde se espalha um

---
252 BENISTE, 2008a, p. 65.

pó amarelado chamado *iyẹ̀rosùn*. Ali, com os dedos, se fazem as marcas que indicarão qual o *Odù* que responde na consulta. Se cair a parte convexa da fava do *ọ̀pẹ̀lẹ̀* é uma linha, se a côncava são duas.²⁵³

Exemplo de marcação de Odù sobre o opon

Essas marcas são feitas no pó de *iyẹ̀rosùn* que está no tabuleiro de *Ifá* usando os dedos. Cada caída representa um grupo de marcas a serem feitas, pois ora as favas caem com a parte côncava virada para cima, ora para baixo, de forma aleatória. Se joga duas vezes e, quando a segunda caída é igual a primeira, está se referindo a um dos dezesseis *Odù* principais, os *Ojú Odù*. De acordo com o jornalista e *olùwo* carioca Fernandes Portugal Filho,²⁵⁴ as marcas ou formas de caídas de cada *Odù* são as que seguem:

---

253 BENISTE, 2008a, p. 65.
254 PORTUGAL FILHO, 2010, p. 19-23.

- ❖ Éjì Ogbè

  ```
  I   I
  I   I
  I   I
  I   I
  ```

- ❖ Òyèkú Méjì

  ```
  II  II
  II  II
  II  II
  II  II
  ```

- ❖ Ìwòrì Méjì

  ```
  II  II
  I   I
  I   I
  II  II
  ```

❖ Òdí Méjì

```
  I     I
 II    II
 II    II
  I     I
```

❖ Ìròsùn Méjì

```
  I     I
  I     I
 II    II
 II    II
```

❖ Ọ̀wọ́nrín Méjì

```
 II    II
 II    II
  I     I
  I     I
```

- ❖ Ọ̀bàrà Méjì

  | |

- ❖ Ọ̀kànràn Méjì

- ❖ Ògúndá Méjì

  | |
  | |
  | |
  || ||

❖ Ọ̀sá Méjì

❖ Ìká Méjì

❖ Òtúrúpọ̀n Méjì

- ❖ Otùwá Méjì

I	I
II	II
I	I
I	I

- ❖ Ìrẹtẹ̀ Méjì

I	I
I	I
II	II
I	I

- ❖ Ọ̀ṣẹ̀ Méjì

I	I
II	II
I	I
II	II

❖ Ọ̀fún Méjì

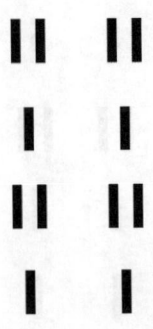

```
 II   II
  I    I
 II   II
  I    I
```

Mas quando a segunda caída é diferente da primeira, se refere a um dos duzentos e quarenta *Odù* secundários, os *Ọmọ Odù*. O exemplo abaixo foi coletado em José Beniste:[255]

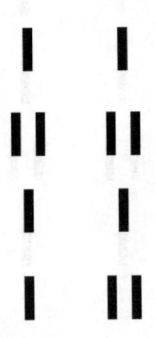

```
  I    I
 II   II
  I    I
  I   II
```

A leitura é feita sempre da direita para a esquerda, assim, seguindo o exemplo, na primeira caída surge o *Odù Ọ̀ṣẹ̀* e na segunda o *Odù Otùwá*, assim temos como resultado o *Odù Ọ̀ṣẹ̀tùwá*. Somando todos os *Ojú Odù* com os *Ọmọ Odù*, temos os duzentos e cinquenta e seis *Odù* possíveis. O etnólogo francês Pierre Verger, sobre eles, sentencia:

> *Todo indivíduo nasceu ligado a um desses duzentos e cinquenta e seis odù. No momento do nascimento de uma criança, os pais pedem ao babalaô para indicar a que odù a criança está ligada. O odù dá*

---

255 BENISTE, 2008a, p. 69.

a conhecer a identidade profunda de cada pessoa, serve-lhe de guia na vida, revela-lhe o orixá particular, ao qual ela deve eventualmente ser dedicada, além do da família, e dá-lhe outras indicações que a ajudarão a comportar-se com segurança e sucesso na vida.[256]

O sacerdote responsável pelo culto, como já foi dito anteriormente, é o *Bàbáláwo*, palavra que significa literalmente "pai do segredo" (*bàbá* = pai, *awo* = segredo), mas, de acordo com Beniste, na cidade histórica de Ọ̀yọ́ essa classe de sacerdotes possui uma organização muito bem hierarquizada, tendo no topo o *Aràbà*, logo abaixo o *Olúwo*, depois *Ojùgbọ̀nà*, *Akọ́dá*, *Aṣẹ́dá*, *Erìnmì*, *Àrànsàn*, *Balẹ̀sín*, *Ọ̀tún Awo*, *Òsì Awo*, *Ẹ̀kejọ Awo*, *Alárá*, *Ajerò*, *Ọwáràngún*, *Ọbalẹ̀yọ́* e *Àgbọngbọ̀n*.[257]

Não é qualquer pessoa que pode se tornar um sacerdote de *Ifá*. Como vimos na citação de Verger algumas linhas acima, quando do nascimento de uma criança, esta é levada a um *Bàbáláwo* que jogará para saber qual é o seu projeto mítico-social. Se a resposta for que deve ser um *Bàbáláwo*, a criança será direcionada a este estudo que pode começar aos seus cinco anos de idade.[258] Serão cumpridos uma série de rituais em sua longa iniciação, mas o processo contínuo é de estudo e memorização de todos os elementos do culto, o que pode durar até dez anos antes de o iniciado ter a permissão para praticar o jogo de forma mais independente. Ressalto aqui o compromisso ético desses sacerdotes que, além de não poderem mentir nunca, como já vimos no capítulo anterior, também são *"obrigado[s] a não abusar do seu dever, não usando a sua posição para enriquecer e não recusando serviços a uma pessoa que seja pobre e sem recursos."*[259]

Outra forma de consultar Ifá é através do *mẹ́rindínlógún kawrí*, um jogo que usa, como diz o próprio nome, dezesseis (*mẹ́rindínlógún*) búzios

---

256 VERGER, 1997, p. 126.
257 BENISTE, 2008a, p. 70.
258 BENISTE, 2008a, p. 72.
259 BENISTE, 2008a, p. 73.

(*kawrí*). É uma versão simplificada do jogo por *Odù*, contudo, quem responde é *Èṣù*. O seu uso ocorre principalmente na diáspora. Segundo Bascom:

> Dezesseis cawris (*èrìndínlógún, owó mérìndínlógún*) é uma forma de divinação empregada pelos Yorùbá da Nigéria e por seus descendentes no Novo Mundo. É mais simples que a divinação Ifá e menos apreciada na Nigéria, mas, nas Américas, mais importante que Ifá porque mais conhecida e mais frequentemente empregada. Tal fato pode decorrer de sua relativa simplicidade; da popularidade de Sàngó, Yemọjá, Ọ̀ṣun e outros deuses Yorùbá com os quais os dezesseis cawris são associados; e do fato de que podem ser praticadas tanto por homens quanto mulheres, as quais em número, excedem os homens nesses cultos, enquanto apenas homens podem praticar Ifá.[260]

Este é um dado importante, pois o fato de que somente homens podem praticar *Ifá* acaba por complicar o desenvolvimento desse culto no Brasil. Aqui os africanos que foram trazidos para serem escravizados fundaram grandes nichos culturais e religiosos cujo espaço central de reuniões eram as comunidades tradicionais de terreiro. Na Bahia, estes nichos formaram o Candomblé, assim como no Rio Grande do Sul formaram o Batuque, no Maranhão o Tambor de Mina, em Pernambuco o Xangô e no Rio de Janeiro as macumbas, que posteriormente passaram a ser chamadas Candomblés de Angola. Esses espaços eram frequentados principalmente por mulheres, muitas das quais ganharam altos postos sacerdotais, como *Ìyálóriṣà*. No caso do Candomblé baiano, foi ainda mais radical. A fundação das comunidades tradicionais se deu apenas por mulheres. Os terreiros da Casa Branca do Engenho Velho, Gantois e o Ọ̀pó Afọnjá foram fundados por mulheres, o que levou alguns pesquisadores a deduzirem que isso seria a prova de que em algum momento do passado as sociedades africanas eram matriarcais. Não acredito nessa

---

260 BASCOM, 1980, p. 3.

romântica hipótese, pois meus estudos demonstram que as sociedades africanas são patriarcais há milênios, contudo, não são machistas. O poder das mulheres nessas sociedades é equânime ao dos homens de forma geral, mas estes ganham primazia, como narra o seguinte *itán*[261]:

> *Logo que o mundo foi criado, todos os orixás vieram para a Terra e começaram a tomar decisões e dividir encargos entre eles, em conciliábulos nos quais somente os homens podiam participar.*
> *Oxum não se conformava com essa situação.*
> *Ressentida pela exclusão, ela vingou-se dos Orixás masculinos.*
> *Condenou todas as mulheres à esterilidade, de sorte que qualquer iniciativa masculina no sentido da fertilidade era fadada ao fracasso.*
> *Por isso, os homens foram consultar Olodumare.*
> *Estavam muito alarmados e não sabiam o que fazer sem filhos para criar nem herdeiros para quem deixar suas posses, sem novos braços para criar novas riquezas e fazer as guerras e sem descendentes para não deixar morrer suas memórias.*
> *Olodumare soube, então, que Oxum fora excluída das reuniões.*
> *Ele aconselhou os Orixás a convidarem-na, e às outras mulheres, pois sem Oxum e seu poder sobre a fecundidade nada poderia ir adiante.*
> *Os Orixás seguiram os sábios conselhos de Olodumare e assim suas iniciativas voltaram a ter sucesso.*
> *As mulheres tornaram a gerar filhos e a vida na Terra prosperou.*

No *itán* acima, fica clara a importância do poder gerador das mulheres para as sociedades africanas, sobretudo a *yorùbá*, mas também é evidente a primazia dos homens em certos assuntos. No *Odù Ọ̀sá Méjì*[262] há um verso

---
261 PRANDI, 2001, p. 345.
262 BENISTE, 2008b, p. 61.

de exaltação a esse poder, indicando como sua importância está vinculada a esse atributo de sua natureza biológica:

> Ẹ kúnlẹ̀ o, ẹ kúnlẹ̀ fobìnrin o
> Ẹ obìnrin l'ó bí wa, k'awa tó d'enia
> Ọgbọ́n àyé t'obìnrin ni, ẹ kúnlẹ̀ fobìnrin o
> Ẹ obìnrin l'ó bí wa o, k'awa tó d'enia

> *Ajoelhemo-nos diante da mulher*
> *A mulher nos pôs no mundo, nós somos seres humanos*
> *A mulher é a inteligência da Terra*
> *A mulher nos pôs no mundo, nós somos seres humanos*

Não estou afirmando, com isso, que a importância das mulheres nas sociedades africanas se resume ao fato de serem geradoras, mas que esse atributo é crucial para entendermos o papel da mulher em meio ao valor civilizatório da complementaridade com o homem na organização social africana. Assim, tanto o *ìtán* quanto o *ẹsẹ* mencionados atestam que essas sociedades promovem o respeito e a equidade entre homens e mulheres, mas não anulam certas práticas como as que envolvem casamentos, primazias de herdeiros e na hereditariedade de cargos e funções políticas.[263]

De volta ao Brasil, entendo que as contingências do cotidiano escravocrata e do pós-abolição foi o que proporcionou às mulheres se tornarem protagonistas na história da formação dos Candomblés, o que garantiu sua importância histórica e política. Já é bem sabido que foi o mercado brasileiro,

---

[263] Embora tenha havido rainhas como no caso das candaces do reino de Kush, das mulheres faraós Hatshepsut, Nefertari, Nefertiti e Cleópatra e da mais que celebrada rainha de Angola, Nzinga Mbandi, o poder político é mais proeminente nas mãos dos homens, assim como a primazia nas linhagens familiares, o que questiona as teorias de uma suposta matriarcalidade ou mesmo matrilinearidade africana. A uterocentricidade apontada por Moore como um valor civilizatório africano, em quase nada tem a ver com matriarcalidade ou matrilinearidade. Neste *ìtán* a participação das mulheres nas decisões é autorizada porque elas possuem um poder próprio e que é o equilíbrio entre os poderes (masculino e feminino) que gera o "sucesso" e a "prosperidade" esperada por todos. No *ẹsẹ* este mesmo poder é exaltado. Entrementes, a patriarcalidade e a patrilinearidade são evidentes em toda a África tradicional, com raras exceções. Mas, tornamos a dizer, não devemos confundir patriarcalidade com machismo, este último envolve relações de poder a partir do gênero.

em busca de mão de obra humana, que possibilitou aos europeus a apreensão e venda de africanos para serem escravizados. Esse mercado trouxe ao Brasil cerca de seis milhões de africanos dos atuais Nigéria, Benin, Angola, Congo e Moçambique. Esses povos trouxeram suas crenças, tradições, cosmopercepções, cultura, religiosidade e as formas de contactar o mundo transcendente, onde vivem os *Òrìṣà*. No caso específico da Bahia, segundo Verger:

> *Várias mulheres enérgicas e voluntariosas, originárias de Kêto, antigas escravas libertas, pertencentes à Irmandade de Nossa Senhora da Boa Morte da Igreja da Barroquinha, teriam tomada a iniciativa de criar um terreiro de Candomblé chamado Ìyá Omi Àṣẹ Àirá Intilẹ̀, numa casa situada na Ladeira do Berquo, hoje Rua Visconde de Itaparica, próxima à Igreja da Barroquinha.*[264]

Uma delas, *Ìyá Nàsó*, teria viajado à cidade de Ketu acompanhada de sua filha *Ọbatosí* e, após sete anos, retornaram com alguns africanos, entre eles *Bámgbóṣé Obitiko*, que ajudaria na recriação das práticas africanas no Brasil. Segundo Beniste, foi *Bámgbóṣé Obitiko* quem criou o sistema de jogo de búzios utilizado nos Candomblés baianos, adaptando os *Odù* maiores e menores em caminhos em número de setenta. "*Isto permitiu uma leitura mais simples e objetiva.*"[265] Este sistema, a despeito de sua origem *yorùbá*, logo foi adotado pelos Candomblés de origem Jeje e de Angola, criando uma "*equivalência de valores das divindades cultuadas pelos diferentes grupos para uma aproximação necessária entre as várias mesas de jogo.*"[266] Os *Odù*, nesta adaptação, passaram a ser vinculados aos *Òrìṣà*, mudando sua ordem e alguns nomes.

Ao contrário do *Ọ̀pẹ̀lẹ̀*, que só permite que homens possam manejá-lo, o *mẹ́rindínlógún kawri* acabou sendo o sistema oracular mais utilizado pelos Candomblés, já que estes eram geridos apenas por mulheres.[267] A explica-

---

264 VERGER, 1997, 28.
265 BENISTE, 2008a, p. 92.
266 BENISTE, 2008a, p. 92-93.
267 Somente a partir de meados do século XX que alguns Candomblés começaram a ser geridos por homens.

ção está em um *ìtán* que narra como Ọ̀ṣun, a divindade da feminilidade, do ouro e da beleza, ganhou o poder da divinação de Ọ̀rúnmìlà enganando-o. Em outra versão, ela teria ganho de Òṣàálá. Este teria aprendido com Ọ̀rúnmìlà a divinação e, se vendo numa situação humilhante, teria pedido ajuda a Ọ̀ṣun, que só concordou em ajudá-lo caso lhe ensinasse a divinar também. Não tendo escolha concordou e assim as mulheres ganharam o poder da divinação[268].

O búzio é um tipo de concha ovalada, com uma leve ponta em uma de suas extremidades. Sua carapaça é lisa e arredondada e a parte de baixo possui uma fenda natural com a aparência de uma boca com lábios e dentes. Foi muito utilizada como moeda de troca, tanto na China como dentre vários povos africanos. Para o jogo, sua carapaça é ralada em uma pedra para tirar a parte arredondada, assim ela passa a ter uma base para cair tanto para um lado quanto para o outro. Beniste insiste que o lado da fenda natural é a que "fala", ou seja, é a considerada como aberta, e a ralada é a fechada, mas já ouvi relatos de que nem sempre foi assim. No jogo do *mẹ́rindínlógún*, apenas as que caírem abertas é que são contadas. Cada búzio aberto é contado para se obter o *Odù* ao qual corresponde, resultando o que segue, de acordo com Beniste[269]:

1. **Ọ̀kànràn** – corresponde a um único búzio aberto, quem fala é Èṣù;
2. **Éjì Òkò** – corresponde a dois búzios abertos, falam Òṣàlúfọ́n, Ibéji e Àbíkú;
3. **Eta Ògúndá** – corresponde a três búzios abertos, falam Ògún e Yemọjá;
4. **Ìròsùn** – corresponde a quatro búzios abertos, falam Yánsàn, Éegun, Yemọjá e Ọ̀ṣọ́ọ̀sí;
5. **Ọ̀ṣẹ̀** – corresponde a cinco búzios abertos, falam Ọmọlu, Ọ̀ṣun e Ìyá-mi Òṣòròngá;

---

268 PRANDI, 2001, 337-339.
269 BENISTE, 2008a, p. 108-145.

6. **Ọ̀bàrà** – corresponde a seis búzios abertos, falam Ṣàngó, Ọ̀ṣọ́ọ̀sí e Orí;
7. **Òdí** – corresponde a sete búzios abertos, falam Ọ̀sun e Èṣù;
8. **Éjì Onílẹ̀** – corresponde a oito búzios abertos, falam Òṣàálá e Ṣàngó;
9. **Ọ̀sá** – corresponde a nove búzios abertos, falam Yemọjá, Yánsàn e Orí;
10. **Òfún** – corresponde a dez búzios abertos, fala Òṣàálá;
11. **Ọ̀wọ́nrín** – corresponde a onze búzios abertos, falam Èṣù e Yánsàn;
12. **Éjìlà Ṣẹbọrà** – corresponde a doze búzios abertos, fala Ṣàngó;
13. **Éjì Ọlọgbọn** – corresponde a treze búzios abertos, falam Nàná, Ọbalúwáyé e Éegun;
14. **Ìka** – corresponde a quatorze búzios abertos, falam Òṣùmàrè, Ọ̀sányìn e Ibéji;
15. **Ogbègúndá** – corresponde a quinze búzios abertos, falam Ọbà, Iyewa, Yemọjá e Ògún;
16. **Àláàfíà** – corresponde a todos os dezesseis búzios abertos, fala Ọ̀rúnmìlà.

Os Òrìṣà falam durante um jogo, posicionando-se como porta-vozes das mensagens transmitidas pelos Odù, podendo aí revelar-se como guardiães da pessoa, Ẹlédá. A característica de cada Òrìṣà deve ser levada em consideração por ocasião das caídas, sendo que em muitos casos, são eles próprios os personagens das histórias reveladas pelos Odù. Como ilustração, podemos considerar algumas posições de Òrìṣà e o que representam no jogo: Ọmọlu – doenças, morte; Ògún – luta, emprego; Ọ̀ṣọ́ọ̀sí – viagens; Òṣàálá – tranquilidade, sofrimento; Ọ̀sun – amor, choro.[270]

---

[270] BENISTE, 2008b, p. 113-114.

Como vimos, em África é o *Bàbáláwo* quem define, já no nascimento, se a criança se tornará também um *Bàbáláwo*. No Brasil o procedimento é um pouco diferente. Na África, o *Bàbáláwo* é um sacerdote dedicado à divindade *Òrúnmìlà* e ao *Ifá*, embora ele possa ter conhecimentos sobre os demais *Òrìṣà*. Entre os *yorùbá*, os demais *Òrìṣà* possuem cada um o seu próprio sacerdote ou sacerdotisa, como veremos no próximo capítulo, mas no Brasil a conjuntura escravocrata não permitiu essa diversidade, criando um novo sistema sacerdotal em que o culto de todos os *Òrìṣà* é aglutinado num tipo de "superculto" em que um único sacerdote ou sacerdotisa é responsável por todas as divindades – o *Bàbálóríṣà* e a *Ìyálóríṣà*. O *Bàbálóríṣà* e a *Ìyálóríṣà* acumulam o papel de sacerdote ou sacerdotisa de todos os cultos, além de ter funções específicas como sacrificador, cozinheiro e oraculista. Quando a comunidade tradicional de terreiro possui um grande número de vivenciadores, essas funções podem ser distribuídas em forma de cargos, sempre vitalícios, com dois auxiliares (*Òtún* e *Òsì*) para cada cargo. Mas, geralmente, a função de oraculista se mantém nas mãos dos *Bàbálóríṣà* e das *Ìyálóríṣà*.

O Candomblé possui uma hierarquia muito rigorosa com vários títulos iniciáticos, honoríficos e cargos (*oyè*), como vimos no primeiro capítulo, mas segundo informações colhidas com sacerdotes do Candomblé, após concluir sua maioridade iniciática adquirindo o título de *ẹ̀gbọ́n* (irmão mais velho), é feito uma consulta ao *mẹ́rindínlógún* para saber se a pessoa tem "caminho" para estar à frente de uma comunidade tradicional.[271] Caso se confirme, essa pessoa terá que se esforçar para construir a sua "roça", como muitas vezes são chamados os terreiros de Candomblé. Após, lhe será entregue uma cuia contendo, ali, os búzios para o jogo.

Ao contrário do que acontece na África, não há um estudo ou dedicação à aprendizagem do sistema de jogo. De forma geral, a pessoa,

---

[271] Meus informantes fazem uma crítica aos tempos modernos sobre como esse processo está mais fluido, muitas vezes deixando de lado a verificação se o postulante tem "caminho" para a liderança ou não, criando-se um tipo de regra em que quase todo mundo que chega ao nível de *ẹ̀gbọ́nmí* vai se tornar *Bàbálóríṣà* ou *Ìyálóríṣà*.

> *após receber seus búzios, deve procurar aprender sozinha. As vezes o seu iniciador ou iniciadora lhe ensina ou entrega uma cartilha contendo as narrativas de cada Odú,[272] mas isto não se configura aos moldes africanos, que dura anos. Na maioria dos casos, o jogo se torna um tanto intuitivo, o que corrobora a noção do senso comum de que o oraculista é um tipo de médium ou clarividente, afastando completamente a intelecção própria dos Bàbáláwo africanos.[273]*

No Rio Grande do Sul, a chegada dos africanos e afrodescendentes se deu a partir da construção do forte Jesus-Maria-José, em 1737, na hoje cidade de Rio Grande, considerado pelos historiadores como o marco fundador do estado enquanto parte da colônia portuguesa. Este estado nunca recebeu navios negreiros direto de África. Os negros aqui chegados eram escravizados do Nordeste. Em 1780, devido a uma forte seca no Ceará, José Pinto Martins transferiu toda a estrutura de sua charqueada, incluindo sua escravaria, para o Rio Grande do Sul. Esta é considerada a data que marca a presença negra no estado, mas é certo que já viviam aqui desde a construção do forte.[274]

Mencionei, em outro trabalho,[275] a questão da presença negra no estado, principalmente nas três cidades mais importantes: Rio Grande, Pelotas e Porto Alegre. A maioria dos antropólogos que pesquisaram o Batuque consideram que a origem dessa tradição está vinculada às charqueadas pelotenses. No entanto, levanto a questão de que, embora houvesse em Pelotas uma contingência maior de negros que a de brancos (mais de 60 porcento), a quantidade de negros em Porto Alegre, em termos numéricos, é muito maior que a

---

272 Reginaldo Prandi conta em detalhes como o Bàbáláwo Agenor Miranda Rocha registrou numa cartilha todos os *Odù* do *mẹrindínlógún*. Essa cartilha foi copiada e recopiada, passada e repassada às gerações seguintes até que em 1998 se tornou, finalmente, um livro, com uma segunda edição no ano seguinte.

273 Meus informantes também reclamam da premissa instituída nesta conjuntura, pois se nega ao *Ìyàwó*, cargo mais baixo, que se aprenda qualquer coisa sobre o *mẹrindínlógún*, mas espera-se que o *ẹgbọnmí* já saiba. O segredo entre os níveis iniciáticos faz sentido no contexto do sagrado, como aponta Eliade, mas a controvérsia dos fatos também ajuda a criar um sentimento de que o jogo é mais metafísico que racional.

274 ASSUMPÇÃO. In: CARELI; KNIERIM, 2002, p. 139-158.

275 SILVEIRA, 2020.

pelotense. Além disso, em consonância com o que aconteceu em São Luís do Maranhão e em Salvador na Bahia, Porto Alegre oferece mais elementos para a construção e preservação do Batuque enquanto estrutura, tais como: a) sua economia se embasava no comércio – como as cidades citadas, a capital se constitui como polo comercial no Brasil Meridional, estabelecendo relações com os países do Prata, além do resto do país; b) cosmopolitismo regional – o comércio alavancou a cidade como centro das relações comerciais da província, o que servia para convergir produtores, comerciantes, militares e políticos; c) presença massiva de mão de obra negra escravizada – que atuava não em trabalhos sazonais como no campo e nas charqueadas, mas, principalmente, em trabalhos domésticos e formais como vendedores, calafeteiros, sapateiros, pedreiros, cozinheiras, quituteiras, lavadeiras, passadeiras, amas, etc.

No Batuque, o sistema oracular não tem relação nenhuma com a consulta aos *Odù*, típicas na religião tradicional e no Candomblé. Por motivos que não entendo, nunca houve um estudo acadêmico especificamente sobre este elemento da tradição afro-gaúcha, de modo que as informações descritas nas próximas linhas são as que adquiri em minha vivência como *insider*, pela tradição oral. Todavia, não há registros das primeiras casas de Batuque, apenas referências a certo "candombe de Mãe Rita",[276] até hoje, nunca investigado a fundo. Ela teria sido a fundadora da Irmandade de Nossa Senhora do Rosário, forma comum de resistência à escravidão em zona urbana de forma não violenta[277] [278] durante o Brasil Colônia e Império. Mas o que importa aqui é que essas comunidades não apenas estruturaram o Batuque, mas garantiram a continuidade dos valores civilizatórios negro africanos em meu estado, incluindo as práticas oraculares.

Historicamente, a estruturação do Batuque ganha contornos diferenciados com relação ao Candomblé. A origem no tráfico negreiro é a

---

[276] CORRÊA, 2006, p. 48.
[277] MAESTRI FILHO, 2002.
[278] MATTOSO, 1990.

mesma, o agrupamento em confrarias ou irmandades religiosas guarda fortes semelhanças, mas a despeito do já citado primeiro registro do candombe de Mãe Rita, a história das origens do Batuque se reporta a fundação majoritariamente por homens e não mulheres.

As Tradições de Matriz Africana possuem diferenças não apenas na estrutura dos locais onde se construíram, mas também nuances internas chamadas de lados ou nações. No caso do Candomblé, há as nações *Kétu*, *Jèjè*, *Ijẹ̀ṣà* e *Ngola*. No Batuque também há essas distinções por nações: *Ọ̀yọ́*, *Jèjè*, *Ijẹ̀ṣà*, *Kabinda* e o amálgama *Jèjè-Ijẹ̀ṣà*. Contudo, cada um desses *lados* do Batuque foi fundado por homens. A única exceção é o *Ọ̀yọ́* que, segundo a tradição oral, foi fundado por uma princesa nigeriana conhecida como Emília Ọya Lajá. A nação *Jèjè* teria sido trazida ao Rio Grande do Sul pelo príncipe Osuanlele Okisi Erupe, possivelmente de origem hueda, sul do atual Benin. No Brasil, adotou o nome de Joaquim Custódio de Almeida e suas histórias o tornaram uma figura lendária no estado, o que garantiu que seus descendentes vivos ainda hoje sejam tratados por príncipes e princesas. O príncipe Custódio seria descendente de um *Vodun* chamado *Sakpata*, correspondente ao *Òrìṣà Ṣànpọ̀nná*. Quem trouxe a nação *Ijẹ̀ṣà* para Porto Alegre foi um ex-escravizado conhecido apenas como Kujobá de *Ṣàngó*, ancestral do qual sou descendente sob o ponto de vista da tradição; a nação *Kabinda* foi fundada por Valdemar de *Kamuká*; e a nação *Jèjè-Ijẹ̀ṣà* teria sido fundada por Manuelzinho de *Ṣànpọ̀nná*, mesclando as duas nações.

O fato de a grande maioria dos fundadores do Batuque serem homens nos abre a hipótese de que estes poderiam ter sido *Bàbáláwo*. Alguns elementos são importantes em nossa hipótese: a tradição oral nos legou à memória, e o antropólogo gaúcho Norton Figueiredo Corrêa registrou numa das mais importantes obras sobre o Batuque do Rio Grande do Sul,[279] que o líder de uma comunidade era chamado simplesmente de "pai de santo" ou "mãe de

---

[279] CORRÊA, 2006, p. 79.

santo", mas quando se queria falar de forma mais solene, usava-se a expressão "babaláu", nítida corruptela de *Bàbáláwo*. No caso feminino era usado o termo "babalôa" numa tentativa de transformação de gênero da expressão. Os termos *Bàbálórìṣà* e *Ìyálórìṣà* são mais modernos. Estes termos vigoraram até o final da década de 1980 e início da década de 1990, quando houve uma intensa propaganda do Candomblé e das *Ìyálórìṣà* baianas nas mídias de massa, como matérias de reportagem ou documentários nos programas televisivos *Fantástico* (1973-) e *Globo Repórter* (1973-); nas adaptações de livros de Jorge Amado como na minissérie da Rede Globo *Tenda dos Milagres* (1985), ou *Mãe-de-Santo* (1990), produzida pela extinta Rede Manchete tendo como protagonista a atriz Zezé Motta no papel título; nas produções independentes, como o premiado documentário *Atlântico negro: na rota dos Orixás* (1998) de Renato Barbieri; na popularização da internet e das redes sociais, que acabaram por aproximar vivenciadores de outras Tradições de Matriz Africana do Brasil e do mundo. Todo esse bombardeamento de informação influenciou sobremaneira o Batuque, que passou a adotar, entre uma série de outras coisas, os termos *Bàbálórìṣà* e *Ìyálórìṣà*.

Outro fato é que o conjunto de elementos que compõem o oráculo divinatório era chamado de "Ofá", o que me parece ser uma corruptela de *Ifá*. Dentre esses elementos temos a guia imperial, que já falamos, a sineta, que serve para a invocação dos *Òrìṣà* (exatamente como o *ìrọ́kẹ́* do *Ifá* africano), e oito búzios, por isso denomino o jogo de *mẹ́jọ kawrí*.[280] O jogo pode ser feito sobre um pano branco ou sobre uma peneira de palha (como o jogo de *ọ̀pẹ̀lẹ̀*). O uso de oito búzios ao invés de dezesseis[281] pode ser uma referência às oito metades das favas utilizadas no *ọ̀pẹ̀lẹ̀*. O diferencial é o colar de contas, que possui função dupla: ao ser usado pendente no pescoço, nas festas religi-

---

[280] Recentemente o pesquisador e sacerdote Hérick Lechinski publicou em suas redes sociais que existem vários "oráculos tradicionais iorubás, como Obi, Orógbó, Ẹ̀ẹta (3 búzios), Ẹ̀ẹ̀rìn (4 búzios), **Ẹ̀ẹ́jọ (8 búzios)**, Ẹ̀ẹ́rìndínlógún (16 búzios), Ifá (Ikin), Ọ̀pẹ̀lẹ̀, Aghigha, etc." (https://bit.ly/3UMDagS) Destaco o de 8 búzios, mas ele não dá mais informações.

[281] Também existe o jogo com dezesseis búzios no Batuque, mas em nada tem a ver com o sistema utilizado pelo Candomblé. Basicamente é a mesma estrutura de jogo com oito, só que com o dobro de búzios.

osas, simboliza o status iniciático, indicando que este já é *ẹ̀gbọ́n* ou, como no linguajar batuqueiro, é "pronto com axés", alcançou sua maioridade iniciática, podendo ser *Bàbálórìṣà/Ìyálórìṣà* ou não; a outra função é a de auxiliar na interpretação das caídas no jogo de búzios.

Ao contrário do *mẹ́rindínlógún* do Candomblé, que é um jogo vinculado a *Èṣù*, o *mẹ́jọ* é um jogo que pertence exclusivamente a *Ọ̀rúnmìlà*. Como veremos mais adiante, de acordo com a tradição oral, o culto a *Ọ̀rúnmìlà* no Rio Grande do Sul foi aglutinado ao de *Òṣàálá*, mas manteve sua principal característica que é a de ser o dono do *Ifá* e somente quem possui seus assentamentos é que pode receber o "axé de búzios", o que outorga a pessoa a ser um "olhador", oraculista, daí o seu principal símbolo ser os "olhos". Os iniciados a essa divindade usam fios de contas na cor branco e preto ou amarelo e preto. As cores branco e preto talvez tenham relação com a cor mais comum dos olhos das pessoas: uma esclera branca com a íris preta. Por outro lado, a cor dos fios de contas do culto a *Ọ̀rúnmìlà* na África são intercalados entre verde e um vermelho argila, mas no Batuque o verde e o vermelho intercalados pertencem a *Ògún*, então ao culto de *Ọ̀rúnmìlà* foi adotado as cores já citadas.

Entrementes, o sistema oracular no jogo do Batuque não busca conhecer os *Odù*. De fato, esta é uma palavra que sequer era conhecida no Rio Grande do Sul até a sua popularização pela internet e principalmente pelas redes sociais como o extinto Orkut e o Facebook. Tampouco, seus textos são conhecidos. Este é o principal argumento dos que defendem que o jogo de búzios do Batuque não possui qualquer relação com o *Ifá* africano. Para a consulta, o oraculista precisa conhecer os *ìtàn* dos *Òrìṣà* ou *Odù Òrìṣà*, as narrativas que contam as peripécias dessas divindades, buscando interpretar essas histórias e adequá-las à vida do consulente.

A consulta se dá da seguinte forma: a "imperial" é armada em forma de círculo sob uma toalha branca ou dentro de uma peneira de palha, no chão ou sobre uma mesa; esta guia é feita com muitos fios de contas coloridas nas cores dos Òrìṣà (geralmente doze, quatorze ou dezesseis fios dependendo do Òrìṣà do oraculista) formando "gomos" ou nichos; na intersecção entre as cores de cada Òrìṣà existe uma grande conta chamada "firma" ou "murano" que é da cor do Òrìṣà do oraculista; às vezes, são colocados apetrechos e símbolos em miniatura dos Òrìṣà sobre seus respectivos gomos, tais como chaves, espadas, conchas, pedrinhas com formatos simbólicos, etc.; no centro jogam-se os búzios cujas caídas abertas são interpretadas. Ao contrário do mẹ́rindínlógún, no mẹ́jọ o lado entendido como aberto do búzio é o da carapaça que foi retirada ao ralar numa pedra. Entende-se que ao cair nessa posição o búzio fica em seu estado natural, já que o molusco que vivia nele fazia com que essa parte ficasse voltada para cima. Somente os búzios abertos são "lidos", mas também são analisados sua posição (o quão perto ou distante de um nicho representativo de Òrìṣà estejam) e em que direção ele aponta.

Quando as perguntas são muito objetivas (cuja resposta basta um "sim" ou "não"), também se interpreta dessa forma somando a quantidade de búzios: se a maioria cair aberto é um "sim" e se todos caírem abertos é um "grande sim". Quando isso acontece se diz que o búzio "alafiou", clara alusão ao Odù Àláàfíà do mẹ́rindínlógún, indicando grandes feitos, apenas coisas boas. Mas se a maioria dos búzios caírem fechados, então é um "não"; se todos caírem fechados é um "grande não", indicando caminhos fechados, impossibilidades ou que não se pode fazer mais nada. Caso os búzios caiam metade abertos, é um "talvez", indicando indefinição ou que existem ainda elementos que podem ocorrer para mudar a situação; neste caso, a pergunta então deve ser mudada para se avaliar novas respostas.

Na figura a seguir podemos observar todos os elementos descritos de acordo com a tradição que vivencio, ou seja, a nação Ijẹ̀ṣà do Batuque do Rio Grande do Sul. Observe que a guia imperial aplica o princípio civilizatório africano da circularidade, iniciando no Òrìṣà Èṣù (gomo na posição Sul da peneira, ao centro e abaixo) e, seguindo a sequência tradicional dos Òrìṣà desde Ògún até Òṣàálá, dá uma volta completa no sentido anti-horário, que é o mesmo em que é dançado na "roda de Batuque" durante as festas públicas. Cada um dos gomos representa um Òrìṣà: Èṣù-Bara, Ògún, Ọya-Yánsàn, Ṣàngó, Ọdẹ e Ọtin, Ọ̀sányìn, Ṣànpọ̀nná, Ọbà, Ibéji, Ọ̀ṣun Dòkò, Ọ̀ṣun Ipọ̀ndá, Yemọjá, Ọ̀ṣàálá e Ọ̀rúnmìlà.

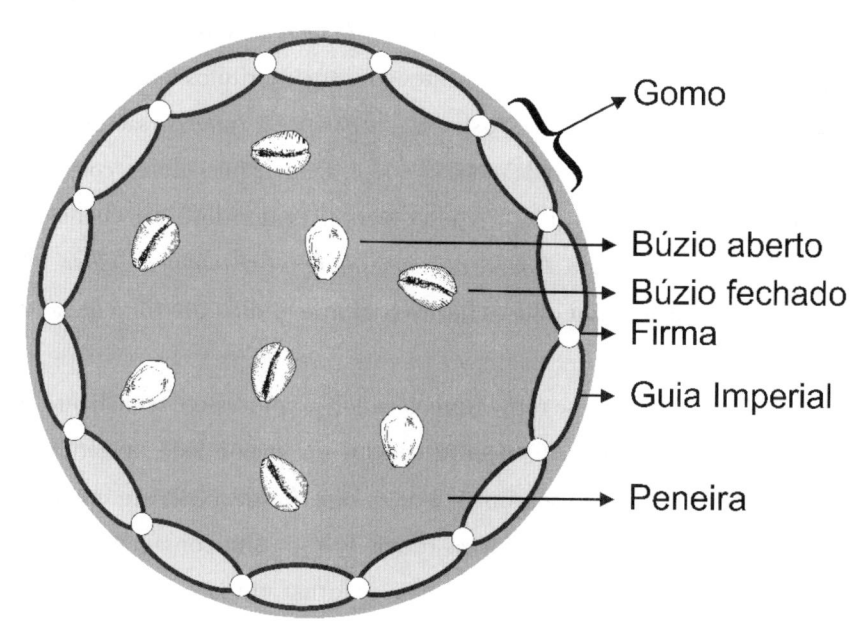

O Jogo de Búzios / Ifá, segundo a nação Ijẹ̀ṣà no Batuque

Falarei mais sobre cada Òrìṣà em outro capítulo, por ora denoto apenas que o Òrìṣà Èṣù é mais conhecido no Rio Grande do Sul como *Bara*; Ọya também é conhecida como *Yánsàn*; Ọdẹ e Ọtin são inseparáveis, por isso ficam juntos no mesmo gomo, de acordo com a nação *Ijẹ̀ṣà*; Dòkò e *Ipọ̀ndá* são especificidades de Ọ̀ṣun que são representadas individualmente na Imperial devido a suas características muito peculiares, *Dòkò* é uma senhora idosa e sábia, dona da maternidade e da família, é responsável pelo cuidado com as crianças do nascer à idade de sete anos, por isso o gomo que a representa fica ao lado dos *Ibéji*, os Òrìṣà crianças gêmeas; *Ipọ̀ndá* é uma Ọ̀ṣun jovem e guerreira, mas também coquete e faceira, dona da beleza, da riqueza, do amor e da fertilidade. Destaco aqui que, na Imperial, existe um gomo representando

Ọ̀rúnmìlà (preto e branco), diferenciando-o de Òṣàálá (branco leitoso), indicando que, embora o culto a estes Òrìṣà tenham sido aglutinados, seus papéis são muito diferenciados tanto no culto, quanto no jogo.

No Batuque, ao contrário do Candomblé, não há uma complexa hierarquia, fazendo com que se centralize no Bàbálórìṣà e na Ìyálórìṣà todos os poderes e conhecimentos concernentes aos cargos e títulos tão largamente empregados na tradição baiana. Assim, o Bàbálórìṣà e a Ìyálórìṣà são os sacerdotes responsáveis pelo culto de todos os Òrìṣà, além de iniciadores, cozinheiros, sacrificadores e oraculistas.[282] Muitas vezes esses sacerdotes são chamados de "olhadores", pois "*o ato de jogar os búzios também é chamado de 'olhar'.*"[283] - Pai, preciso que o senhor olhe os búzios para mim – diria um filho de santo ao seu Bàbá.

Para o iniciado se tornar um "olhador", o processo é semelhante ao instituído no Candomblé. O neófito conclui sua maioridade iniciática ao cumprir um rito chamado comumente de *entrega de axés*. Nele, são imolados galos para Èṣù e Ògún sobre as facas rituais (ọ̀bẹ), assim consagrando-as ao mesmo tempo que autoriza o postulante a se tornar um sacerdote imolador. Em seguida, um casal de pombos e uma galinha preta são imolados sobre os implementos que compõem o Ifá. A galinha é preta por representar o conhecimento secreto, o oculto e o caminho para a sabedoria; os pombos voam alto, por isso representam a expansão da mente e do poder de enxergar "mais longe", acima das pessoas comuns. A galinha, imolada ritualmente para Ọ̀rúnmìlà, será temperada e assada, depois regada com mel e somente os homens que já possuem Ifá podem comê-la, possivelmente outra reminiscência das práticas africanas do Ifá, onde somente homens podem participar e mesmo que quem tenha recebido esses "axés" seja mulher, não poderá compartilhar desse alimento. Com isso, o iniciado passa a ser reconhecido como pronto

---

282 O curioso é que ao contrário do que acontece no Candomblé onde há apenas um Bàbálórìṣà ou Ìyálórìṣà, no Batuque há quase sempre dois, geralmente um casal casado, independentemente de questões de orientação sexual ou de gênero.
283 CORRÊA, 2006, p. 99.

com axés, o que é equivalente ao ẹgbọ́n do Candomblé, e poderá ter a autonomia para ser um "olhador" e abrir seu próprio terreiro, se isto estiver no seu "caminho", algo que foi consultado e visto nos primórdios de sua iniciação.[284]

> *O axé-de-búzios é dado a quem já tem aprontamento completo e prepara-se para ser chefe. É muito raro, nas casas mais ortodoxas, alguém receber os búzios antes de cerca de 10, 12 anos de religião, no mínimo. Este axé está relacionado com o Oxalá Oromiláia[285] (ou Oromiláu), o mais velho de todos, cego, associado a Santa Luzia.[286] Oromiláia é quem dá a "visão", de ver aspectos da situação que só o búzio revela.[287]*

Assim como acontece no sistema baiano, também no Batuque do Rio Grande do Sul não há um estudo ou dedicação à aprendizagem dos meandros que compõem o jogo. Há mesmo um ruído de que o rito deveria não apenas consagrar o iniciado, mas também lhe facultar o conhecimento de forma mágica. Como acontece no Candomblé, às vezes o seu iniciador ou iniciadora lhe ensina os primeiros passos, mas será a sua prática que lhe trará a habilidade no jogo. Isto costuma deixar os iniciados inseguros, fazendo-os procurar outro conhecimento oracular que possa ser estudado e que substitua, ao menos para sua clientela, a orientação que os búzios poderiam dar. Daí o

---

[284] Curiosamente a crítica que é feita pelos vivenciadores do Candomblé é a mesma no Batuque: pessoas que não tem caminho para a liderança abrindo casas como se fosse uma regra o "pronto com axés" ter casa aberta, muitas vezes movidos por egos e status. Temos observado um crescimento no número de casas abertas por pessoas que intentam sobreviver do culto, gerando (ou inserindo se pensarmos nas igrejas eletrônicas) uma espécie de comércio da fé. Com isso, os vivenciadores mais ortodoxos ou conservadores denunciam as "fábricas de pais e mães de santo" que haveria hoje em dia. O fato indiscutível é que o Rio Grande do Sul é o estado que possui os mais altos índices de pessoas que se autodeclararam vivenciadoras das Tradições de Matriz Africana do Brasil, segundo dados de 2010 do IBGE, e os mapeamentos realizados em Porto Alegre e Região Metropolitana por instituições federais indicaram o crescimento do número de comunidades terreiro, corroborando as críticas feitas. É preciso dizer que o perfil que mais cresce no sentido exposto aqui é o de homens brancos com ensino fundamental ou médio.

[285] Corruptela de Ọrúnmìlà.

[286] No sincretismo, Ọrúnmìlà é associado a Santa Luzia (Santa Lúcia de Siracusa), pois de acordo com a tradição popular sobre esta santa, ela seria cega, mas tinha a visão espiritual, por isso em sua iconografia aparece com dois olhos num pires. Este sincretismo também demonstra que não há uma preocupação muito grande com a disparidade de gênero entre essas duas figuras, algo que também é observado na Santería, em Cuba, onde Ṣàngó é sincretizado com Santa Bárbara (devido suas vestes vermelho e branca, símbolo de Ṣàngó) e Òṣàálá com Nossa Senhora de Las Mercês (que possui imaculadas vestes brancas).

[287] CORRÊA, 2006, p. 99.

uso recorrente da consulta ao tarô ou às cartas ciganas.[288] Mas a consulta aos Òrìṣà só pode ser feita mediante o uso do *Ifá*, pois este é seu oráculo sagrado, seu jogo divinatório. Para que o *Ifá* revele ao consulente o que procura, o oraculista deve ter pleno conhecimento sobre os *Ìtán Òrìṣà*, as histórias sagradas dos Òrìṣà. Através desse conhecimento, o oraculista fará uma interpretação da história para que se revele ali uma resposta adequada para o problema que o consulente trouxe. Assim como acontece no Candomblé, o jogo se torna em parte intuitivo, pois o oraculista escolhe intuitivamente uma das histórias sagradas que pode se encaixar no problema e assim ajudar a resolvê-lo.

O elemento comum às três formas de consulta é a aleatoriedade das caídas, seja das favas do ọ̀pẹ̀lẹ̀ ou dos búzios do *mẹrindínlógún* e do *mẹ́jọ*. No entanto, esta aleatoriedade não é entendida pelos vivenciadores como mera casualidade, mas sim como as próprias divindades manipulando sobrenaturalmente esses elementos para fornecer as respostas. Por isso este é um jogo divinatório e não adivinhatório. Podemos evidenciar, nesta parte, que *Ifá* se apresenta como um instrumento de revelação mística por meio das histórias sagradas, que servem de orientação para a vida das pessoas. A vida em si é complexa e o futuro é incerto, buscar neste jogo divinatório uma "conversa" com as divindades e orientação para as nossas ações garante um estado de autocontrole e relaxamento das tensões emocionais e do estresse que o dia a dia nos proporciona.

Ifá como divindade

Vários povos da antiguidade possuíam a crença num deus ou deusa da História. Os povos nórdicos cultuavam Saga, filha de Odin e Frigga, de onde provavelmente deriva a palavra que nomeia os longos poemas épicos que misturam poesia e história. No xintoísmo japonês há Rekishi no Kami e no

---

288   As cartas ciganas são a versão simplificada do tarô. Enquanto este último possui 72 cartas divididas em dois arcanos, as cartas ciganas possuem apenas 36, sem divisão. Este baralho também é chamado de Lenormand, pois teria sido esta cigana quem o simplificou.

kemetismo, religião do antigo Egito, temos o filho mais velho de Rá, Tot, deus do conhecimento, da sabedoria, da escrita, da música e da magia, casado com Maat (a verdade) e Seshat (a escrita). Para os hebreus, Javé não é propriamente um deus da história, mas sim que atua na história, fazendo-a acontecer segundo seus desígnios e vontades. Contudo, o seu livro mais sagrado é o Torá, que para os ortodoxos fundamentalistas é um livro de história.

Mas nenhum povo deu mais valor à história que os gregos. A musa Clio era filha de Zeus, o deus dos céus, raios, relâmpagos e mantenedor da ordem e da justiça, que destronou seu pai Cronos, ou seja, venceu o próprio tempo, o que lhe conferiu a imortalidade, todavia, temia ser esquecido, por isso teria tomado a titânide Mnemósine, a deusa da memória, gerando nove filhas, as musas:

> *Mnemósine é uma das deusas mais poderosas para os gregos, pois a memória é o catalisador da razão e é esta razão que diferencia os Seres Humanos dos outros animais. Desta forma, a memória está intimamente ligada ao poder da razão, o que fez com que fosse considerada por muitos como a primeira filósofa. Uma de suas atribuições como deusa foi de nomear todos os objetos existentes. Por essa responsabilidade deu aos Seres Humanos o poder de memorizar, isto é, de reter conhecimento e de transmiti-lo oralmente.*[289]

Mnemósine está em conflito eterno com seu irmão Cronos, "*o rei dos Titãs e o deus do tempo, em particular quando visto como uma força destrutiva e devoradora*".[290] Na mitologia grega, a Memória tenta impedir que os eventos sejam consumidos pelo Tempo, impedindo-os de cair no esquecimento, mas Cronos tenta devorá-la. Então surge Clio, a História, registrando tudo para que nada se perca totalmente.

---

[289] SALES, 2015, p. 157.
[290] [...] was the King of the Titanes and the god of time, in particular time when viewed as a destructive, all-devouring force. ATSMA, 2019. Tradução do autor.

Cultuar uma divindade que trata especificamente da História nos mostra que esses povos acreditavam na sua importância e sacralidade. Antes do advento do cristianismo como força política promotora de uma cosmovisão que construiu inclusive uma nova ideia de tempo, a crença geral dos povos da antiguidade é de que o tempo era cíclico. Assim, estudar a História era a forma mais prática de se evitar os erros do passado ao mesmo tempo em que os acertos geram suspeitas de um futuro promissor.

Já vimos como a memória é um valor civilizatório africano e que está relacionada à história, se inscreve como elemento chave na compreensão do mundo e na promoção de certezas, é um "fato social" como diz Durkheim. Assim, os vários povos africanos desenvolveram suas religiões a partir de uma teologia que crê na existência de uma divindade que torna sagrada a história e sua forma de consulta. Entre os *fọ́n* temos o *Vodun Fá*, entre os bantu o *Nkisi Ngoma*[291] e entre os *yorùbá*, o *Òrìṣà Ọ̀rúnmìlà*.

Ọ̀rúnmìlà é a divindade que está intimamente ligada ao *Ifá*. Tão íntimo que há, até mesmo, uma certa confusão sobre sua natureza. Vários autores afirmam que *Ọ̀rúnmìlà* e *Ifá* são a mesma divindade: Fernandes Portugal Filho, José Beniste, Volney J. Berkenbrock, Reginaldo Prandi, William Bascom, Pierre Verger entre outros, alegam ser a mesma divindade; inclusive nativos como o *Bàbáláwo* e professor da Obafemi Awolowo University, Ilé-Ifẹ́, Wándé Abímbọ́lá:

> *Ifá, também conhecido como Ọ̀rúnmìlà, é o deus yorùbá da sabedoria. Ele é a principal divindade do povo yorùbá. Acredita-se que Ele é o grande ministro de Olódùmarè (Deus todo-poderoso) enviado do Céu para Terra para desenvolver funções específicas.*[292]

---

291 DAMASCENO, [200-].

292 Ifa, otherwise known as Ọrúnmìlà, is the yorùbá god of wisdom. He is one of the principal deities of the yorùbá people. He is believed to be one of the greatest ministers of *Olódùmarè* (almighty god) sent from heaven to earth to perform specific functions. ABÍMBỌ́LÁ apud ADÉKỌYÀ, 1999, p. 41. Tradução do autor.

Mas entendo que isto é um equívoco. As histórias sagradas sempre mostram Ọ̀rúnmìlà como uma divindade e *Ifá* o conhecimento que ele detém, ou o próprio jogo divinatório. O equívoco pode ter surgido pelo fato de que, nas narrativas, as situações sociais, atividades humanas, comportamentos e elementos do cotidiano e até mesmo animais são antropomorfizados para oferecer sentidos que nos proporcionam ensinamentos, como no seguinte *ìtán*:

> *Orunmilá era um homem que nada sabia de seu passado ou futuro.*
> *Ele nada tinha e mandaram que fizesse um ebó para que melhorasse suas condições de vida.*
> *Assim foi feito.*
> *Um dia, três mulheres vieram bater à sua porta.*
> *Chamavam-se Paciência, Discórdia e Riqueza.*
> *Todas queriam viver com Orunmilá, mas ele preferiu viver com Paciência.*
> *As outras duas começaram a discutir por causa da escolha.*
> *[...]*
> *Então disse Orunmilá: "Onde tem Paciência tem tudo. Sem Paciência não podemos viver".*
> *E disseram elas: "Por isso vamos também ficar com esse homem, porque onde tem Paciência tem tudo."*[293]

Ou como no *ìtán* em que Ọ̀rúnmìlà e Ọ̀sányìn disputam para saber quem é o mais poderoso. Para este fim, cavaram dois buracos no solo e colocaram em cada, um de seus filhos. Ọ̀rúnmìlà coloca seu filho Oferenda, enquanto Ọ̀sányìn, Remédio. Além das apreensões filosóficas das quais podemos extrair destes *ìtán*, podemos entender, antes, que esses elementos são sacralizados nessas histórias. Como *Orunmilá* é uma divindade, seu filho Oferenda também o é. O mesmo ocorre com Remédio, filho da divindade que vivifica

---

293 PRANDI, 2001, p. 460-461.

as plantas e possui o conhecimento sobre as ervas medicinais, Ọ̀sányìn. Também Paciência, Discórdia e Riqueza, como esposas de uma divindade, se tornam sagradas, mas observe que Ọ̀rúnmìlà escolheu apenas uma delas, as demais vieram após e apenas porque este Òrìṣà tinha a primeira: Paciência.

Penso que o mesmo ocorre com *Ifá*. Ele é o próprio conhecimento, que aparece como uma pessoa ou como o próprio jogo divinatório nos *itán*, o que por si só é o suficiente para torná-lo sagrado. Nesse ínterim, admitir que Ọ̀rúnmìlà e *Ifá* são a mesma divindade se inscreve na perspectiva dessa sacralidade. De forma semelhante ocorre com os livros sagrados dos judeus, cristãos e islâmicos. Sobretudo no caso desses últimos, onde a própria escrita é tida como sagrada e que sacraliza aquilo em que está registrada, não apenas no livro, mas também em paredes e pórticos, por exemplo. Em outras palavras, dizer que *Ifá* é o mesmo que Ọ̀rúnmìlà é afirmar que aquele possui uma origem divina, como este, e que possui a mesma importância.

> Ọ̀rúnmìlà e Ifá não podem ser separados nunca, mas não são a mesma divindade. Ọ̀rúnmìlà é a divindade de fato, o ser imaterial, sobrenatural, transcendente e divino que detém todo o conhecimento do mundo. E muito deste conhecimento está registrado no Ifá. "O pai de Ifá [...] é Ọ̀rúnmìlà."[294]

Ifá equivale ao que os cristãos chamam de Revelação, pois é nele que estão registradas as histórias desde a Criação e se Ọ̀rúnmìlà é uma divindade, então seu conhecimento, o *Ifá*, é uma revelação divina. Essa compreensão fez com que alguns *Bàbáláwo* declarassem que Ọ̀rúnmìlà é um profeta. Verificando superficialmente o papel dos profetas no Antigo Testamento, percebi que eram pessoas escolhidas por Deus para levar suas mensagens ao Povo de Israel. Muitas delas eram mensagens de alerta para aqueles que pecavam, principalmente os governantes. Não é bem esse o caso de Ọ̀rúnmìlà, pois minha

---
294 ADÉKỌYÀ, 1999, p. 62-63.

percepção com relação aos Òrìṣà de forma geral é que nunca foram realmente seres viventes. Aprofundarei um pouco mais essa ideia no próximo capítulo.

Por ora, apenas deixo claro que Ọ̀rúnmìlà nunca foi uma pessoa física, a despeito das histórias sagradas. Ele é um ser divino que ganha muito destaque no culto aos Òrìṣà. O papel de Ọ̀rúnmìlà é o de agente da Revelação divina. Isto se traduz em vários títulos atribuídos a essa divindade: *Gbayé gbọ̀run* (aquele que vive tanto na Terra como no Céu), *Alàtùúnṣe Ayé* (aquele que coloca o mundo em ordem), *Àgbọnnírẹ̀gún* (o que nunca é esquecido), *Ẹlẹ́rìí Ìpín* (testemunha da sorte das pessoas), *O mọran* (o conhecedor de todos os segredos) e *O pìtán Ayé* (o grande historiador do mundo).²⁹⁵ ²⁹⁶

Ọ̀rúnmìlà recebeu o título de *Gbayé gbọ̀run* por ser a divindade que transita tanto no mundo espiritual (Ọ̀run) quanto do físico (Ayé). Essa característica está relacionada aos sistemas oraculares que proporcionam consultá-lo. O título de *Alàtùúnṣe Ayé* também está relacionado ao oráculo, pois através dele a sociedade *yorùbá* é organizada; como diz Portugal Filho, *"ele exerce uma grande função na manutenção da ordem e da lei, assim como da harmonia."* ²⁹⁷ *Àgbọnnírẹ̀gún* é um título que refere como ele está disponível aos seres humanos para consulta de sua sabedoria infinita. Ọ̀rúnmìlà é a testemunha de Olódùmarè. Ele estava presente à criação das coisas do mundo e dos seres humanos, por isso é saudado como *Ẹlẹ́rìí Ìpín, O mọran* e *O pìtán Ayé*. Com isso, é saudado como regente do mundo-além e do mundo dos vivos, conhecedor de todos os segredos, obstáculos e soluções para os malefícios que assolam a humanidade. É sempre referido como um grande sábio, motivo pelo qual era consultado pelo povo e ajudava a todos que o procuravam.

Segundo Adékọ̀yà, Ọ̀rúnmìlà é *"o primeiro filho de Elédùmarè,²⁹⁸ é o irradiador de todos os conhecimentos e transmissor da sabedoria aos homens."*²⁹⁹

---

295 BENISTE, 2008b, p. 98.
296 ADÉKỌ̀YÀ, 1999, p. 66.
297 PORTUGAL FILHO, 2010, p. 15.
298 Outra forma para *Olódùmarè*.
299 ADÉKỌ̀YÀ, 1999, p. 63.

Ele também é entendido como a divindade da História, pois para os *yorùbá* – e de forma semelhante aos judeus – História Sagrada e história factual se confundem. Para os professores Deji Ayegboyin e Charles Jegede, da *University of Ibadan*, Nigéria:

> Ọrúnmìlà é o substituto de Deus em questões de sabedoria e conhecimento. Ele é sempre consultado em questões de confusão ou incerteza. Essa mesma divindade é chamada Fá pelo povo ewe e fọn do Daomé. Para eles, Fá é o discurso de Mawù em todos os assuntos que afetam o destino humano.[300]

Ọrúnmìlà é tão próximo a Olódùmarè que sabe o momento certo de interceder pelos seres humanos junto à Ele, daí o oráculo lhe pertencer. É com ele que sabemos o que fazer e o que é contra vontade de *Olórun*. Em seus *adúrà* há referência ao seu poder de intercessão, inclusive afastando a morte:

> Ọrúnmìlà Ajànà
> Ifá Olókun
> A sọrọ dayọ
> Ẹlẹ̀rìí ìpín
> Okìrìbíti npa ojọ́ ikú dà
> Ọrúnmìlà jíre lóni
>
> Ọrúnmìlà Ajànà
> Ifá Olókun
> Que faz o sofrimento tornar-se alegria
> O testemunho do destino
> O poderoso que protela o dia da morte
> Ọrúnmìlà você acordou bem hoje?

---

[300] Orunmila is God's deputy in matters of wisdom and knowledge. He is always consulted in matters of confusion or uncertainty. This same divinity is called Fa by the Ewe and Fon people of Dahomey. To them, Fa is the speech of Mawu in all matters affecting human destiny. AYEGBOYIN; JEGEDE. In: ASANTE; MAZAMA, 2009, p. 211. Tradução do autor.

Ele é tão importante que possui um dia próprio. Antes da colonização, os *yorùbá* distribuíam a semana em quatro dias: *ọjọ́ awo*, *ọjọ́ ògún*, *ọjọ́ jákúta* e *ọjọ́ ọbàtálá*. O primeiro dia é consagrado à Ọ̀rúnmìlà, por ser o conhecedor dos segredos (*awo*). É neste dia que se consulta o oráculo, como diz o ditado colhido e traduzido por Beniste[301]: *Òní l'a rí, ò rí ọla, on ni Bàbáláwo șe ndIfá l'ọrọrún* – ou seja, *"vemos o dia de hoje, não vemos o amanhã, é por isso que o Bàbáláwo consulta Ifá a cada quinto dia"*.

"Quinto dia" é referência ao retorno do primeiro, um indicativo de que realmente não há um primeiro dia, pois, a cultura *yorùbá* concebia o tempo como cíclico, como já nos referimos anteriormente. Curiosamente, no Candomblé não há culto a Ọ̀rúnmìlà. Ele é apenas citado, aparentemente como fruto do processo de reafricanização que teve início nos anos 1980. Já no Batuque, é o domingo seu dia consagrado. Entretanto, diferentemente do que ocorre em África, a consulta ao oráculo pode ser feita em qualquer dia da semana, exceto no dia que lhe é consagrado - certamente fruto do processo de hibridismo com o cristianismo que concebe o domingo (dia do Senhor) como um dia de descanso.

O poder do oráculo, dos secretos destinos dos seres humanos, advindo de Ọ̀rúnmìlà, também é referendado em um de seus *orin*, seus cânticos sagrados, mantidos pela tradição do Batuque: *yẹ̀wo o yẹ̀wo awo bàbá mi Ọ̀rúnmìlà í là o* – "*examine os segredos meu pai Ọ̀rúnmìlà e nos salve*". Pedir a Ọ̀rúnmìlà que "nos salve" está relacionado com o fato dele estar próximo a Olódùmarè e assim poder nos ajudar, nos "salvar" dos problemas que acontecem ou que viriam a acontecer caso tomássemos decisões errôneas.

Os sacerdotes de Ọ̀rúnmìlà, os *Bàbáláwo*, como já foi dito, sabem de cor todos os mais de quatro mil versos de *Ifá*, tornando-se os detentores de toda a cultura e sabedoria *yorùbá*. Na diáspora, o seu culto fica mais evidente na *Santería*, em Cuba, e no Batuque do Rio Grande do Sul. Em Cuba, apenas

---

[301] BENISTE, 2008b, p. 97.

homens podem ser iniciados se tornando também *Bàbáláwo*. Estes são responsáveis por tudo o que se refere aos cultos a *Òrìṣà* que os *santeros* praticam.

No caso do Batuque – por motivos que não sei ao certo, mas posso apenas especular – o culto de *Ọ̀rúnmìlà* foi fundido ao culto de *Òṣààlá*. Como é comum no culto de outras divindades *yorùbá*, que aglutinaram diferentes expressões, regionalismos e características de divindades que eram muito semelhantes, o mesmo ocorreu entre *Òṣààlá* e *Ọ̀rúnmìlà* no Batuque. Na tradição afro-gaúcha, *Ọ̀rúnmìlà* manteve sua principal característica que é o *Ifá*, o jogo divinatório, mas é considerado um *Òrìṣà Fúnfún*, ou seja, uma divindade branca. Essas divindades estão vinculadas à Criação e são consideradas as mais velhas entre todas as divindades, ganhando o posto de *ẹnikejì*, ou seja, senta-se ao lado de *Olódùmarè*. Estas características também existem em *Ọ̀rúnmìlà*, daí a sua associação. A diferença com relação ao culto africano é que este é exclusivamente um processo de iniciação intelectual, não havendo qualquer tipo de manifestação, transe ou possessão típica das iniciações às outras divindades. Contudo, no Batuque há essa manifestação.

Algumas das práticas africanas se ressignificam na diáspora, produzindo novos fenômenos como, por exemplo, a manifestação em iniciados de divindades no Candomblé e no Batuque que em África são apenas cultuadas, como por exemplo *Iyewa*, *Ìrókò*, *Ọ̀sányìn* e o próprio *Ọ̀rúnmìlà*. Devido a essa relação, é comum no Batuque os iniciados dizerem que são filhos desse *Òrìṣà*, o que gera desconforto entre vivenciadores do Candomblé e dos ifaístas. Mas entendo que esses processos se deram na dinâmica da manutenção em terras novas e desconhecidas, nas senzalas, sob a chibata de um escravizador que não respeitava as hierarquias africanas, sua filosofia e sua teologia. Esses homens e mulheres que garantiram a continuidade do culto da forma que foi preciso são heróis da resistência à opressão e a desumanidade.

Por outro lado, devemos analisar os contextos: se em África os *Bàbáláwo* consultam *Ifá* para saber qual o destino da criança recém-nascida, ou ainda por nascer, e é neste momento que também se fica sabendo se esta criança tem o dever ancestral de cultuar Ọ̀rúnmìlà e também vir a se tornar um *Bàbáláwo* ou *Apetebii*³⁰², o mesmo ocorre no Batuque. Contudo, a compreensão é a de que o iniciante é destinado por Ọ̀rúnmìlà a ser seu filho ou filha, tendo sua iniciação diretamente com este Òrìṣà e se tornar um *Bàbálórìṣà* ou *Ìyálórìṣà*.

ÒWE

Os *Òwe* são os provérbios, uma ferramenta pedagógica muito recorrente entre os povos africanos.³⁰³ Segundo a mais que celebrada *Ìyálórìṣà* do Ilé Àṣẹ Ọ̀pó Afọ̀njá da Bahia, *Ìyá* Stella de Ọṣọ́ọ̀sí, os provérbios também pertencem a Ọ̀rúnmìlà. Para isso cita o seguinte provérbio: Ọ̀rúnmìlà afèdèfẹ́yọ̀, Ẹ̀lààsódè – ou seja, "Ọ̀rúnmìlà, dono do provérbio, aquele que guarda o Universo". Contudo, não podemos afirmar isso com veemência, pois os provérbios são utilizados por todos como um caminho para a compreensão das coisas do mundo, seja do imanente ou do transcendente. Para Beniste, os provérbios:

> [...] *são joias da linguagem yorùbá – transmitem profundos significados e são constantemente citados de forma a permitir entender o comportamento e a prática rituais. Em outros casos, são os adágios que dão sentido de disciplina e exemplos de vida. Alguns refletem os costumes, ideologias e opiniões do povo.*³⁰⁴

A seguir exponho alguns provérbios que foram publicados na obra de Ìyá Stella.³⁰⁵ Por uma questão de prioridades, deixarei de lado a escrita na língua *yorùbá*, mantendo apenas a tradução para o português e deixando de fora a sua interpretação. Penso que a interpretação dos provérbios deve ser

---

302 É o único cargo ocupado por mulheres no culto a Ọ̀rúnmìlà. No entanto, serve como auxiliadora, não podendo jogar o oráculo.
303 ADÉKỌ́YÀ, 1999, p. 59-91; BENISTE, 2008b; PORTUGAL FILHO, 2010; SANTOS, 2002.
304 BENISTE, 2008b, p. 24.
305 OXÓSSI, 2007.

feita pelo próprio leitor, pois para que o provérbio faça sentido deve se encaixar na perspectiva de seu cotidiano e nas idiossincrasias de sua vida.

- Ninguém põe mel na boca e cospe
- A toca da cotia está sempre quente
- O rato da casa está sempre em alerta
- Mesmo quando o velho se curva, ainda está de pé
- Se a minhoca pedir licença à terra, esta lhe abrirá a boca
- Não há sábio que consiga prender com um nó a água na roupa
- O tatu não fica sem cavar a terra
- A enxada tem cabeça, mas não tem miolo
- É a honra do pai que permite ao filho caminhar com orgulho
- Os dedos não são iguais
- O porco se suja na lama, mas diz que está tentando ser elegante
- Se vir o corpo de um perverso e chutá-lo, serão dois perversos
- As casas afastadas não pegam fogo umas nas outras
- As perguntas livram o ser humano dos erros; aquele que não pergunta entrega-se aos problemas
- Quem usa roupa branca não se senta na graxa

Os provérbios a seguir foram coletados pelo linguista nigeriano Gideon Babalọlá Ìdòwú[306] e publicados em seu site, *Ilé Èdè Yorùbá* - Casa da Língua *Yorùbá*. No site, além da escrita em *yorùbá*, há também arquivos de áudio com a pronúncia, o que torna o material riquíssimo. Da mesma forma que os anteriores, omitirei a escrita em língua *yorùbá*, mantendo apenas a tradução para o português e sem explicar os significados dos provérbios.

---

306 ÌDÒWÚ, [S.d.].

- A mão de uma criança não alcança uma prateleira, a mão de um velho não entra dentro de um porongo (cabaça).
- Pode demorar, mas um gago conseguirá chamar o pai
- Vinte crianças não podem brincar por vinte anos
- Um estranho que pede a direção não vai se perder
- Quem causa dor ou desgosto para uma pessoa, ensina a ela ser mais forte
- Não podemos conhecer mais do que o próprio dono
- Um lagarto não tenta matar uma cobra
- As nuvens se formam para o benefício das pessoas surdas, troveja para o benefício dos cegos
- Mesmo que seja fininho, o fio da verdade nunca quebra; mesmo que a mentira seja tão grande e forte como a árvore de *Irókò*, certamente cairá
- Quem joga água a sua frente, pisará no chão molhado
- O mundo não pode mudar de tal maneira que o caminho de casa se transforme na estrada para a fazenda
- Os próximos provérbios foram coletados dispersos em redes sociais ou sites da internet, ou ainda me foi passado oralmente por sacerdotes e vivenciadores das comunidades tradicionais de terreiro.
- Aquele que queima as pontes, não poderá retornar
- Quem rouba a cabra, não pode julgar quem rouba a galinha
- Por mais afiada que a faca seja, ela nunca cortará o próprio cabo
- Quando os elefantes brigam, quem sofre é a grama
- Se sua língua virar faca, cortará seus lábios
- O conhecimento é como um jardim: se não for cultivado, não pode ser colhido

- ❖ Trate bem a Terra. Ela não foi doada a você por seus pais, foi emprestada a você por seus filhos
- ❖ Aquele que não sabe dançar irá dizer: a batida dos tambores está ruim
- ❖ Quando seu vizinho está errado você aponta um dedo, mas quando é você que está errado esconde
- ❖ Um ovo que quebra de fora para dentro é uma coisa que se perde, mas se for quebrado de dentro para fora é uma vida que nasce

Os provérbios são frases e expressões que transmitem conhecimentos sobre a vida. De criação anônima, estão relacionados a aspectos universais da vida, por isso podem ser utilizados até os dias de hoje. O sucesso dos provérbios se deve ao fato de possuírem um sentido lógico. A simplicidade de seu formato, curto e direto, favorece a memorização e transmissão pela oralidade. Se valendo de metáforas, tratam de assuntos em todas as situações da vida.

SÍNTESE

Este capítulo foi extremamente trabalhoso. Inicialmente, ficou longuíssimo. Entendi que era necessário manter esta estrutura para uma melhor compreensão, mas acabei optando por desmembrá-lo em duas partes para que a leitura não se tornasse cansativa. A sabedoria africana está intimamente ligada à oralidade de sua tradição, o que torna meu trabalho dificultoso, pois mesmo que esta tradição tenha sido organizada em obras literárias das quais dispus para minha pesquisa, as fontes são díspares, apresentando uma complexidade que se intensifica ao tentar formular uma síntese.

Os Ọgbọ́n Mẹ́fà se tornaram, para mim, importantes instrumentos para a compreensão da Afroteologia, uma episteme tradicional que tem origem e se dimensiona na cosmopercepção dos sábios africanos. Estes elementos são importantes e se relacionam dialogicamente com a filosofia africana fomentando comportamentos, e com a Afroteologia nos proporcionando conhecimentos a respeito da ordem cósmica do universo, das divindades e do próprio ser humano. No próximo capítulo apresentarei a última parte dos *Ọgbọ́n Mẹ́fà*, os ritos e sua compreensão teológica à luz da cosmopercepção africana.

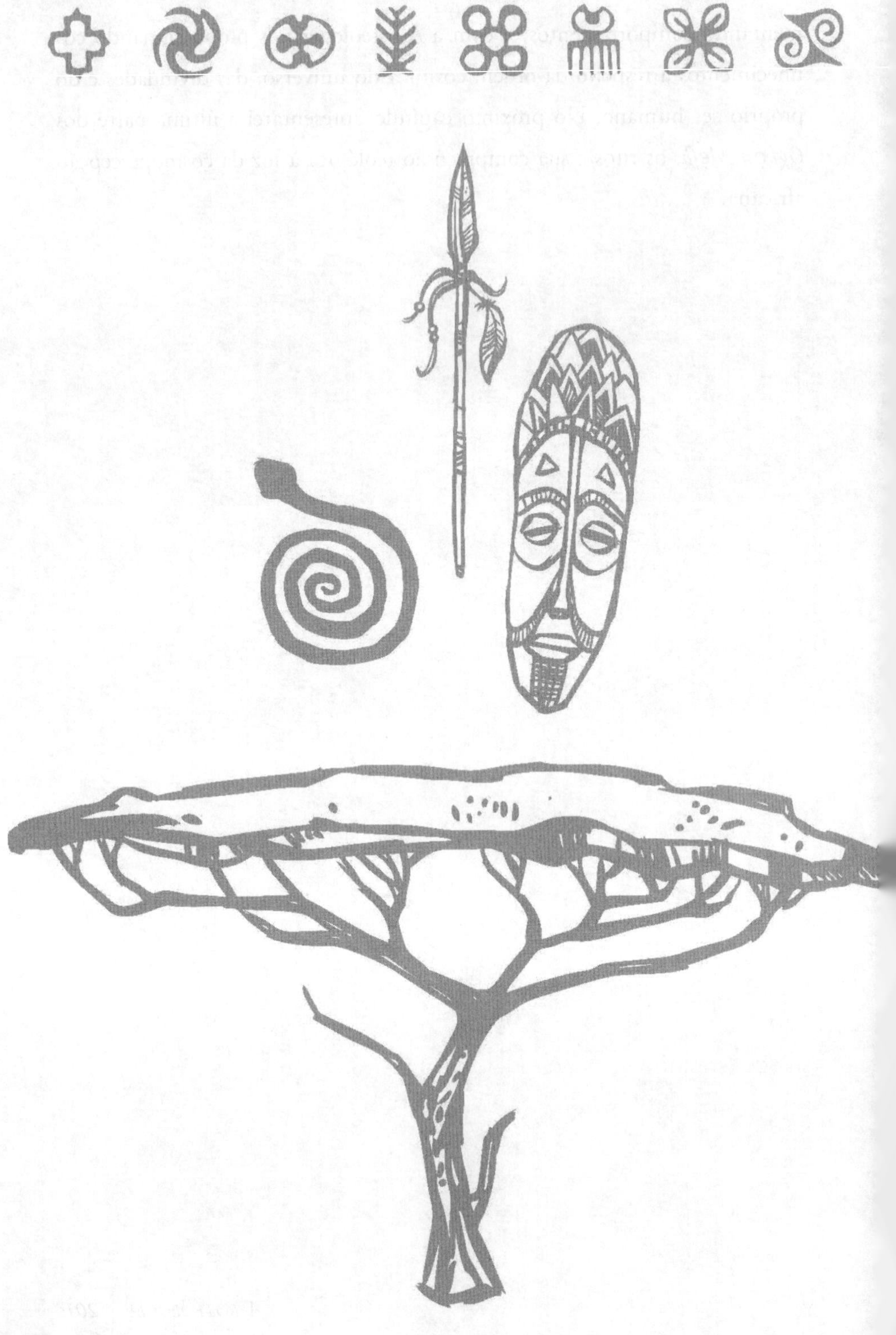

Ọbàtálá, Ọbàrìṣà
Grande comedor de caracol
Faz o vivo virar vários
Verso e reverso do universo
Oleiro de crianças
Pedra no fundo d'água
Olìwá, Oṣẹ́ṣẹ́...Cuida do Orí de quem merece
Faz do estéril, fértil...Cuida do Orí de quem merece
Envolto no branco do branco, dorme no branco do branco,
e dentro do branco, rebrilha, ilumina o rumo do rumo.
Senhor completo.
Senhor total.
Pai...[307]

---

[307] Oriki de Oxalá, poema contido na obra *Oriki Orixá*, do antropólogo, poeta, ensaísta e historiador baiano Antonio Risério (São Paulo: Perspectiva, 1996) e recitado, por Pai Euclides Talabiyan no documentário *Pedra da Memória*, de Renata Amaral.

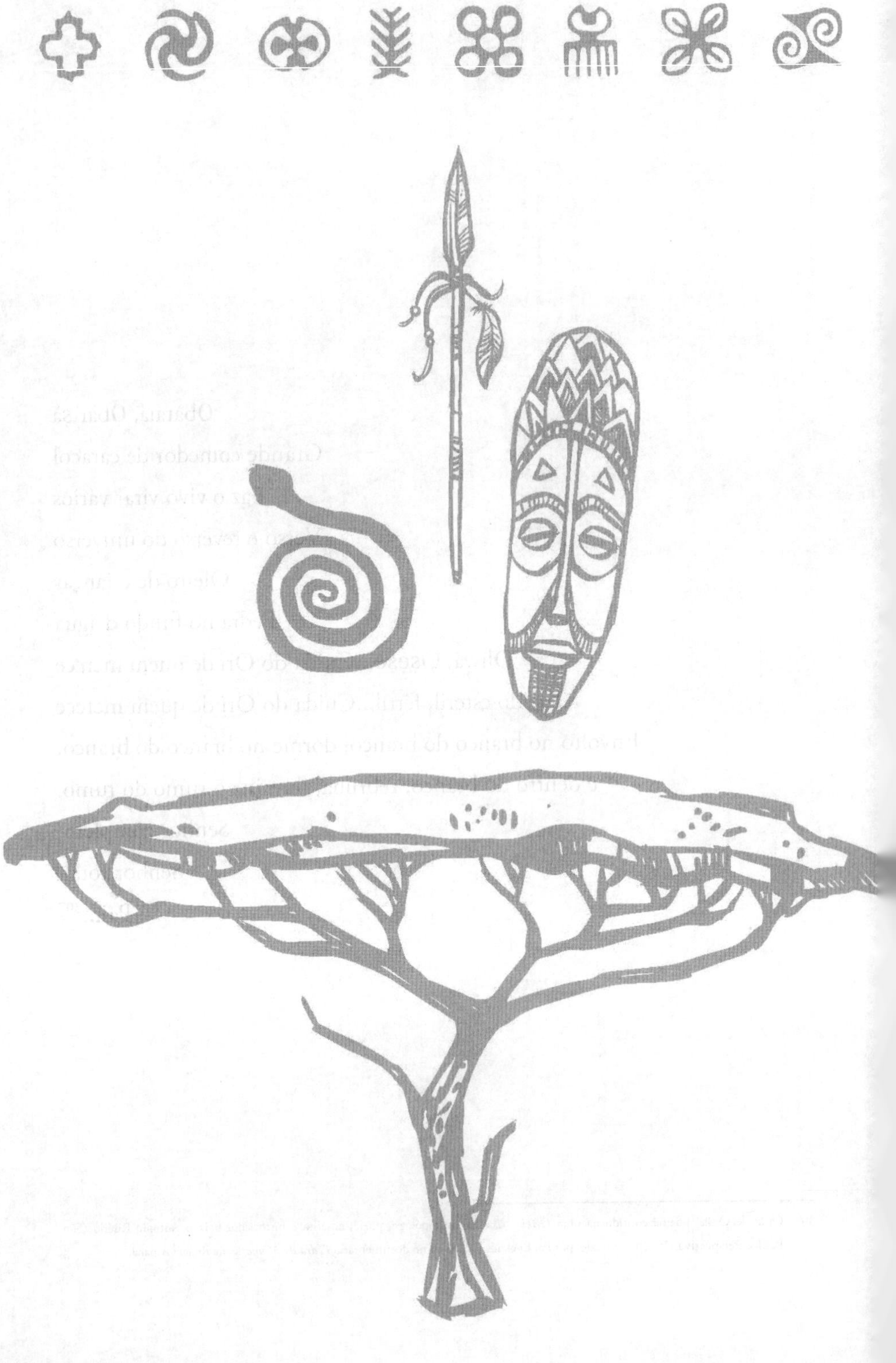

Ọ GBỌ́N MẸ́FÀ
CORPUS ORAL EPISTÊMICO DA AFROTEOLOGIA
(PARTE 2)

✣ ☙ ⊕ 🌿 ✤ 🎋 ✿ ꩜

Introdução

No capítulo anterior aprofundei alguns dos *Ọgbọ́n Mẹ́fà*: *Ifá* e *Òwe* foram amplamente trabalhados, e os *Oríkì*, os *Adúrà* e os *Orin* serão trabalhados ao longo deste trabalho. Neste capítulo, darei continuidade ao estudo dos *Ọgbọ́n Mẹ́fà*, agora centrado nos ritos e liturgias: os *Orò*, seguindo o método exunêutico. De forma alguma farei aqui descrições densas dos ritos, pois não é esta minha proposta. Este não é um trabalho antropológico e desejo que os ritos sejam preservados o máximo possível, pois, como diz o provérbio:[308] *Biribiri bò wọn lójú ọgbẹ̀ri nko mo Màrìwo* - trevas cobrem seus olhos, o não iniciado não pode conhecer o mistério do Màrìwò

Assim, quando os ritos forem detalhados, será apenas para que se faça a análise afroteológica sobre eles de forma a auxiliar na sua compreensão. Buscarei nesses ritos semelhanças entre as diferentes tradições, entendendo que essas diferenças são apenas na forma, nunca nos propósitos. Por fim, uma

---

[308] SANTOS, 2002, p. 21.

síntese. Como diz Eliade[309] os ritos são a expressão dos mitos, a sua encarnação. Os mitos são o coração dos ritos; são a estrutura que lhes garante significados. Ritos e mitos são duas faces de uma mesma realidade. Mas devo lembrar que o que os estudiosos das Tradições de Matriz Africana têm chamado de "mitos", convencionei nominar como "Histórias Sagradas" ou o uso do vernáculo *yorùbá ìtán*.

Darei ênfase a três ritos neste trabalho, pois são ritos presentes em todas as Tradições de Matriz Africana, seja as que foram estruturadas na diáspora, ou mesmo as originárias do próprio continente africano: o *Borí*, o *Ọ̀ṣẹ́* e o *Ìsinkú*. Contudo, penso que convém antes explicar sobre a importância e o papel das imolações nos ritos.

ÌPÈJẸ[310]: O BANQUETE DE IMOLAÇÃO ANIMAL

Mircea Eliade,[311] analisando o fenômeno da sacralização, definiu que esta prática é muito importante na estruturação das sociedades que a adotam. Para essas comunidades, os rituais de imolação são de fortalecimento dos vínculos sociais e espirituais. O sacrifício é apresentado como condição de toda a criação, como o pré-requisito para se alcançar qualquer obra.

A sacralização de animais ou imolação ou ainda abate tradicional são termos que temos utilizado em preferência a *sacrifício,* devido à semântica que tem sido empregada à palavra. Esta semântica, quando aplicada ao cotidiano, costuma ter o sentido de abster-se de algo em prol de um bem maior ou de outrem; altruísmo ou até abnegação, nem sempre em tom positivo: "sacrifiquei meu domingo para estar aqui hoje". No campo religioso, praticamente perdeu seu sentido original de "ofício sagrado" para algo mais simbólico, isto porque a tradição religiosa hegemônica no país é o cristianismo.

---

309 ELIADE, 1992. 175 p.
310 Este subtítulo é parte de um artigo publicado nos Anais do II Simpósio Internacional da ABHR, realizado em Florianópolis, com o título *Combatendo a afroteofobia: argumentos jurídicos e teológicos para a defesa da sacralização de animais em ritos de matriz africana*. 2016.
311 ELIADE, 2010.

Para as tradições africanas a sacralização é seu elemento central e está presente na maioria dos ritos, mas principalmente nas três principais liturgias: o *Borí* (rito de cosmologização, renascimento e fortalecimento do indivíduo para o coletivo), o *Ọ̀sẹ́* (ritos anuais de regeneração do tempo e renovação da aliança com as divindades) e o *Ìsinkú* (ritos funerários extremamente importantes para a escatologia e soteriologia que se expressa na ancestralização do indivíduo e fortalecimento da comunidade).

Duas divindades estão intimamente relacionadas aos ritos imolatórios: os *Òrìṣà* civilizatórios *Ògún* e *Ọdẹ* (*Ọ̀ṣọ́ọ̀sí* no Candomblé). *Ògún* é o *Òrìṣà* da tecnologia e da metalurgia. É ele quem cria as ferramentas que facilitam o trabalho dos seres humanos.[312] Ele as cria e ensina como utilizá-las.[313] O *ọbẹ* é a faca que foi consagrada especificamente para a realização dos rituais imolatórios e somente um sacerdote devidamente preparado e consagrado pode manejá-la.

> *Àṣògún – responsável pelos sacrifícios de animais e conhecedor de todos os cânticos que acompanham o ritual em alguns casos, o àṣògún é sempre um filho de Ògún. Literalmente, Àṣẹ – o possuidor do àṣẹ, Ògún – de Ògún, por ser este o Òrìṣà dono da faca.*[314]

Na ausência de um *Àṣògún*, o substituto é o próprio *Bàbálórìṣà* ou *Ìyálórìṣà*. O *ọbẹ* é extremamente sagrado, tanto que um não iniciado sequer pode tocá-lo. Caso acidentalmente alguém o passe no dedo este não sentiria o corte, tão amolado é seu fio. Este cuidado com o fio é intencional, pois há uma séria preocupação com o animal que será abatido para que não sofra. A técnica empregada no abate visa seccionar as artérias carótidas impedindo assim o bombeamento do sangue ao cérebro do animal, que se atordoará e não sentirá dor.

---

312 BENISTE, 2006, p. 127-132.
313 PRANDI, 2001, p. 98.
314 BENISTE, 2008b, p. 244.

Na Afroteologia da Imolação, os animais abatidos são completamente utilizados: o sangue e algumas partes não comestíveis são acondicionadas em forma de oferenda aos Òrìṣà e, depois de um período, enterradas; as carnes e miúdos (coração, fígado, pulmões, moela, rins, estômago, intestinos) são preparados em pratos típicos da cultura afro-brasileira para alimentação; outras partes não comestíveis são enterradas para alimentar a terra; o couro dos quadrúpedes são utilizados nos tambores. Não há desperdício.

A despeito das costumeiras acusações, não há maus tratos ou crueldade com os animais que serão abatidos. Eles são muito bem cuidados, pois além de ser criação de Òṣààlá[315], são protegidos por Ọdẹ, o Senhor dos animais. Ọdẹ é o Òrìṣà civilizatório que ensina aos seres humanos o conhecimento sobre os animais e as técnicas de caça. O ofício da caça é mais amplo do que se imagina, pois há o respeito do caçador pelos animais dos quais suas vidas serão tolhidas para alimentar a comunidade. Por isso, ele reprime o desperdício e a caça predatória ou desportiva. Os animais, no processo de abate, são tão respeitados que são entendidos como uma hierofania[316] das próprias divindades aos quais são oferecidos:

> *Há uma identificação muito grande, por parte do grupo, do Orixá com o animal. Em casa do Ayrton de Xangô, um cabrito que estava destinado ao Bará (que pode ser considerado o orixá do movimento), era bastante inquieto, rebentando seguidamente a corda no qual era posto a pastar, dando saltos inopinados para o ar, marrando de brincadeiras as pessoas. Estas tratavam-no por "Seu Bará". No mesmo templo, em outra ocasião, um grande bode foi trazido ao salão para ser sacrificado a Ogum. Manssíssimo, ele anda solto pela sala, cheira um cabrito morto, mordisca as contas de um age. Depois entra sozinho no pará [o mesmo que peji, quarto de santo] onde*

---

315 PRANDI, 2001, p. 502.
316 ELIADE, 2008, p. 8.

> *come as folhas colocadas na obrigação de um outro Ogum. O chefe da casa, que observa atentamente, diz em vos alta, brincando: "como está com fome o Seu Ogum". Na hora do sacrifício, igualmente em todos os templos, as pessoas dirigem-se a estes animais como se fossem o Orixá, fazendo-lhes a saudação ritual deste para que comam o alimento oferecido.*[317]

De fato, o animal que é destinado ao abate deve aceitar este fato. Ele precisa ser alimentado e ter água à sua disposição, pois não pode ser abatido com fome ou sede. Têm suas patas limpas.[318] Pode ser enfeitado com uma capa[319] na cor do Òrìṣà e, a despeito de todo esse trabalho, os animais ainda têm o direito de recusar o convite para o abate. Caso recuem ou rejeitem o alimento que estão lhe oferecendo, será entendido que não é seu desejo participar do ritual e deverá ser poupado. No que diz respeito às aves, o procedimento é outro: elas não podem cacarejar. Caso isto aconteça, é entendido como um protesto e, portanto, deverão ser poupadas.

Os motivos para o abate são muitos. A teóloga estadunidense e professora de Harvard, Nancy Jay, define que as imolações podem ser alimentares ou não alimentares. As alimentares são aquelas em que as carnes do animal abatido são preparadas em pratos tradicionais e distribuídas – gratuitamente, devo salientar – a toda a comunidade, incluindo aí os não iniciados.[320]

As sacralizações não alimentares, em sua maioria, carregam um caráter expiatório, de forma que consumir a carne de animais abatidos com esse fim poderiam causar tragédias pessoais que prejudicariam toda a comunidade. As vezes há a exigência de uma divindade ou outra – frequentemente Èṣù – que o animal imolado seja ofertado inteiro, ou seja, suas carnes não podem ser consumidas, pois isto também acarretaria prejuízos para a comunidade.

---

317 CORRÊA, 2006, p. 109-110.
318 BENISTE, 2006, p. 251-256.
319 A capa é um símbolo de majestade utilizada tanto pelos animais que serão abatidos quanto pelos Òrìṣà manifestados em certos rituais.
320 JAY, 1997, p. 73.

Pode-se dizer que o propósito último do abate tradicional ritualístico é alimentar o povo. Entrementes, ainda segundo Jay, há propósitos mais dinâmicos do ato que ensejam a organização do cosmo (material e imaterial), como congregador de grupos humanos, ou seja, construtor de identidades individuais e coletivas[321] (ser do Candomblé, Batuque, etc.); como fonte de comunhão (todos, inclusive os Òrìṣà ou ancestrais, têm acesso ao alimento de forma igualitária), como estabelecimento de vínculos familiares tanto com as divindades quanto com os próprios seres humanos[322] (como por exemplo a inclusão numa família de santo como filho de santo ou ainda à família do Òrìṣà[323]); como fortalecimento da força que emana dos antepassados ou mesmo para aplacar sua fúria pelo não cumprimento de suas exigências;[324] e também como mantenedor das estruturas sociais[325] (na relação hierárquica dentro da comunidade e na relação desta com a sociedade envolvente).

Em África, durante as grandes festividades em homenagem às divindades, são realizadas procissões onde os assentamentos dos Òrìṣà são lavados com água da nascente de um rio e, posteriormente, são imolados animais que se tornam o prato principal de um banquete (Ìpèjẹ) comunal nessa "economia teologal"[326], acompanhados de grandes festas coletivas anuais (Àjọ̀dún), muitas vezes patrocinados pelo rei local (Ọba) ou outros dignitários (Bálẹ̀).[327] Existem vários tipos de oferendas destinadas às divindades e aos antepassados. Os yorùbá eram agricultores ou pastores, por isso as oferendas se constituírem da mesma forma. Quando os yorùbá faziam a colheita, o primeiro prato era para a divindade da família ou da comunidade, como uma forma de agradecimento pela prosperidade e fartura. Da mesma forma, quando pretendiam

---

321 JAY, 1997, p. 82-83.
322 JAY, 1997, p. 92.
323 Como exemplo cito minha experiência: sou conhecido pela comunidade Batuqueira como Bàbá Hendrix de Òṣàálá, o que significa que carrego um título de alto grau sacerdotal (Bàbá é, neste contexto, diminutivo de Bàbálóriṣà) e que pertenço à família de Òṣàálá.
324 JAY, 1997, p. 76 e 123.
325 JAY, 1997, p. 99-100.
326 DUSSEL, 1997, p. 154.
327 VERGER, 1997.

fazer, por exemplo, uma comida à base de galinhas, antes de comer o animal devia-se sacrificá-la aos *Òrìṣà*, para, daí sim, poder consumir sua carne.

Como disse antes, para os *yorùbá* todo ser vivo foi criado por *Òṣàálá*, portanto sua vida deve ser respeitada. Para poder se alimentar, os vivenciadores dessa tradição devem primeiro devolver aos *Òrìṣà* o *àṣẹ*, a energia vital divina, assim, ao consumir a carne do animal, seja uma galinha ou um carneiro, ele está em comunhão com a própria divindade. Da mesma forma ocorre com os vegetais. A terra, da qual se planta e se colhe, da qual se extrai o alimento, é sagrada, pois foi *Odùdúwà* quem criou. Os seres humanos podem usá-la, mas nunca a possuir.

Os sacerdotes fazem das sacralizações um grande banquete público, acompanhado de uma gastronomia tradicional à base de legumes, verduras e frutas, onde o povo se farta em agradecimento às bênçãos das divindades e de seu descendente vivo, o rei. É com o advento da vida sedentária promovida pela agricultura que surgem as práticas de sacralização.[328] As comunidades, por meio do plantio e da colheita, se tornam conscientes do ciclo em que toda a existência está inscrita, também compreendem que a vida só pode vir de algo que também é vivo. Toda a Criação implica numa transferência de vida. É através da sacralização que a energia vital é perpetuada. Isso partiu de uma simples observação: se nos alimentamos, vivemos; se os animais se alimentam, vivem; se as plantas se alimentam, vivem. Para garantir o ciclo da vida, a vida precisa se alimentar da própria vida. Todo alimento preparado e oferecido aos *Òrìṣà* é chamado de *Ẹbọ*, e *Ìpẹ̀jẹ* é o termo que podemos usar para definir os ritos de sacralização de alimentos que são servidos no banquete comunal entre as divindades e os seres humanos.

---

328 CAUVIN, 1997. 344 p.

BORÍ[329] [330]

O *Borí* é um rito de (re)nascimento. Coloco o "re" entre parênteses porque, para as Tradições de Matriz Africana, o ser humano nasce duas vezes: o parto biológico, advindo do ventre de sua mãe, e o nascimento espiritual, ritualizado no *Borí*. De acordo com a cosmopercepção africana, o nascimento de uma pessoa só se completa após concluído o rito de *Borí*, pois este rito reúne o indivíduo ao cosmo, algo rompido no momento do corte do cordão umbilical. De acordo com a tradição oral, este é o rito mais importante, pois quem o realiza estabelece um vínculo com o seu *Òrìṣà,* garantindo um relacionamento mais íntimo e profundo. Este rito também é escatológico, pois garante longevidade e uma pós vida plena garantida na ancestralização.

A feitura de *Borí* está relacionada à noção ontológica de humanidade como seres antropoteogônicos[331] que somos, ou seja, seres que possuímos uma origem biológica e teológica. A cabeça é considerada a parte do corpo mais importante, o que é comprovado pela própria natureza ao ser a primeira a surgir no momento do nascimento, e é a sede do conhecimento, da inteligência, da individualidade, da sabedoria e da razão, pois possui todas as ferramentas para que o ser humano os adquira (olhos, ouvidos, nariz, boca).[332]

O *ara* (corpo físico) está teologicamente relacionado à criação divina. A constituição do ser humano como ser biológico está relacionada com

---

329 A forma escrita deste termo está propositalmente em desacordo com a literatura antropológica atual, pois tenho refletido de modo diverso dos pesquisadores dessa área. A maioria – que se repetem sem se aprofundar no sentido da palavra – apresenta a escrita *bọrí* ou ainda *ebọrí* intentando criar uma palavra que expresse o que acreditam significar "alimento à cabeça" (*ebọ* + *orí*). No entanto, levanto a dúvida em outros trabalhos sobre a veracidade deste termo e deste significado, sobretudo por causa de sua pronúncia: *bọrí*, pronúncia "bôrí", é bem diferente da pronúncia corrente em todo o Brasil e na própria África: "bôrí". Isto pode indicar um significado diferente: *bi* + *orí*, o nascer ou renascer da cabeça.

330 O rito de *borí* sempre foi entendido no Batuque como um rito de vinculação ao *Òrìṣà* e de *fortalecimento da cabeça* o que acaba por ser entendido pelos vivenciadores e vivenciadoras como uma classe ou categoria de iniciação. Mas para o Candomblé a iniciação se dá apenas quando a pessoa realiza a "raspagem", rito de vinculação com o assentamento de *Òrìṣà*. Para estes, o *borí* é apenas uma oferenda de fortalecimento que não cria laços com os *Òrìṣà*, nem inclui quem o realiza no quadro de membros da comunidade terreiro. Entendo que é justamente a falta de conhecimento afroteológico a respeito do *borí* que promove no Candomblé este entendimento mais superficial e pragmático deste importante rito.

331 Expressão criada pelo afroteólogo Jayro Pereira de Jesus.

332 BENISTE, 2008b, p. 128.

a contribuição dos *Òrìṣà* na construção de seu DNA, ou seja, quando o ser humano é criado um *Òrìṣà* contribui para completar o seu código do DNA, e, assim, passa a estar diretamente relacionada a ele, se torna seu descendente mítico.³³³ É por isso que percebemos semelhanças físicas e arquetípicas entre filhos de um mesmo *Òrìṣà*. A isso o professor Jayro chamou de *orixalidade*. Mas, também há a *ancestralidade*, a contribuição de nossos ancestrais biológicos para a construção de nosso corpo. Então, somos fruto da contribuição mítica e biológica, na minha concepção. Santos explica bem isso:

> *Se os pais e antepassados são os genitores humanos, os Òrìṣà são os genitores divinos; um indivíduo será "descendente" de um Òrìṣà que considerará seu "pai" – Baba mi – ou sua "mãe" – Ìyá mi – de cuja matéria simbólica – água, terra, árvore, fogo, etc. – ele será um pedaço. Assim como nossos pais são nossos criadores e ancestres concretos e reais, os Òrìṣà são nossos criadores simbólicos e espirituais, nossos ancestres divinos.*³³⁴

Outra parte do corpo que compõe essa percepção de mundo são os membros inferiores: *ẹsẹ̀*.³³⁵ Wándé Abímbọ́lá aponta os *ẹsẹ̀* como "uma parte vital da personalidade humana" e completa:

> *Ẹsẹ̀, para os iorubás, é o símbolo do poder e atividade. Ele é, entretanto, o elemento que habilita o homem para lutar e agir adequadamente na vida, para que ele possa realizar o que foi designado para ele, pela escolha do Orí. Como Orí, ẹsẹ̀ é reconhecido como um Òrìṣà que precisa ser cuidado, na intenção de conseguir o sucesso. Por isso, quando um homem faz um sacrifício para seu Orí, parte do sacrifício é também oferecido para ẹsẹ̀.*³³⁶

---

333 De forma semelhante, talvez, ao conceito cristão de "imagem e semelhança".
334 SANTOS, 2002, p. 103. Grifo da autora.
335 Não confundir *ẹsẹ̀* (pernas) com *ẹsẹ* (versos).
336 ABÍMBỌ́LÁ, 1981, p. 1-22.

Sob o ponto de vista espiritual, *orí* (cabeça), *ara* (corpo) e *ẹsẹ̀* (pernas) são partes constituintes da personalidade humana que se inter-relacionam com o meio físico e o espiritual ao mesmo tempo. Isto nos constitui como seres antropoteogônicos, ou seja, somos criados como seres biológicos e hierofânicos, pois nosso corpo também é uma manifestação do sagrado. Observe a figura abaixo:

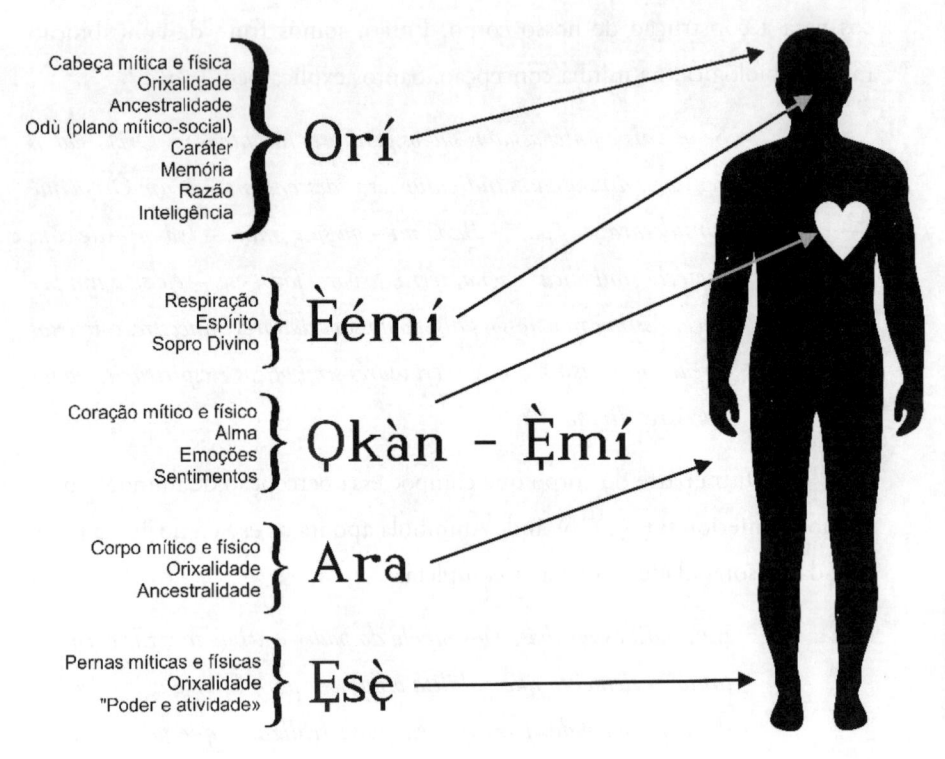

Cabeça mítica e física / Orixalidade / Ancestralidade / Odù (plano mítico-social) / Caráter / Memória / Razão / Inteligência } **Orí**

Respiração / Espírito / Sopro Divino } **Èémí**

Coração mítico e físico / Alma / Emoções / Sentimentos } **Ọkàn - Ẹ̀mí**

Corpo mítico e físico / Orixalidade / Ancestralidade } **Ara**

Pernas míticas e físicas / Orixalidade / "Poder e atividade" } **Ẹsẹ̀**

Basicamente, nosso ser espiritual possui "múltiplas almas"[337]. Por agora, falarei apenas e brevemente de cinco: *òjìji, ẹ̀mí, èémí, orí-ínú* e *ẹsẹ̀*. *Òjìji* é a sombra. Ela surge no nascimento e não tem nenhuma função especial senão a de acompanhar o corpo. Ela "*não possui substância e não requer nenhuma nutrição*", por isso, não são realizados rituais a ela. Contudo, segundo alguns,

---

337 BASCOM, 1960, p. 1-19.

é ela que viaja pelo mundo dos sonhos quando estamos dormindo e, caso não retorne, a pessoa jamais acordará. Para outros, essa é a função do Ẹ̀mí. A sombra é o símbolo do "doble espiritual", o ẹnikéjì,[338] que reside no Ọ̀run.[339] [340]

Ẹ̀mí é geralmente traduzido como "alma" em português e em inglês (*soul*). É a expressão simbólica dos sentimentos e emoções, que no plano físico está representado pelo coração (ọkàn). Èémí é o espírito sagrado, o ar insuflado por Olódùmarè em nossas narinas logo ao nascer e que nos dá vida, e é representado pela respiração. Tanto Bascom quanto Abímbọlá fundem essas duas "almas" em uma só e a chamam unicamente de Ẹ̀mí, cuja manifestação física é a da respiração; é a própria força vital que lhe garante a vida e o permite desenvolver atividades laborais. O Ẹ̀mí se nutre dos alimentos que consumimos – se não comermos ele irá embora, extinguindo nossa vida no ayé –, mas também se fortalece com parte das oferendas sacrificiais ao Orí. De acordo com Bascom, há dúvidas entre seus informantes sobre qual das "almas" viaja nos sonhos:

> *De acordo com os informantes de Meko, é a respiração que deixa o corpo durante sono, visitando em sonhos, lugares distantes. Quando a pessoa desperta ele pode dizer sobre as coisas que ela viu e fez em outras cidades, considerando que outros saibam que o seu corpo permaneceu no mesmo quarto com eles. Quando a respiração for longe, não se pode acordar depressa esta pessoa [...]. Os informantes de Ifẹ́ concordaram que é a respiração que parte do corpo em sonhos, mas nos asseguram que não há perigo de despertar uma pessoa quando está longe, desde que ela retorne imediatamente. Por outro lado, um informante de Iganna manteve que é a sombra que viaja em sonhos, argumentando que se pode ver uma pessoa dormindo respirando*

---

338 "Ẹnikéjì é o nome dado ao duplo que vive no Ọ̀run. Todos os seres têm o seu 'outro lado' exatamente como é aqui na Terra; quando são feitas obrigações, as oferendas visam atingir o ẹnikéjì das pessoas. Ẹni – pessoa, kéjì – segunda." BENISTE, 2008b, p. 181.
339 SANTOS, 2002, p. 205; 216.
340 BASCOM, 1960.

> *normalmente, e que se a respiração deixar uma pessoa ou sua sombra não retornar, ele morrerá.*[341]

Para Abímbọ́lá,[342] na concepção da criação humana *Òṣàálá* cria os corpos humanos (*ara*) feitos da massa/lama primordial, mas são estáticos, enrijecidos. Ele leva esses corpos a *Olódùmarè*, que lhes dá o *Ẹ̀mí*, a alma, que reside no *ọkàn*, o coração físico que bate indicando que aquele ser está vivo. *Ajàlá*, o oleiro, é a divindade responsável pela construção das cabeças, não a cabeça física – esta quem faz é *Òṣàálá* -, mas a cabeça mítica, o *orí-ínú*, a "cabeça de dentro", o centro mítico de nossa existência individualizada.

> *Orí é a essência da sorte e a mais importante força responsável pelo sucesso ou fracasso humano. Além disso, Orí é a divindade pessoal que governa a vida e se comunica, em prol do indivíduo, com as demais divindades. Qualquer coisa que não tenha sido sancionada pelo Orí de uma pessoa, não pode ser aprovada pelas divindades*[343].

É no *Orí* que está determinado nosso projeto mítico-social, que muitas vezes é entendido como destino. Por isso, ele também é chamado de *ìpọ̀nrí* ou *ìpín*. Já o *ẹsẹ̀* é o "símbolo do poder e atividade" da possibilidade de realização das designações do *Orí*. Todos estes elementos estão representados no *Igbá-Orí* que recebe oferendas através do rito de *Borí*.

> *Se, por um lado, o Orí-inú do àiyé reside no corpo, na cabeça de cada indivíduo, sua contraparte, o Orí-Ọ̀run é simbolizado materialmente e venerado. Durante as cerimonias de Borí (= Bọ + orí = adorar a cabeça) ele é invocado e os sacrifícios são oferecidos ao Orí-inú, sobre a cabeça da pessoa, e a Igbá-orí, cabaça simbólica que representa sua contraparte no Ọ̀run.*[344]

---

341 BASCOM, 1960, p. 4.
342 ABÍMBỌLÁ, 1981, p. 9.
343 ABÍMBỌLÁ, 1975, p. 1-15.
344 SANTOS, 2002, p. 205.

Em África, o *Òrìṣà* é uma divindade que pertence à coletividade de uma família, aldeia ou reino, por isso o culto a *Orí* é importante, pois é ele que individualiza cada ser humano. É entendido como uma divindade poderosa, que define os caminhos dos seres humanos antes mesmo dos próprios *Òrìṣà*. Isto é percebido em um de seus *Oríkì*, narrado no *Odù Ògúndá Méjì*:[345]

> *Orí, pèlé*
> *Atèté níran.*
> *Atètè gbe ni kòòṣà*
> *Kò sóòṣà tíí dá nií gbè*
> *Lẹ́yín orí ẹni*
> *Orí, pèlé*
> *Orí àbíyè*
> *Ẹni orí bá gbẹboo rẹ̀*
> *Kó yọ̀ sẹsẹ̀*
>
> *Orí, eu te saúdo*
> *És aquele que sempre se lembra de nós*
> *És o que abençoa antes de qualquer Òrìṣà*
> *Nenhum Òrìṣà abençoa uma pessoa*
> *Sem o consentimento de seu Orí*
> *Orí, eu te saúdo*
> *És quem permite que as crianças nasçam vivas*
> *Aquele cujo sacrifício é aceito por seu Orí*
> *Se alegrará abundantemente*

Então, temos, na concepção africana, os *Òrìṣà* como divindades representativas da espiritualidade coletiva e o *Orí* como representativo da espiritualidade individual. Contudo, no Brasil, *Òrìṣà* e *Orí* se fundem na concep-

---

[345] ABÍMBỌ́LÁ, 1981, p. 11.

ção de espiritualidade individual e coletiva, pois se lá um único Òrìṣà é o conector de toda uma comunidade, clã ou família – o que também ocorre aqui –, na diáspora vários Òrìṣà se convergem na constituição de uma única pessoa. Se tornando uma divindade pessoal, o Òrìṣà se relaciona com o orí, o ara e o ẹsẹ̀. Assim, temos um Òrìṣà principal que reside e rege a cabeça (orí) do iniciado, outro que rege o corpo (ara) e outro que rege as pernas e pés (ẹsẹ̀). Muitas vezes, na tradição do Batuque, as pernas e os pés são separados por acreditarem ser de categorias diferentes, ficando os pés à cargo exclusivo do Bara, um Èṣù específico e individual para cada pessoa.

O que dinamiza a relação entre todos estes elementos é o poder de Èṣù, cuja função é o de transmissor do àṣẹ, o poder divino de criação e manutenção da vida. Como ele é o intercessor de tudo, Èṣù também se estabelece como o mediador das forças que agem no corpo, um agente espiritual que garante a funcionalidade de todos os órgãos do corpo humano, além de seu potencial espiritual. Por isso, Santos o considera como Ọbara, um epíteto para o Èṣù que é o "Rei do corpo" (Ọba + ara).[346]

É durante o rito de Borí que, no Batuque, o orí, o ara e o ẹsẹ̀ recebem oferendas sacrificiais. Este rito também é escatológico, pois garante longevidade e uma pós vida plena garantida na ancestralização. A feitura de Borí está intimamente relacionada à noção ontológica de humanidade e deve ser refeito todos os anos, como num contrato mítico entre a pessoa, as divindades envolvidas na sua constituição e Ìkú, a Morte.

Ao observar as liturgias das Tradições de Matriz Africana, é perfeitamente perceptível o simbolismo sexual que dela emerge. Isso é aparente nas principais liturgias como o Borí que, a partir de minha análise, figuram como representações simbólicas de um ato sexual, elemento da ordem cósmica; uma hierogamia.[347] A teologia aqui é de que o ato sexual é gerador de vida, logo, representações simbólicas desse ato se apropriam de forma teológica de sua

---

346 SANTOS, 2002, p. 181.
347 Para Eliade, o resultado da hierogamia, ou seja, do ato sexual primordial ou divino, é a criação cósmica. ELIADE, 1992, p. 31.

força que, então, será direcionada para a intenção do ritual. No Batuque, tradição de matriz africana que vivencio e estudo, pode-se perceber essas nuances claramente. Na concepção afroteológica, o espaço sagrado onde se destinam os rituais imolatórios de iniciação, que no Batuque é o *pejí* ou "quarto de Òrìṣà" ou ainda "quarto de santo" e, no Candomblé, é o *hunkọ* ou camarinha, é um verdadeiro útero mítico. Ali são realizados os ritos de *Borí*.

O *Borí*, reforçamos, é um ritual iniciático de renascimento e cosmologização que garante a individuação da pessoa diante do coletivo em que ela está incluída, lhe construindo uma identidade. Também a reintegra ao cosmo, laço este rompido com o corte do cordão umbilical no seu nascimento biológico; garante-lhe plena integração à comunidade estabelecendo vínculos familiares tanto com as divindades como com os outros membros do grupo; e ainda mantém as estruturas sociais e hierárquicas dentro da comunidade, como aponta Jay:

> *O ritual sacrificial poderá servir, assim, de várias maneiras, como garantia e, por conseguinte, como meio para criar uma descendência patrilinear, não como um fato da natureza, mas como princípio de organização social. Todo a vez que o sacrifício atuar dessa maneira realizadora, ele será aquilo que Tomás de Aquino denominou de "sinal eficaz", isto é, que produz aquilo que ele significa: neste caso, a incorporação como membro da descendência paterna (Summa Theologica, III, q. 62;1). Segundo Tomás de Aquino, como também segundo os sacrificadores tribais, a atuação eficaz de um ato simbólico dependerá, é claro, indiretamente da existência de outras estruturas (social, religiosa, linguística, legal, etc.). em outras palavras, o sacrifício nunca "causaria" a participação como membro de uma linhagem paterna lá onde não existissem linhagens paternas.*[348]

---

348 JAY, 1997, p. 99-100.

É no centro do *pejí* / *hunkọ* / útero que o neófito é colocado sentado no chão ou sobre uma esteira, representação da terra. No linguajar do Batuque, há a expressão "fazer chão" ou "ir 'pro' chão", que significa cumprir o *Borí* ficando recluso por alguns dias no terreiro, dormindo no chão, sobre um colchonete. O uso de um colchonete no lugar da esteira, corrente no Candomblé, se dá provavelmente devido as baixas temperaturas do território gaúcho. Na maioria das tradições religiosas não patriarcais a terra é entendida como uma divindade feminina associada ao poder gerador de vida. Este entendimento se dá pela percepção material do crescimento das plantas que brotam do "ventre" da terra. O mundo natural e o espiritual estão sempre conectados. Para os *yorùbá* o chão (*ilẹ*) não é uma divindade, mas a morada de *Onílẹ̀*, divindade feminina que ganhou de *Olódùmarè* o governo da terra.

De acordo com o *ìtán* que narra o acontecido, *Onílẹ̀* era a filha mais recatada e discreta de *Olódùmarè*. Não saía para nada. Um dia, *Olódùmarè* resolveu dar aos *Òrìṣà* o governo da Terra e lhes chamou ao palácio. Todos foram ricamente vestidos com elementos da natureza. Exceto *Onílẹ̀*, que cavou um buraco no chão e se cobriu com a terra. Sabiamente, *Olódùmarè* deu aos *Òrìṣà* o controle sobre cada um dos elementos da natureza dos quais eles mesmos haviam se vestido. Mas faltava ainda um dos reinos.

> *Era preciso dar a um dos filhos o governo da Terra, o mundo no qual os humanos viviam e onde produziam as comidas, bebidas e tudo o mais que deveriam ofertar aos orixás.*
> *[Olódùmarè] disse que dava a Terra a quem se vestia da própria Terra.*
> *Quem seria?, perguntavam-se todos.*
> *"Onilé", respondeu Olodumare.*
> *Ali estava Onilé, em sua roupa de terra.*
> *Onilé deveria ser propiciada sempre para que o mundo dos humanos nunca fosse destruído.*

Todos os orixás aclamaram Onilé.
Todos os humanos propiciaram a mãe Terra.[349]

No Batuque, além de o neófito ficar sentado no chão, parte do *àṣorò*[350] é recolhido numa vasilha com água, chamada de *ẹkọ*. Esta água é despachada no solo, seguindo alguns preceitos, alimentando a terra/*Onílẹ̀*. O chão está presente em todos os momentos do (re)nascimento do indivíduo. A saudação mais simbólica nas Tradições de Matriz Africana consiste na pessoa se deitar ao solo, com o corpo estirado. Mais uma vez notamos, aqui, a importância do chão como símbolo feminino: mulheres se deitam de lado e viram para o outro, sem encostar o ventre no chão, pois isso poderia ser entendido como se ela estivesse ofertando seu útero à *Onílẹ̀*. Já os homens se deitam de bruços, com seu órgão genital encostando no chão, pois não há problema de se oferecer o poder gerador masculino à *Onílẹ̀*. A mesma teologia é pensada no tocante à morte dos iniciados. Os corpos dos mortos são enterrados para que assim, no "útero da terra", possam renascer no outro mundo. Já aludi a isso em outro trabalho[351] e o retomarei ao fim deste capítulo.

Nas costas do neófito fica um sacerdote ou sacerdotisa que, a partir de então, será o seu padrinho ou madrinha. Ele ou ela carregam nas mãos uma vela acesa, representando o fogo cósmico que transforma o universo, a chama que ilumina os caminhos. Ao mesmo tempo, a vela é um símbolo fálico e a chama em sua ponta pode nos apresentar um sentido mais sexual.[352] O elemento fogo é sempre entendido como masculino. Não é à toa que, nas figuras de linguagem, usamos esta palavra como metáfora para o desejo sexual. Com

---

[349] PRANDI, 2001, p. 410-415.

[350] *Àṣorò* é o termo empregado no Batuque especificamente para o sangue dos animais sacralizados, nunca empregado para qualquer outro tipo de sangue (*ẹ̀jẹ̀*). Existem duas versões sobre a origem da palavra "*àṣorò*": a) *Àṣẹ* + *orò*, significando "a força criadora que emana do rito"; b) Àwa + *ṣe* + *orò*, significando "nós fazemos o ritual". No Candomblé o termo empregado para o sangue das sacralizações é "*ẹ̀jẹ̀*".

[351] SILVEIRA, 2012, p. 247-258.

[352] Na história do êxtase de Santa Tereza de Ávila, por exemplo, a santa foi penetrada por uma lança de ouro com a ponta de fogo conduzida por um serafim. Diz ela numa de suas obras: "Eu vi em sua mão uma longa lança de ouro e, na ponta, o que parecia ser uma pequena chama. Ele parecia para mim estar lançando-a por vezes no meu coração e perfurando minhas entranhas; quando ele a puxava de volta, parecia levá-las junto também, deixando-me inflamada com um grande amor de Deus. A dor era tão grande que me fazia gemer; e, apesar de ser tão avassaladora a doçura desta dor excessiva, não conseguia desejar que ela acabasse..."

isso, podemos entender que o papel mítico-simbólico da vela seja também garantir o apetite sexual, necessário para a continuidade da vida.

No colo do iniciante é depositado o *igbá*, um grande vaso de barro também chamado alguidar, espécie de vasilha onde o fundo é muito mais estreito que a borda, mas também pode ser uma grande bacia de louça ágata. Assim como o *peji*, todas as vasilhas, vasos, panelas e objetos cuja forma pode conter algo são representações simbólicas do útero, que contém a força e poder de fertilidade feminina. Dentro dele é que ficam certos implementos que serão sacralizados. O iniciante abraça o *igbá* de forma graciosa, com as mãos espalmadas para cima em posição de receptor. Na mão do sacerdote sacrificador – que no caso do Batuque é o próprio *Bàbálórìṣà* ou *Ìyálórìṣà* e no Candomblé é o *àṣògún* – está o *ọ̀bẹ*, a faca ritual, utilizada exclusivamente para as imolações e sacralizações. O *ọ̀bẹ* – assim como a espada (*idà*), a lança (*ọkọ́*), o cajado (*ọ̀pá*), o cetro (*ógó*), o tambor (*ìlù*) – é um objeto fálico cuja representação simbólica objetiva o poder masculino de fecundidade.

Temos aqui dois elementos cruciais para a geração de vida: a faca/falo e o alguidar/útero. É a fusão de ambos que garante a geração, manutenção e continuidade da vida. E isso se dá pelo *àṣorò*, o sangue que verte dos animais sacralizados e que carrega a sua força vital e, ao mesmo tempo, é a representação simbólica do sêmen que fecunda.

Segundo Eliade, "*cada ritual tem um modelo divino, um arquétipo, [...] todos os atos religiosos são considerados como tendo sido fundados pelos deuses, pelos heróis civilizadores, ou por ancestrais míticos.*"[353] Assim, os ritos imolatórios são a representação ou representificação, no sentido de "tornar presente novamente", os eventos contidos nas histórias sagradas:

> *Um sacrifício, por exemplo, não só reproduz com exatidão o sacrifício original, revelado por um deus ab origine, no princípio dos tempos, mas também é realizado naquele mesmo momento mítico pri-*

---

353 ELIADE, 1992, p. 29.

mordial; em outras palavras, cada sacrifício realizado repete o sacrifício inicial e coincide com ele.[354]

É o que ocorre nas Tradições de Matriz Africana. De acordo com a tradição oral e amplamente registrada na literatura antropológica, *Òṣàálá* recebeu de *Olódùmarè* a incumbência de criar o mundo. Para esse fim, ganhou dEle o "saco da criação", que continha um punhado de terra, uma galinha e um pombo. Depois de uma série de aventuras (ou desventuras) narradas nas mais variadas versões deste *itán*, *Òṣàálá* – por vezes chamado de *Ọbàtálá* em algumas versões ou *Odùduwà* em outras – chega ao pântano primordial, que era o próprio caos, e derrama a terra nesse caldo, formando um montículo, colocando a galinha e o pombo a ciscar. Este ato fez com que o montículo se expandisse ao ponto de se tornar toda a Terra.

Embora a criação do mundo não tenha se dado em função de um ritual imolatório, podemos perceber a importância dada à galinha (*adìẹ*) e ao pombo (*ẹiyẹlẹ̀*) para a criação e expansão do mundo. Nos ritos de *borí*, os principais animais imolados são o pombo e a galinha ou galo. Durante esse processo, o *àṣọrò* desses animais é vertido sobre o *orí* do neófito, esperando que isso o cosmologize, amplie, expanda seus sentidos e sua espiritualidade como um ser individual e único. Isto também é observado quando, na continuidade do processo iniciático, os pombos são temperados e assados, regados com um pouquinho de mel (símbolo natural de doçura e, por extensão, coisas boas, agradáveis) e entregue para os iniciados comerem. Ao contrário do que acontece com a galinha, que é servida em pratos típicos para toda a comunidade no banquete comunal, o pombo nutre tão somente os iniciados, reforçando seu papel de individuação. A importância do pombo está numa simbologia que "*representa honra, prosperidade e longa vida. É o que se espera daquele que o use nos sacrifícios. A sua serenidade quando voa, sua aparência e elegância*

---

[354] ELIADE, 1992, p. 38.

de movimento atribuem-lhe uma espécie de santidade".³⁵⁵ O pombo voa alto, o que é símbolo para a expansão, dinamização e cosmologização do *orí*.

Retomando o sentido hierogâmico que apontamos nestes rituais, vemos o *ọ̀bẹ*/falo que faz verter o *àṣorò*/sêmen que fecunda o *igbá*/útero, que aguarda fértil de implementos que então se tornarão cheios de vida. O mesmo acontece com o iniciado, que será entendido a partir daí como um (re)nascido, uma (nova) pessoa, cheio de vida e plenamente humanizado. Assim como um nascituro está coberto com o sangue de sua mãe biológica, o neófito (re)nasce coberto pelo *sangue sagrado* (*àṣorò*), que assim se torna símbolo de seu (re)nascimento como uma (nova) pessoa para a tradição; se inscreve num projeto de humanidade que o individualiza; se torna parte da comunidade por laços de consanguinidade mítica, descendência do *àṣẹ*; e se confirma a sua ascendência mítica com o *Òrìṣà* ao qual foi consagrado.

Na sequência da liturgia batuqueira, o neófito, ainda dentro do *pejí*/útero, é erguido pelo *Bàbálórìṣà* ou *Ìyálórìṣà* e pelo padrinho ou madrinha, um de cada lado, como se fossem os parteiros deste novo ser. Em seguida, ele é conduzido até a porta do *pejí*/útero, numa clara alusão a um parto, onde será entregue a um *Òrìṣà* manifestado em transe no corpo de outro membro da comunidade, que irá à sua frente conduzindo seus passos, e outro às costas, lhe protegendo. Na teologia do *borí*, fica claro o que esses *Òrìṣà* representam e o seu papel na vida do iniciado, algo que seguirá até o fim dos seus dias na Terra: papel de condução e proteção constante pelos caminhos da vida.

Por alguns dias o iniciado ficará recluso no salão, que no caso do Batuque é contíguo ao *pejí*. Será cuidado como se fosse uma criança recém-nascida. Ao fim do processo de reclusão, haverá uma readaptação à vida normal. No Candomblé, essa readaptação é encenada num pequeno rito onde são reensinadas ao neófito as práticas cotidianas, em alusão ao crescimento da "criança". O rito se prolonga após a autorização de saída do iniciado do espaço

---

355 BENISTE, 2008b, p. 307.

territorial da comunidade, com regras rígidas de controle alimentar, proibição do consumo de bebidas alcoólicas e sexo (afinal, crianças não fazem isso), além de evitar a visita a certos lugares e a exposição do *orí* em certos horários.

Ao final desse processo, o iniciado será considerado *um* com os Òrìṣà e com a comunidade. Convém salientar que a idade biológica das pessoas não tem validade no terreiro sob o ponto de vista hierárquico. O que conta é o tempo de iniciação, pois a nova vida extingue a velha. Os processos iniciáticos em África são concluídos quando o sacerdote responsável por uma iniciação lhe dá um novo nome, *orúkọ*. Este ritual, presente no Candomblé e inexistente no Batuque, define um papel importante na inclusão do iniciado na família do Òrìṣà e no terreiro. Quando o iniciado recebe um novo nome, não pode ser mais chamado pelo anterior, pois, segundo Verger,[356] a vida anterior está morta e a que conta é a que vive agora, abolindo seu passado. Assim, uma pessoa com vinte anos de idade e quinze de iniciação é considerada mais velha que uma com cinquenta anos de idade e dez de iniciação.

ỌSẸ̀

Os ritos de renovação e restituição são chamados de Ọ̀sẹ̀. Nos dias de hoje, a palavra define a semana *yorùbá* de sete dias,[357] mas antes da colonização a semana possuía quatro dias, como já disse antes, sendo que cada um deles é consagrado a um Òrìṣà. De acordo com Verger,[358] este dia consagrado – que ele chama de "domingo" – é chamado de Ọ̀sẹ̀. Nenhuma das duas formas está errada, já que a semana é um conjunto de dias, sendo que para alguns grupos religiosos geralmente um deles é o de devoção à sua divindade particular. Para os judeus, por exemplo, o *shabāt* é o dia dedicado a Javé, enquanto

---

[356] VERGER, 1997, p. 43.
[357] A semana moderna *yorùbá* é definida da seguinte forma, de acordo com Beniste: *ọjọ́ ajẹ́* – dia do sucesso financeiro (segunda-feira), *ọjọ́ iṣẹ́gun* – dia da vitória (terça-feira), *ọjọ́ rú* – dia da confusão (quarta-feira), *ọjọ́ bọ* – dia das novas realizações (quinta-feira), *ọjọ́ ẹti* – dia dos problemas (sexta-feira), *ọjọ́ àbámẹ́ta* – dia das três resoluções (sábado) e *ọjọ́ isinmi* – dia do descanso (domingo).
[358] VERGER, 1997, p. 88.

para os cristãos é o domingo (*dies Dominicus*, "dia do Senhor"). Neste contexto, o uso da palavra "domingo" por Verger é como referência ao dia de dedicação ao culto das divindades. Assim, no dia chamado de ọjọ́ Awo, é o dia em que os devotos de Òrúnmìlà o cultuam; ọjọ́ Ògún é para os devotos do Òrìṣà da guerra; no ọjọ́ Jákúta é a vez dos iniciados à Ṣàngó; e ọjọ́ Ọbàtálá é o dia consagrado a Òṣàálá. Para cada um dos grupos o dia consagrado à devoção de um Òrìṣà é o seu domingo.

Seguindo a linha de pensamento de Verger, em África há os pequenos "domingos" (Ọ̀ṣẹ̀ kékeré), onde são renovadas as oferendas incruentas, ou seja, quando se oferecem pratos à base de vegetais como cereais e tubérculos, e os grandes "domingos" (Ọ̀ṣẹ̀ nlá), quando são realizadas procissões onde o assentamento do Òrìṣà é lavado com água da nascente de um rio e sacralizações acompanhadas de grandes festas coletivas, muitas vezes patrocinadas pelo rei local ou dono de mercado, onde os Òrìṣà podem se manifestar em seus neófitos, dançar entre seus descendentes e abençoar todas as pessoas que estiverem presentes. Os sacerdotes fazem um grande banquete público no qual o povo se farta em agradecimento às bênçãos das divindades e de seu descendente vivo, o rei. Os próprios Òrìṣà se apresentam na festa: primeiro Èṣù se manifesta em *oluponán*, seu sacerdote; depois vem os outros Òrìṣà: Ògún, Ṣàngó, Ọya e, por fim, Òṣàálá. Todos se curvam para receber as benesses dos que vieram do Ọ̀run especialmente para o festejo.

Existem dois grupos bem definidos durante os festejos. Os sacerdotes, Alàṣẹ, são saudados *kabiesi*, a mesma saudação aos reis, o que nos mostra a importância desse cargo. Depois temos os Ìyàwórìṣà, as "esposas" do Òrìṣà. Apesar desse nome, os Ìyàwórìṣà ou na sua forma diminutiva Ìyàwó, podem ser tanto homens como mulheres. Isto porque o neófito está sujeito ao Òrìṣà do qual é consagrado, não tendo nenhuma outra conotação. Os Ìyàwó são em grande número e foram todos iniciados por um Alàṣẹ. Em alguns casos, o Òrìṣà pode se manifestar em vários Ìyàwó ao mesmo tempo; em outros, apesar de todos serem suscetíveis à manifestação, ele possuirá apenas um.

Mircea Eliade define que povos e culturas antigas possuem um rito de "renovação do tempo". Este rito reflete a percepção de mundo de que o tempo é cíclico, logo os anos não avançam no tempo, mas se renovam a cada ciclo. "*As divisões do tempo são determinadas pelos rituais que orientam a renovação das reservas alimentares, isto é, os rituais que garantem a continuidade da vida da comunidade por inteiro.*"[359] Devido ao caráter urbano das tradições afrodiaspóricas, as datas já não coincidem mais com as da colheita como ocorre entre os diferentes povos da África. As datas se tornaram mais dinâmicas, mas o propósito ainda é o mesmo: garantir a subsistência da comunidade por meio do alimento e as grandes festas do Batuque (ẹbọ) e as do Candomblé (ṣiré) são a adaptação a essas condições, daí sempre haver um banquete.

Era comum, em tempos idos, que as pessoas desejosas de que certa festividade acontecesse dizia que esperava pelo "retorno da festa" e não "pela próxima" como dizemos hoje. Isso demarca a concepção de uma ciclicidade e, por extensão, da renovação do tempo e dos eventos.

> *O fato essencial é que em toda parte existe uma concepção de final e de começo de um período de tempo, baseada na observação dos ritmos cósmicos e que faz parte de um sistema mais abrangente [...] de regeneração periódica da vida. [...] uma regeneração periódica do tempo pressupõe, de um modo mais ou menos explícito – e, em especial, nas civilizações históricas – uma nova criação, ou seja, uma repetição do ato cosmogônico.*[360]

Os ritos de renovação do tempo são importantes, justamente, porque garantem a continuidade das estruturas conhecidas. Segundo Eliade[361], há três aspectos presentes nos ritos de renovação do tempo: a) as purificações; b) a demolição dos altares e subsequente reconstrução; c) os sacrifícios seguidos

---

359 ELIADE, 1992, p. 55.
360 ELIADE, 1992, p. 56.
361 ELIADE, 1992, p. 55-86.

de festas e banquetes. No Brasil, muitos dos elementos ritualísticos africanos permaneceram na estruturação dos cultos aos Òrìṣà, Vodun e Nkisi, como no Candomblé da Bahia, no Tambor de Mina do Maranhão, no Xangô do Recife, na Macumba do Rio de Janeiro e no Batuque do Rio Grande do Sul. Da mesma forma, consegui perceber os três aspectos delineados por Eliade nos ritos de Batuque e Candomblé, tanto na forma coletiva quanto individual.

No caso específico do Batuque do Rio Grande do Sul, durante o mês de dezembro são realizadas purificações coletivas nas pessoas da comunidade, tanto iniciadas quanto não iniciadas. Estas purificações, chamadas de "limpeza de final de ano", visam tornar essas pessoas aptas a entrar no novo ano, mesmo que secular, espiadas de suas faltas. *"E este é o significado das purificações rituais: uma combustão, uma anulação dos pecados e das faltas do indivíduo e da comunidade como um todo."*[362]

A palavra Òṣẹ̀ permaneceu como um rito anual, embora deturpada pela nova realidade. No Batuque, Òṣẹ̀ tem o significado de "limpeza ritual dos assentamentos dos Òrìṣà", o que não difere muito da realidade do Candomblé. Durante o Òṣẹ̀ batuqueiro, que também ocorre no mês de dezembro, os assentamentos dos Òrìṣà são retirados das prateleiras onde estão guardados dentro do *pejí* e colocados no chão. Os òkúta, o coração desses assentamentos e elemento hierofânico do culto, são retirados de suas vasilhas com cuidado e carinho para serem limpos, juntamente com os implementos sagrados que compõem o *Igbá*. O quarto sagrado onde ficam os assentamentos dos Òrìṣà é completamente desmanchado, as prateleiras podem ser destruídas e substituídas por novas, as quartinhas esvaziadas, tudo é limpo, deixado como novo. Cortinas e adereços são retirados e trocados por novos. Todo o quarto dos Òrìṣà, representação mítica do útero (que se renova a cada ciclo menstrual) e que também é a representação simbólica do "centro do mundo" (*axis mundi*) é rearranjado, deixado como novo, regenerado a cada ano. Os implementos

---

362 ELIADE, 1992, p. 57.

sagrados serão realocados em seus lugares, representação da presença das divindades no mundo. Por fim, refeito, reconstruído, reorganizado, o *pejí* está pronto para as renovações anuais das imolações que servirão de repasto ao povo e às divindades na grande festa pública que acolhe iniciados e não-iniciados, assim como os *Òrìṣà* que se manifestam em seus *Ìyàwó*. Todos esses elementos completam o ciclo ritual anual garantindo a continuidade da vida e do cosmo. "*Cada Ano Novo é considerado como o reinício do tempo, a partir do seu momento inaugural, isto é, uma repetição da cosmogonia.*"[363]

ÌSINKÚ[364]

Pode-se dizer que a filosofia de vida *yorùbá* está sustentada no tripé riqueza (*ọlà*), filhos (*ọmọdé*) e vida longa (*aìkú*). A vida longa é o mais importante, pois possibilita as outras duas. De fato, a vida é entendida sempre como boa, uma dádiva de *Olódùmarè*, por isso os *yorùbá* entendem que a vida é o bem mais precioso que temos e viver bem significa seguir os valores civilizatórios legados pelos antepassados que são rememorados, de tempos em tempos, em rituais específicos. Foram os antepassados que deixaram, para seus descendentes, os princípios éticos e morais, assim como o conhecimento da cultura religiosa que serve como cimento na construção das suas vidas. A vida tem que ser vivida na sua total plenitude. A percepção de mundo *yorùbá* é completamente sensitiva: o tato, o olfato, a visão, a audição e o paladar estão presentes em todos os ritos, seja de nascimentos, casamentos, iniciações ou morte. A vida é sempre celebrada. Na visão de mundo ocidental, bom é estar morto, pois sempre vê a vida como algo difícil, o sofrimento é entendido como inerente à vida e que o melhor lugar para se estar é perto de Deus, ou seja, morto.

A palavra "escatologia" é oriunda do grego "éscatos" ($\varepsilon\sigma\chi\alpha\tau o\varsigma$), que significa "finais" ou "recentes eventos" e "logos" ($\lambda o\gamma o\varsigma$), estudo, sabedoria

---

363   ELIADE, 1992, p. 57.
364   Este subtítulo é uma adaptação revisada e atualizada de um artigo que publicamos na Revista *Identidade!* das Faculdades EST.

ou conhecimento. Segundo Cauthron,³⁶⁵ este estudo se refere à interpretação dos textos sagrados sobre os acontecimentos no final da história do mundo. Nos estudos sistemáticos da teologia cristã, se entende que há dois tipos: a "individual geral" e a coletiva. De forma geral, a escatologia individual se refere "à natureza da vida após a morte", enquanto a escatologia coletiva ou geral "discutem os últimos eventos que ocorrem no final da história". Hodiernamente os teólogos apresentam novas soluções para os problemas escatológicos, fazendo da salvação individual e coletiva não objeto de uma espera passiva, mas de uma esperança ativa, em que a plenitude do desenvolvimento humano realiza um encontro espiritual com as divindades.

A religião tradicional africana, de forma geral, não trata de uma escatologia coletiva, sobre o destino último da humanidade, assim como trata o cristianismo no livro bíblico do Apocalipse. A escatologia *yorùbá* é sempre de cunho individual, ou seja, busca responder à questão: "para onde vamos ao morrermos?". Para os *yorùbá*, a existência transcorre simultaneamente em dois planos: no *Ayé* e no *Òrun*. O *Ayé*³⁶⁶ é a Terra, o mundo material, imanente, onde vivem os *ara-Ayé*, os seres naturais. *Òrun* é o espaço mítico sobrenatural, imaterial, transcendente, onde vivem os *ara-Òrun*, os seres sobrenaturais. Quanto ao *Òrun*, Juana dos Santos é taxativa:

> [...] *o espaço Òrun compreende simultaneamente todo o do àiyé, terra e céu inclusos, e consequentemente todas as entidades sobrenaturais, quer elas sejam associadas ao ar, à terra ou às águas, e que todas são invocadas e surgem da terra. É assim que os ara-Òrun são também chamados Irúnmalẹ̀ [...].*³⁶⁷

---

365 CAUTHRON. In: TAYLOR; GRIDER; TAYLOR, 1984, p. 304.
366 Em todas as produções textuais que pesquisei a palavra *yorùbá* para "Terra", no sentido de planeta, é escrita pelos autores *àiyé*. Mas durante o curso de fruição no idioma *yorùbá* promovido pelo Prof. Gideon Babalọlá Ìdòwú, nativo de Lagos, Nigéria, este escrevia *Ayé*. Ao ser questionado, informou que, assim como ocorreu várias vezes com a língua portuguesa, a língua *yorùbá* também sofreu reformas ortográficas. Assim, desde 1974, esta é a forma oficial de escrever.
367 SANTOS, 2002, p. 72.

É no Ọ̀run que se encontra Olódùmarè, os Òrìṣà e os ancestrais. Sobre os dois primeiros, nos deteremos mais profundamente no próximo capítulo. Basta sabermos, por agora, que Olódùmarè é o Deus único e que os Òrìṣà são divindades criadas por Ele para serem agentes da manutenção da Criação. Cada Òrìṣà ganha seus poderes de Olódùmarè. Esses poderes são muito específicos, fazendo com que eles se tornem dependentes uns dos outros no cumprimento de seu papel no cosmo. Este é o princípio da complementaridade advogado no capítulo anterior. Isso faz com que alguns Òrìṣà tenham papéis importantes no processo escatológico: Ọ̀rúnmìlà, Ìkú e Ọya.

Ọ̀rúnmìlà é a testemunha de Olódùmarè, conforme já dito antes. Ele estava na criação do mundo e dos seres humanos, por isso é regente do mundo-além e também deste mundo. Por ser testemunha, Ọ̀rúnmìlà sabe tudo o que deve ser feito quando chega a morte de cada um, incluindo a própria data da morte, já que ele estava presente quando os seres humanos a contam a Èṣù Oníbodè, o guardião dos portões que separam o Ọ̀run do Ayé.

Outra importante divindade escatológica é a Morte, pois, segundo Beniste, *"é visto como um agente criado por Olódùmarè para remover as pessoas cujo tempo na Terra tenha terminado."*[368] Ìkú, a Morte, é uma divindade masculina cuja lógica é para pessoas velhas, motivo pelo qual a morte de um jovem é vista como uma tragédia. Um itán revela a origem de seu nefasto ofício:

> *No dia em que a mãe da morte foi espancada no mercado de Ejìgbòmẹkùn, a Morte ouviu e gritou alto enfurecida. A Morte fez do elefante a esposa de seu cavalo. Ele fez do búfalo sua corda. Fez do escorpião o seu esporão bem firme pronto para a luta.*[369]

Este evento fez com que Ìkú matasse indiscriminadamente, criando grande caos.[370] Então consultaram Ifá, que ensinou a fazer oferendas para acal-

---

368 BENISTE, 2008b, p. 191.
369 BENISTE, 2008b, p. 192.
370 Talvez por isso, para Abímbọ́lá, Ìkú também é um ajogun, seres sobrenaturais maléficos de que tratarei mais adiante.

mar a Morte. Assim foi feito e a ordem se restabeleceu. *Ìkú*, então, se dedicou a levar apenas os que já viveram o bastante. Em outra história sagrada, *Ìkú* ganha sua missão de *Olódùmarè*:

> *Quando Olódùmarè ordenou que Òṣàlá criasse os seres humanos, pediu para todos os Òrìṣà que trouxessem o material que melhor servisse. Trouxeram madeira, pedra, água, areia, mas nada resolvia. Ìkú pediu para que Nànà cedesse o elemento de seus domínios, a lama primordial, para que Òṣàlá fizesse os seres humanos. Ela concordou desde que Ele ficasse incumbido de trazer a lama de volta ao final da vida de cada indivíduo. Assim se sucedeu: Òṣàlá cria os seres humanos da lama primordial e Ìkú os trata de devolver para Nànà*[371]

Então, quando a pessoa é tocada por *Ìkú*, seu corpo biológico perece - é abandonado por *Bara*, tornando-o imóvel – e é restituído à natureza ao ser enterrado. É crucial que o corpo seja enterrado, pois, na percepção de mundo dos *yorùbá*, é na decomposição dos corpos que sua força vital se redimensiona fortalecendo a família, a comunidade. Além disso, o *Ẹ̀mí* permanecerá junto ao corpo por um período de dias que, em África, é de nove e, no Brasil, é sete (provavelmente devido ao sincretismo com a Missa de Sétimo Dia católica). De forma alguma o corpo pode ser cremado, pois isto é entendido como a destruição do corpo, o que impede que sua alma, o *Ẹ̀mí*, seja imortalizada. A cremação é até mesmo aplicada como castigo aos "feiticeiros":

> *Por sua vez, o castigo que a sociedade africana impõe ao feiticeiro corresponde à concepção de vida e à escala de valores que lhe são próprias. Sendo a vida, sua propagação e conservação o valor máximo, aquele que com toda a força vital entregou-se à destruição desse valor, recebe também a punição máxima, isto é,*

---

[371] BENISTE, 2008b, p. 193.

> *a eliminação total da vida. Assim, contrariamente a todos os outros homens, o feiticeiro, após a morte, não é enterrado, mas incinerado ou jogado como pasto às hienas. O feiticeiro é o único a quem não é permitido sobreviver, sendo excluído da "imortalidade" prometida aos homens. Sua força vital se dissolve com a morte, e ele não pode mais ser chamado à existência por palavra alguma. A sociedade africana reserva, pois, a mais terrível punição metafísica àquele que destruiu a vida e fez mau uso da palavra: a aniquilação total, a única morte verdadeira e definitiva.*[372]

Esta morte é considerada definitiva, porque, para os africanos de modo geral e mais especificamente para os *yorùbá*, a morte não é o fim, mas um portal para uma nova vida que continua no *Ọ̀run* e, posteriormente, será restituída novamente à vida num novo e infindável ciclo. Já vimos, na parte desse trabalho dedicado ao *Borí*, que o nosso "corpo espiritual" é composto de várias "almas" reunidas. Estas almas, de acordo com Santos, Beniste, Abímbọ́lá e Bascom, terão um destino próprio, cada uma com o perecimento do "corpo biológico". Imediatamente *Bara* o deixa, a evidência é a imobilidade do corpo; o *Òrìṣà* pessoal, que define a origem mítica da pessoa, retorna ao *Òrìṣà* primordial, do qual é uma parte infinitésima. O *orí-inú*, o princípio de individualidade, perece com ela, a acompanha na morte, juntamente com o seu projeto mítico-social. Isto é narrado no *ìtán* abaixo,[373] que preferi manter o texto integralmente para uma melhor compreensão do contexto:

> *Orunmilá reuniu todos os Orixás em sua casa e lhes fez a seguinte pergunta: "Quem dentre os orixás pode acompanhar seu devoto numa longa viagem além dos mares e não voltar mais?"*
> *Xangô respondeu que ele podia.*

---

372 REHBEIN, 1985, p. 57.
373 PRANDI, 2001, p. 476-481.

Então lhe foi perguntado o que ele faria depois de ter andado, andado e andado até as portas de Cossô, a cidade de seus pais.

Onde iam preparar-lhe um amalá e oferecer-lhe uma gamela de farinha de inhame.

Onde lhe dariam orobôs e um galo, um aquicó.

Xangô respondeu: "Depois de me fartar, retornarei à minha casa".

Então foi dito a Xangô que ele não conseguiria acompanhar seu devoto numa viagem sem volta além dos mares.

Aos que entravam pela porta e ficavam de pé, Ifá fez a pergunta: "Quem dentre os orixás pode acompanhar seu devoto numa longa viagem além dos mares e não voltar mais?"

Oiá respondeu que ela poderia.

Foi-lhe perguntado o que ela faria depois de caminhar uma longa distância, caminhar e caminhar e chegar à cidade de Irá, o lar de seus pais, onde lhe ofereceria uma gorda cabra e lhe dariam um pote de cereal.

Oiá respondeu: "Depois de comer até me satisfazer, voltarei para casa".

Foi dito a Oiá que ela não poderia acompanhar seu devoto numa viajem sem volta além dos mares.

A todos os orixás reunidos por Orunmilá, Ifá fez a seguinte pergunta: "Quem dentre os orixás pode acompanhar seu devoto numa longa viagem além dos mares e não voltar mais?"

Oxalá disse que ele poderia.

Foi-lhe perguntado então o que ele faria depois de caminhar uma longa distância, caminhar e caminhar e chegar à cidade de Ifom, o lar dos seus pais, onde matariam duzentos igbins servidos com melão e vegetais.

Oxalá respondeu: "Depois de comer até ficar saciado, voltarei para minha casa".

Foi dito a Oxalá que ele não poderia acompanhar seu devoto numa viagem sem volta além dos mares.

A todos os deuses reunidos por Orunmilá, Ifá fez a seguinte pergunta: "quem dentre os orixás pode acompanhar seu devoto numa longa viajem além dos mares e não voltar mais?".

Exu respondeu que ele podia acompanhar seu devoto numa longa viajem além dos mares e não mais voltar.

Então foi-lhe perguntado: "o que fará depois de caminhar uma longa distância, caminhar e caminhar, e chegar à cidade de Queto, o lar de teus pais, e ali te derem um galo e grande quantidade de azeite-de-dendê e aguardente?".

Ele respondeu que, depois de se fartar, voltaria para sua casa.

Foi dito a Exu: "Não, não poderias acompanhar teu devoto numa longa viajem além dos mares e não voltar".

A todos os deuses reunidos por Orunmilá, Ifá fez a pergunta: "Quem dentre os orixás pode acompanhar seu devoto numa longa viajem além dos mares e não voltar mais?".

Ogum disse que ele sim poderia.

Foi-lhe perguntado o que ele faria depois de caminhar uma longa distância, caminhar e caminhar e chegar à cidade de Irê, o lar de seus pais, onde haviam de lhe oferecer feijões-pretos cozidos e lhe matar um cachorro e um galo.

Ogum respondeu: "Depois de me satisfazer, voltarei para minha casa, cantando alto e alegremente pelo caminho".

Foi dito a Ogum que ele não poderia acompanhar seu devoto numa viajem sem volta além dos mares.

A todos os deuses reunidos por Orunmilá, Ifá fez a pergunta: "Quem dentre os orixás pode acompanhar seu devoto numa longa viajem além dos mares e não voltar mais?".

Oxum disse que ela podia.

Foi-lhe perguntado: "O que faria depois de caminhar uma longa distância, caminhar e caminhar, e chegar à cidade de Ijimu, o lar de teus pais, onde te dariam cinco pratos de feijão-fradinho com camarão, tudo acompanhado de vegetais e cerveja de milho?".

Respondeu Oxum: "Depois de me saciar, voltaria para minha casa".

Foi dito a Oxum que ela não poderia acompanhar seu devoto numa viajem sem volta além dos mares.

A todos os orixás reunidos por Orunmilá, Ifá fez a pergunta: "Quem dentre os orixás pode acompanhar seu devoto numa longa viajem além dos mares e não voltar mais?".

O próprio Orunmilá disse que ele poderia acompanhar seu devoto numa viajem sem volta além dos mares.

Foi-lhe perguntado: "O que farás depois de caminhar uma longa distância, caminhar e caminhar, e chegar à cidade de Igueti, lar de teus pais, onde vão te oferecer dois ligeiros preás, dois peixes que nadam graciosamente, duas aves fêmeas com grandes fígados, duas cabras pesadas de prenhas, duas novilhas com grandes chifres? E onde vão te preparar inhames pilados, mingaus de farinhas brancas e a mais preciosa de todas as cervejas? E também te oferecer os mais saborosos obis e as melhores pimentas doces?".

"Depois de me fartar", respondeu Orunmilá, "voltarei para minha casa."

> O sacerdote de Ifá ficou pasmo. Não conseguia dizer uma palavra sequer. Porque ele simplesmente não entendia essa parábola.
>
> Disse ele: "Orunmilá, eu confesso minha incapacidade. Por favor, ilumina-me com tua sabedoria. Orunmilá, és o líder, eu sou o teu seguidor. Qual é a resposta para a pergunta sobre quem dentre os deuses pode acompanhar seu devoto numa viajem sem volta além dos mares?".
>
> Falou Orunmilá: "A única resposta é... o Orí. Somente o Orí pode acompanhar seu devoto numa viajem sem volta além dos mares".
>
> Disse Orunmilá: "Quando morre um sacerdote de Ifá, dizem que seus apetrechos de adivinhação devem ser deixados numa corrente d'água. Quando morre um devoto de Xangô, dizem que suas ferramentas devem ser despachadas. Quando morre um devoto de Oxalá, dizem que sua parafernália deve ser enterrada".
>
> Disse também Orunmilá: "Mas, quando os seres humanos morrem, a cabeça nunca é separada do corpo para o enterro. Não. La está o Orí. La vai ele junto com seu devoto morto. Somente o Orí pode acompanhar para sempre o seu devoto, a qualquer lugar".
>
> Falou ainda Orunmilá: "Pois o Orí é o único que pode acompanhar seu devoto numa viajem sem volta além dos mares".

Neste *itán* fica claro que os *Òrìṣà* nunca acompanharão seus filhos na morte, apenas o *Orí*, a divindade pessoal representada tanto pela cabeça física, quanto pela mítica. O *Ìgbá-Orí*, que simbolicamente se apresenta como o *ipọ̀nrí*, se finda com a morte, mas este não é um fim de fato. Nessa percepção de mundo, o indivíduo não acumula consciência, como ocorre no hinduísmo, no budismo e no espiritismo. O *orí-inú* é constituído também pelo *iyè'rántí*, a memória de sua vida, quem foi, o que fez. Ele se juntará ao *òjìji*, a sombra, ao *èémí*, a respiração/espírito, e ao *ẹ̀mí*, a alma, que abandonam o corpo e vagam pelos lugares que a pessoa conhecia, como um fantasma, visitando amigos e parentes. Após os ritos escatológicos, será levado por Ọya ao Ọ̀run Àsàlú, onde será julgado por Olódùmarè num processo chamado de Ìdájọ́.

> [...] os mortos são encaminhados a um desses espaços após o fator decisivo do julgamento divino, pois, na realidade, o julgamento ocorre durante todo o tempo de vida da pessoa na Terra. As divindades contrárias ao mal acompanham as pessoas em sua vida diária e dão a sua punição: o juízo final fica a cargo de Olódùmarè, decidindo quais são os bons e quais são os maus, e os encaminham para os respectivos Ọ̀run. O julgamento é baseado nos atos praticados na Terra e devidamente registrados no orí inú, que retorna para Olódùmarè.[374]

Após o julgamento o "composto de almas" se desfaz: òjìji desaparece; èémí retorna a Olódùmarè; o ẹ̀mí aguardará o retorno ao mundo e ao seio familiar, continuamente, através do àtúnwa; o orí-inú se torna apenas iyè'ránti que será cultuada como Égún, espírito individual de antepassado familiar, se tiver sido uma pessoa que mereça este reconhecimento pela comunidade, se não, fará parte do culto coletivo aos ancestrais como okù-Ọ̀run.

A quem não é feito os rituais prescritos pode se tornar um Ápáráká, espíritos perturbadores, sombras ou fantasmas. O mesmo ocorre com aqueles que não chegaram a seu tempo de morrer ainda. Para os yorùbá quando nosso ẹ̀mí se encontra com Èṣù Oníbodè a caminho do Ayé, este lhe pergunta quando regressará ao Ọ̀run. Oníbodè não permite que haja regressos antes do tempo que lhe foi dito, daí òjìji vagar como uma sombra fantasmagórica e quando é um espírito falante é porque está acompanhado do èémí, a respiração. "Eles permanecem na terra até que seu dia finalmente chega."[375]

---

374 BENISTE, 2008b, p. 201.
375 BASCOM, 1960, p. 6.

De acordo com essa cosmopercepção, o regresso ao mundo, ou seja, o *àtúnwa*, não é exatamente uma reencarnação como aponta Beniste[376], já que a permanência do *iyè'rántí* no *Ọ̀run* indica que o ser individual permanece único e não retorna mais do "além-mar". Por isso, cada criança que nasce em África, ainda que seja reconhecida como o retorno de um antepassado seu, deverá cumprir todos os ritos – sobretudo o *Borí* – que garantem a sua individuação como um novo ser. O que efetivamente retorna é o *ẹ̀mí*.

Divindade feminina, *Ọya* está intimamente relacionada com as almas dos mortos – os *Égún*. Ela carrega um *ìrùkéré*, um pequeno espanta-moscas feito com rabo de cavalo que serve para controlá-los. É a divindade escatológica por excelência, pois é quem leva as almas dos mortos para um dos nove espaços de *Ọ̀run*[377]. Alguns *ìtán* narram seu poder sobre os *Égún*. Em um deles, *Ọya* é esposa de *Ògún*, o *Òrìṣà* ferreiro. Ela atiça o braseiro que esquenta o metal fazendo um som melodioso que atraiu um *Égún* que vinha passando, o dominando.

Noutro *ìtán*, *Ọdẹ Odulẹkẹ* – o grande chefe caçador – encontrou uma órfã Nupe no mercado principal de *Kétu*, seu reino. A garotinha estrangeira parecia uma cabrita levada. *Odulẹkẹ*, emocionado, resolveu adotá-la, dando-lhe o nome de *Ọya*: ligeira, rápida, em língua *yorùbá*. Passou-se o tempo e o chefe caçador ensinou a filha tudo o que sabia de feitiçaria, caçadas e estratégias de guerra, exercitando-a na generosidade e no gosto pela arte. Um dia, *Ìkú* levou o grande *Ọdẹ*, para a tristeza de *Ọya*, a qual durante sete dias e sete noites, cantou e dançou em homenagem àquele que amara tanto. Ela reuniu as ferramentas de caça de *Odulẹkẹ*, cozinhou as iguarias de que ela mais gostava, entoou os cânticos mais significativos em homenagem ao pai, dançando durante sete noites, na companhia de seus colegas de caça, de todos os amigos, que também dançaram, cantaram e celebraram a memória de um bravo; o grande provedor da aldeia. Durante o *àjèjé* (vigília), os amigos con-

---

[376] BENISTE, 2008b, p. 203.
[377] SANTOS, 2002, p. 182-186.

fraternizaram-se e os desafetos congraçaram-se. Na última noite, reuniram todos os pertences, as comidas e ferramentas do Ọdẹ e foram depositar o "carrego" no pé de um *Iróko*, a árvore *Òrìṣà*, nas profundezas da mata.[378]

Olódùmarè, inspirado pela dedicação de Ọya, lhe concedeu o título de Rainha dos Espíritos, ficando com a responsabilidade de atravessar a alma do falecido entre os nove espaços do Ọ̀run. Assim, Ọdẹ Odulẹkẹ se tornou o primeiro ancestral cultuado, sendo chamado de *Èsá Akèrán*. E o ritual criado por Ọya foi o primeiro *Aròsún*, Aresún ou Eresún - nome dado aos rituais fúnebres no Batuque.[379] No Candomblé de origem *Kétu* o nome dado é *Àṣẹ̀ṣẹ̀*, corruptela de *Àjèjè*, e o primeiro a ser homenageado nesta liturgia é Ọdẹ.

Nos rituais de passagem nas Tradições de Matriz Africana, costumam-se entoar cantigas em homenagem aos ancestrais de todas as Nações. O *Aròsún* é uma cerimônia na qual os iniciados dançam, cantam, comem e bebem. A liturgia é pública e os visitantes são convidados para a partilha das iguarias. O traje branco é obrigatório. A cor branca é utilizada nas celebrações de nascimento e transformação, sendo necessária nos ritos de passagem de todas as Nações. Os rituais têm início no dia de falecimento do iniciado. O corpo é velado no terreiro. As pessoas dançam e cantam em homenagem ao falecido; balançam seus braços para frente e para trás, indicando que todos estão passando vivos por aquele momento. Depois, sai o cortejo fúnebre com familiares pegando o caixão e balançando, para frente e para trás, um movimento que simboliza o pertencimento tanto a este quanto ao outro mundo. No sexto dia são feitos os sacrifícios rituais, entoa-se cânticos, faz-se oferendas e come-se o "arroz com galinha", prato proibido nos outros dias, mas propiciatório nesses rituais. Ao sétimo dia são entoados os cânticos sagrados novamente. Prepara-se um banquete que é refestelado por todos. À ponta da mesa

---

378 BENISTE, 2008, p. 197-198; PRANDI, 2001, p. 310-311.
379 Do yorùbá: *ara* (corpo) e *òsùn* (sono). *Aròsún* significa o "corpo que dorme", pois para os *yorùbás* "o sono é primo da morte". Contudo, também pode ser uma corruptela de *Àìsùn*, que significa (não dormir), pois os rituais eram executados a noite toda impedindo mesmo que os participantes fossem para casa. Os bantus, que deram origem aos chamados Candomblés de Angola, celebram o *Mukondo* e os *Jeje*, o *sihum* ou *azeri*, também chamado de "tambor de choro" no Tambor de Mina maranhense, em cerimônias muito semelhantes.

ninguém fica, pois é o lugar do falecido que, acredita-se, está ali. Após, dança-se em círculo no sentido horário, o sentido da vida, e alguns *Òrìṣà* se manifestam em seus iniciados. Neste rito específico, os *Òrìṣà* se manifestam silenciosamente, exceto *Ọya* que faz ecoar sua gargalhada visceral avisando aos quatro cantos da Terra que ela está presente. *Ọya* veio buscar a alma do morto. No final da liturgia, todos os implementos que pertenciam ao falecido, assim como as comidas de que gostava e as oferendas, são reunidas num carrego que será depositado no mato. O mato é um espaço sagrado que também está relacionado com os ancestrais, como vimos no *ìtán* mais acima.

Ọya carrega a alma do morto para o *Òrun Àsàlú*, onde *Olódùmarè* julgará seus atos e seu caráter. Ali, *Olódùmarè* dará seu veredito final absolvendo ou condenando a pessoa. Caso a pessoa seja absolvida, irá para um dos bons espaços: *Òrun Rere*, o bom lugar para aqueles que foram bons durante a vida; *Òrun Àlàáfíà*, o local de paz e tranquilidade; *Òrun Funfun*, espaço do branco e da pureza; ou *Òrun Bàbá Ẹni*, onde se encontrará com seus ancestrais. Mas se a pessoa for condenada, seu destino poderá ser o *Òrun Àféfé*, local onde os espíritos permanecem até tudo ser corrigido e onde ficarão até renascerem; *Òrun Àpààdì*, espaço dos "cacos", do lixo celestial, das coisas quebradas e impossíveis de reparar e de serem restituídas à vida terrestre através do renascimento; ou *Òrun Burúkú*, o mal espaço, quente como pimenta, destinado às pessoas más. No *Òrun Àkàsò* os espíritos aguardam o regresso ao mundo através do renascimento.

Ninguém traz nada da vida anterior para esta, portanto os conceitos espíritas de carma e a "lei da causa e efeito" que implicam os reencarnados não se aplicam à cosmopercepção *yorùbá*. Estar vivo é a motivação para os *yorùbá*. A morte é enfadonha, por isso nos apressamos para retornar a vida, pois bom é estar vivo. A ideia de poder ser mandado para um dos "maus espaços" de *Òrun* é perturbadora, por isso os seres humanos devem se portar de maneira exemplar no *Ayé*. É o comportamento humano que determinará isso. Assim, é apontado que, pela ética *yorùbá*, devemos seguir valores para garantir uma vida plena e uma pós morte promissora. Em nossas reflexões chegamos a três valores que nos parecem ser importantes: *Orí rere*, *Ìwàpèlè* e *ẹbọ*. *Orí rere* é a prática das coisas boas: boas palavras, ouvidos generosos, bons pensamentos, boas ações. *Ìwàpèlè* é o bom caráter, nunca mentir, nunca enganar; e *ẹbọ* são as oferendas que devem ser feitas após a consulta a *Ifá*.

A ideia amplamente divulgada de que tudo o que nos ocorre é por merecimento, sejam coisas boas ou ruins, não se aplica gratuitamente na percepção africana de mundo. A noção de mérito, de prêmio/castigo, é judaico-cristã-islâmica e faz parte das tradições ditas proféticas. Em algumas tradições africanas não há uma noção de castigo como a aplicada no Ocidente, mas sim de resgate do indivíduo, como vimos sobre o poema de Tolba Phanem. É possível ver ecos disso entre vários povos africanos. A noção do *ubuntu*, que também vimos anteriormente, se reflete na preocupação do coletivo pelo indivíduo, pois o indivíduo pode comprometer todo o coletivo. Os valores africanos giram sempre em torno da comunidade, de forma que méritos pessoais não cabem, exceto se atingem diretamente a própria comunidade. O esforço pessoal através do trabalho e da dedicação está embutido na ontologia africana.

Contudo, os *Òrìṣà* atendem os nossos pedidos, não por merecermos, mas por termos feito o *ẹbọ* propiciatório. As histórias sagradas falam sobre preferências dos *Òrìṣà* e como se conquista algo a partir da observação dessas preferências. Um *ẹbọ* não é magia, mas uma oferenda à divindade esperando uma bênção. Esta bênção é certa se estiver tudo perfeito. O único *ẹbọ* recusado pelas divindades é aquele mal feito ou realizado por pessoa mentirosa. Isso fica claro no seguinte trecho de um *oríki* para *Ṣàngó*:[380]

> *Abá wọn jà má jébi*
> *Òtá òpùró*
> *Ọlólọ tí nfí ẹnu èke lọlẹ̀*
> *Bàbá nlá, a kò má gbe ẹbọ èké rù*

---

[380] SÀLÁMÌ, 1990, p. 85-109.

Aquele que nunca briga injustamente
Inimigo dos mentirosos
Aquele que esfrega a boca do mentiroso no chão
Grande Pai, que faz com que o ẹbọ do mentiroso não tenha efeito.

Em outro *oríki*,[381] dedicado a Èṣù, é revelado que este Òrìṣà não tolera o mentiroso, por isso não aceita e nem leva suas oferendas para os outros Òrìṣà: *A kò má gbẹbọ èké rú*, ou seja, [Èṣù] se recusa a levar o ẹbọ do mentiroso. Isto promove no indivíduo a ideia de que deve se portar bem em sociedade, constrói no ser humano um sentimento de cidadania, civilização, respeito ao próximo, ao coletivo, à toda humanidade, enfim. Não é à toa que a expressão em língua nativa *gbobo ohun ti a bà se ni Ayé l'a o kunlẹ̀ rò ni Ọ̀run* significa: "todas as coisas que fazemos na Terra damos conta de joelhos no Ọ̀run".

Síntese

Evidencio aqui, mais uma vez, a sabedoria africana. Os ritos presentes nas Tradições de Matriz Africana são extremamente importantes para os vivenciadores, pois é a materialidade, a vivência, a experiência dos ritos que garantem para o povo de terreiro a certeza de que sua relação com o sagrado está bem alocada. Em complemento à importante obra escrita por Jostein Gaarder, Victor Hellern e Henry Notaker, *O livro das religiões*, o sociólogo paulista Antônio Flávio Pierucci[382] compara as Tradições de Matriz Africana ao cristianismo e afirma que estas não são religiões éticas como aquela o é, mas sim mágicas, e como tal, busca apenas a manipulação das forças para garantir benesses próprias.

Posso dizer com base nos capítulos anteriores que o professor está muito equivocado no que concerne a inexistência da ética, mas que está certo

---
381 SÀLÁMÌ; RIBEIRO, 2011, p. 354.
382 PIERUCCI. In: GAARDER; HELLERN; NOTAKER, 2000, p. 318.

ao entender a importância dos ritos para essas tradições. Pudemos evidenciar isso neste estudo que, obviamente, não se encerra com essas linhas. No próximo capítulo apresento mais sobre o Ser Supremo para os *yorùbá* e sua relação com o mundo, com os seres humanos e com as divindades.

Muitas vezes
quando oramos a *Olódùmarè*
o que desejamos é "fruto":
o produto acabado, o cônjuge perfeito, o trabalho perfeito...
Mas o que recebemos de *Olódùmarè* em resposta aos nossos pedidos
não é "fruto", mas sim "semente"
não a grandeza, mas o potencial para a grandeza
não a perfeição, mas a promessa de perfeição...
Que seus olhos sejam abertos para ver a obra-prima na bagunça.
Que você receba o dom da fé...
E, por fim, a paciência para esperar o dia de florescer,
pois ele virá, tão certo como *Olódùmarè* vive, ele virá.
Não jogue fora a sua semente.[383]

---

383 Bàbáláwo Adekunle Aderonmu. Disponível em: <https://bit.ly/2CDMhZx>. Acesso em: 12 nov. 2019.

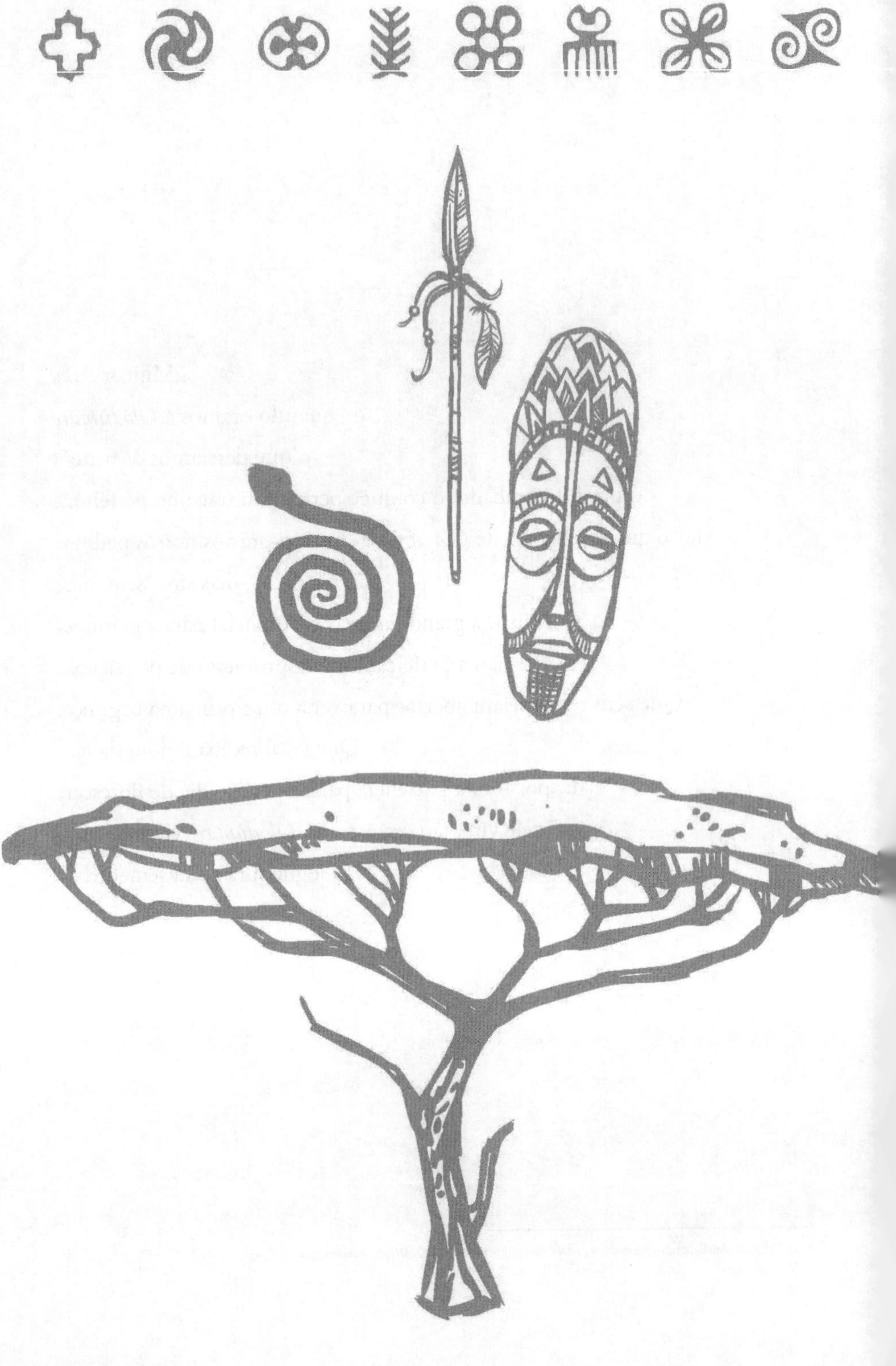

AFROTEONTOLOGIA
ESTUDO AFROTEOLÓGICO SOBRE DEUS

INTRODUÇÃO

Em trabalho anterior, arrogo a Teologia como uma área do conhecimento ampla e dinâmica e que não é de exclusividade da tradição cristã. Esta afirmação é importante, pois ainda hoje essa área é discriminada por outras áreas, mesmo das chamadas Ciências Humanas, que se julgam mais científicas ou mais bem adaptadas ao método científico. No caso das Tradições de Matriz Africana, este trabalho de pesquisa contribui para sua construção a despeito do questionamento de outras áreas do conhecimento que se advogam "mais apropriadas" a estudar este "objeto".

Neste sentido, fui arguido por alguns pesquisadores de outras áreas, que também vivenciam o Candomblé, em encontro promovido pelo grupo de pesquisa Identidade Étnica e Interculturalidade, ao qual sou membro, quando os mesmos se encontravam em São Leopoldo para evento acadêmico a convite das Faculdades EST. Neste encontro, estes pesquisadores se mostraram incomodados por minha pesquisa ter se dado na área de Teologia e não na Antropologia, como é de praxe. Entrementes, entendo que a Antropologia não é a "dona" das Tradições de Matriz Africana e que esta disciplina não nos dá a instrumentalização que desejava para a compreensão teológica dessas tradições. Somente a Teologia me subsidiou nessa proposta, pois vejo as Tradições de Matriz Africana como *sujeito* e não *objeto* de pesquisa, ou ainda como aponta Nascimento:

> *O enfoque antropológico, que em suas mais nobres expressões tenta respeitar o meio cultural estudado, detém-se, em geral, numa visão estática, localizando um grupo numa conjuntura e fixando-o como se estivesse preso para sempre à condição em que foi estudado. Esse enfoque, além de realçar o primitivo, obscurece os processos de fluxo e mudança que sempre caracterizaram a história africana.*[384]

A Teologia proporciona a consciência da dinâmica desses processos de fluxo, mas há a falta de compreensão do que se trata essa área de conhecimento, pois muitos vivenciadores da tradição de matriz africana acadêmicos entendem que esta disciplina se resume a doutrinação. Constantemente tenho que explicar em rodas de conversa, congressos, seminários, encontros, festas religiosas, grupos de estudos e em comunidades virtuais específicas sobre o tema em redes sociais, que doutrina e Teologia não são a mesma coisa. Esta visão tacanha é preconceituosa com essa que já foi considerada a "rainha das ciências" em tempos idos. Me parece claro que a confusão é gerada pela visão típica do que seria o papel da Teologia na Idade Média, o que já não cabe nos dias de hoje.

Contudo, os pesquisadores criticam qualquer tentativa de busca pela compreensão teológica das Tradições de Matriz Africana, como diz o antropólogo cabo-verdiano e professor da Universidade Federal do Rio Grande do Sul, José Carlos Gomes dos Anjos, em documentário produzido por aquela instituição:

> *Claro que sempre terão pessoas, intelectuais internos e externos à realidade afro-brasileira, que irão fazer um imenso esforço de sistematização dessa forma religiosa, mas o processo pelo qual a realidade*

---

384 NASCIMENTO, 2008. Cap. 1, p. 29-54. (Sankofa I), p. 49.

afro-brasileira se constitui enquanto prática sacralizante, vai sempre escapar a essa tentativa de sistematização num todo doutrinário, ordenado, escrito e pode ser repassado de uma forma, digamos, sistemática.[385]

Todavia, os próprios antropólogos criam um tipo de sistematização ao descrever os rituais que presenciam e tentam interpretar, seja como *outsiders* ou *insiders*, mas buscando um "distanciamento ético" de seu "objeto".

Entendo que, como área acadêmica, a Teologia se impõe como um estudo da complexidade dos elementos que compõem a fé vivenciada pelo próprio estudante, de forma ética e crítica. Para tanto, os estudos teológicos cristãos se subdividem em vários tópicos como a Teologia Bíblica, a Teologia Histórica e a Teologia Sistemática, entre outros. Segundo o teólogo e professor da *Nazarene Bible College*, Arnold E. Airhart, a Teologia Sistemática serve para "*descrever a relação com Deus através da fé [...] de forma ordenada, estruturada e razoável.*" Serve para orientação "*[...] com o objetivo de apresentar uma visão coerente e detalhada sobre Deus, os seres humanos e a relação redentora.*". Isto acontece por meio de uma "*descrição ordenada, racional e coerente da fé e das crenças.*"[386]. Com este propósito, a Teologia Sistemática cristã se divide em várias áreas de estudos ou tópicos: a teontologia, a cristologia, a pneumatologia, a angelologia, a hagiologia etc.

Neste capítulo postulo analisar sobre o Ser Supremo e as divindades *yorùbá*, buscando sistematizar o conhecimento adquirido através da tradição oral e registrado em obras, tanto por autores africanos quanto por brasileiros e europeus, além de minha vivência na tradição. Apresento a *Afroteontologia*, ou seja, o estudo afroteológico sobre o Ser Supremo dos *yorùbá* buscando caracterizá-lo, tratar de suas origens e ainda debater um pouco sobre o problema do mal.

---

385 CAMINHOS 2015.
386 AIRHART. In: TAYLOR; GRIDER; TAYLOR, 1984, p. 795-796.

AFROTEONTOLOGIA: CONCEITUANDO

A palavra *teontologia* é um neologismo criado pelo teólogo estadunidense Lewis Sperry Chafer (1871-1952) para definir a parte da Teologia Sistemática que estuda Deus. Também chamado de Teologia Própria, no cristianismo este estudo é específico do Deus Pai,[387] uma das manifestações do Ser Supremo entendido como trino para essa tradição religiosa. Mas, e ao contrário do que costumeiramente é afirmado em fontes etnográficas, as Tradições de Matriz Africana creem na existência de um único Ser Supremo, de um único Deus. Os etnógrafos costumam categorizar as Tradições de Matriz Africana como politeístas devido à quantidade de divindades que são cultuadas em África. Mas chamamos a atenção ao fato de que, pelo menos no caso dos *yorùbá*, a visão de Deus é monoteísta, ou seja, há a crença na existência de um único Deus, um único Ser Supremo. Muitos antropólogos costumam usar o termo "Deus Supremo" para definir *Olódùmarè*, demonstrando um equívoco, pois este termo define a existência de vários deuses tendo um como o Supremo dentre eles. Isso é contestado por Adékọ̀yà:

> *Essa multiplicação de cultos e divindades pode levar à uma interpretação equivocada: a de que os Yorùbá servem a muitos deuses. Tal engano de interpretação encontra-se registrado em várias monografias e escritos difundidos acerca do assunto, quanto a distinção entre divindade e Deus, conferindo-lhes o sentido da visão de mundo ocidental e transferindo-a para as religiões africanas.*[388]

Mais adiante veremos que os *Òrìṣà* não são deuses, mas sim divindades ou seres divinos criados por *Olódùmarè* para fins específicos e que não carregam os atributos necessários para serem considerados deuses. Entendendo que a teontologia de Deus de acordo com a cosmopercepção africana

---
387 A cristologia estuda Deus Filho, Jesus, e a pneumatologia estuda Deus Espírito Santo, compondo assim a trindade divina cristã.
388 ADÉKỌ̀YÀ, 1999, p. 60.

precisa ser estudada por um método que contemple suas especificidades, aderimos ao uso do prefixo "afro" para grifar a diferença.

Não tenho certeza se todos os mais de oitocentos grupos étnicos africanos possuem uma visão monoteísta de Deus. Asante e Mazama apresentam uma imensa lista de nomes para o Ser Supremo que *"foi compilada pelo estudioso e escritor Dr. Emeka Nwadiora da Temple University. Esses nomes foram coletados a partir de conhecimentos pessoais, referências literárias e narrativas orais."*[389] Entre esses nomes temos: Mawu, para os ewe; Nyame, para os fanti; Onyankopon, para os ashante; Mviri, para os ndongo; Kwoth, para os nuer; Kwamata, para os xosa; Unkulunkulu, para os zulu; Nzambi para os kuba e os lele; Zambiumpungu, para os vili; e para os *yorùbá*, Olódùmarè. O Dr. James W. Peebles, fundador do *Sankofa African Heritage Museum*, afirma que não há como saber se todas as etnias africanas presumem a existência de um Deus único, mas que isso é perfeitamente observável dentre os *yorùbá*:

> *Uma visão mais ampla das religiões nativas africanas envolve uma gama de conceitos e preceitos. O continente africano é tão diversificado que tentar identificar uma religião africana em particular é bastante difícil, a menos que falamos a respeito de "Olódùmarè" que é o Deus, ou Ser Supremo, para a maioria dos africanos. Mas esse termo pode ser usado em diferentes aspectos ou línguas que podem ser diferentes do Olódùmarè do povo yorùbá.*[390]

Este grupo étnico ocupa um território extenso na África Ocidental e possui a mesma cultura e língua, embora com diferentes dialetos e organização política descentralizada, compilando algumas variações para o nome de Deus, tais como: *Eledùmarè*, *Edùmarè* e, talvez por influência cristã, também *Olúwa* (Nosso Senhor) e *Ọlọ́run* (Senhor do *Ọ̀run*), pois os primeiros missio-

---

[389] [...] was compiled by the scholar and author Dr. Emeka Nwadiora of Temple University. These names are collected from personal knowledge, literary references, and oral narratives. ASANTE; MAZAMA, 2009, p. 747. Tradução do autor.
[390] RELIGIÕES, 1999.

nários cristãos traduziam Ọ̀run como o Céu onde mora o Deus cristão. Além disso, ainda há vários epítetos como os enumerados no *oríkì* abaixo:[391]

> *L'ojú Ọlọ́run! L'ojú Olódùmarè!*
> *Ẹlẹ̀dàá, Ẹlẹ̀ẹ̀mí, Olùpilẹ̀ṣẹ̀!*
> *Òyígíyigi Ọta Aikú*
> *Ọ̀gàá Ògo Ọba Ọ̀run*
> *Atẹ́rẹrẹ K'áyé*
> *Ẹlẹ́ní à tẹ́'ka*
> *Ọba a ṣè kan má kù*
> *Ọlọ́run nikan l'ọgbọ́n*
> *Ar'inur'ode olùmọ̀nọkàn*
> *Ọba Airìí Awamaridi*
> *Ọba Adáké dá'jọ́*
> *Ọba mimọ ti kò l'èèrí*
> *Alalàfunfun òkè*
> *Iṣẹ́ Ọlọ́run tóbi*
> *Alábàáláàṣẹ, a rán rere si i àwa*

> *Na presença de Ọlọ́run! Na presença de Olódùmarè*
> *Criador, Senhor dos Espíritos, Senhor das Origens!*
> *Pedra Imutável e Eterna*
> *Mais Alto Glorioso Rei do Ọ̀run*
> *Aquele que Se espalha por toda a Terra*
> *Dono da esteira que nunca se dobra*
> *Rei cujos trabalhos são feitos com perfeição*
> *Ọlọ́run é o único que tem sabedoria*
> *Aquele que vê dentro e fora, e conhece os corações*
> *Rei Invisível, que não podemos ver*

---

391 MARINS, 2013, p. 7.

> *Rei que mora em cima, e que julga em silêncio*
> *Rei puro, que não tem manchas*
> *O dono da roupa branca que está no mais alto*
> *Os trabalhos de Ọlọ́run são poderosos*
> *Alábàáláàṣẹ, envie coisas boas para nós*

Além destes, Beniste[392] também enumera outros: *Alayé* (Senhor da Vida), pois "*lembra a condição de eternidade e poder sobre a vida*" e *Ọlọ́jọ́ Oní* (Senhor do Dia de Hoje), pois *Olódùmarè* "*está presente em todos os acontecimentos diários*", como bem nos mostra o *adùrá* criado pelo próprio prof. Beniste[393] para o Curso Brasil-Nigéria de Língua *Yorùbá* e corrigido pelo prof. Adébayọ̀ Abìdemí Majarọ̀, que nos ministrou aulas dessa língua no curso *Epistemologia negro-africana: pedagogia do axé*, do qual participei em 2005:

> *Ọlọ́jọ́ Oní, mo júbà re o*
> *Ọlọ́jọ́ Oní, mo júbà re o*
> *Ẹ jẹ́ mi jiṣẹ̀*
> *Ẹ jẹ́ mi jiṣẹ̀*
> *Ti Olódùmarè rán mi*
> *Bi Ẹlẹ́mi kò gbà bá*
> *Bi Ẹlẹ́mi kò gbà bá*
> *Olódùmarè Àṣẹ*
> *Olódùmarè Àṣẹ*
> *Olódùmarè a rán rere*
> *Sí i wa o*

> *Senhor deste dia, meus respeitos*
> *Senhor deste dia, meus respeitos*
> *Deixe-me cumprir a missão*

---

392 BENISTE, 2008b, p. 29.
393 BENISTE, 2008b, p. 43.

Deixe-me cumprir a missão
Da qual Olódùmarè me encarregou
Se o Senhor desta vida não o impedir
Se o Senhor desta vida não o impedir
Olódùmarè nos dê sua aprovação
Olódùmarè nos dê sua aprovação
Possa Olódùmarè mandar sua bênção
Para o nosso trabalho.

Este estudo foca em *Olódùmarè* justamente por guardar estes atributos que estão aquém daqueles que as divindades detêm. Basta-nos afirmar, por agora, que os *Òrìṣà* são manifestações de *Olódùmarè*, mas não são Ele mesmo. Para entender melhor isso, se faz necessário primeiro estudar a natureza dos dois mundos conhecidos pelos *yorùbá*: o *Ọ̀run* e o *Ayé*.

ỌRUN-AYÉ

Como diz Santos,[394] para os *yorùbá* a vida se apresenta simultaneamente em dois planos, níveis ou mundos distintos: no *Ayé* e no *Ọ̀run*. O *Ayé* é o mundo material, palpável, onde vivem os *àra-Ayé*, os seres naturais. *Ọ̀run* é o mundo imaterial, transcendente, onde vivem os *àra-Ọ̀run*, os seres sobrenaturais. Padres anglicanos, ao pesquisarem a espiritualidade *yorùbá*, traduziram *Ọ̀run* como Céu, o paraíso cristão, mas a noção de dupla existência do Céu cristão, que é tanto mítico como físico, não se encaixa na noção de *Ọ̀run*. O céu físico nada tem a ver com o espaço mítico-espiritual. Isso fica claro na própria língua, já que o céu físico, o firmamento, é *sánmọ̀*, enquanto o céu espiritual, ou melhor, o espaço transcendente é *Ọ̀run*. O *sánmọ̀* faz parte do *Ayé*, o mundo físico, e sua existência se dá justamente como consequência de sua separação do *Ọ̀run*, como veremos mais adiante.

---

394 SANTOS, 2002, p. 53.

A origem do Ọ̀run nunca foi explicada. Não há ìtàn que a explique. Aparentemente surge junto com Olódùmarè, porque por sua vontade e força é dEle que tudo surge, mas não há dados etnográficos sobre isso. O Ọ̀run não está no alto, como na maioria dos cultos a deuses uranianos apontados por Eliade,[395] mas sim em toda parte, envolvendo a tudo e todos. De acordo com Santos "*o espaço Ọ̀run compreende simultaneamente todo o do àiyé, terra e céu inclusos.*"[396] Assim o Ọ̀run e o Ayé estão superpostos e entrelaçados. Ọ̀run e Ayé estão ao mesmo tempo aqui e agora. Por isso, quando os vivenciadores das Tradições de Matriz Africana prestam oferendas às divindades, estas são colocadas no chão, seja nos templos ou nos espaços sagrados externos.[397] Devido ao fato de o Ọ̀run e o Ayé estarem aqui e agora, as oferendas possuem um doble espiritual que está, ao mesmo tempo, na Terra e no além.

> *Alguns bàbáláwo, sacerdotes versados nos mistérios oraculares, descrevem o Ọ̀run como composto de nove espaços. Ifátoogun, de Oṣogbò, descreve os nove espaços do Ọ̀run, dando nomes particulares a cada um deles e os situando de maneira superposta, o do meio, coincidindo com o espaço terra, quatro acima, e quatro abaixo. Os nove compartimentos formando um todo, estão unidos pelo òpó-Ọ̀run oun àiyé, pilar que liga o Ọ̀run ao àiyé.[398]*

Este relato, coletado pela autora, me faz lembrar imediatamente da cosmovisão nórdica dos nove mundos unidos pela árvore da vida, *Yggdrasil*, tendo a Terra (Midgard) no meio dessa árvore mítica. Acima estão quatro mundos bons (Asgard, Muspelheim, Alfheim e Vanaheim), enquanto abaixo estão os mundos terríveis (Svartalfheim, Jotunheim, Niflheim e Helheim). Esta constituição dos mundos parece indicar uma visão de mundo ética, onde

---

395 ELIADE, 2008, p. 39-102.
396 SANTOS, 2002, p. 72.
397 Ao contrário dos holocaustos que judeus faziam em agrado à Javé, por exemplo. As oferendas e animais imolados eram incinerados para que sua fumaça e odor subissem ao céu, morada de Deus.
398 SANTOS, 2002, p. 57.

o espaço dos seres humanos está entre as forças benevolentes e as forças sombrias. O mesmo não fica tão evidente na cosmopercepção africana, pois os espaços de Ọ̀run não são tão matematicamente divididos. Os nomes de oito dos nove espaços são apresentados por Beniste[399] como sendo os seguintes:

- ❖ **Ọ̀run Ìsálú** ou **Asálú** – este é o lugar onde os espíritos dos falecidos são julgados por *Olódùmarè*. É o seu tribunal, daqui os espíritos serão encaminhados para um dos outros espaços, que podem ser bons ou ruins. Ao contrário do que acontece na tradição cristã, na cosmopercepção africana não há a graça da misericórdia divina. As pessoas têm total responsabilidade por seus atos na Terra e aqui apenas receberão sua sentença;
- ❖ **Ọ̀run Rere** – é um lugar bom, para onde vão as almas das pessoas que se dedicaram a fazer coisas boas durante a vida;
- ❖ **Ọ̀run Àlàáffà** – lugar que inspira paz e tranquilidade;
- ❖ **Ọ̀run Funfun** – lugar das coisas puras, do que é alvo;
- ❖ **Ọ̀run Bàbá Ẹni** – é o Ọ̀run do pai das pessoas;
- ❖ **Ọ̀run Afẹ́fẹ́** – chamado por Beniste de "espaço da aragem", semelhante ao purgatório católico ou ao umbral espírita, é o lugar onde os espíritos das pessoas que cometeram algum delito durante a vida podem ser corrigidos e encaminhados para o *Àtúnwa*, o renascimento;
- ❖ **Ọ̀run Àpáàdi** – "*o Ọ̀run dos 'cacos', do lixo celestial, das coisas quebradas, impossíveis de reparar e de serem restituídas à vida terrestre*" por meio do renascimento. É um espaço ruim, onde os espíritos daqueles que cometeram grandes delitos sofrerão eternamente;

---

[399] BENISTE, 2008b, p. 201.

❖ **Ọ̀run Burúkú** – é o pior de todos os espaços. É o lugar para onde as pessoas que foram más durante toda sua vida serão punidas com o ardor pela eternidade.

Não há um discurso único entre as fontes que nos apresentam os textos sagrados que convencionei chamar de *Ifá*. Isto implica que, também aqui, não temos certeza se estes nomes são correntes em todas as tradições dos diferentes ramos do ifaísmo ou mesmo na quantidade de espaços. O número nove é recorrente na cosmologia *yorùbá* sobre o mundo espiritual, o que provoca a pensar que é mítico e não matemático, ou seja, ao menos nesse caso, não há uma quantidade exata de espaços de *Ọ̀run*. Beniste fica confuso ao apontar que sabe da existência de nove espaços, mas que só conseguiu identificar oito (os elencados acima), ignorando que o nono seria o próprio *Ayé*, como diz Santos. Apesar disso, o autor fala da existência de um lugar no *Ọ̀run* chamado *Àkàsò*, onde os espíritos aguardam o seu regresso à vida pelo *Àtúnwa*. Este lugar é citado por Santos como *Ọ̀run Àkàsò*. Seria este o nono *Ọ̀run*?

Ao contrário do que ocorre na visão de mundo nórdica, no *Ọ̀run* não há um lugar específico para os *Òrìṣà*. Ainda que o *Ọ̀run Funfun* sugira isso, o indicativo é de que seria um lugar para os *Òrìṣà Funfun*, ou seja, as divindades da Criação, e não para todas as divindades. Mas, se por um lado isto não define um lugar especial de morada dos *Òrìṣà*, por outro pode significar que as divindades podem transitar em todos os espaços, o que contradiz os *ìtàn* que afirmam que apenas *Ọya* e *Èṣù* podem atravessar os nove espaços.

De fato, *Ọya* também é chamada de *Yánsán*, que Santos[400] entende que deriva de *iyá-mẹ́sàn-Ọ̀run*, "Mãe dos nove *Ọ̀run*". Autores como Pierre Verger e José Beniste também atribuem ao epíteto *Yánsán* o significado de "Mãe dos nove", mas suas histórias sagradas impingem outras referências que veremos adiante. Ao rever o *ìtàn* que fala sobre qual divindade acompanhará seu devoto além-mar, observamos que nenhum dos *Òrìṣà* os acompanha, ape-

---

[400] SANTOS, 2002, p. 58.

nas *Orí*. Isso remete a pensar que os *Òrìṣà* são divindades que atuam na manutenção da criação e que cuidam dos vivos, não dos falecidos. O que também indica que, após a morte, nunca nos encontraremos com as divindades. Isto, de certa forma, é semelhante à cosmologia nórdica e grega. Para os nórdicos, apenas os guerreiros valorosos adentrarão os salões de Valhala, que fica em Asgard, mas os deuses não ficam com eles ali e os demais mortos vão para Hel, que não é o inferno, mas a morada dos mortos. Quase o mesmo ocorria com os antigos gregos: ao morrer todos vão para o Hades e não para o Olimpo.

Da mesma forma, o *Ọrun Bàbá Ẹni* parece indicar um lugar para os ancestrais ilustres, ou seja, aqueles que serão cultuados como *Égun*, daí o nome em *yorùbá* que significa "pai das pessoas". A palavra "pai" figura, aqui, numa semântica mais dinâmica, significando mais os antepassados de uma família do que o genitor biológico de um indivíduo. Na cultura *yorùbá* não existem alguns termos ocidentais como sogro, sogra, tio, tia; todos são chamados de *bàbá* (pai) e *iyá* (mãe) e avô e avó é *bàbánlá* (grande pai) e *Ìyánlá* (grande mãe).

O *Ayé* é o mundo físico, concreto, imanente. Ao contrário do *Ọrun*, existem várias histórias sagradas que narram sua gênese. Estas histórias contam que o mundo físico não foi feito por *Olódùmarè*, mas por *Òṣàálá*. Isto difere substancialmente das narrativas sagradas conhecidas, pois, para os *yorùbá*, Deus concede poderes à *Òṣàálá* para que este crie a Terra e os seres viventes.

Na versão apresentada por Juana Elbein dos Santos[401] e que apresento de forma resumida aqui, *Ọbàtálá* (*Òṣàálá*) é incumbido de criar o mundo por *Olódùmarè*. O "rei do pano branco" consulta *Ifá*, que o adverte que, antes de iniciar sua missão, deverá prestar oferendas à *Èṣù*. Arrogante, a divindade se nega a fazê-lo e *Èṣù*, indignado por não ter recebido oferendas, põe em *Ọbàtálá* uma magia que lhe confere uma sede insuportável. *Ọbàtálá* segue seu caminho em direção às águas primordiais, representação do caos ao qual poria ordem, portando em mãos o "saco da Criação", *àpò-ìwà*. No cami-

---

[401] SANTOS, 2002, p. 61-64.

nho, encontra uma palmeira, a qual perfura o caule com seu cajado, vertendo vinho. Ọbàtálá põe-se a beber do vinho até ficar embriagado e adormecido. Sua irmã, Odùduwà, vendo o que acontece, informa Olódùmarè da embriaguez de Ọbàtálá, que então a incumbe de fazer o mundo. Ela faz as oferendas à Èṣù, se apodera do àpò-ìwà e cria a Terra, despejando nas águas primordiais os elementos que havia no "saco da Criação". Coloca ali, também, um pombo e cinco galinhas, que ciscam a terra até que cresça e se torne o mundo. Odùduwà diz: "Ilé-Ifẹ̀", que significa "a terra é vasta" e ali, muito mais tarde, é construída a primeira cidade humana, que adota este nome. Ao acordar, Ọbàtálá se sente traído e reclama a Olódùmarè, que então lhe encarrega de fazer os seres humanos, desde que não bebesse mais vinho, mas como é teimoso, às vezes os seres humanos são mal feitos, com defeitos físicos, corcundas, anões ou albinos, culpa de seus momentos de embriaguez.

Essa versão é muito contestada por alguns antropólogos como Pierre Verger, porque para os *yorùbá*, Odùduwà não é uma divindade feminina, mas sim masculina e até histórica, pois lhe é atribuído as origens do próprio povo *yorùbá*. Verger é defensor da definição de que os Òrìṣà são ancestrais divinizados, conceito antropológico que advoga que eles eram seres humanos excepcionais durante a vida e que, por causa disso, foram adorados como deuses após a morte, gerando os cultos. Por conta disso, Verger afirma que a narrativa acima se refere à tomada de poder de Odùduwà sobre Òrìṣànlá-Ọba-Ìgbò (um dos epítetos de Ọbàtálá) em confronto pelo domínio de toda a yorubalândia.[402] Como as fontes de Verger afirmam que Odùduwà era homem, a controvérsia foi estabelecida, o que gerou até mesmo um artigo[403] desse autor criticando Santos, que não deixou barato, escrevendo outro[404] e publicando na mesma revista criticando a visão limitada e colonialista deste. Muitos outros autores apoiaram Verger em detrimento de Santos, parecendo que estes auto-

---

402 VERGER, 1997, p. 255.
403 VERGER, 1982.
404 SANTOS, 1982.

res não conheciam a natureza de *Odùduwà*. Katherine Olukemi Bankole, professora da *West Virginia University*, pode ter nos dado uma luz à questão:

> *O Òrìṣà Odùduwà, que é mais associado aos sistemas de divindade masculina, tem um lado feminino, dependendo de sua localização na terra yorùbá. Odùduwà, ao que parece, evoluiu ao longo do tempo para ter a imagem de uma divindade centrada no homem, mas existem evidências da adoração de Odùduwà como mulher.*[405]

De acordo com Maulana Karenga, a origem mais remota de *Odùduwà* é como uma divindade feminina cultuada em *Ilé-Ifẹ̀*, a cidade sagrada, mas que, após a invasão e domínio por um outro reino, o rei adotou o nome da divindade para se estabelecer como "rei divino":

> *Os habitantes originais de Ifẹ́, no entanto, reconheceram e adoraram Ọbàtálá como o criador da Terra. Mas, no início da história de Ifẹ́, parece ter havido uma invasão e conquista de Ilé-Ifẹ́. Essa suposta mudança dinástica em Ilé-Ifẹ́ parece, portanto, trazer também uma mudança religiosa. Pois parece que, posteriormente, os conquistadores substituíram o culto a Ọbàtálá com o de Odùduwà, o Òrìṣà feminino. [O professor da Universidade de Ibadan, J. Ọmọsade] Awolalu conclui que, depois que os líderes conquistadores morreram, seus seguidores talvez o deificassem e o chamassem Odùduwà pelo nome da mulher Òrìṣà cuja adoração ele estabeleceu em Ifẹ́. Assim, ele diz, Odùduwà tem duas personalidades: uma como espírito divino primordial e a outra como ancestral divinizado.*[406]

---

[405] The orisha Oduduwa, which is most associated with male divinity systems, has a feminine side depending on her location in Yoruba land. Oduduwa, it appears, evolved over time to have the image of a male-centered deity, but evidence of the worship of Oduduwa as female exists. BANKOLE. In: ASANTE; MAZAMA, 2009, p. 294. Tradução do autor.

[406] The original inhabitants of Ifè, however, acknowledged and worshipped Obatala as the creator of Earth. But at an early time in Ifè's history, there appears to have been an invasion and conquest of Ilé-Ifè. This assumed dynastic change at Ilé-Ifè thus seems to also bring

Em outras versões é *Ọbàtálá* quem cria o mundo sozinho. Esta versão é a mais conhecida pelas tradições afrodiaspóricas, como o Candomblé, o Batuque e a *Santería* cubana. Nessa versão, *Ọbàtálá*, por vezes, é chamado de *Òrìṣànlá*, o grande *Òrìṣà*, que recebeu de *Olódùmarè* a tarefa de criar o mundo. A tradição oral coletada em várias bibliografias resultou numa exaustiva reconstrução feita pelo pesquisador Luiz L. Marins e publicada em livro referência.[407] Chamado de *Òrìṣà Didá Ayé*, a criação da Terra se deu por vontade e iniciativa de *Ọbàtálá* e concordância de *Olódùmarè*, que lhe entregou os poderes necessários para o intento. Nesta narrativa, que transcrevo uma parte a seguir, *Ọbàtálá* constrói a Terra e todos os seres vivos.

> *O que agora é nossa terra*
> *Era um pântano desolado*
> *Em cima estava o Ọ̀run*
> *Onde também moravam os Òrìṣà*
> *Tudo o que eles precisavam estava no Ọ̀run*
> *Nos pés da arvore Baobá*
> *Todos os Òrìṣà estavam contentes ali*
> *Menos Ọbàtálá*
> *Ele queria usar o seu poder de criação*
> *Ele olhava para baixo*
> *Onde estavam as águas de Olókun*
> *Ele pensava: "nesse lugar só existe omi (água)"*
> *Ele pensava: "eu poderia criar algo ali"*
> *Ele ficava assim muito tempo, pensando*
> *Ele foi para Olódùmarè*

---

with it a religious change. For it seems that, subsequently, the conquerors supplanted the worship of Obatala with that of Oduduwa, the female orisha. Awolalu concludes that, after the conquering leaders died, his followers perhaps deified him and called him Oduduwa after the name of the female orisha whose worship he established at Ifè. Thus, he says, Oduduwa has two personalities: one as a primordial divine spirit and the other as a deified ancestor. KARENGA. In: ASANTE; MAZAMA, 2009, p. 474-475. Tradução do autor.

407 MARINS, 2013, p. 31-44.

Ele disse: "Aqui no Ọ̀run"
Ele disse: "Nós temos tudo o que precisamos"
Ele disse: "Nós temos poderes"
Ele disse: "Mas nunca usamos estes poderes"
Ele disse: "Embaixo há somente água"
Ele disse: "Se existisse algo firme sobre as águas"
Ele disse: "Poderíamos criar um mundo"
Ele disse: "Com seres humanos para viverem nele"
Ele disse: "Se eles precisarem de ajuda"
Ele disse: "Usaremos nossos poderes"
Olódùmarè disse: "Está bem"
[...]
No dia em que [Ọbàtálá] estava vindo para criar o Ayé
Ifá disse que ele deveria ouvir suas orientações
Para que ele pudesse ter sucesso
Ele ouviu, cumpriu as prescrições de Ifá
Ọbàtálá recebeu de Olódùmarè
O àṣẹ para criar o Ayé
Ele veio, ele criou o Ayé
Ele criou todas as plantas do mundo
Ele fez os corpos de todos os seres humanos
Olódùmarè deu-lhes o ẹ̀mi
E insuflou-lhes o Seu èémi
Eles estavam felizes, eles estavam dançando
Eles estavam louvando Olódùmarè
Eles estavam louvando Òrìṣà
Éjìogbè é isso
Ifá diz assim

De acordo com as histórias sagradas, o trânsito entre o Ọ̀run e o Ayé era livre, mas uma interdição foi quebrada e Òṣàálá, furioso, jogou seu cajado que atravessou os nove espaços de Ọ̀run e cravou nos limites do Ayé, separando-o do Ọ̀run. O resultado dessa separação foi a criação de sánmọ̀, o firmamento. Abaixo reproduzo a história sagrada apresentada por Santos:[408]

> *No tempo em que o Àiyé e o Ọ̀run eram limítrofes, a esposa estéril de um casal de certa idade apresentou-se em várias ocasiões a Òrìṣàlá, divindade mestra da criação dos seres humanos, e lhe implorou que lhe desse a possibilidade de gerar um filho. Repetidamente Òrìṣàlá se tinha recusado a atendê-la. Enfim, movido pela grande insistência, aquiesce ao desejo da mulher, mas com uma condição: a criança não poderia jamais ultrapassar os limites do Àiyé. Por isso, desde que a criança deu seus primeiros passos, seus pais tomaram todas as precauções necessárias. Contudo, toda vez que o pai ia trabalhar no campo, o pequeno pedia para acompanhá-lo. Toda sorte de estratagemas eram feitas para evitar que a criança acompanhasse o pai. Este saía escondido de madrugada. À medida que a criança ia crescendo, o desejo de acompanhar seu pai aumentava. Tendo atingido a puberdade, uma noite, ele decidiu fazer um buraquinho no saco que seu pai levava todos os dias de madrugada e de pôr uma certa quantidade de cinza no fundo. Assim guiado pela trilha de cinza, conseguiu localizar seu pai e o seguiu. Eles andaram muito tempo, até chegar ao limite do Àiyé onde o pai possuía suas terras. Neste exato momento, o pai apercebeu-se que estava sendo seguido por seu filho. Mas este não pôde mais deter-se, atravessou o campo e, apesar dos gritos do pai e dos outros lavradores, continuou a avançar. Ultrapassou os limites do Àiyé sem prestar a atenção às advertências do guarda e entrou no Ọ̀run. Lá, começou uma longa*

---

[408] SANTOS, 2002, p. 55-56.

odisseia no decorrer da qual o rapaz gritava e desafiava o poder de Òrìṣàlá, faltando ao respeito a todos os que queriam impedi-lo de seguir seu caminho. Atravessou os vários espaços que compõe o Ọ̀run, lutando contra uns e outros, até chegar ao ante-espaço do lugar onde se encontrava o grande Òrìṣàlá a cujos ouvidos chegou seu desafio insólito. Apesar de ter sido chamado a atenção várias vezes, o rapaz insistiu até que Òrìṣàlá, irritado, lançou seu cajado ritual, o ọ̀páṣóró, que, atravessando todos os espaços de Ọ̀run, veio cravar-se no àiyé, separando-o para sempre do Ọ̀run, antes de retornar às mãos de Òrìṣàlá. Entre o àiyé e o Ọ̀run apareceu o sánmọ̀ que se estendera entre os dois.

Essa história sagrada não apenas explica a origem mítica do firmamento, mas apresenta os conceitos pensados por Otto. Aqui fica evidente o *mysterium tremendum* e o *fascinans*. O jovem é movido pela fascinação pelo outro mundo, enquanto seus pais são aterrorizados por sua investida. O resultado não poderia ser outro senão o da separação dos mundos *in illo tempore* e a constituição de uma nova realidade do mundo, a que conhecemos hoje.

OLÓDÙMARÈ: ORIGENS E ATRIBUIÇÕES

Vimos que Deus possui muitos nomes e epítetos. O nome é algo muito importante para os *yorùbá*. Os nomes sempre têm um sentido, uma atribuição ou relação com a vida de quem o carrega. Existem algumas tentativas de identificar a origem etimológica do nome *Olódùmarè*, José Beniste sugere que seja *olu* + *odù* + *marè*. *Olu* significa "senhor" no sentido de "dono"; *odù* "pode ter o significado de tudo aquilo que é muito grande, muito extenso"; *marè* é algo imutável.[409] Já para *Olọ́run*, Santos apresenta um conceito:

---

[409] BENISTE, 2008b, p. 28.

> Ọlọ́run, entidade suprema, o + ni + Ọ̀run, aquele que é ou possui Ọ̀run, não é apenas um deus ligado ao céu como o pretendem certos autores, mas aquele que é ou possui todo o espaço abstrato paralelo ao Àiyé, senhor de todos os seres espirituais, das entidades divinas, dos ancestrais de qualquer categoria e dos dobles espirituais de tudo o que vive.[410]

Como já expus antes, *Olódùmarè* é o Deus único, o que caracterizaria esta tradição como monoteísta. Contudo, alguns pesquisadores "desde dentro", levados por um sentimento de rechaço a tudo que possa remeter ao cristianismo nesta tradição, levantaram a suspeita de que ela seria henoteísta. No henoteísmo, Deus cria a Terra e os seres humanos e depois se aparta da criação, deixando-a aos cuidados de deuses menores. O problema é que *Olódùmarè* não se afasta da Criação. Ele se mantém presente, como bem nos mostra um cântico popular que aprendemos no curso *Epistemologia negro-africana: pedagogia do axé,* na disciplina de Introdução ao Idioma *Yorùbá*, ministrado pelo Prof. Adébayọ̀ Abìdemí Majarọ̀:[411]

> *O ṣeun fún mi*
> *O ṣeun fún mi*
> *Ohun bàbá o le ṣe*
> *Èdùmarè ṣe é fún mi o*
> *Ma tẹ́wọ́ gbàlàjà*
> *Ma tẹ́wọ́ gba're*
> *Ire owo*
> *Ire ọmọ*
> *Ire àlàáfìà*
> *Ṣe bí Elédùmarè ni o bàbá*

---

410 SANTOS, 2002, p. 56.
411 Como aconteceu em grande parte deste trabalho, tivemos os préstimos do Prof. Ìdòwú que ajudou muito tirando dúvidas. Sobre esta canção ele me escreveu: "Devemos desconsiderar [na tradução a palavra] 'gbàlàjà' pois não tem equivalência lógica em português, só explica a maneira que abrimos as mãos para receber coisas boas ou dádiva oferecida por Deus.".

Ejọ o ooooo
Ohun bàbá o le ṣe
Èdùmàrè ṣe fun mi o

Ele faz para mim
Ele faz para mim
O que meu pai não consegue fazer
Edùmarè faz para mim
Estendo minhas mãos
Estendo minhas mãos para receber coisas boas
Bom dinheiro
Bons filhos
Boa sorte
Ele é o Pai Todo-Poderoso
Não atrapalhe a minha oração
O que meu pai não consegue fazer
Edùmarè faz para mim

Esta cantiga popular deixa claro que *Olódùmarè* não está aquém do mundo, mas sim que está presente e atento aos anseios dos seres humanos. Por isso lhe é conferido vários atributos dos quais Beniste[412] e Awolalu[413] elencaram e que apresentamos a seguir de forma resumida. Ele é o *Criador*. Ainda que quem tenha efetivamente criado a Terra e os seres humanos seja *Òṣàálá*, este só pode realizá-lo graças aos poderes que *Olódùmarè* lhe conferiu. Além disso, os seres humanos só vivem por causa do ẹ̀mí que Ele – e somente Ele – lhes dá. Por ser o Criador, ele também é *Único*, pois como diz Awolalu:

> *Isso significa que Ele é o único e não há outro como ele. É em consequência de Sua singularidade que o povo não esculpe imagens nem*

---

[412] BENISTE, 2008b, p. 29-37.
[413] AWOLALU, 1996, p. 12-19.

O pintam. Existem símbolos ou emblemas, mas nenhuma imagem, pois nada pode ser comparado a Ele. Essa pode ser uma das razões pelas quais investigadores estrangeiros da religião do povo [yorùbá] cometeram o erro de pensar que Ele é um Deus afastado, sobre quem os seres humanos estão incertos (Deus remotus et incertus).[414]

Olódùmarè também é o único ser que é *Imortal*, pois, ao contrário do que se pode imaginar, os *Òrìṣà* são mortais. Vários *ìtàn* relatam as divindades fugindo de *Ikú*, a Morte, o que demonstra que eles não são eternos como o é *Olódùmarè*. Ao contrário dos *Òrìṣà*, que precisam ser cultuados para manterem-se vivos e assim também manter a Criação viva, pois sem os *Òrìṣà* toda a vida na Terra morre. *Olódùmarè* está acima disso tudo, pois não faz sentido que o Senhor da Vida possa perder a Sua própria. Além disso, foi Ele quem criou *Ikú* e este não poderia ter poderes maiores que o de seu próprio Criador. *Olódùmarè* também não precisa de cultos, oferendas ou sacralização. Nada que os seres humanos criem ou façam pode influenciá-lo. Não há templos, sacerdotes ou ritos específicos para o Ser Supremo, pois por ser supremo, tudo lhe pertence e a única coisa que podemos lhe ofertar é nosso compromisso sagrado. Contudo, isso não significa que Ele está apartado de nós, como já mencionamos antes; Ele é Deus, e como Deus, está atento a tudo e a todos, logo, pode atender, através dos *Òrìṣà*, nossas súplicas.

Os três atributos mais conhecidos de Deus são a sua *onipotência*, *onisciência* e *onipresença*. Ser onipotente significa que Ele tem poderes de realização que envolve toda a gama de coisas imagináveis e inimagináveis. Seu poder transcende qualquer realidade, logo, pode fazer o que quiser. Claro que o paradoxo de Epicuro[415] permanece inalterável sobre essas condições, mas

---

[414] This means that He is the One and there is no other like Him. It is in consequence of His uniqueness that the people have no graven images or pictorial painting of Him. There are symbols or emblems of Him but no images, for nothing can be compared to Him. This may be one of the reasons why foreign investigators of the people's religion have made the mistake of thinking that He is a withdrawn God about whom men are uncertain (*Deus remotus et incertus*). AWOLALU, 1996, p. 14. Tradução do autor.

[415] O paradoxo de Epicuro (341-270 a.C.) se refere ao problema da existência do mal num mundo em que há um Deus que seja onipotente,

nada impede digressões a esse respeito que pretendemos trabalhar no futuro. *Olódùmarè* é chamado de "Todo Poderoso" (*Alàgbára*) pelos *yorùbá*. Isto até pode ser de influência cristã ou islâmica, afinal estas duas religiões estão presentes na África Ocidental há gerações,[416] mas certamente é a percepção dos africanos sobre o Ser Supremo que permitiu que essas hibridizações culturais pudessem acontecer. Assim, vários *oríkì* atestam sua onipotência:

> Ọba a ṣè kan má kù
> A dùn íṣe bí ohun tí Olódùmarè lọ́wọ́ sí, a ṣòro íṣe bí ohun tí
>   Olódùmarè lọ́wọ́ sí
> Ọba tí dandan rẹ̀ kì íṣélẹ̀
> Aisàn ló dùn íwò, a kò ri tỌlọ́jọ́ ṣè

> *O Rei cujas licitações nunca deixam de ser atendidas*
> *Algo é fácil de fazer quando Olódùmarè aprova; difícil é fazer*
>   *aquilo que o Olódùmarè não sanciona*
> *O Rei cujas obras são feitas com perfeição*
> *A doença pode ser curada, mas a morte predeterminada não pode*
>   *ser evitada*

Este último *oríkì* pode sugerir que *Olódùmarè* não tem controle sobre a morte, o que seria um equívoco. Awolalu deixa isso claro:

> *A implicação dessa afirmação é que os yorùbá acreditam que Ọlọ́jọ́ (o Controlador dos eventos diários), outro nome para o Ser Supremo, pré-determinou o que acontecerá com todos em todos os momentos de sua vida aqui na Terra, inclusive quando ele morrerá. Se uma pessoa está doente, ela pode ser facilmente curada se a hora*

---

onisciente e benevolente. O filósofo grego busca analisar essas três atribuições do Deus judaico. Sua lógica propõe que se duas dessas atribuições forem verdadeiras, uma delas será automaticamente falsa. Segundo Epicuro: se Deus sabe da existência do mal e pode acabar com ele, mas não o faz, então não é benevolente; se é benevolente e tudo pode, então não sabe da existência do mal, logo não é onisciente; mas se sabe da existência do mal, é benevolente, mas não consegue destruí-lo, é porque não é onipotente.

416 O cristianismo está na região há pelo menos cinco séculos, enquanto o islamismo há mais de mil anos.

marcada da morte ainda não tiver chegado; mas a hora da morte sancionada por Ọlọ́jọ́ não pode ser evitada. Isso é para enfatizar Sua onipotência.[417]

Assim como é onipotente, *Olódùmarè* também é *onisciente*. A onisciência significa que ele é o Senhor que sabe de tudo. Alguns *ìtàn* falam de *Olódùmarè* consultando *Ifá* para saber o que fazer. Isto fez alguns estudiosos – inclusive *insiders*, mas com formação em outras áreas que não a Teologia – entenderem que Ele não é onisciente, pois precisa consultar *Ọ̀rúnmìlà*. Certamente não entenderam a importância da consulta ao oráculo. O povo *yorùbá* não toma qualquer decisão em suas vidas sem antes consultar *Ifá* e os *ìtàn* que falam que até mesmo *Olódùmarè* o faz são um demonstrativo de sua importância. Mas não devemos nos enganar, toda a sabedoria e conhecimento que *Ọ̀rúnmìlà* possui lhe foi entregue por *Olódùmarè*, o conhecimento enquanto poder é uma dádiva de Deus à *Ọ̀rúnmìlà*, que o concede aos seres humanos para guiar-lhes a vida. Alguns *oríkì* e provérbios remetem a sua onisciência:

> *Elétí igbọ́ àròyé*
> *A 'rinú-róde olùmọ ọkàn*
> *Ohun tí ó pamọ́, ojú Ọlọ́run tó*
> *Ọlọ́run ló gbọ́n, ẹdá gọ̀ púpọ̀*

> *O que está escondido para as pessoas é visto pelos olhos de Ọlọ́run*
> *Aquele que sabe o interior e o exterior do coração das pessoas*
> *Aquele que está sempre ouvindo as reclamações das pessoas*
> *Deus é sábio, as criaturas são muito ignorantes*

---

[417] The implication of this statement is that the Yorùbá believe that Ọlọ́jọ́ (the Controller of daily events), another name for the Supreme Being, has pre-determined what will happen to everybody in every moment of his life here on earth, including when he will die. If a person is ill, he can easily be cured if the appointed time of death has not yet come; but a time of death sanctioned by Ọlọ́jọ́ cannot be averted. This is to emphasise His omnipotence. AWOLALU, 1996, p. 15. Tradução do autor.

O outro atributo dessa "tríade" é a onipresença. Aqui aponto, mais uma vez, que os *Òrìṣà* não são onipresentes, pois precisam ser invocados por meio de ritos específicos. *Olódùmarè* nunca é invocado, não é necessário, pois Ele está em todo lugar. O mundo é Seu e Ele pode estar em qualquer lugar que desejar. "*Ele pode ser chamado a qualquer momento e em qualquer lugar porque é onipresente. Em outras palavras, Sua transcendência não descarta Sua imanência.*"[418]

Também lhe é atribuído poderes de *Rei* e *Juiz* Supremo. Estes postos hierárquicos humanos são explicados por Beniste como sendo uma antropomorfização de Deus, mas já defendi em capítulos pregressos que o que existe é o contrário, uma teomorfização dos seres humanos, assim, não apenas os seres humanos são feitos "à imagem e semelhança" de Deus, mas todas as atividades humanas e a organização social é uma "imitação" daquela que existe no *Ọ̀run*. *Olódùmarè* é o Rei Supremo, o Rei de todos os Reis, cuja majestade é única e incomparável. Como Rei, também exerce a função de Juiz, daí se referirem a Ele como "*Ọba a dákẹ́ dájọ́*", "o Rei que se senta em silêncio e aplica a justiça". Alguns *ìtàn* mostram *Olódùmarè* resolvendo contendas entre os *Òrìṣà*, além de seu papel no *Ìdájọ́*, o julgamento final, onde os mortos prestam reverência a sabedoria de *Olódùmarè* aguardando a definição de seu destino num dos espaços de *Ọ̀run*.

Olódùmarè é transcendente e sagrado, por isso há um imenso respeito por Ele. Deus não pertence a esse mundo, mas o mundo Lhe pertence. Ele não é um deus da natureza, nem um entre muitos; é o "totalmente outro" no sentido atribuído por Susin[419] a Deus, com base em Lévinas. Mas ser o "totalmente outro" não significa que Sua relação com o mundo seja de "afastamento". Segundo Awolalu,[420] a relação entre *Olódùmarè* e os seres humanos

---

[418] He can be called upon anytime and anywhere because He is omnipresent. In other word, His transcendence does not rule out His immanence. AWOLALU, 1996, p. 16. Tradução do autor.

[419] SUSIN, 1984. 488 p.

[420] AWOLALU, 1996, p. 17.

está mais relacionada com a cultura *yorùbá*, que é extremamente hierarquizada, onde os filhos, quando têm problemas a resolver, falam com a mãe e esta é que chegará ao pai. Isto não significa que exista um respeito maior pelo pai, pois o respeito pela mãe é idêntico, mas sim que, na hierarquia social *yorùbá*, os filhos não podem chegar diretamente ao pai senão através da mãe. A premissa ocidental de "para que ir aos santos se posso ir a Deus" é totalmente aética na percepção de mundo *yorùbá*. Exatamente o mesmo ocorre com a relação entre os seres humanos e *Olódùmarè*: nós devemos, por um comportamento ético, chegar a Deus por meio das divindades que Ele criou, os *Òrìṣà*.

OLÓDÙMARÈ E O PROBLEMA DO MAL

Um dos grandes questionamentos que desafiam os teólogos é o da existência do mal. Levando em consideração os atributos de Deus, como pode existir ou Ele permitir a existência do mal? Os cristãos buscaram no "livre arbítrio" uma resposta ao paradoxo de Epicuro: Deus permite que o mal exista para suscitar virtudes nos seres humanos. Esta virtude seria revelada a partir da escolha entre o bem e o mal, algo que só é possível graças a liberdade dada por Deus. O próprio mal, aí, surge como um instrumento divino na suscitação dessas virtudes. Mas isto coloca, de certa forma, em xeque a premissa de que apenas o bem é oriundo de Deus.

No maniqueísmo há o argumento de que o mal nasce do diabo e que o bem e o mal estão em perpétuo conflito. Isto levou os cristãos a identificarem e destruírem o que consideravam os instrumentos de propagação do mal no mundo. Mas Lúcifer não foi criado por Deus? Ele não se transformou no diabo porque foi expulso por Deus? E se Deus é onisciente, não saberia que a expulsão de Lúcifer do Céu não ocasionaria a dispersão do mal pelo mundo? Estas questões certamente são respondidas pelos teólogos cristãos com mais propriedade do que eu jamais teria, mas, ao exuneutizá-las, levanto os mesmos questionamentos na relação entre *Olódùmarè* e o mal (*burúkú*).

Sempre que realizo palestras, existem uma meia dúzia de perguntas frequentes e entre elas: "vocês fazem o mal?" Claro que a origem da pergunta provém da afroteofobia. Este termo, criado pelo prof. Jayro Pereira de Jesus, define as ações discriminatórias ou preconceituosas que as Tradições de Matriz Africana recebem cotidianamente devido à intolerância religiosa típica de nossa sociedade que é profundamente cristianocentrada. Assim, ao fazer este tipo de questionamento – retórico, acrescento –, o que o interlocutor está exprimindo é que o que ele sabe sobre as tradições negras é que fazem o mal ou, pelo menos, estão predispostas a isso. Aqui, mais uma vez, é a busca por uma identificação dos agentes do mal no mundo para uma posterior legitimação da "guerra justa", como afirma Dussel.[421] Mas as Tradições de Matriz Africana não concebem o bem e o mal de forma maniqueísta, como forças que se antagonizam *ad aeternum*. Para essas tradições, o bem e o mal são forças opostas e complementares, como o princípio do yin e yang do taoísmo chinês.

Na cosmopercepção africana, o bem e o mal estão em absolutamente tudo: nos objetos, na natureza, nos animais, nas pessoas, nos espíritos dos antepassados, nas divindades e mesmo em *Olódùmarè*. Nessa perspectiva, uma cadeira pode ser um assento ou uma arma letal; a água mata a sede, mas também afoga; o fogo aquece, cozinha, mas pode queimar de forma terrível; uma brisa refresca em dias quentes, mas um furacão pode mudar toda uma paisagem; uma caverna pode ser uma abrigo ou um túmulo; um cão guarda a casa, mas pode morder o próprio dono; um cavalo é um ótimo transportador, mas pode derrubar o cavaleiro; as pessoas podem ser fraternas e solidárias ao mesmo tempo que preconceituosas, intolerantes e violentas; os ancestrais fortalecem a comunidade cuidando de seus descendentes como um guardião espiritual, mas sua fúria desencadeia conflitos e morte; os *Òrìṣà* são benevolentes e altruístas, mas o não cumprimento das regras e ritos gera dor e sofrimento nos seres humanos; de *Olódùmarè* tudo é gerado, incluindo o bem e o mal.

---

421 DUSSEL. In: LANDER, 2005, p. 29.

Com isso, entendo que Deus não é benevolente numa acepção radical da palavra, mas que, na manifestação das duas forças, Ele está infinitamente mais disposto a sê-lo. Isto já responde ao paradoxo de Epicuro, mas, por outro lado, fomenta outro questionamento: por que, então, o mal existe?

Na cosmopercepção *yorùbá* isto pode ter a ver com o cumprimento do *Odù* enquanto destino. O destino (*àyànmọ́*), segundo Beniste,[422] é praticamente imutável. Isto me leva a crer que não existe a noção de "livre arbítrio" nessa teologia, o que não impede a concepção de que o que acontece em nossas vidas também seja nossa responsabilidade, nossas escolhas podem nos levar ao sofrimento mesmo que nosso *àyànmọ́* seja bom e pleno de êxitos. Como para as Tradições de Matriz Africana o mal não é uma força que disputa com o bem, então ao livre arbítrio não é conferido como a liberdade que os seres humanos possuem para optar entre o bem e o mal, mas que o destino outorgado a nós por *Olódùmarè* não é estático e pode ser manipulado em consequência de posições tomadas em vida. Daí a expressão: *Ọwọ́ ẹni l'afi tún iwa ẹni ṣe*, ou *as mãos de uma pessoa são usadas para melhorar seu caráter*. Mas não são apenas os equívocos dos seres humanos que podem levá-lo a condições difíceis na vida. A não observação dos ritos e do compromisso ético pode afastá-lo das divindades, o que seria uma grande fonte de infortúnios.

Apesar de afirmar que o bem e o mal não são necessariamente antagônicos, na cosmopercepção *yorùbá* existem forças essencialmente malévolas que disputam com os *Òrìṣà* a fim de destruir os seres humanos.

> *Segundo a cosmologia de Ifá, o mundo é o teatro de dois panteões de forças espirituais concorrentes. Essas forças boas e más lutam pelo controle do universo e dos seres humanos também. Segundo os yorùbá, existem 400 Òrìṣà benevolentes para os seres humanos e 200 ajogun que são malévolos. Esses 200 poderes malignos incluem os oito senhores da guerra mais infames: morte (Ikú), doença*

---

[422] BENISTE, 2008b, p. 162-163.

(Àrùn), paralisia (Ègbà), maldição (Èpè), perda (Òfò), grandes problemas (Ọ̀ràn), prisão (Èwọ̀n) e "Èṣe" (Um nome geral para todas as outras aflições humanas). Uma vida bem-sucedida requer a arte de viver em harmonia com essas forças espirituais.[423]

A afirmação acima, do professor da *California State University*, Mutombo Nkulu-N'Sengha, vai ao encontro do que a Dr[a] Denise Martin, professora da *University of Louisville*, nos aponta a respeito dos *ajogun* como agentes promotores das calamidades:

No pensamento africano, a origem das calamidades é sempre espiritual, mas elas não são automaticamente atribuídas à divindade suprema. Em algumas tradições, como os iorubás, as calamidades são divindades. Coletivamente, eles são os Ajogun, ou "guerreiros contra a humanidade e as boas forças da natureza". Seu único propósito de existência é arruinar o Òrìṣà, os humanos, as plantas e os animais. Há oito senhores da guerra da Ajogun: Ikú (Morte), Àrùn (Doença), Òfò (Perda), Ègbà (Paralisia), Ọ̀ràn (Grande Encrenca), Èpè (Maldição), Èwọ̀n (Aprisionamento) e Èṣe (Aflições). Estes oito são apenas os líderes porque o número total de Ajogun é de 200 +1. O "+1" significa que mais podem ser adicionados. Os Ajogun são partes permanentes da criação. Quando suas atividades começam, o sacrifício é o remédio. Geralmente, calamidades maiores exigem sacrifícios maiores. Essa abordagem é encontrada em toda a África, embora a entidade à qual o sacrifício é direcionado varie.[424]

---

[423] According to Ifa cosmology, the world is the theater of two pantheons of competing spiritual forces. These good and bad forces struggle for the control of the universe and humans as well. According to the Yoruba, there are 400 Orishas that are benevolent to humans and 200 ajogun that are malevolent. These 200 evil powers include the eight most infamous warlords: death (Iku), disease (Arun), paralysis (egba), curse (epe), loss (ofo), big trouble (oran), imprisonment (ewon), and "ese" (a general name for all other human afflictions). A successful life requires the art of living in harmony with these spiritual forces. NKULU-N'SENGHA. In: ASANTE; MAZAMA, 2009, p. 206-209. Tradução do autor.

[424] In African thought, the origin of calamities is always spiritual, yet they are not automatically attributed to the supreme deity. In some

As afirmações destes dois pesquisadores se inscrevem na mesma perspectiva que Wándé Abímbọ́lá nos traz sobre os *ajogun*:

> Os yorùbá acreditam que, além do próprio homem, existem duas grandes forças em oposição no universo, uma benevolente para com os seres humanos e outra hostil. As forças benevolentes são, coletivamente, conhecidas como ìbo (as divindades), e as malévolas são conhecidas como ajogun (guerreiros opositores ao homem). As àjẹ́ (as bruxas) estão também em aliança com os ajogun para a destruição do homem e de sua obra.[425]

Abímbọ́lá continua, dizendo que *Èṣù* é o intermediador entre as forças benéficas, maléficas e os seres humanos e que a necessidade de se fazer *ẹbọ* é para garantir as benfeitorias dos *Òrìṣà* e afastar os malefícios que os *ajogun* poderiam causar. O autor coloca *Èṣù* como o "policial do universo", é radicalmente imparcial, por isso não pode ser maniqueísta. Para ele, tanto os *Òrìṣà* quanto os *ajogun* têm lugar no mundo. Este fator extremamente ambíguo pode ser um dos que o fez ser identificado pelo mundo cristão como sendo uma personificação do diabo. Em outra afirmação de Abímbọ́lá citada por Beniste, o autor e *Bàbáláwo* nigeriano é mais abrangente:

> Os poderes benevolentes são as divindades do panteão yorùbá, como Ògún, Òrìṣàánlá e o próprio Ifá, assim como os ancestrais, macho e fêmea, conhecidos coletivamente como òkú-Ọ̀run. Os poderes malevolentes são conhecidos coletivamente como ajogun (guerreiros contra o homem) e abrange as àjẹ́ (bruxas), ikú (morte), àrùn (doença),

---

traditions, such as the Yoruba, calamities are deities. Collectively, they are the Ajogun, or "warriors against humanity and the goog forces of nature." Their sole purpose of existence is to ruin the Orisha, humans, plants, and animals. There are eight warlords of the Ajogun: Iku (Deth), Arun (Disease), Ofo (Loss), Egba (Paralysis), Oran (Big Trouble), Epe (Curse), Ewon (Imprisonment), and Ese (Afflictions). These eight are just the leaders because the total number of Ajogun is 200 + 1. The "+1" means that more can be added. The Ajogun are permanent parts of creation. When their activities flare up, sacrifice is the remedy. Usually, greater calamities require greater sacrifices. This approach is found throughout Africa, although the entity to which the sacrifice is directed varies. MARTIN. In: ASANTE; MAZAMA, 2009, p. 149. Tradução do autor.

425 ABÍMBỌ́LÁ, 1975, p. 3.

òfò (prejuízos), ègbà (paralisia), òràn (problemas), èpè (maldição), èwọ̀n (prisão) e èṣe (qualquer outro malefício que possa afetar os seres humanos). ... Por essa razão, torna-se importante o fato de que os poderes sobrenaturais bons sejam preservados e satisfeitos mediante a oferta de sacrifício, e seguindo as normas da moral divinamente sancionadas no meio social, ele poderá contar sempre com esses poderes benevolentes, que o protegerão contra os planos perversos dos poderes do mal.[426]

As *àjẹ́*, citadas por Abímbọ́lá, são as pessoas que manipulam as forças estritamente para fazer o mal. Podem ser homens ou mulheres e os africanos levam isso muito a sério, como diz Awolalu:

Nas atitudes mentais e sociais dos yorùbá e dos africanos em geral, não existe uma crença mais profundamente arraigada que a da existência de bruxas (àjẹ́). Todas as doenças estranhas, acidentes, morte prematura, empreendimentos ineficientes, decepção no amor, desânimo nas mulheres, impotência nos homens, fracasso nas colheitas e milhares de outros males são atribuídos à bruxaria.[427]

Awolalu[428] questiona se a bruxaria realmente existe se valendo de estudos pregressos ocidentais e conclui que, a despeito das avaliações de cientistas e psicólogos, nas crenças africanas de modo geral, ela é uma realidade. Se alguém cai doente repentinamente ou se morre de forma inacreditável, logo toda a comunidade se une para descobrir e punir a *àjẹ́* que desencadeou esses malefícios, pois uma pessoa assim é considerada perigosa para a comunidade, é um agente do desequilíbrio, da destruição. Contudo, os fatos e eventos são analisados com certo cuidado para evitar o equívoco de culpar um inocente.

---

426 BENISTE, 2008b, p. 167.

427 In the mental and social attitudes of the Yorùbá, and of the Africans in general, ther is no belief more profoundly ingrained that that of the existence of witches. All strange diseases, accidents, untimely death, inability enterprise, disappointment in love, barrenners in women, impotence in men, failure of crops and a thousand other evils are attributed to witchcraft. AWOLALU, 1996, p. 81. Tradução do autor.

428 AWOLALU, 1996, p. 79-90.

A crença nas "bruxas" como seres humanos que se valem das forças sobrenaturais para prejudicar alguém persistiu na diáspora. Amiúde as pessoas consultam o jogo de búzios para saber a origem do sofrimento em suas vidas e frequentemente os sacerdotes perguntam: "te indispuseste com alguém? Alguém que poderia lhe fazer um feitiço?". De fato, a feitiçaria é o maior medo dos vivenciadores das Tradições de Matriz Africana e para se protegerem dela é que se associam às forças benéficas, os Òrìṣà e os antepassados.

O professor emérito da Universidade de Berna, John Mbiti, afirma que as forças sobrenaturais não são naturalmente boas ou más, mas que assim como pessoas boas podem usá-las para fazer o bem, também podem ser manipuladas por pessoas más para fazer o mal.

> *Em todas as comunidades há pessoas suspeitas de agirem maliciosamente contra os seus parentes e vizinhos, através do uso de magia, bruxaria e feitiçaria. Como realçaremos brevemente mais adiante, este é o centro do mal, tal como as pessoas o sentem. O poder místico em si mesmo nem é bom nem mau: mas quando é usado maliciosamente por alguns indivíduos, é sentido como mau. Esta visão faz do mal um objeto independente e externo que, contudo, não pode actuar por si próprio mas tem que ser empregado por agentes humanos ou espirituais.*[429]

Este ponto é importante, pois ao perceber que o mal é um agente externo à natureza das pessoas, significa que ao "removê-lo" a pessoa voltará às suas origens, que naturalmente seriam boas. Isso pode ser visto de forma lúdica no filme francês *Kiriku e a feiticeira*,[430] um longa-metragem de animação que narra, a partir de uma história africana, as peripécias do herói-menino Kiriku na tentativa de solucionar um mistério em sua aldeia sobre o desaparecimento dos homens ao enfrentarem uma terrível e poderosa feiticeira. Ela se

---

[429] MBITI, 2001.
[430] KIRIKU, 1998.

dedicava exclusivamente a fazer o mal, mas este mal era provocado por um pino cravado em sua nuca que, ao ser retirado pelo herói, imediatamente torna a feiticeira uma mulher belíssima e boa. A dor causada pelo pino é que fazia com que ela fosse má sem que ela mesmo o soubesse. Essa história é importante, pois demonstra que o mal nas pessoas não é natural, mas sim que existe por uma razão externa e, por isso mesmo, pode ser extinguido se esta razão for extinguida. Este pensamento parte da ideia de que Deus é bom e que sua criação, então, também é boa. Mbiti afirma que entre os *vuguso*, por exemplo, o mal seria uma força que inicialmente foi criada por Deus como boa, mas que se voltou contra Ele, tornando-se má.[431] De certa forma, com isso, entendemos que o mal não foi criado por *Olódùmarè*, mas que se tornou por sua consciência e ação.

Além dos *ajogun* e das *àjẹ́*, Beniste aponta a existência de outros seres como os *eléninìí,* inimigos dos *Òrìṣà*. Lutam contra eles, impedindo-os de abençoar a humanidade, são "*inimigos implacáveis que se opõem às pessoas roubando-lhes todas as oportunidades de sucesso.*"[432] Por isso os *yorùbá* dizem: *Orí kúnlẹ̀ o yàn eléninìí o jẹ k'o ṣe é,* ou *Orí ajoelhou-se para escolher o seu destino, os eléninìí o impediram de fazê-lo.* De acordo com Ayegboyin e Jegede, "*a religião yorùbá exonera Deus da culpa [pela existência] do mal e do infortúnio que se abate sobre os seres humanos.*"[433] O mal é entendido como algo essencial do mundo. As maldades do mundo são chamadas de "*ọmọ ara Ayé*" segundo Beniste,[434] ou seja, "os filhos da Terra". Isto significa que não existe o mal no *Ọ̀run*, e que esses seres maléficos, físicos ou espirituais, são manifestações exclusivas da Terra, do imanente, não tendo um doble espiritual no *Ọ̀run*.

---

431 Esta narrativa demonstra uma similaridade impressionante com as narrativas bíblicas que explicam o mal como oriundo da rebeldia de Lúcifer, o que me deixa cauteloso. Considero, certamente, que as religiões são dinâmicas e que quando se encontram cultural ou politicamente, ocorrem trocas simbólicas. Contudo, buscamos uma visão decolonial da espiritualidade africana, tentando peneirar a influência cristã em sua atual percepção de mundo sem descartar os dados que me chegam de imediato, pois não tenho subsídios para definir se essa percepção existe devido a imersão cristã no continente ou se já existia na África Pré-Colonial.

432 BENISTE, 2008b, p. 166.

433 "Yoruba religion exonerates God from the blame of evil and misfortune that befall human beings." AYEGBOYIN; JEGEDE. In: ASANTE; MAZAMA, 2009, p. 250. Tradução do autor.

434 BENISTE, 2008b, p. 166.

> *Todos estes males o idioma esvazia. Não explica a sua gênese, nem o seu fim. Excluindo conceitualmente tais males, os iorubás excluem socialmente os que asseguram a sua gestão. [...] Não tendo nascido pelo sopro de Ọlọ́run e pelas mãos de Òrìṣàńlá não podem morrer e regressar para o Ọ̀run. A maldição mais terrível que sobre eles pesa é a de estarem presos a esta terra pela eternidade. Totalmente excluídos da sociedade humana, da família, clã, aldeia, país ou povo.*[435]

Por serem forças que habitam exclusivamente a Terra, o receio de suas atividades se torna chave para as muitas formas de culto aos antepassados e às divindades, que estudaremos no próximo capítulo.

SÍNTESE

Propus neste capítulo conhecer um pouco mais a figura de Deus nas Tradições de Matriz Africana e suas relações com o mundo e com as demais divindades sob a ótica da Afroteologia, ou seja, com bases epistemológicas da percepção de mundo africana e afro-brasileira. Apresento a afroteontologia como uma proposta de conhecimento sobre o Ser Supremo africano, com ênfase na percepção *yorùbá*. Também fiz uma breve análise sobre Suas origens e natureza, assim como o que concerne o problema do mal.

Certamente que não busco exaurir, com este estudo, as possibilidades de interpretação e entendimento sobre o pensamento africano a respeito do Ser Supremo e seus desdobramentos, mas sim que se faz necessário uma investigação mais atenta a esta realidade. Um dos desdobramentos é, justamente, a manifestação dos *Òrìṣà*, que veremos no próximo capítulo.

A partir daqui entendo que *Olódùmarè* é Deus na acepção conceitual do termo. É a forma como os africanos veem a origem de todas as coisas. Que ele não é nem bom nem mal, pois paira acima dessas forças. Que o mal

---

[435] ZIEGLER, 1975.

e seus agentes não são fruto de Deus, mas que são combatidos pelos *Òrìṣà* que, em última instância, são os modelos pelos quais devemos seguir com uma vida ética e moralmente aceita em prol da comunidade.

Ojò igbí Òrìṣà rè wo
Eyè kan fo Òrìṣà ṣiré

O dia e o tempo do Òrìṣà chegou
Está na hora de parar a brincadeira com o Òrìṣà[436]

---

436   *Orin* à *Òṣàálá* repassado pela tradição oral do Candomblé.

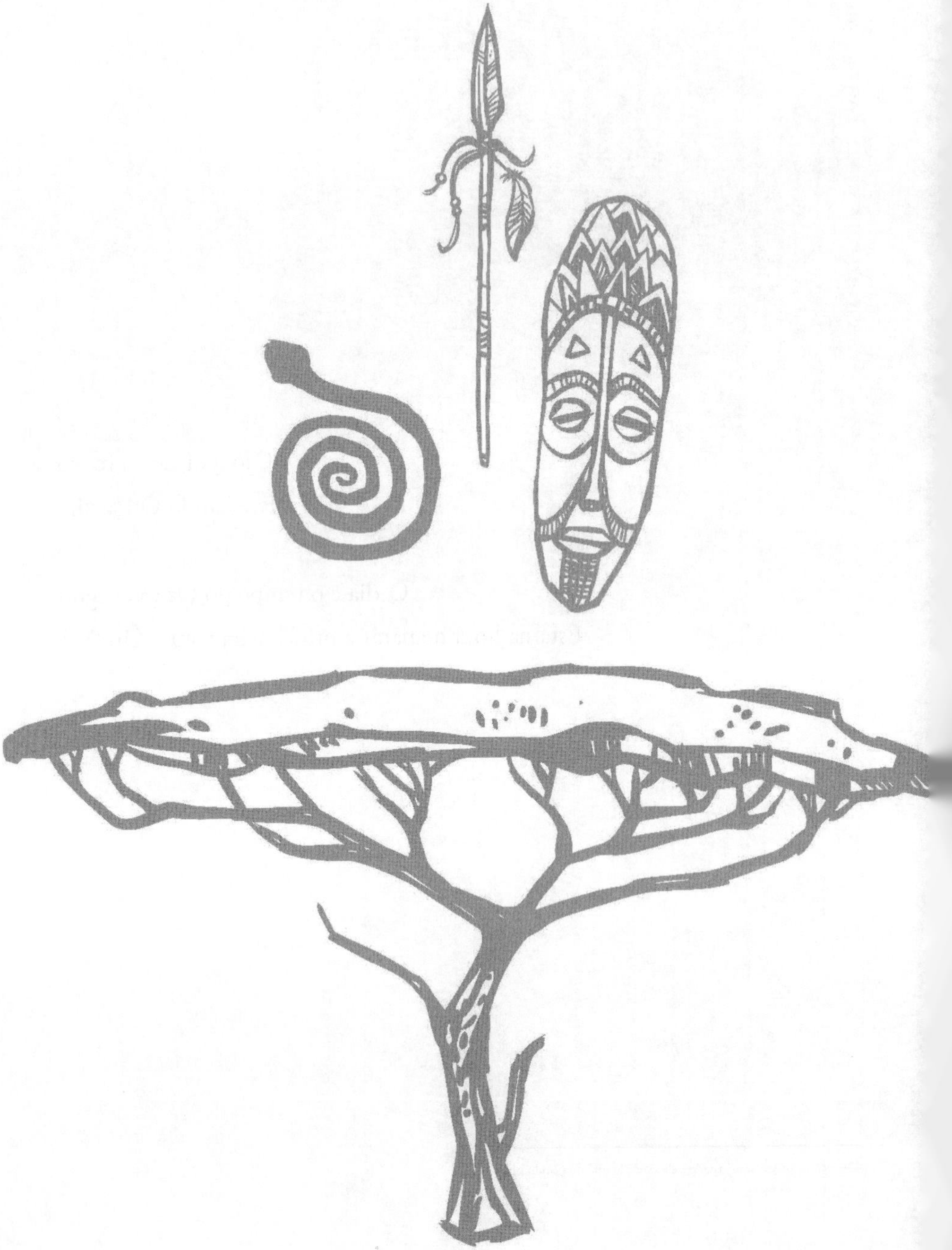

ORIXALOGIA
ESTUDO AFROTEOLÓGICO
SOBRE AS DIVINDADES

Introdução

  Ao longo da minha caminhada acadêmica, organizei e participei de vários eventos que tinham o intuito de estimular o estudo sobre a Afroteologia entre os vivenciadores das Tradições de Matriz Africana. Com isso, me envolvi em ações grandiosas como o *Projeto Ilé-Èkọ́*, que ofereceu formação político-pedagógica a partir da filosofia e teologia de matriz africana com financiamento pelo extinto Ministério da Cultura, em 2013, e contou com a participação de inúmeras comunidades tradicionais de terreiro de oito cidades do Rio Grande do Sul.

  Além do *Ilé-Èkọ́*, também realizei projetos menores e quase sem recursos, como o *Roda de Saberes*, que aconteceu na Comunidade Tradicional de Terreiro Ilé Àṣẹ Òrìṣà Wúre, que dirijo em Porto Alegre, e na Comunidade Civilizatória de Pertencimento Ancestrálico Ilé Àṣẹ Ojìṣẹ́ Ifẹ, dirigido por Ìyá Lurdes de Ọya e sua filha, Ìyá Bàrbara de Ògún, em Florianópolis. Nesses projetos, pude desenvolver mais a Afroteologia a partir do debate de ideias apresentadas pelos participantes que, de forma alguma, eram espectadores. A proposta nunca foi a de ensinar os vivenciadores, mas sim a de ampliar os horizontes do conhecimento adquirido nas práticas religiosas por meio do estudo a partir de outras fontes.

Isto originou o que apresento aqui como sendo a *Orixalogia*. Este neologismo surge da compreensão da necessidade de se especificar um ramo de estudos dentro da Afroteologia. A expressão é a fusão do termo "orixá", aportuguesamento da palavra em *yorùbá Òrìṣà*, com "logia", do grego "estudo". Foi difícil pensar numa palavra que representasse o que pretendia neste estudo e, ao mesmo tempo, fosse representativa do pensamento decolonial. "Estudo" em *yorùbá* é "*kọ́*", assim uma palavra possível de ser construída nessa perspectiva seria *Òrìṣàkọ́* (orixakó), mas sua sonoridade não me causou nenhum efeito impactante. Ao pensar na expressão, levei em conta os estudos existentes de hagiologia (estudo dos santos) e a angelologia (estudo dos anjos), daí o termo "orixalogia".

Iniciei estes estudos buscando responder à pergunta: "o que são os *Òrìṣà*?". Muitos pesquisadores e estudiosos levantam teorias a respeito da natureza dos *Òrìṣà*. Existem pelo menos cinco delas: a) são ancestrais divinizados; b) são forças da natureza; c) são espíritos superiores; d) são anjos da guarda; e) são deuses. Refuto todas elas.

A consideração de que os *Òrìṣà* são ancestrais divinizados busca argumentação na antropologia e na psicologia das sociedades chamadas por essas ciências de "primitivas". Segundo os autores que defendem essa teoria, os *Òrìṣà* seriam seres humanos notáveis, que, após a morte, foram cultuados como deuses por seus partidários. Este tipo de teoria conduz à negação da existência de forças divinas, já que os *Òrìṣà* seriam meros seres humanos elevados à categoria de divindades. O argumento principal são as narrativas sagradas. Muitos *ìtàn* falam das atividades dos *Òrìṣà* na Terra como guerras, amores, política, dentre outras, e estas seriam um tipo de memória de suas vidas antes da divinização.

Contesto este argumento, uma vez que não existe registro histórico desses fatos, senão os narrados pelos sacerdotes. Além disso, as narrativas sagradas são mítico-simbólicas, ou seja, elas procuram traduzir um código moral e ético de forma alegórica, ainda que carregada de valores espirituais. Isto não as diminui ou as descredencia na compreensão teológica, mas não posso auferir que tais histórias sejam a realidade de um passado distante. Crer nessa teoria seria o mesmo que crer que é histórico o poderoso Hércules ter concluído seus doze trabalhos; que a flecha de Páris foi conduzida por Apolo até o calcanhar de Aquiles; que Izanagi retirou uma espada do mar e as gotas que caíram se transformaram no arquipélago do Japão; ou que houve um dilúvio que inundou todo o planeta Terra.

Mesmo as narrativas sagradas que atribuem a *Ṣàngó*, o *Òrìṣà* da Justiça, a existência como rei na cidade de *Ọ̀yọ́*, não podem ser interpretadas como históricas. Afinal, assim como *Odùduwà* foi um invasor que se apoderou do nome de uma divindade feminina para que fosse deificado naquele reino, ainda que seja especulativo, o mesmo pode ter ocorrido com *Ṣàngó*. Isto parece mais evidente se observarmos que, na diáspora, várias divindades ligadas ao trovão e à justiça ou que teriam sido reis foram aglutinadas como qualidades de *Ṣàngó*, ou seja, *Ṣàngó* é a representação divina do rei, do trovão e da justiça, não necessariamente uma pessoa que realmente viveu na Terra.

Santos denuncia essa perspectiva com base no fato de que os *yorùbá* não cultuam apenas os *Òrìṣà*, mas também os ancestrais. Isso significa que não faz qualquer sentido os *Òrìṣà* serem ancestrais divinizados, porque estes já existem e são chamados de *Égún*.

> *Abrir uma discussão sobre a origem humana das divindades seria debater a gênese das teogonias, penetrar no domínio da teologia, do gnosticismo ou da psicologia e, em todo caso, abrir um interrogante que atinge todas as religiões. São os deuses uma realidade extra-humana inapreensível ou projeções de nossas necessidades individuais e/ou coletivas? [...] O fato de que os Òrìṣà com seus mitos e lendas – parábolas que nos permitem apreender seu significado – constituem*

uma constelação familiar e o uso fácil e extensivo da palavra Òrìṣà pode induzir a compará-los aos seres humanos. Para os Nàgó [yorùbá], os Òrìṣà não são égún.[437]

A segunda teoria é a de que os Òrìṣà são *forças da natureza*. O argumento é a de que muitos elementos da natureza estão relacionados aos Òrìṣà, como Ọ̀ṣun que é a divindade dos rios, *Yemọjá* é a dos mares, *Ọya* dos ventos e tempestades, *Ṣàngó* dos raios e trovões etc. Esta premissa se equivoca por atestar que os Òrìṣà são essas forças, ou seja, atribuem à essas forças ou elementos uma identidade teomórfica. Isto significaria que os Òrìṣà são forças da Terra, do *Ayé*, e não divindades do Ọ̀run. Refuto essa teoria por entender que a origem dos Òrìṣà não está nos elementos da natureza, mas o oposto: os Òrìṣà são as divindades que vivificam a natureza e sacralizam certas atividades humanas, logo não podem ser confundidos com elas. Se a natureza fosse destruída, não refletiria na existência dos Òrìṣà, mas o contrário sim. Caso os Òrìṣà morressem, tudo o que existe começaria a desmoronar.

A teoria de que os Òrìṣà são *espíritos superiores* provém de visões kardecizadas (se posso usar este termo) das Tradições de Matriz Africana. Nesta visão, há uma hierarquia de espíritos e os Òrìṣà estariam inseridos nos níveis mais altos. Esta teoria se vale epistemologicamente do espiritismo kardecista para argumentar, o que não faz qualquer sentido para nós, já que o espiritismo é uma filosofia/religião totalmente alienígena à África e que presume a existência unicamente de espíritos e não divindades. Assim, o argumento de refutação é o mesmo que para a teoria dos ancestrais divinizados: para as Tradições de Matriz Africana os Òrìṣà não são espíritos de seres humanos, estes são os *Égún*, logo não podem ser "espíritos superiores".

A ideia de que os Òrìṣà são *anjos da guarda* tem origem na própria tradição oral do Batuque e do Candomblé. Vários *Bàbálóriṣà* e *Ìyálóriṣà* se referem a eles dessa forma. Esta teoria possui profundas relações com o hibri-

---

[437] SANTOS, 2002, p. 103.

dismo, refletindo uma compreensão sobre a natureza e papel dos *Òrìṣà* ao referirem-se a eles como seres criados por Deus para proteger e guiar os seres humanos. Dizemos hibridismo e não sincretismo, pois a intenção da Igreja Católica era sincretizar os *Òrìṣà* com os seus santos, mas, com o hibridismo, no sentido atribuído por Bhabha[438] como uma característica da resistência das culturas ao processo colonizador, os antigos sacerdotes e sacerdotisas da diáspora viram no anjo da guarda uma semelhança com os *Òrìṣà*. A oração católica dedicada a esses seres reflete muitos dos aspectos esperados dos *Òrìṣà*:

> *Santo Anjo do Senhor*
> *Meu zeloso guardador*
> *Já que a ti me confiou a piedade divina*
> *Sempre me rege, guarde, governe e ilumine*

Mas, e a despeito dessa perspectiva hibridista, não posso propor essa relação que pode ser superada por discursos mais claros e identitários. É certo que, devido à afroteofobia que permeia nossa sociedade ainda hoje, esse discurso fazia sentido no passado com o propósito de aproximar as pessoas da fé africana, fugindo dos paradigmas impostos pelo racismo religioso.[439] Defendo que não devemos mais nos apresentar dessa forma. O racismo religioso deve ser enfrentado e extirpado da sociedade e a resiliência que sempre ditou nossas formas de autodefesa deve dar lugar ao debate argumentativo e incisivo.

Por fim, a teoria de que os *Òrìṣà* são *deuses*, assim, a classificação destas tradições seria a de politeístas. O argumento é de que os *Òrìṣà* possuem cultos específicos para cada um, com sacerdotes específicos; muitos são vinculados a famílias, clãs ou reinos; eles têm poderes sobrenaturais e cuidam dos seus devotos e suas famílias. Outros argumentos também são levantados como

---

438 BHABHA, 2013.
439 Quando os hinduístas, por exemplo, falam de seu sagrado para as massas nunca precisaram hibridizar seus deuses e deusas com símbolos católicos para não serem perseguidos no Brasil. É claro que a imensa maioria de seus vivenciadores são jovens brancos de classe média, o que por si só denuncia que estas formas de religiosidade oriental são socialmente mais aceitas que as Tradições de Matriz Africana. E já sabemos o motivo: o racismo. Isso foi amplamente trabalhado em meu livro anterior.

em um debate entre quatro interlocutores *insiders* em suas redes sociais. Para ficar mais claro, transcrevo abaixo as considerações publicadas.[440]

> *Interlocutor A: [Descolonização também é um trabalho linguístico] Vamos tirar "Deus" – que sempre é [o] cristão do nosso discurso. Vamos construir expressões para o povo do Àṣẹ. Uma nova linguística, uma nova semântica. Usos semântico-lexicais que nos representem. Não tenho certeza, mas me parece que a ideia de Ọlọ́run – Olódùmarè no Candomblé Queto surge com o movimento de reafricanização. Acho que o Candomblé sempre foi dos Òrìṣà, não era de Ọlọ́run. Eu ainda tenho minhas dúvidas que esta ideia de "Deus único" [não] seja colonizada. Não sei se faz muita diferença, mas eu rejeito o colonialismo com todas as minhas forças.*

> *Interlocutor B: Há muitos elementos que apontam que o "nosso" monoteísmo é um argumento de conformação ao ideário cristão. Estratégia para dizer que Deus é único e que a nossa forma de cultuar é apenas diferente. Essa questão foi construída, inclusive, na própria Nigéria, pela imposição colonial da conversão. Muito do que "compramos" aqui como Nagô veio aculturado. Na maioria das religiões arcaicas a figura de Deus é quase inerte. Penso que somos politeístas, mesmo. E assumir o nosso politeísmo é um ato de política e fé.*

> *Interlocutor A: Eu penso do mesmo modo. Quem atribui sentido às crenças é quem a pratica e o nosso jeito e a nossa proximidade com um Deus único não se assemelha as religiões que o têm como único. Eu acho que precisamos dar uma olhada em uma África pré-colonial ou encarar a verdade sobre o nosso Candomblé, também nesse sentido, ser muito único, muito nosso, muito brasileiro.*

---

440 DESCOLONIZAÇÃO também é um trabalho linguístico. Disponível em: <https://bit.ly/2rkVrYp>. Acesso em: 7 nov. 2019.

Interlocutor C: penso que a ideia de monoteísmo é estratégia para aceitação e influência colonial (em África e na diáspora) e digo que Èṣù (sempre é ele!) é quem vem pra apimentar esse caldo. Nesse sentido o espectro é mais amplo do que a limitada definição de mono ou politeísta. Falo isso porque a premissa básica para configurar uma crença monoteísta é que o Deus em questão deve ser ao mesmo tempo onipotente, onisciente e onipresente, de forma que não necessite de nenhuma ajuda para nada. O que não é o caso de Elédùmarè, que tem Èṣù (sempre ele) como o grande mensageiro. Nesse sentido, Elédùmarè deixa de ser onipresente e onisciente, pois não possui o poder de estar em todos os lugares e saber de tudo o que acontece, e atribui a Èṣù o papel de fiel mensageiro. Eu particularmente acho raso tentar enquadrar o Candomblé em qualquer uma das duas opções, acredito que não nos interessa essas nomenclaturas, é hegemônico demais e não deveria nos interessar.

Interlocutora D: Devemos sim "suspeitar" desses enquadramentos/definições coloniais...

Interlocutor A: Eu penso que no caldeirão de escravidão e do colonialismo "Deus tinha de ser um só", mas este Deus sempre foi [o] do colonizador.

No debate, o interlocutor "A" se preocupa com a questão da colonialidade que se abate sobre os saberes africanos, no que os interlocutores "B", "C" e "D" concordam. O interlocutor "B" defende que a classificação dessas tradições é politeísta, não apenas como uma análise sistemática dos estudos, mas como uma posição política que nega a imposição colonialista e sincrética. O interlocutor "C" vai mais longe, defendendo uma posição que sequer aceita uma classificação nestes parâmetros, pois seu entendimento sobre as divindades lhe faz acreditar que qualquer tentativa de alocar essa tradição numa classificação seria superficial. Assim, a defesa de um politeísmo africano se torna mais político que científico, e busca fugir de uma conformação largamente adotada e difundida nas ciências do século XIX – como já visto no primeiro capítulo– como sendo o monoteísmo a visão mais moderna na "evolução" das religiões. Afirmar, então, que as tradições africanas são monoteístas seria buscar uma legitimidade nesta classificação europeia nonocentista.

Esse debate demonstra como os vivenciadores buscam explicações para a experiência que têm em suas tradições, analisando os fatores conjunturais e pensando em saídas semânticas para os colonialismos impostos por uma pedagogia criastianocêntrica, que foi racista e epistemicida com as Tradições de Matriz Africana. No entanto, dei voltas e caí no mesmo ciclo ao qual nos deparamos inicialmente: uma conceitualização ditada pela Europa. Difícil fugir disso, pois todos os estudos neste sentido são posteriores às construções intelectuais europeias, mesmo que estas tenham seu nascedouro em outras partes do mundo. Advogo que as Tradições de Matriz Africana são monoteístas por entender que apenas *Olódùmarè* possui as atribuições necessárias para ser considerado Deus. Os *Òrìṣà* são manifestações dele, como diz Beniste:

> *Deus é Um, não muitos; a Terra e toda a sua plenitude pertencem a este único Deus; é o criador do universo; abaixo dEle está a hierarquia dos Òrìṣà, os quais recebem a incumbência de dirigir os seres humanos, administrar os vários setores da natureza, servindo de intermediários entre os humanos e ele.*[441]

Os *Òrìṣà* são a imanência de Deus, que é transcendente. Isso fica claro na perspectiva de estudiosos que levam em consideração o estudo da religião como um todo, antes de se aprofundar nas especificidades de cada religião. Como parti desse princípio, concluí que as Tradições de Matriz Afri-

---

441 BENISTE, 2008b, p. 27.

cana não podem ser chamadas de politeístas, pois somente *Olódùmarè*, como visto anteriormente, é Deus.

> *A religião yorùbá é frequentemente associada ao politeísmo. Mas tal associação ignora totalmente a natureza da religião yorùbá, assim como seus mitos, seu folclore e seus rituais. A religião yorùbá de fato abarca um panteão de divindades, mas todas elas são manifestações de uma Divindade Suprema. Cada Òrìṣà é uma representação ou manifestação de Olódùmarè, mas nenhum deles é Olódùmarè. Só Olódùmarè é Supremo.*[442]

As divindades africanas podem ser chamadas de *Irúnmalẹ̀*, *Irúnmọlẹ̀*, *Imalẹ̀* ou *Ìmọ́lẹ̀*. As variações se dão pela diversidade de dialetos que a língua *yorùbá* possui. Em seguida, faço um estudo sobre as divindades conhecidas em conjunto no Brasil como *Òrìṣà*. Nesta parte, fujo totalmente da ordem que tradicionalmente é apresentada pelos etnógrafos agrupando as divindades no que considero ter especificidades mais ou menos em comum.

IRÚNMALẸ̀

A palavra *Irúnmalẹ̀* possui uma etimologia um tanto incerta. Aparentemente, a palavra não se perpetuou tão bem no Candomblé, exceto por alguns terreiros, como um tipo de invocação como aponta Santos: "*àwọn irínwó Irúnmalẹ̀ ojù kótún ati àwọn igbá 'malẹ̀ ojù kòsi / os quatrocentos Irúnmalẹ̀ do lado direito e os duzentos Irúnmalẹ̀ do lado esquerdo*".[443] Entretanto, sempre foi corrente no Batuque, de forma geral, ainda que falada de forma acorruptelada. "Erumalé" ou "orumalé" é como os batuqueiros chamam o grupo de *Òrìṣà* que compõe o conjunto mítico de uma pessoa ou que estão sob sua guarda e ainda aparece em alguns *orin*, tais como:

---

442 RELIGIÕES. 1999.
443 SANTOS, 2002, p. 74.

> Èṣù l'ọnà fún mi o, Èṣù l'ọnà fún 'malẹ̀ o
> Èṣù abra os caminhos para mim, Èṣù abra os caminhos para as divindades
>
> A má jókó 'lé dé Ògún o / Irúnmalẹ̀, a má jókó 'lé dé Ògún o, Irúnmalẹ̀
> Não nos sentamos em casa, chegou Ògún / Divindades, não nos sentamos em casa, chegou Ògún
>
> Ara Yánsàn èdì l'Ọya, ara Yánsán èdì l'Ọya, ara Yánsán èdì l'Ọya, Irúnmalẹ̀ mo júbà o
> O corpo de Yánsàn fascina, pertence à Ọya, divindade meus respeitos

Santos cita Epega[444], afirmando que os *Irúnmalẹ̀* são divididos em dois grupos: os quatrocentos *Irúnmalẹ̀* da direita e os duzentos *Irúnmalẹ̀* da esquerda. Já Verger, citando o mesmo autor, diz o contrário: "*em um tal sistema, os Orixás, mais comumente chamados ìmọ́lẹ̀ pelo Rev. D. Onadele Epega, teriam sido divididos em dois grupos: 'Duzentos ìmọ́lẹ̀ da direita, igba ìmọ́lẹ̀, e quatrocentos da esquerda, irún ìmọ́lẹ̀ ou írínwó ìmọ́lẹ̀'.*"[445] Infelizmente, não tive acesso a obra do reverendo, *The mystery of the yorùbá gods*, publicado em Lagos, Nigéria, em 1931, por isso não tive como concluir algo numa confrontação dos dados. Entretanto, entendo que os números assinalados, como os próprios autores parecem concordar, não significam números regulares, limitados, mas sim, que o número duzentos represente, simbolicamente, um número grande e o quatrocentos um número muito grande. Já falei anteriormente sobre como as religiões apontam certos números como sendo mítico-simbólicos, ou seja, mais representativos de um período, segmento ou quantidade subjetiva, do que de fato uma numeração real, matemática.

---

444 SANTOS, 2002, p. 74.
445 VERGER, 1997, p. 21.

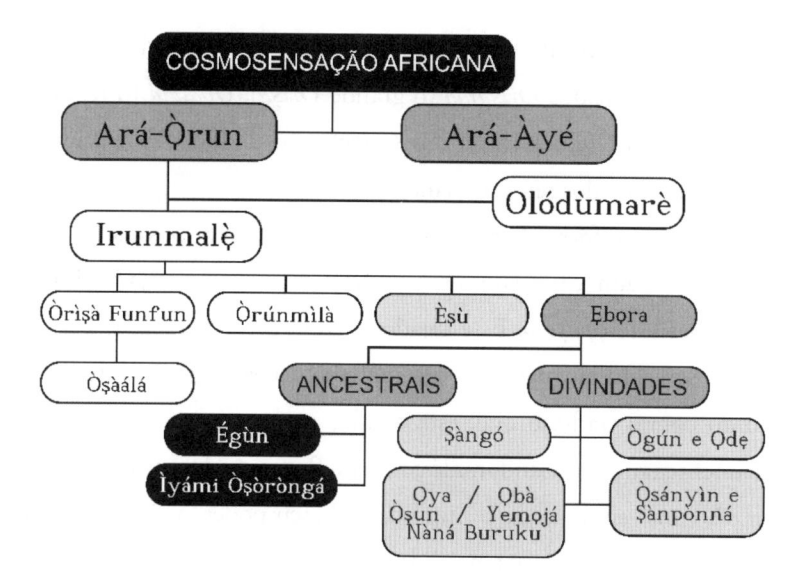

```
                    COSMOSENSAÇÃO AFRICANA
                    
         Ará-Ọ̀run                    Ará-Àyé
                                                Olódùmarè
         Irunmalẹ̀
         
   Òrìṣà Funfun   Ọ̀rúnmìlà    Èṣù         Ẹbọra
   
     Òṣàálá        ANCESTRAIS        DIVINDADES
     
         Égùn          Ṣàngó            Ògún e Ọdẹ
     Ìyámi Òṣòròngá   Ọya / Ọbà        Ọ̀sányìn e
                      Ọ̀ṣun / Yemọjá    Ṣànpọ̀nná
                      Nàná Buruku
```

Sobre o conceito "esquerda/direita", Santos afirma que todas as entidades sobrenaturais são agrupadas de acordo com esse binarismo, exceto *Èṣù* que, assim como *Ọ̀rúnmìlà,* é uma divindade primordial e, por ser responsável pela veiculação do *àṣẹ* em todo o sistema, não pertence a nenhum dos dois lados, transitando por ambos. Neste contexto é que, para fins de organização neste trabalho, optei pela interpretação de Santos a respeito da posição binária do número simbólico das divindades: *"os quatrocentos irúnmalẹ̀ da direita são os Òrìṣà e os duzentos da esquerda, os ẹbọra."*[446]. Nessa construção simbólica pude apresentar uma possibilidade de organização da cosmopercepção africana num tipo de organograma hierárquico, conforme a imagem anterior. A seguir falarei sobre algumas dessas divindades cultuadas tanto em África, como no Candomblé e no Batuque, assim como em outras tradições afrodiaspóricas.

OS QUATROCENTOS *IRÚNMALẸ̀* DA DIREITA: OS *ÒRÌṢÀ FUNFUN*

Os quatrocentos *Irúnmalẹ̀* da direita são os *Òrìṣà*. Não os *Òrìṣà* como são conhecidos no Brasil, mas sim um grupo mais restrito. Seriam os

---
[446] SANTOS, 2002, p. 75.

Òrìṣà Funfun, ou *Òrìṣà* do branco, mais conhecidos no Brasil como *Òṣàálá*. Na África, são chamados *Òrìṣànlá* (o grande *Òrìṣà*), *Ọbatálá* (o rei do pano branco), ou ainda *Ọbarìṣà* (o rei dos *Òrìṣà*). São divindades relacionadas à criação do mundo e dos seres humanos.

Ainda conforme Santos, essas divindades são as possuidoras do poder genitor masculino, por isso o seu símbolo máximo é o cajado ritual chamado no Brasil de *ọ̀páṣóró*. Esse cajado – assim como a espada, a lança e a flecha, que são símbolos fálicos – são representações simbólicas desse poder. De acordo com a tradição oral, este cajado, que geralmente é representado materialmente tanto no Candomblé como no Batuque, deve permanecer sempre em pé, como símbolo da continuidade de seu poder, assim como apenas o falo ereto é que possui a potencialidade para a geração de vidas.

> *O ọ̀páṣóró é feito de metal e mede cerca de 120 cm de altura. É uma barra com um pássaro na extremidade superior, com discos metálicos inseridos horizontalmente em diferentes alturas, dos quais pendem pequenos objetos, sininhos redondos, sinos em forma de funil e moedas.*[447]

Se a barra de metal é a representação do falo, a pomba encimada é a representação do poder genitor feminino, cuja forma simbólica está na ave *ẹiyẹlé*, controlada pelas *Ìyá-mi Òṣòròngá*, as mães ancestrais. Alguns *ìtàn* narram como *Òṣàálá* ganha o poder das *Ìyá-mi Òṣòròngá* ao desafiá-las. Como *Òṣàálá* sai vencedor, elas autorizam que carregue em seu ombro a *ẹiyẹlé*, concedendo-lhe o poder gerador. O *ọ̀páṣóró*, assim, se torna um símbolo da fusão entre os poderes genitores masculino e feminino, garantidor da vida. No Batuque, o *ọ̀páṣóró* é mais curto e menos elaborado, assemelhando-se a uma bengala de apoio, pois essas divindades são consideradas as mais velhas do panteão *yorùbá*, os primeiros a serem criados.

---

[447] SANTOS, 2002, p. 77.

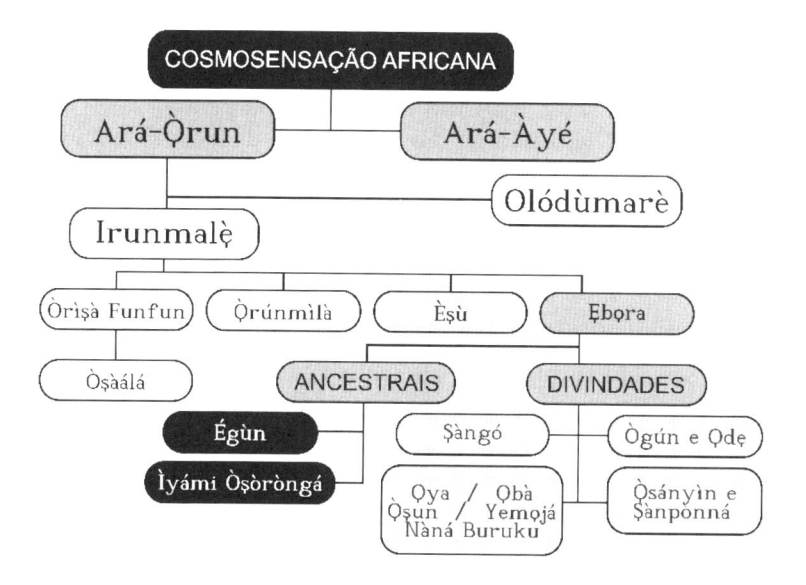

```
                    COSMOSENSAÇÃO AFRICANA
            ┌──────────────┐    ┌──────────────┐
            │   Ará-Ọ̀run   │    │   Ará-Àyé    │
            └──────┬───────┘    └──────────────┘
                   │                   ┌──────────────┐
                   │                   │  Olódùmarè   │
            ┌──────┴───────┐           └──────────────┘
            │   Irunmalẹ̀   │
            └──────┬───────┘
    ┌──────────┬───────────┬──────────┐
(Òrìṣà Funfun)(Ọ̀rúnmìlà) (Èṣù)    (Ẹbọra)
    │                                │
(Òṣàálá)                    ┌────ANCESTRAIS────DIVINDADES────┐
                            │        │                │
                         (Égùn)   (Ṣàngó)       (Ògún e Ọdẹ)
                       (Ìyámí Òṣòròngá) (Ọya/Obà   (Òsányìn e
                                         Ọṣun/Yemọjá  Ṣànpònná)
                                         Nàná Buruku)
```

Sobre o conceito "esquerda/direita", Santos afirma que todas as entidades sobrenaturais são agrupadas de acordo com esse binarismo, exceto *Èṣù* que, assim como *Ọ̀rúnmìlà,* é uma divindade primordial e, por ser responsável pela veiculação do *àṣẹ* em todo o sistema, não pertence a nenhum dos dois lados, transitando por ambos. Neste contexto é que, para fins de organização neste trabalho, optei pela interpretação de Santos a respeito da posição binária do número simbólico das divindades: "*os quatrocentos irúnmalẹ̀ da direita são os Òrìṣà e os duzentos da esquerda, os ẹbọra.*"[446]. Nessa construção simbólica pude apresentar uma possibilidade de organização da cosmopercepção africana num tipo de organograma hierárquico, conforme a imagem anterior. A seguir falarei sobre algumas dessas divindades cultuadas tanto em África, como no Candomblé e no Batuque, assim como em outras tradições afrodiaspóricas.

OS QUATROCENTOS *IRÚNMALẸ̀* DA DIREITA: OS *ÒRÌṢÀ FUNFUN*

Os quatrocentos *Irúnmalẹ̀* da direita são os *Òrìṣà*. Não os *Òrìṣà* como são conhecidos no Brasil, mas sim um grupo mais restrito. Seriam os

---
[446] SANTOS, 2002, p. 75.

Òrìṣà Funfun, ou Òrìṣà do branco, mais conhecidos no Brasil como Òṣààlá. Na África, são chamados Òrìṣànlá (o grande Òrìṣà), Ọbatálá (o rei do pano branco), ou ainda Ọbarìṣà (o rei dos Òrìṣà). São divindades relacionadas à criação do mundo e dos seres humanos.

Ainda conforme Santos, essas divindades são as possuidoras do poder genitor masculino, por isso o seu símbolo máximo é o cajado ritual chamado no Brasil de ọ̀páṣóró. Esse cajado – assim como a espada, a lança e a flecha, que são símbolos fálicos – são representações simbólicas desse poder. De acordo com a tradição oral, este cajado, que geralmente é representado materialmente tanto no Candomblé como no Batuque, deve permanecer sempre em pé, como símbolo da continuidade de seu poder, assim como apenas o falo ereto é que possui a potencialidade para a geração de vidas.

> *O ọ̀páṣóró é feito de metal e mede cerca de 120 cm de altura. É uma barra com um pássaro na extremidade superior, com discos metálicos inseridos horizontalmente em diferentes alturas, dos quais pendem pequenos objetos, sininhos redondos, sinos em forma de funil e moedas.*[447]

Se a barra de metal é a representação do falo, a pomba encimada é a representação do poder genitor feminino, cuja forma simbólica está na ave *eiyẹlé*, controlada pelas *Ìyá-mi Òṣòròngá*, as mães ancestrais. Alguns *ìtàn* narram como *Òṣààlá* ganha o poder das *Ìyá-mi Òṣòròngá* ao desafiá-las. Como *Òṣààlá* sai vencedor, elas autorizam que carregue em seu ombro a *eiyẹlé*, concedendo-lhe o poder gerador. O ọ̀páṣóró, assim, se torna um símbolo da fusão entre os poderes genitores masculino e feminino, garantidor da vida. No Batuque, o ọ̀páṣóró é mais curto e menos elaborado, assemelhando-se a uma bengala de apoio, pois essas divindades são consideradas as mais velhas do panteão *yorùbá*, os primeiros a serem criados.

---

[447] SANTOS, 2002, p. 77.

A cidade de *Èjìgbò* também tem um ritual específico para *Òrìṣànlá*, aqui chamado de *Òrìṣà Ògiyán* – *Òṣàgiyán* no Brasil. Este *Òrìṣà* é muito específico, pois, ao contrário dos outros, que são velhos e serenos, é jovem e guerreiro. Seu nome deriva de *Òrìṣàjiyán*, "*Òrìṣà*-comedor-de-inhame-pilado". Segundo um *ìtàn*, este *Òrìṣà* tem um apetite descontrolado por esta iguaria chamada *iyán* em *yorùbá*. Foi ele quem inventou o pilão, para facilitar o seu preparo.[451] Ele também é entendido como o fundador da cidade de *Èjìgbò* e ancestral dos reis locais que ostentam o título de *Eléjìgbò*, o "Senhor de *Èjìgbò*". Este *Òrìṣà funfun* é considerado a divindade da cultura material, pois teria ensinado *Ògún* a lutar e a fazer as ferramentas de ferro, da mesma forma que o ensinou o cultivo da terra. Sua predileção pelo inhame pilado fica evidente em um de seus *adúrà*:

> *Bàbá esá rè wa*
> *Ewa agba awo a sare wa*
> *A jẹ̀ águtan*
> *A sare wa ewa agba awo*
> *Ìbà Òrìṣà yin àgbà ògiyán*

> *Pai dos ancestrais, venha nos trazer boa sorte*
> *Belo ancião do mistério, venha depressa*
> *Comedor de ovelha*
> *Venha depressa belo ancião do mistério*
> *Saudações Òrìṣà, escute-me ancião comedor de inhame pilado.*

OS DUZENTOS *IRUNMALẸ̀* DA ESQUERDA: OS *ẸBỌRA*

Os duzentos *irunmalẹ̀* da esquerda são as outras divindades cultuadas pelos *yorùbá* – *Ògún*, *Ọya*, *Ṣàngó* etc. e *Égún* – e são chamados de *ẹbọra*.

---

[451] PRANDI, 2001, p. 488.

Os ẹbọra são divindades intermediárias entre Ọlọ́run e os seres humanos. Alguns ẹbọra são objetos de culto de toda uma cidade. Quando essa cidade tem um soberano, os ẹbọra reforçam a autoridade do líder, que pode ser um rei (ọba), um rico mercador (balẹ) ou um chefe de aldeia. Para Verger:

> *A família numerosa, originária de um mesmo antepassado, que engloba os vivos e os mortos. O Orixá [ẹbọra] seria, em princípio, um ancestral divinizado, que, em vida, estabelecera vínculos que lhe garantiam um controle sobre certas forças da natureza, como o trovão, o vento, as águas doces ou salgadas, ou, então, assegurando-lhe a possibilidade de exercer certas atividades como a caça, o trabalho com metais ou, ainda, adquirindo o conhecimento das propriedades das plantas e de sua utilização. O poder, àṣẹ, do ancestral-orixá teria, após a sua morte, a faculdade de encarnar-se momentaneamente em um de seus descendentes durante um fenômeno de possessão por ele provocada.*[452]

Estes seres excepcionais não poderiam simplesmente morrer, mas sim, transcender a morte de forma que não sobrasse nem mesmo um corpo para ser enterrado. Esta é a grande diferença entre os ẹbọra divindades e os ẹbọra ancestrais: os ẹbọra seriam como os grandes heróis míticos da cultura *yorùbá*, que deixaram um valoroso legado civilizatório ou demonstraram grande poder sobre as forças da natureza[453], enquanto os ẹbọra ancestrais foram seres humanos notáveis que cumpriram seu *Odù* e, ao falecerem, passaram por um ritual funerário que lhes garantiu um culto eterno à sua memória. Grosso modo, pode-se dividir o estudo dos ẹbọra em pequenos grupos para melhor entendimento. Essa divisão se dá pelas similaridades de arquétipo e funções sociais dessas divindades.

---

452 VERGER, 1997, p. 18.
453 Nestes aspectos se assemelhariam aos semideuses gregos ou aos avatares de Vishnu na Terra como Kṛṣṇa ou Rāmā.

Divindades da cultura material

Pode-se agrupar nessa categoria os *ẹbọra* cujos cultos são indispensáveis para o bom andamento da vida cotidiana das sociedades. A base da economia *yorùbá* era o comércio, principalmente de produtos agrícolas. Devido a importância desses produtos, a agricultura tem grande destaque religioso.

Òǵún

Òǵún talvez seja o *ẹbọra* mais importante para o povo *yorùbá* e é cultuado por quase todo o território. *Ògún* é desbravador, conquistador, guerreiro feroz e destemido. Foi *Òrìṣà Ògiyán* quem lhe ensinou a lutar e a trabalhar com o ferro e com a agricultura, mas foi *Ògún* quem entregou os segredos dessa cultura aos homens. Por isso ele é chamado de *Ògún Alágbèdẹ*, o ferreiro. Ele confeccionava as ferramentas para poder cultivar a terra de forma que também ficou conhecido como a divindade da tecnologia agrícola, daí a importância deste *ẹbọra* para todos os povos de língua *yorùbá*. Segundo as narrativas sagradas, é o filho primogênito de *Odùdúwà* (ou *Òṣàálá*), fundador do povo *yorùbá*. Em seus *oríkì*, podemos notar como *Ògún* inspira medo e força ao mesmo tempo:

Ògún lákáyé, oṣìn ímolẹ̀
Ò pon omi s'ilé f'ẹ̀jẹ̀ wè
Ègbè l'ehin ọmọ kan
Nje níbo l'a ti pàdé òg̀ún?
A pàdé Ògún nìbì ìjà
A pàdé Ògún nìbì ìta
A pàdé rè níbi àgbàrá ẹ̀jẹ̀ nsan
Bi ọmọdé ba dàlẹ̀
Kí o má se dàlẹ̀ Ògún

Ògún força do mundo, divindade adorada.
Têm água em casa, mas se banha com sangue.
Perigo para o filho que não o segue
Onde podemos encontrar Ògún?
Onde houver briga
Onde houver guerra
Onde houver um rio de sangue
O recém-nascido pode trair tudo
Só não deve trair Ògún

Este *oríkì* nos dá uma visão do que *Ògún* representa. É o grande guerreiro, ao qual até mesmo as pessoas que ignoram o mundo devem temer e respeitar. Sua importância como *ẹbọra* civilizatório está no seguinte *adúrà*:

Ògún dà lẹ̀ kọ
Eni adé ran
Ògún dà lẹ̀ kọ
Ẹni adé ran
Ògún to wa do
Ẹni adé ran
Ògún to wa do
Ẹni adé ran

Ògún constrói casa sozinho
A mando do Rei
Ògún constrói casa sozinho
A mando do Rei
Basta Ògún, na instalação de nosso vilarejo
A mando do Rei
Basta Ògún, na instalação de nosso vilarejo
A mando do Rei

O respeito por *Ògún* e sua verve guerreira também é saudada no seguinte *orin* encontrado tanto no Batuque quanto no Candomblé: [454]

> *Ògún dé arére*
> *Ìrè Ìrè Ògún'jà*
> *Àkòró dé arére*
> *Ìrè Ìrè Ògún njà o*
>
> *Ògún chegou, silêncio!*
> *Estava lutando na cidade de Ìrè*
> *Ele chegou, silêncio!*
> *Ele estava lutando em Ìrè*

Ọdẹ

A caça também é motivo para cultos específicos, pois esses povos viviam em florestas e caçar era fator importante na economia de subsistência. *Ọdẹ* é a divindade dos caçadores. Pede-se sua proteção quando o caçador se embrenha na floresta em busca de alimento. O povo *yorùbá* é constituído por várias etnias que falam a mesma língua e possuem uma cultura semelhante, assim, existem várias divindades da caça que estão diretamente relacionados às famílias que os cultuam ou às cidades. Então temos: *Ọ̀sọ́ọ̀sí* em *Ketu*, onde foi rei, recebendo o título de *Alaketu*; *Ijá* em *Ọ̀yọ́*; *Orè* ou *Orèluerè* em *Ifẹ*; *Ọtin* em *Inisà*; *Ẹrinlẹ* e *Ibualama* em *Ilobú*, na região de *Ijẹ̀sà*; *Logúnẹ́dẹ́*, o filho de *Ẹrinlẹ* e *Ọ̀sun Ìpọndá*, na cidade de *Ilẹ̀sà*, capital do reino de *Ijẹ̀sà*.

Seus *ìtàn* destacam sua destreza na pontaria e como um caçador preocupado com o meio ambiente, punindo os que não respeitam os animais e seu habitat. A caça nunca é predatória, mas de subsistência. Esses valores são transpostos para a urbanidade de nossos tempos, garantindo que os abates ri-

---

[454] BENISTE, 2005, p. 108.

tualísticos nas comunidades tradicionais de terreiro sejam ponderados e de acordo com as necessidades humanas. O seu papel como divindade civilizatória que garante a alimentação está expresso no *orin* abaixo, que ainda solicita sua força para a atividade de caça e de sustentabilidade das comunidades:[455]

Ará wa wọn ní jẹ ki ọfà rẹ̀ wọn, ọfà rẹ̀ yẹ jẹ ni wọn
Ará wa wọn ní jẹ ki ọfà rẹ̀ wọn, ọfà rẹ̀ yẹ jẹ ni wọn
Ará wa wọn ní jẹ ki ọfà rẹ̀ wọn
Àgò ọfà ni wọn, a Aró Ilé kọ́dẹ́ wa jó níigbó ó, ará wa
Wọn ní jẹ ki ọfà rẹ̀ wọn

Nossos corpos alimentam-se do que vosso arco e flecha nos dá
Nossos corpos alimentam-se do que vosso arco e flecha nos dá
Nossos corpos alimentam-se do que vosso arco e flecha nos dá
Dê licença para que os Aró Ilé (apelido de Òṣogbo, cidade fundada
  pelos caçadores) nos ensine a arte da caça a nós que dançamos
  na mata para você
Nós comemos o que seu arco e flecha nos dá

Já no *oríkì* abaixo percebemos a sua relação com *Ògún* e a louvação a suas habilidades de arqueiro:

Ọmọ iyá Ògún Onírè
Ọ̀ṣọ́ọ̀sí ki nwọ igbó
Ki igbó má mì tìtì
O fi ọfà kan ṣoṣo
Pa igba ẹranko
Ó ta ọfà sí iná
Iná kú pira
Má gbàgbé mi o

---

455 OLIVEIRA, 1997, p. 45.

Ọ̀sọ́ọ̀sí gbá mi o
Irmão de Ògún
Ele não entra na mata
Sem que ela se agite
Ele usou somente uma flecha
Para matar 200 animais
Ele atirou uma flecha contra o fogo
O fogo se apagou completamente
Não se esqueça de mim
Ajude-me

A atividade de caça para nós, que vivemos em cidades modernas e onde o consumo de alimentos se relaciona com o capitalismo, parece não fazer qualquer sentido. O antropólogo francês Pierre Verger diz que o culto a Ọdẹ na África está quase extinto, provavelmente devido a essas condições. De fato, a manutenção do culto a divindades da caça ganha outras dimensões, mais espiritualizadas e menos práticas, como diz Asante:

> *Em geral, os caçadores africanos descobriram que os espíritos das florestas precisavam ser invocados pela oferta de alimentos em árvores e rochas. Isso é necessário porque os espíritos são capazes de ajudar os humanos a fazer uma perseguição bem-sucedida à caça. Os caçadores se tornam homens do tempo e são capazes de prever e impedir a chuva por causa de sua invocação às divindades da floresta. A floresta tem muitos espíritos: aqueles que morreram e não foram enterrados, fantasmas de gêmeos, monstros, tsotsies e outras criaturas. Portanto, a caça na África era tradicionalmente uma profissão carregada de coragem, mistério e recompensa.[456]*

---

[456] In general, African hunters discovered that the spirits of the forests needed to be invoked by offerings of food in trees and rocks. This is necessary because the spirits are able to assist humans in making a successful hunting chase. The hunters become weathermen and are

Nessa perspectiva, o *Òrìṣà Ọdẹ* representa, nos dias de hoje, a divindade provedora, da nutrição, da fartura alimentar, do banquete comunal, assim como sua habilidade com a mira, nos indica busca por objetivos e, sobretudo, o autoaprimoramento para alcançá-los.

Divindades dos rios

É interessante notar como os povos antigos sempre cultuavam, como divindades ligadas à fertilidade, divindades de rios. Enquanto o touro era cultuado como símbolo fecundador, por isso o seu sacrifício sobre a terra a ser semeada, o peixe é o símbolo da procriação, da multiplicidade e da filiação. A mulher, como ser que é fecundada e cujo fruto dessa fecundação é uma nova vida, está sempre ligada à fertilidade e a geração de vidas. Ora, isso não passou despercebido pelos africanos, daí os *yorùbá* possuírem várias divindades de rios ligadas à fertilidade, tanto dos animais quanto dos seres humanos. Entre elas temos *Ọya, Ọbà, Òṣun, Yemọjá* e *Nàná Buruku*.

Ọya

Ọya é a dona dos espíritos, senhora dos raios e tempestades. Ela é a divindade do rio Níger e tem o apelido de *Yánsàn* (*Ìyá* = mãe / *mẹ́sàn* = nove), em alusão aos nove braços do delta desse rio. Sua relação com o rio pode ser observada no seguinte *adúrà*:

> Ẹ ma odò, ẹ ma odò
> Lagbó lagbó méje
> O dundun a sọrọ
> Balẹ̀ hey

---

able to predict and prevent the rain because of their invocation to the forest deities. The forest holds many spirits: those who have died and not been buried, ghosts of twins, monsters, tsotsies, and other creatures. Therefore, hunting in Africa was traditionally a profession laden with courage, mystery, and reward. ASANTE. In: NASCIMENTO, 2009, p. 322. Tradução do autor.

> *Eu vou ao rio, eu vou ao rio*
> *Do seu modo encontrado nos sete arbustos*
> *Vós que fala através do dundun*
> *Tocando o solo te saúdo.*

Também se diz que ela teve nove filhos, outra explicação para o apelido. As histórias sagradas dizem que Ọya foi uma princesa na cidade de Irá, na Nigéria. Uma dessas histórias diz que seu marido, Ṣàngó, lhe enviou em missão para buscar uma caixa que ela, de forma alguma, poderia abrir. Curiosa, Ọya abriu a caixa de onde saíram raios e trovões. Ṣàngó ficou furioso, mas teve que aceitar sua determinação de repartir o poder. Assim, Ọya ficou com o relâmpago e Ṣàngó com o trovão.

Ela é o arquétipo da mulher emancipada, independente. Ajudou Ṣàngó a conquistar os reinos que foram anexados ao Império de Ọ̀yọ́. Ọya é a menina dos olhos de Òṣàálá, seu protetor, e é a única divindade que entra no reino dos mortos, por seu poder e ciência. Mas, de acordo com o professor da *University of New York*, Tyrene K. Wright:

> *Ọya é na verdade o oposto da morte, ela é simbolizada pelo ar que os seres humanos respiram, e pode perpetuar a vida ou a morte com sua ira (com furacões, tornados). Os praticantes da religião acreditam que ela é a secretária de Olofin (Olódùmarè: Deus na tradição yorùbá), informando-o de todos os eventos terrestres. Porque este é o aspecto de Olódùmarè que governa os assuntos dos homens, Ọya também é uma mestra em disfarces. Ocasionalmente, ela se mascara, permitindo-lhe desempenhar vários papéis em seu relacionamento com os humanos e com os Égún (antepassados). Um disfarce comum é o de um búfalo.*[457]

---

[457] Oya is actually the opposite of death; she is symbolic of the air that humans breathe, and she can perpetuate life or death with her wrath (i.e., hurricanes, tornadoes). Practitioners of the religion believe she is Olofi's (Oludumare: God in the Yoruba tradition) secretary,

O búfalo africano é um bovino muito comum na África subsaariana e é conhecido por suas dimensões gigantescas e pela sua imensa coragem. Destemida, a fêmea do búfalo enfrenta até grupos de leões para defender sua cria, aspecto que também é atribuído às descendentes de Ọya. Um ìtàn fala sobre isso:[458]

> Ògún caçava na floresta quando avistou um búfalo. Ficou na espreita, pronto para abater a fera.
>
> Qual foi sua surpresa ao ver que, de repente, de sob a pele do búfalo saiu uma linda mulher. Era Ọya. E não se deu conta de estar sendo observada. Ela escondeu a pele de búfalo e caminhou para o mercado da cidade.
>
> Tendo visto tudo, Ògún aproveitou e roubou a pele. Ògún escondeu a pele de Ọya num quarto de sua casa. Depois foi ao mercado ao encontro da bela mulher.
>
> Estonteado por sua beleza, Ògún cortejou Ọya. Pediu-a em casamento. Ela não respondeu e seguiu para a floresta. Mas lá chegando não encontrou a pele. Voltou ao mercado e encontrou Ògún.
>
> Ele esperava por ela, mas fingiu nada saber. Negou haver roubado o que quer que fosse de Yànsán. De novo, apaixonado, pediu Ọya em casamento.
>
> Ọya, astuta, concordou em se casar e foi viver com Ògún em sua casa, mas fez suas exigências: ninguém na casa poderia referir-se a ela fazendo qualquer alusão ao seu lado animal. Nem se poderia usar a casca do dendê para fazer fogo, nem rolar o pilão pelo chão da casa. Ògún ouviu seus apelos e expôs aos familiares as condições para todos conviverem em paz com sua nova esposa.

---

informing him of all Earthly events. Because this is the aspect of Oludumare that governs the affairs of man, Oya is also a master of disguise. WRIGHT. In: ASANTE; MAZAMA, 2009, p. 514-516. Tradução do autor.

458 PRANDI, 2001, p. 297-299.

> *A vida no lar entrou na rotina. Ọya teve nove filhos e por isso é chamada Yànsán, a mãe dos nove. Mas nunca deixou de procurar a pele de búfalo.*
>
> *As outras mulheres de Ògún cada vez mais sentiam-se enciumadas. Quando Ògún saía para caçar e cultivar o campo, elas planejavam uma forma de descobrir o segredo da origem de Yànsán. Assim, uma delas embriagou Ògún e este lhe revelou o mistério.*
>
> *E na ausência de Ògún, as mulheres passavam a cantarolar coisas. Coisas que sugeriam o esconderijo da pele de Ọya e coisas que aludiam ao seu lado animal.*
>
> *Um dia, estando sozinha em casa, Yànsán procurou em cada quarto, até que encontrou sua pele. Ela vestiu a pele e esperou que as mulheres retornassem. E então saiu bufando, dando chifradas em todas, abrindo-lhes a barriga. Somente seus nove filhos foram poupados. E eles, desesperados, clamavam por sua benevolência.*
>
> *O búfalo acalmou-se, os consolou e depois partiu.*
>
> *Antes, porém, deixou com os filhos o seu par de chifres. Num momento de perigo ou de necessidade, seus filhos deveriam esfregar um dos chifres no outro.*
>
> *E Yànsán, estivesse onde estivesse, viria rápida como um raio em seu socorro.*

Um de seus *Orin*, mantidos pela tradição oral nas comunidades tradicionais de Batuque, faz referência ao seu poder devastador como a tempestade e o furacão: *Ọya kán 'lù 'lú, Ọya s'ẹni ẹbọ*, ou seja, *Ọya golpeia o povo [com a tempestade], devemos fazer oferendas à Ọya [para acalmá-la].*

Ọbà

Outra divindade vinculada a um rio é Ọbà, que foi a terceira esposa de Ṣàngó. Um *ìtàn* fala de uma terrível rivalidade com Ọ̀ṣun, a segunda esposa. Sabendo do apetite de seu marido, procurava sempre surpreendê-lo com pratos de que gostasse. Um dia, Ọ̀ṣun resolveu pregar uma peça em Ọbà, e apareceu usando um lenço enrolado em volta da cabeça, escondendo as orelhas. Disse que havia preparado suas orelhas numa receita muito especial, e servido a Ṣàngó. Querendo agradar seu esposo, Ọbà resolveu imitar a rival. Cortou uma de suas orelhas e preparou a receita a Ṣàngó. Ele ficou furioso, e Ọbà, percebendo que havia sido enganada, entrou numa violenta luta corporal com Ọ̀ṣun. Mais irritado ainda, Ṣàngó soltou fogo pela boca e narinas. As duas mulheres, apavoradas, fugiram e se transformaram nos rios que levam seus nomes. No ponto onde os dois rios se encontram, existem corredeiras e as ondas se agitam, numa lembrança da antiga disputa entre as divindades.

Ọbà é a mais velha dos *ẹbọra* femininos. Ela teria sido a primeira esposa de Ògún e, posteriormente, o teria abandonado por Ṣàngó. Um de seus *adúrà* diz o seguinte:

> *Ọbà mo pẹ o o*
> *Ọbà mo pẹ o o*
> *Sare wa jẹ mi o*
> *Ọbà ojowu aya Ṣàngó sare*
> *Wa gbọ̀ adúrà wa o*
> *Ẹnì ń wa owó, ki o fún ni owó*
> *Ẹnì ń wa omo, ki o fún ni omo*
> *Ẹnì ń wa àláfíà, ki o fún ni àláfíà*
> *Sare wa jẹ mi o*

> *Ọbà eu te chamo*
> *Ọbà eu te chamo*

> *Venha logo me atender*
> *Esposa ciumenta de Ṣàngó, venha correndo*
> *Ouvir a nossa súplica*
> *A quem quer dinheiro, dá dinheiro*
> *A quem quer filhos, dá filhos*
> *A quem quer saúde, dá saúde*
> *Venha logo me atender.*

Òṣun

Divindade do rio de mesmo nome, Òṣun carrega predicados de beleza, riqueza e a capacidade de proteção social. É uma "ninfa" da cultura *yorùbá,* cuja cidade, *Oṣogbò*, na Nigéria, está localizada às margens desse rio. O Festival de Òṣun acontece por cerca de dezesseis dias do mês de julho, na cidade de *Oṣogbò*, e é o mais conhecido evento religioso da cultura *yorùbá*, sendo tombado pela UNESCO como patrimônio cultural da humanidade. Esta cidade é considerada sagrada e acredita-se ser protegida por *Òṣun*.

Ela é a dona do ovo, a maior célula viva. Os *ìtàn* narram que ela era a segunda mulher de *Ṣàngó,* tendo vivido antes com *Ògún*, *Òrúnmìlà* e *Ọdẹ*. Seu pai teria sido *Òṣàálá*. De acordo com Bayyinah S. Jeffries,[459] titular da *Michigan State University,* Òṣun é tipicamente associada à água, à pureza, à fertilidade, ao amor e à sensualidade. É a divindade das águas da vida, mas sua fúria faz com que ela inunde a Terra ou destrua colheitas retendo suas águas, causando secas maciças. No entanto, uma vez que ela é apaziguada, Òṣun salva a Terra da destruição chamando de volta as águas.

Òṣun também é a divindade da riqueza, da arte e líder das mulheres. Assim, se torna essencial na salvaguarda da humanidade devido ao equilíbrio e harmonia que promove, questões centrais na cosmopercepção africana.

---
[459] JEFFRIES. In: ASANTE; MAZAMA, 2009. p. 509-510.

> *Ela é especialmente importante para a feminilidade e o poder das mulheres nas culturas da África Ocidental. Cura, água, mel e latão são todas fontes de energia associadas a Ọ̀sun. Aqueles que querem filhos e que sofrem de infertilidade costumam pedir ajuda a Ọ̀sun. Além disso, ela é procurada em tempos de seca ou pobreza severa.[460]*

Mulheres que desejam ter filhos costumam fazer seus pedidos a Ọ̀sun, pois ela é a responsável pelos cuidados com as crianças desde o ventre até a idade de sete anos, segundo a tradição oral. Isto está claro em um de seus mais belos *Orin*, mantido oralmente pela tradição do Batuque, que deixa claro sua ligação com as crianças:

> *Ọmọ wá Ọ̀sun dìde kare ipè rè ma l'Ọ̀run*
> *Ọmọ wá Ọ̀sun yèyé ipè rè ma l'Ọ̀run*
> *Ipè rè ma l'Ọ̀run, a dé lúwe yèyé o!*
> *Ọmọ wá Ọ̀sun yèyé ipè rè ma l'Ọ̀run*
> *Ọmọ Ọ̀sun, Ìyá Ìjìmú*
> *Ọmọ wá Ọ̀sun yèyé ipè rè ma l'Ọ̀run*
> *Ọmọ Ọ̀sun, Ìyá Dòkò*
> *Ọmọ wá Ọ̀sun yèyé ipè rè ma l'Ọ̀run*
> *Ọmọ Ọ̀sun, Iyepọndá mí're*
> *Ọmọ wá Ọ̀sun yèyé ipè rè ma l'Ọ̀run*

> *Nossos filhos são carregados por Ọ̀sun ao virem do Ọ̀run*
> *Nossos filhos saúdam (yèyé) Ọ̀sun ao virem do Ọ̀run*
> *Ao virem do mundo espiritual, chegamos nadando (no útero), Mamãezinha!*
> *Nossos filhos saúdam Ọ̀sun ao virem do Ọ̀run*
> *Filhos de Ọ̀sun, Mãe Ìjìmú*

---

460 JEFFRIES. In: ASANTE; MAZAMA, 2009, p. 510.

Nossos filhos saúdam Ọ̀sun ao virem do Ọ̀run
Filhos de Ọ̀sun, Mãe Dòkò
Nossos filhos saúdam Ọ̀sun ao virem do Ọ̀run
Filhos de Ọ̀sun, minha bondosa Iyepọ̀ndá
Nossos filhos saúdam Ọ̀sun ao virem do Ọ̀run

Yemọjá e Nàná Buruku

Filha de *Olókun*, a senhora dos oceanos, *Yemọjá* é a divindade do rio *Ogun* (não o *ẹbọra*), cultuada em *Abẹ́òkúta*. Um de seus *orin* nos mostra como ela é importante para seu povo.

Kíni jẹ́ kíni jẹ́ l'ódò
Yemọjá o
A kọ ta pele gbé
Ìyá orò 'mi o
O que é feito nas águas do rio
Ó Yemọjá
Dá luz e crescimento
Ó Mãe das águas sagradas

Divindade dos pântanos, *Nàná Buruku* representa a memória ancestral da humanidade. A mais antiga das divindades vindas do Oeste. Verger[461] dá uma série de pistas sobre a provável origem dessa divindade, que teria chegado a ocupar a posição de Ser Supremo entre os *ashanti*, no atual Gana. Esta posição, ostentada e perdida para *Ọ̀ṣàálá*, é, de acordo com antropólogos como o próprio Verger, um resquício cultural da época em que os africanos respeitavam a linhagem matriarcal de família. Daí ela representar a memória ancestral do ser humano. Na liturgia do abate tradicional a essa divindade, não se pode utilizar objetos feitos de metal (facas, por exemplo), pois isso é

---

[461] VERGER, 1997, p. 236.

uma restrição. Mais um pressuposto para a crença de que essa divindade é anterior à idade dos metais desenvolvida nesta região.

Como todas as divindades femininas, *Nàná Buruku* está ligada à água. As águas paradas e pântanos lhe pertencem, numa referência às águas primordiais de onde *Ọbàtálá* tirou o barro para fazer os seres humanos. Sua relação com o leito do rio fica clara no *adúrà* abaixo:

> Ẹ kò odò, ẹ kò odò fó
> Ẹ kò odò, ẹ kò odò fó
> Ẹ kò odò, ẹ kò odò fó
> Ẹ kò odò, ẹ kò odò fó
> Kò odò, kò odò, kò odò ẹ
> Dura dura ní kò gbẹ̀ngbẹ̀
> Mawun awun a tì jọ̀ ń
> Sálù bá Nàná, Sálù bá Nàná, Sálù bá
> Encontro-lhe no rio, encontro-lhe no leito do rio
> Encontro-lhe no rio, encontro-lhe no leito do rio
> Encontro-lhe no rio, encontro-lhe no leito do rio
> Encontro-lhe no rio, encontro-lhe no leito do rio
> Encontro no rio, encontro no rio, encontro-lhe no rio
> Esforçando-me para não afundar na travessia do grande rio
> Lentamente como uma tartaruga trancada suplicando perdão
> Nos refugiamos com Nàná

OUTRAS DIVINDADES PRIMORDIAIS

Alguns *ẹbọra*, por serem ligados a uma cidade ou ao coletivo, recebem tratamento especial, tendo sacerdotes e rituais específicos. Desses, explicito apenas aqueles cuja cultura se transpôs ao Brasil na época da escravatura: *Èṣù* e *Ṣàngó*.

Èṣù

Entre esses ẹbọra temos Èṣù, que pertence tanto aos Irunmalẹ̀ da direita quanto aos da esquerda, pois serve de veiculação da força imaterial divina, o àṣẹ, entre os Òrìṣà e os ẹbọra, "*intercomunicando todo o sistema*",[462] por isso é sempre o primeiro a ser cultuado nos rituais. Os sacrifícios e oferendas devem ser sempre feitas primeiro a ele e a não observância desse dogma pode gerar diversos distúrbios.

Èṣù é um dos únicos (se não o único) imọlẹ̀ que aparece nos rituais de todos os povos de África. Chamado de *Pambu Njila* entre os *kimbundo* de Angola e *Lẹgba* entre os *fọn* do Benin, também é chamado de *Elegbàrá*, o senhor da vida, pelos *yorùbá*. É a divindade da procriação, portanto da vida, e rege a fertilidade e a libido. É Èṣù quem permite que se possa extrair todo o prazer do amor. É o mensageiro de todos os Irunmalẹ̀, é ele quem leva as súplicas dos seres humanos ao Ọ̀run e traz as ordens e bênçãos dos Òrìṣà, tal e qual o deus Hermes da mitologia grega, ou Mercúrio da Romana.

Èṣù é a liberdade, a procriação, o Òrìṣà do culto à beleza. Autêntico, verdadeiro, objetivo e flexível, através dos tempos e das culturas este Òrìṣà se manifesta de diferentes formas. Em um *itàn*, conta-se que uma mulher se encontra no mercado vendendo seus produtos. Èṣù põe fogo na sua casa, ela corre para lá, abandonando seu negócio. A mulher chega tarde, a casa está queimada e, durante esse tempo, um ladrão levou as suas mercadorias. Isso não teria acontecido se ela tivesse feito a Èṣù as oferendas e sacrifícios usuais. As várias facetas de Èṣù assim como sua importância, podem ser observadas no *adúrà* abaixo:

> *Iyìn o, iyìn o Èṣù ń má gbọ̀ o*
> *Iyìn o, iyìn o Èṣù ń má gbọ̀ o*
> *Iyìn o, iyìn o Èṣù ń má gbọ̀ o*

---

462 SANTOS, 2002, p. 75.

Iyìn o, iyìn o Èṣù ń má gbọ̀ o
Èṣù láaróyè, Èṣù láaróyè
Iyìn o, iyìn o Èṣù ń má gbọ̀ o
Èṣù Láàlú Ogiri Ọkọ̀ Ebìtà Ọkùnrin
Iyìn o, iyìn o Èṣù ń má gbọ̀ o
Èṣù ọ̀ta Òrìṣà
Iyìn o, iyìn o Èṣù ń má gbọ̀ o
Oṣétùrá l'orúkọ bàbá mó ó
Alágogo ìjà l'oruko iyá npẹ̀ o
Iyìn o, iyìn o Èṣù ń má gbọ̀ o
Èṣù Òdàrà, ọmọkùnrin Ìdólófin
O lé sónsó sórí orí ẹsẹ̀ ẹlẹ́sẹ̀
Iyìn o, iyìn o Èṣù ń má gbọ̀ o
Kò jẹ́, kò jẹ́ kí ẹni njẹ gbẹ ẹ mì
Iyìn o, iyìn o Èṣù ń má gbọ̀ o
A kìì lówó láì mu ti Èṣù kúrò
A kìì layọ láì mu ti Èṣù kúrò
Iyìn o, iyìn o Èṣù ń má gbọ̀ o
Aṣòntún ṣe òsì láì ní ítijú
Iyìn o, iyìn o Èṣù ń má gbọ̀ o
Èṣù àpáta sọmọ ọlọ́mọ lẹ́nu
O fi okúta dípò iyọ́
Iyìn o, iyìn o Èṣù ń má gbọ̀ o
Lọ́ọ̀gẹmọ Ọ̀run a nlá kálù
Pààpa-wàrá, a túká máṣe ṣà
Iyìn o, iyìn o Èṣù ń má gbọ̀ o
Èṣù máṣe mi, ọmọ elòmíran ni o ṣe
Èṣù máṣe, Èṣù máṣe, Èṣù máṣe
Iyìn o, iyìn o Èṣù ń má gbọ̀ o

Èṣù escute o meu louvor a ti
Èṣù escute o meu louvor a ti
Èṣù escute o meu louvor a ti
Èṣù escute o meu louvor a ti
Èṣù láaróyè, Èṣù láaróyè
Èṣù escute o meu louvor a ti
Èṣù Láàlú Ogiri Ọkọ̀ Ebìtà Ọkùnrin
Èṣù escute o meu louvor a ti
Èṣù pedra de Òrìṣà
Èṣù escute o meu louvor a ti
Oṣétùrá é o nome pelo qual é chamado por seu pai
Alágogo Ìjà, é o nome pelo qual sua mãe o chama
Èṣù escute o meu louvor a ti
Èṣù bondoso, filho homem da cidade de Ìdólófin
Aquele que tem a cabeça pontiaguda fica no pé
das pessoas
Èṣù escute o meu louvor a ti
Não come e não permite que ninguém coma ou engula o alimento
Èṣù escute o meu louvor a ti
Quem tem riqueza reserva para Èṣù a sua parte
Quem tem felicidade reserva para Èṣù a sua parte
Èsú escute o meu louvor a ti
Fica dos dois lados sem constrangimento
Èṣù escute o meu louvor a ti
Montanha que nos faz falar o que não queremos
Usa pedra em vez de sal
Èṣù escute o meu louvor a ti
Indulgente filho do Ọ̀run cuja grandeza está em toda a cidade
Apressadamente fragmenta o que não se junta nunca mais
Èṣù escute o meu louvor a ti

Èṣù não me faça mal, manipule o filho do outro
Èṣù não faça mal, Èṣù não faça mal, Èṣù não faça mal
Èṣù escute o meu louvor a ti

Sàngó

Òrìṣà da justiça, do trovão e do raio, *Sàngó* castiga mentirosos, infratores e ladrões. Por isso, a morte pelo raio é considerada infamante, assim como uma casa atingida por uma descarga elétrica é tida como marcada pela ira de *Sàngó*. O *Ṣèrè*, um chocalho feito de porongo (cabaça) alongado, que quando agitado lembra o barulho da chuva, é um dos símbolos de *Sàngó*. Outro símbolo é o *Oṣé*, um machado de duas lâminas, que lhe dava grande poder. Garboso, é conhecido também como o "dono das mulheres". As Histórias Sagradas sobre esta divindade lhe atribuem poderes de conquista e de justiça. Também de fúria e virilidade. Elas sugerem que ele teria vivido como um ser humano e se tornado o rei de *Òyó*, importante cidade para a estrutura da unidade política *yorùbá*, mas refutamos a interpretação factual dessas histórias. De acordo com o professor da *University of New York*, George Brandon:

> *As forças naturais associadas à Ṣàngó são o fogo, o trovão e o raio. Sàngó tem um poderoso àṣẹ e, de acordo com o povo Lucumi, quando ele abre a boca ou ri, um trovão é ouvido. Sua voz é o trovão, e alguns dizem que ele é o deus do raio. Seu símbolo ritual mais proeminente é o oṣé, um machado de batalha de duas lâminas. Estátuas representando Sàngó geralmente mostram o oṣé emergindo diretamente do topo de sua cabeça, indicando que a guerra e a morte de inimigos são a essência de sua personalidade e destino. O oṣé também é usado pelos sacerdotes de Sàngó. Enquanto dançam, seguram um oṣé de madeira próximo ao peito como proteção ou o balançam como em combate contra inimigos humanos e espirituais. Durante o reinado de Sàngó, ele selecionou os tambores chamados bàtá como*

> *os únicos que deveriam ser tocados para ele. Dizem que Ṣàngó tocou esses tambores para evocar tempestades, e eles continuam sendo usados por seus devotos. Aqueles que manifestam sua força realizam todo tipo de proezas mágicas em festivais importantes, incluindo perfurar a língua com facas sem derramar sangue, passar inofensivamente pelo corpo tochas incendiadas e comer fogo.*[463]

O trecho acima reflete a força de Ṣàngó em seus descendentes que, quando manifestando o Òrìṣà, demonstram estar ali a divindade e não a pessoa, que é apenas um instrumento de sua manifestação: o *elégun*. Essa prática persiste aqui no Brasil. No Candomblé, há um ritual chamado de Fogueira de Ṣàngó, onde o Òrìṣà dança sobre brasas ardentes. No Batuque, em certas ocasiões, Ṣàngó manifestado em seus descendentes come o *àkàrà*, um tufo de algodão embebido em azeite de dendê e incendiado. Ṣàngó é o Òrìṣà que cospe fogo, logo, comer *àkàrà* é prova de seu poder. A seguir um de seus *adúrà*:

> *Ọba ìró l'òkó*
> *Ọba ìró l'òkó*
> *Yá ma sé kun ayinra òjẹ*
> *(Aganju/Ogodo/Afọnjá) òpó monja le kọ̀n*
> *Okàn olo l'Ọya*
> *Tobi fori Òrìṣà*
> *Ọba sorun alá alàgba òjẹ*
> *Ọba sorun alá alàgba òjẹ*

---

[463] The natural forces associated with Shango are fire, thunder, and lightning. Shango has a powerful aché, and, according to the Lucumí people, when he opens his mouth or laughs, thunder is heard. His voice is thunder, and some say he is the god of lightning. His most prominent ritual symbol is the oshe, a double-headed battle-axe. Statues representing Shango often show the oshe emerging directly from the top of his head, indicating that war and the slaying of enemies are the essence of his personality and fate. The oshe is also used by Shango's priesthood. While dancing, they hold a wooden oshe close to their chests as a protection or they swing one in a wide chest-high arc that battles human and spiritual enemies. During Shango's reign, he selected the bata drums as the specific kind of drum to be played for him. Shango is said to have played these drums to summon storms, and they continue to be used by his devotees. His possession priests perform all sorts of magical feats at important festivals, including piercing their tongues with knives without drawing blood, harmlessly running torches up and down their bodies, and eating fire. BRANDON. In: ASANTE; MAZAMA, 2009, p. 614. Tradução do autor.

Rei do Trovão
Rei do Trovão
Encaminha o fogo sem errar o alvo, nosso vaidoso òjẹ
(Aganju/Ogodo/Afọ̀njá) alcançou o Palácio Real
Ùnico que possuiu Ọya
Grande Líder dos Òrìṣà
Rei que conversa no céu e que possui a honra dos òjẹ
Rei que conversa no céu e que possui a honra dos òjẹ

TRADIÇÕES DE MATRIZ AFRICANA E SAÚDE

A Rede Nacional de Religiões Afro-Brasileiras e Saúde - RENAFRO SAÚDE - produziu em 2013 um vídeo documentário intitulado *O cuidar no terreiro*.[464] Nele, sacerdotes das Tradições de Matriz Africana de todo o Brasil narram experiências de acolhimento e tratamento de pessoas com a saúde comprometida. Ali, pude perceber nuances teológicas imbricadas na relação dessas tradições com a saúde. "*No culto do Òrìṣà, a gente aprende a ser cuidado, acima de tudo, e a cuidar do outro*", diz Bàbá Diba de Yemọjá, *Bàbálórìṣà* na cidade de Porto Alegre, Rio Grande do Sul. "*Houve esse acolhimento principalmente [por parte] de Yemọjá. Quase todos os Òrìṣà que, se você procurar, Iemanjá está em todo esse processo de acolhimento*", complementa Ìyá Beata de Yemọjá, Ìyálórìṣà em Nova Iguaçu, Rio de Janeiro. De fato, os *Òrìṣà*, têm um importante papel na manutenção da vida, que se inscreve na perspectiva da saúde cuja visão é sempre integral.

O acolhimento

A comunidade é o centro das preocupações dos indivíduos. É para ela que todas as atenções são voltadas. Já discorri, em outro capítulo, que uma

---

464 O CUIDAR, 2013.

análise apressada desta constatação poderia indicar que o indivíduo é tão inferiorizado nesta percepção de mundo que perde o sentido de sua existência ou esta é minimizada, o que é um equívoco imenso. O indivíduo, para esta tradição, é importantíssimo, pois a comunidade se entende como um coletivo, ou seja, cada pessoa que compõe a comunidade tem sua importância individual para com ela. Assim, entendo que a existência individual só tem sentido no âmbito comunitário.

> *As comunidades tradicionais de terreiro – territórios comunitários de preservação e culto das religiões de matriz africana e afro-brasileiras – são espaços de acolhimento e aconselhamento de grupos historicamente excluídos, dentre os quais a população negra. Para Silva, as práticas rituais e as relações interpessoais produzidas no terreiro possibilitam o acolhimento, as trocas afetivas, a construção de conhecimento, a promoção e prevenção à saúde e a renovação de tradições, como o uso terapêutico de plantas.*[465]

Cada indivíduo é interpretado como pessoa única e exclusiva, que tem sua oralidade e sua ancestralidade que a singulariza diante deste coletivo. Assim, todos os *Òrò* (ritos), indicações, *ẹbọ* (oferendas propiciatórias), cânticos, aconselhamentos e procedimentos de saúde são sempre diretamente vinculados ao próprio indivíduo. Cada pessoa precisa ser estudada individualmente para ter-se um diagnóstico preciso e assim harmonizá-la com o cosmo. A primeira ação é o acolhimento. Quando Ìyá beata se refere à *Yemọjá* como a divindade que está presente nos processos de acolhimento é porque, em seus *ìtàn*, ela sempre aparece como a grande Mãe do Universo, que acolhe seus filhos e os filhos de outras divindades. Os acolhe e cuida. Cura seus males, assim como curou as feridas de *Sànpònná*: [466]

---

[465] ALVES; SEMINOTTI, 2009.
[466] PRANDI, 2001, p. 215-216.

> *Omulu foi salvo por Iemanjá quando sua mãe, Nanã Burucu, ao vê-lo doente, coberto de chagas, purulento, abandonou-o numa gruta perto da praia.*
>
> *Iemanjá recolheu Omulu e o lavou com a água do mar. O sal da água secou suas feridas. Omulu tornou-se um homem vigoroso, mas ainda carregava as cicatrizes, as marcas feias da varíola. Iemanjá confeccionou para ele uma roupa toda de ráfia. E com ela ele escondia as marcas de suas doenças.*
>
> *Ele era um homem poderoso. Andava pelas aldeias e por onde passava deixava um rastro ora de cura, ora de saúde, ora de doença. Mas continuava sendo um homem pobre. Iemanjá não se conformava com a pobreza do filho adotivo.*
>
> *[...] Chamou Omulu e lhe disse: "De hoje em diante és tu quem cuidas das pérolas do mar. Serás assim chamado de Jeholu, o Senhor das Pérolas".*

Por isso mesmo é entendida como a Mãe da Humanidade; Mãe de todas as criaturas. A fala de Mãe Carmem do Gantois (Salvador/BA), demonstra como se dão as relações nas comunidades tradicionais de terreiro e porque o acolhimento é tão igualitário e humano. O acolhimento é o primeiro passo na geração de saúde. O segundo é a consulta ao oráculo de Ifá. Não se prescreve nenhum procedimento para quem quer que seja sem consultar *Ifá*.

> *O terreiro é uma casa acolhedora, de irmãos, onde aqui a gente perde os títulos lá fora. São todos aqui "meu pai, "minha mãe", "meu irmão". É uma família unida. Essa casa, esse terreira, como queira denominar, é um grande útero onde cabe todos os seus filhos e todos encontram aconchego, respeito, carinho e, quando necessário, o apoio.*[467]

---

[467] O CUIDAR. 2013.

Isto está bem expresso no *Ìtàn* que narra o conflito entre *Ọ̀sányìn*, a divindade das plantas medicinais, e *Ọ̀rúnmìlà* que é o *Òrìṣà* da História,[468] pois conhece a história de todas as pessoas desde o princípio dos tempos e, por isso, tem a experiência e sabedoria para aconselhar. Mas o rei *Àjàlàyé* os submeteu a uma disputa para saber qual das duas divindades era a mais poderosa. Para tanto, o rei pediu que o filho de *Ọ̀sányìn*, que se chamava Remédio, e o filho de *Ọ̀rúnmìlà*, chamado Oferenda, fossem enterrados cada um num poço profundo e paralelos. Ao final de sete dias seriam chamados e o primeiro que respondesse seria o ganhador e atribuiria ao pai o título de mais poderoso. Na calada da noite, *Ọ̀rúnmìlà* fez um orifício na terra para passar comida e água ao seu filho. Remédio, ouvindo que Oferenda recebia alimentos, fez um trato com ele: quando fossem chamados, não responderia, garantindo a vitória para *Ọ̀rúnmìlà*, desde que Oferenda repartisse a comida com ele. Assim o fez.[469]

Com base neste *Ìtàn*, entendo que a relação entre Remédio e Oferenda é intrínseca e dependente. Remédio terá sua capacidade curativa plenamente efetivada se for "alimentado" por Oferenda. É consultando *Ifá*, através do jogo de búzios, que os *Bàbálóríṣà* e as *Ìyálóríṣà* identificam a origem da doença e qual terapia de cura deve ser aplicada. A consulta a *Ifá* indica que oferenda (*ẹbọ*) deve ser feita para potencializar o remédio (*oògun*) prescrito pelos especialistas. É importante destacar aqui que jamais algum sacerdote das Tradições de Matriz Africana dirá para um consulente que deve abandonar as práticas medicinais modernas, mas sim que estas serão potencializadas pelo devido *ẹbọ*. Sobre isso, a antropóloga e professora do Departamento de Medicina Social da Universidade Federal do Rio Grande do Sul, Daniela Riva Knauth, afirma que *"a procura das religiões afro-brasileiras, enquanto recurso de cura, não exclui para os fiéis, a possibilidade de frequentar os templos de outras religiões e nem mesmo de procurar os recursos da medicina oficial."*[470]

---

468 ADÉKỌ̀YÀ, 1999, p. 67-68
469 PRANDI, 2001, p. 450-451.
470 KNAUTH. In: ORO, 1994, p. 96.

Os motivos para a doença

São muitos os motivos que levam uma pessoa a procurar uma comunidade tradicional de matriz africana para solucionar seus problemas com relação à saúde. Knauth aponta para vários aspectos, tanto oriundos do próprio indivíduo (por exemplo, tabagismo, alcoolismo, má conduta alimentar, pensamentos negativos, ansiedade etc.), quanto de agentes externos ao indivíduo. Abímbọ́lá nos fala do "bom caráter" como sendo por si só um grande agente contra os infortúnios e contra a doença:

> *Todo indivíduo deve empenhar-se para ter Ìwàpẹ̀lẹ̀ [o bom caráter], com o objetivo de ser capaz de ter uma boa vida num sistema dominado por muitos poderes sobrenaturais e numa sociedade controlada pela hierarquia nas autoridades. O homem que possui Ìwàpẹ̀lẹ̀ não colidirá com nenhum dos poderes, sejam humanos ou sobrenaturais e, desta forma, viverá em completa harmonia com as forças que governam tal universo.*[471]

Isso porque, para as Tradições de Matriz Africana, a doença é uma força e, por isso, é um ser.[472] É *Àrùn*, um dos *ajogun*, os "*guerreiros contra o homem*"[473] dos quais falamos anteriormente, que surgem no mundo com a intenção de destruir os seres humanos. Por isso, a doença é um problema da comunidade e não apenas do indivíduo. Essa dimensão da preocupação com a doença fica clara na afirmativa do antropólogo moçambicano, Luis Tomás Domingos, professor da Universidade da Integração Internacional da Lusofonia Afro-Brasileira – Unilab:

> *Nas sociedades africanas a doença [...] não é ressentida apenas como fenômeno que vem abater a dimensão física do indivíduo em parti-*

---

[471] ABÍMBỌ́LÁ, 1975, p. 5.
[472] Como diz Placide Temples na obra já mencionada *La philosophie bantoue*, de 1945.
[473] ABÍMBỌ́LÁ, 1971, p. 3.

> *cular, mas, ela é também vivenciada em alguns casos, como uma desordem espiritual do próprio homem nas suas relações com a sua família espiritual, dimensão da ancestralidade. E consequentemente, a doença perturba as relações sociais. Por conseguinte, as sociedades africanas geralmente concebem a doença como a ruptura do equilíbrio, da harmonia do ser humano, do indivíduo, da família, da comunidade, da sociedade e do Cosmos em geral.[474]*

Para as Tradições de Matriz Africana, a diferenciação entre doenças espirituais e físicas é muito sutil, ou seja, não há uma ideia fechada sobre o que é típico do espírito, por isso somente tratável espiritualmente; e o que é típico do físico, tratável pela medicina oficial.

> *Uma outra situação que determina na ótica dos fiéis o recurso à religião é a persistência da doença após ter-se acionado outros recursos de cura, especialmente os da medicina oficial. A continuidade dos sintomas e a resistência da doença às terapêuticas médicas, são vistas como indicativos da origem sobrenatural deste mal. Como afirma Loyola "sob o ponto de vista das técnicas de cura, a doença espiritual não é somente a que o médico desconhece e não compreende, mas também a que ele não cura".[475]*

Este é o motivo mais comum da busca por cura nas comunidades tradicionais de matriz africana. Contudo, não são os únicos. Há problemas considerados exclusivamente de ordem espiritual. A doença pode, inclusive, ser fator indicativo da necessidade de uma pessoa ser iniciada no culto.

> *A doença e a cura aparecem como os principais fatores responsáveis pelo grande número de fiéis que as religiões afro-brasileiras congregam. A cura, além de ser a demanda mais frequente, é também um*

---

474 DOMINGOS, 2013, p. 1145-1161.
475 KNAUTH. In: ORO, 1994, p. 97-98.

> *dos motivos principais de conversão dos fiéis. [...] A religião, por estabelecer a mediação entre a ordem "natural", a ordem social e a ordem sobrenatural, são capazes de fornecer à doença um sentido. Sentido que vai ao encontro, primeiro, à busca de explicação por parte dos fiéis para este acontecimento específico e, segundo, a uma concepção de mundo em que essas ordens se encontram sempre entrelaçadas.*[476]

Então, mais do que oferecer uma solução pragmática para a doença, as Tradições de Matriz Africana oferecem um sentido para a sua existência. Este fator é tipicamente africano. Rabelo, citado por Barbosa, diz que *"o sucesso das terapias religiosas está em sua capacidade de mudar a maneira como os doentes compreendem e se posicionam frente às suas aflições"*.[477] Uma doença que aparece sem explicação, ou mesmo comportamentos considerados anormais como o nervosismo, a irritação, agressividade etc., são elementos considerados indicativos de problemas espirituais. Estes problemas podem ter origem numa terceira pessoa. As crenças africanas incluem a existência da feitiçaria e a possibilidade de que a doença seja provocada por feiticeiros e feiticeiras são uma constante nas culturas africanas e afrodiaspóricas.

É através da consulta a *Ifá* que se encontra a origem da doença e da terapia a ser utilizada para sua solução. Uma vez identificado que o sofrimento da pessoa provém de um feiticeiro ou de suas próprias ações, são executados trabalhos espirituais para anular o mal e assim trazer o indivíduo de volta ao estado de saúde plena. Estes trabalhos espirituais são o terceiro passo e são executados sempre por um ou mais sacerdotes habilitados e com experiência e sabedoria. São invocadas uma ou mais divindades para auxiliar na execução do trabalho, contudo, dois Òrìṣà, são os mais importantes, pois estão diretamente relacionados à saúde: Ọ̀sányìn e Ṣànpọ̀nná.

---

[476] KNAUTH. In: ORO, 1994, p. 91.
[477] REBELO apud BARBOSA, 2013.

Òrìṣà ìlera: divindades da saúde

Na teologia das Tradições de Matriz Africana ou, como temos chamado, na Afroteologia, todas as divindades são fundamentais na concepção de saúde, mas duas se destacam por ter atividade exclusiva nesta área. Ossanha, Ossanhe, Ossaim ou Ossãe, versões para o nome do *Òrìṣà yorùbá Ọ̀sányìn*, é a divindade das plantas medicinais e litúrgicas. Segundo Verger "*o nome das plantas, sua utilização e as palavras (ọfọ̀), cuja força desperta seus poderes, são os elementos mais secretos do ritual no culto aos deuses yorùbá.*"[478] Ele vive na floresta em companhia de *Arọní*, um tipo de gnomo da floresta que possui apenas uma perna e que fuma um cachimbo feito de caracol. Segundo Denise Martin, professora da *University of Louisville* do estado de Kentucky, EUA:

> *A divindade yorùbá Ọ̀sányìn trouxe todas as plantas para a Terra com seus tons ricos e variados de flores verdes e coloridas. Ao fazer isso, Ele também trouxe beleza e sacralidade, coisas que não existiam antes. Ele também trouxe os animais, mas é mais considerado pelas plantas. Um dia, Ifá pediu-lhe para remover ervas daninhas de um jardim; Ọ̀sányìn começou a chorar, pois as tais ervas eram medicinais. Desde então, Ọ̀sányìn é conhecido como o médico no reino de Olódùmarè.*[479]

Olọ̀sányìn é o seu sacerdote, também chamado *Oníṣegún*, o curandeiro. Um fato importante é que, em África, os *Olọ̀sányìn* não manifestam a divindade, mas adquirem a ciência do uso das plantas após uma longa aprendizagem. Este fato pode ser contemplado pelo seguinte *Adúrà*:[480]

---

[478] VERGER, 1997, p. 122.
[479] The Yoruba divinity Osanyin brought all of the plants to Earth with their rich and varied shades of green and colorful flowers. In doing so, he also brought to the Earth beauty and sacred, which did not exist before. He also brought animals, but is more regarded for plants. One day, if asked him to weed a garden; Osanyin began crying because the weeds he was asked to remove were beneficial as medicine. Since then, Osanyin is known as the doctor in the kingdom of Olodumare. MARTIN. In: ASANTE; MAZAMA, 2009, p. 19. Tradução do autor.
[480] MONTEIRO, 2013.

Meré-meré Òsányìn ewé o ẹ jìn
Meré-meré Òsányìn ewé o ẹ jìn
Meré-meré ewé o ẹ jìn ngbẹ nọn
Meré-meré ewé o ẹ jìn ngbẹ nọn
Ẹ jìn meré-meré Òsányìn wa le

Habilmente, Òsányìn, as folhas vós destes
Habilmente, Òsányìn, as folhas vós destes
Habilmente as folhas vós destes secas no caminho
Habilmente as folhas vós destes secas no caminho
Vós destes habilmente, Òsányìn, a nós a magia

Ou no *Orin*:[481]

Àwa dàgò l'ojú ewé, àwa dàgò l'ojú e mò oògùn
A dàgò l'ojú ewé, a dàgò l'ojú e mò oògùn

Nós pedimos licença para os nossos olhos, folha, pedimos licença para os nossos olhos verem vosso conhecimento da medicina
Nós pedimos licença para os nossos olhos, folha, pedimos licença para os nossos olhos verem vosso conhecimento da magia

No Brasil, curiosamente, os iniciados consagrados a esse *Òrìṣà* não são tão profundos conhecedores das plantas e se tornam *Elegún*, "cavalos de santo", aqueles que estão disponíveis para a manifestação do *Òrìṣà*. Neste sentido, Corrêa nos apresenta Mãe Ester de *Yemọjá*, famosa *Ìyálórìṣà* gaúcha, já falecida, narrando o caso do Juvenal de *Òsányìn*, que possuía uma deficiência física que o obrigava a usar muletas:

O falecido Juvenal do Ossanha – que Deus o tenha muitos anos sem nós – quando o Ossanha dele chegava, jogava as muletas longe e

---

[481] OLIVEIRA, 1997, p. 55.

dançava assim a noite inteira. O povo gostava muito do Ossanha dele e chamava o Juvenal de Duí, que era o nome do santo dele.[482]

O símbolo de Ọ̀sányìn é uma haste de metal com sete pontas, sendo que na central está pousado um pássaro, símbolo do poder das *Ìyá-mi Òṣòròngá*, as poderosas "Mães ancestrais", que conferem às mulheres o poder de geração de vida. No Batuque, esta haste foi simbolicamente substituída pela representação de um coqueiro ou palmeira. Também é representado por um totem de madeira onde figura um homem com uma perna só. Esta única perna não é representativa de um defeito físico, mas sim de seu vínculo como divindade que dá força imaterial às plantas.

Para Beniste,[483] Ọ̀sányìn "*representa o poder e o encanto das ervas litúrgicas e medicinais*" e que a "*junção das folhas para produzir os efeitos desejados é um de seus grandes àṣẹ, como também conhecer seus Ọfọ̀, as rezas de encantamento [...] quando é decantado o poder de cada folha*" e é por isso que essa divindade interfere em diversos rituais. Berkenbrock complementa afirmando que Ọ̀sányìn é o "*Orixá da vegetação, das folhas, das ervas e especialmente do Axé por elas contidas. [...] As ervas podem liberar diversos Axés na vida de um iniciado.*"[484]

No *Oríkì* abaixo[485], podemos evidenciar a importância de Ọ̀sányìn para a sociedade como divindade-médico. Este Òrìṣà se apresenta na perspectiva da saúde integral como a divindade que conhece a doença e a sua cura. Conhece as propriedades curativas das plantas, não apenas como elementos de propriedade química-farmacológica, mas, sobretudo, como elemento espiritual que cura o corpo e o espírito ao invocar o poder imaterial nelas contido:

Ewé gbogbo kìkì
Ọmọ awo ni ṣe oògun

---

482 CORRÊA, 2006, p. 189.
483 BENISTE, 2005, p. 113.
484 BERKENBROCK, 2007, p. 244.
485 BENISTE, 2005, p. 114.

Ẹlẹ̀sẹ̀ kan ju ẹlẹ̀sẹ̀ méji lọ
A ké pè nígba ọ̀rọ̀ kò sunwọ̀n
Aláṣẹ ewé

Aquele que transforma todas as folhas em remédios
As crianças do culto é que fazem remédio
Com uma perna só, Ele é mais poderoso do que quem tem duas pernas
Aquele que é chamado quando nada vai bem
O dono do poder das folhas

Outra divindade importante é *Ṣànpọ̀nná*. Diz-se que Ele conhece os segredos da vida e da morte. No Candomblé, é chamado por seus epítetos: *Ọmọlu* (Filho do Senhor) ou *Ọbalúwáyé* (Rei dono da Terra) e, na Santería, em Cuba, é chamado de *Bàbálúwáyé* (Pai Dono da Terra). É a divindade que tem poder sobre as pestes, as doenças transmissíveis e as de pele. Seu poder pode tanto afastar quanto trazê-las, motivo pelo qual é temido e cultuado.

No Candomblé, é representado como um homem coberto por um manto de palha da cabeça aos pés – a intenção é esconder o corpo coberto de chagas e feridas –, mas no Batuque isso nunca o caracterizou. Carrega consigo uma espécie de cetro semelhante a uma vassoura, que se chama *ṣáṣárá*, feito de palitos de dendezeiro. No Batuque, esta vassoura é feita de piaçava cujas cerdas são pintadas de lilás ou preto e vermelho, cores consagradas a este *Òrìṣà*. O vínculo de seu nome com as doenças o faz protetor da saúde daqueles que o cultuam, garantindo com que seja constantemente procurado para resolver problemas ligados a esta área.

Era muito cultuado entre os daomeanos, mas teve seu culto expandido por toda a yorubalândia.[486] No Benin, país onde antigamente se locali-

---

486 O território compreendido entre o sudoeste do rio Níger, na Nigéria, e o centro-sul do Benin é chamado de yorubalândia (*Yorubaland*)

zava o reino do Daomé, é chamado de *Sakpatá*. Um de seus *Ìtàn*[487] nos revela seu poder de trazer e de afastar doenças:

> *Um dia Obaluaê saiu com seus guerreiros.*
> *Ia na direção à terra dos mahis, no Daomé.*
> *Obaluaê era conhecido como um guerreiro sanguinário, atingindo a todos com as pestes, quando estes se opunham a seus desejos.*
> *Os habitantes do lugar, quando souberam de sua chegada, foram em busca de ajuda de um adivinho.*
> *Ele recomendou que fizessem oferendas, com muita pipoca, inhame pilado, dendê e todas as comidas de que o guerreiro gostasse.*
> *Pipocas acalmam Obaluaê.*
> *Obaluaê, satisfeito com a sujeição daquele povo, o poupou.*
> *Declarou que a partir daquele dia viveria naquele reino.*
> *Assim o fez e em pouco tempo o país tornou-se próspero e rico.*

Este *ìtàn* deixa claro o porquê do culto a esta divindade. Sànpọ̀nná é um Òrìṣà temido, dono das doenças infectocontagiosas. Uma epidemia é a demonstração de sua fúria, mas pode ser acalmado se forem feitas as oferendas propiciatórias. Com isso, Sànpọ̀nná não só afasta as doenças, como ainda traz paz e prosperidade ao mundo. Por isso seu culto permaneceu no Brasil escravocrata e manteve-se até os dias de hoje. O culto a Sànpọ̀nná é uma tentativa de ter controle sobre o mal da doença. Sobre isso, Corrêa diz o seguinte:

> *Orixá dono da varíola e das doenças em geral. Considerado velho, impertinente, ranzinza e vingativo, o Xapanã é muito respeitado pelo pessoal da Nação: bastam os primeiros sons do cântico do Orixá, para que todos os que acaso estejam sentados, inclusive os tamborei-*

---

devido aos grupos humanos que se estabeleceram nesta região serem do complexo cultural e linguístico *yorùbá*. *Yorùbá* não é um grupo étnico politicamente unido, mas sim um grupo mais ou menos homogêneo em termos de cultura e língua. Pierre Verger chega a dizer que eles preferem ser chamados de ijẹ̀ṣà, ọ̀yọ́ ou *ègbá* à *yorùbá*.

487 PRANDI, 2001, p. 207-208.

ros, levantem-se ligeiramente em sinal de respeito, pois ninguém quer arriscar-se a ser vítima de sua vingança.[488]

De fato, a expressão usada no Batuque para saudá-lo é "abáu", provável corruptela do *yorùbá* "*àgbà o*", ou seja, "o ancião". No Candomblé, é saudado com a expressão *yorùbá* "*atótó*" que significa "silêncio", uma forma de demonstrar respeito. Em todos os terreiros de Candomblé, geralmente durante o mês de agosto, é realizado a sua festa, o *Olúbájẹ*, onde é oferecido um grande banquete a todos os participantes. Esta festa tem origem num *Ìtàn*:

> *Uma história mítica fala do Olubajé e conta que certa vez Xangô fez um convite a todos os Orixás para um grande banquete, e que durante a festa todos deram pela falta de Obaluaiê, já que este não havia sido convidado. Todos quiseram se desculpar e, temendo sua ira, se reuniram para levar-lhe comida e bebida. Obaluaiê aceitou o convite, mas mandou chamar todo o seu povo para participar com ele do banquete.*[489]

Isto fica claro nos cânticos sagrados entoados durante a festa do *Olúbájẹ*, como o apresentado pelo *Bàbálórìṣà* e antropólogo José Flávio Pessoa de Barros (1943-2011) em uma de suas obras que se dedica ao estudo sobre os ritmos e cânticos sacros da tradição do Candomblé:[490]

> *Araayé a jẹ nbọ, Olúbájẹ a jẹ nbọ*
> *Araayé a jẹ nbọ, Olúbájẹ a jẹ nbọ*
> *Olúbájẹ a jẹ nbọ*
> *Olúbájẹ a jẹ nbọ araayé*
>
> *Todo mundo está vindo comer, é o Olúbájẹ*
> *Todo mundo está vindo comer, é o Olúbájẹ*

---

488 CORRÊA, 2006, p. 190.
489 FONSECA, 2001.
490 BARROS, 2006, p. 84.

No Olúbájẹ, é para comer
No Olúbájẹ é para todos comerem

Embora os Òrìṣà Òsányìn e Ṣànpọ̀nná sejam os principais reestabelecedores da saúde das pessoas, sendo sempre buscados, outros Òrìṣà também são invocados para auxiliá-los neste processo. Um Ìtàn repassado pela tradição oral nos revela que Òsányìn era o único detentor das folhas e de seu poder curativo. Indignado por esta exclusividade, o poderoso rei Ṣàngó ordenou que sua esposa, Yánsàn, soprasse seu vento espalhando todas as folhas. Cada uma foi parar nas mãos de um Òrìṣà, que se apoderaram delas. Òsányìn pronunciou as palavras mágicas *"ewé o!"*, mantendo seus poderes curativos sob sua guarda. Então, embora cada Òrìṣà tenha suas folhas sagradas, o poder curativo e litúrgico delas só pode ser despertado por Òsányìn. Da mesma forma, cada Òrìṣà é dono de uma parte do corpo humano. Assim, sempre que se faz necessário, o tratamento é relacionado a um conjunto de Òrìṣà, o que inclui até mesmo Èṣù: *"Olódùmarè fez de Èṣù como se fosse um medicamento de poder sobrenatural próprio para cada pessoa. Isso quer dizer que cada pessoa tem à mão seu próprio remédio de poder sobrenatural podendo utilizá-lo para tudo o que desejar."*[491]

Afrobioética[492]

As Tradições de Matriz Africana têm procurado se inserir cada vez mais nas discussões contemporâneas de todas as áreas, incluindo os temas da bioética. Em 2012 e em 2014, a RENAFRO Saúde realizou dois encontros nacionais na cidade de Porto Alegre, estado do Rio Grande do Sul, onde sacerdotes e sacerdotisas das várias Tradições de Matriz Africana de todo o Brasil discutiram questões como eutanásia, suicídio, aborto, transplante de órgãos ou sua retirada devido a patologias oncológicas, ou mesmo amputação de

---

[491] SANTOS, 2002, p. 131.
[492] O termo afrobioética foi pensado pelo professor Jayro Pereira de Jesus, que o define como sendo a visão das Tradições de Matriz Africana sobre a bioética que, por sua vez, é o estudo dos problemas e implicações morais despertados pelas pesquisas científicas em biologia e medicina.

membros como os que ocorrem por acidentes; além das cirurgias de redesignação sexual, como a genitoplastia. Não caberia neste trabalho apresentar as ideias e conclusões tiradas nestes encontros, dos quais participei ativamente. No entanto, posso apresentar noções básicas do que foi entendido sobre estes temas, embora não represente a unanimidade do povo de terreiro.

A eutanásia é um procedimento, geralmente médico, para terminar com a vida de pacientes em estado de doença incurável e cuja dor e sofrimento sejam insuportáveis. É diferente do suicídio, em que o próprio paciente é quem tira sua vida. Paras as Tradições de Matriz Africana, a vida é extremamente valorosa, é uma dádiva divina, por isso deve ser vivida com plenitude, alegria e bondade. Entrementes, a vida insuportável é uma vida que não precisa ter continuidade. Assim, entendemos que a eutanásia, nestas condições, é aceita pela comunidade e tem lugar no pós vida de forma plena.

O mesmo não ocorre com o suicídio. Apesar das histórias sagradas narrarem eventos que sugerem que alguns *Òrìṣà* tenham tirado sua própria vida, devemos entender que isso não é possível, já que nunca realmente viveram na Terra como seres humanos. O suicídio, para os *yorùbá*, tem a ver com a impaciência. Como visto em outros capítulos, a cultura africana presa pela sabedoria conquistada pela idade avançada. Isto só pode ser alcançado com paciência e perseverança. A impaciência é sempre vista como um mal. Embora haja registros históricos que comprovam que o suicídio entre os africanos e afrodescendentes durante o período escravista era superior ao praticado pelos brancos na mesma época, e que muitos desses suicídios tinham como objetivo "assombrar" as vidas de seus algozes[493], a cosmopercepção africana a respeito deste ato é de rechaço como podemos ver no seguinte *Ìtàn*:[494]

> *Um certo Alukósó teve toda uma vida de miséria até os 40 anos de idade, quando decidiu se suicidar. Em sua tentativa, ele apenas*

---

493 MAESTRI FILHO, 2002.
494 BENISTE, 2008b, p. 168-169.

desfaleceu e se viu diante de Oníbodè, o guardião da entrada entre o Ọ̀run e o Ayé, que lhe perguntou por que estava ali se não era aquela a sua hora! Alukósó, então, lhe fez um relato de sua vida. Quando terminou, Oníbodè lhe pediu que ficasse numa sala e o instruiu para ficar ouvindo as coisas que iam acontecer. Depois de algum tempo, ele ouviu vozes de pessoas que estavam no mundo e haviam chegado. Ouviu vários relatos de cada uma sobre seu destino, e como ele foi selado por Oníbodè. Quando todos haviam ido embora, Oníbodè cantou:

Alukósó – Ayé

"Alukósó do mundo"

Ṣé o ngbọ́ ọ

"Vocês estavam ouvindo?

Bi àiyé ṣe nye mà rèé o

"É assim que se organiza a vida no mundo"

Desta forma, Alukósó tomou conhecimento de que as coisas lhe iam acontecer na Terra estavam de acordo com seu destino. Depois, Oníbodè lhe mostrou um local em que havia grande quantidade de gado e bens terrestres, dizendo que tudo aquilo seria seu após os 40 anos de idade, de acordo com o que foi determinado pelo seu destino. Mas agora ele estava privado de todo o seu futuro devido a sua impaciência.

Alukósó caiu em prantos e pediu a Olódùmarè que lhe concedesse mais dez anos de vida, dos quais poderia usufruir da fortuna que lhe fora destinada.

Como dito, um dos pilares da cultura africana é ter muitos filhos, para garantir a continuidade tanto de sua família quanto de sua memória ancestral e, inclusive, a própria chance de retornar como um descendente pelo processo de *Àtúnwa*, logo, o aborto é um ato rejeitado pelas comunidades tradicionais. Contudo, lembro que o ser humano, de acordo com essa cosmopercepção, só o é plenamente a partir de alguns elementos que devemos observar: a) duas de suas "almas", *òjìji* e *èémí*, só surgem ao nascer, não antes; b) a recosmologização através do rito de *Borí*. Estes fatores são preponderantes na concepção de humanidade, por isso, o feto não é considerado um ser pleno. Este fato poderia autorizar o aborto em certos casos – como os já discutidos pelo ocidente, como fetos com anomalias genéticas ou gerados por estupro – sem prejuízos espirituais para o feto ou para os pais.

Entendo que a promoção da vida é o cerne de toda e qualquer religião, logo, as Tradições de Matriz Africana não estão fora disso. Assim, a defesa da continuidade da vida deve nortear nossas ações. Porém, o transplante de órgãos é um tema complexo e existem pelo menos duas posições diferentes a respeito. A posição que defende que não é possível, argumenta com base na antropoteogonia, ou seja, somos seres que possuímos várias origens, uma biológica e outra mítica, como já falamos no capítulo anterior. Nesta concepção, um coração que pertence a um filho de *Òsàálá*, por exemplo, será rejeitado pelo filho de *Sànpònná*, pois seriam afroteologicamente incompatíveis e isso é comprovado pela rejeição de órgãos transplantados em certos casos.

Outro argumento levantado pelos defensores do impedimento do procedimento é o mesmo que questiona infortúnios como os casos de retirada de órgãos doentes como útero, mamas, testículos etc.; ou mesmo sobre membros amputados em acidentes. Para as Tradições de Matriz Africana, é importante que haja a decomposição do corpo como devolução à massa primordial cedida por *Nàná*. Para que a escatologia do morto seja plena, seu corpo precisa se decompor. Concordo com isso, por isso seria afroteologicamente importante que estas partes removidas tivessem um fim mais apropriado para as nossas crenças. Isto geraria uma nova concepção de bioética em hospitais. No caso dos órgãos transplantados e que ainda podem ficar décadas funcionando em outro corpo, pensamos que a decomposição ocorrerá de qualquer forma, só que com um pouco mais de tempo.

Por outro lado, há os que defendem que embora haja a antropoteogonia, cada órgão pertence a um Òrìṣà, que é sempre o mesmo, independente de quem o indivíduo descenda. O coração, por exemplo, pertence à Ṣàngó em todas as pessoas, logo o transplante pode sim ser realizado sem que isso ameace a espiritualidade das pessoas, pois a prerrogativa sempre será a vida.

Infelizmente não tenho, ainda, subsídios para o debate sobre as cirurgias de redesignação sexual. No entanto, penso que se o corpo está em desacordo com o gênero da pessoa, isso gera um sofrimento psicológico que refletirá na pessoa como um todo, logo, também na comunidade. E o sofrimento não é o que essa tradição prega. Obviamente que este debate está longe do fim. Outros encontros para debater o tema estão sendo organizados e, talvez, a produção de uma carta pública afirmando nossas convicções à luz da Afroteologia seja redigida. Devemos persistir, pois o que realmente importa é a vida plena, com saúde, paz e prosperidade.

SÍNTESE

Propus neste capítulo conhecer um pouco mais a figura de Deus nas Tradições de Matriz Africana e suas relações com o mundo e com as demais divindades sob a ótica da Afroteologia, ou seja, com bases epistemológicas da percepção de mundo africana e afro-brasileira. Apresentei nossa afroteontologia como uma proposta de conhecimento sobre o Ser Supremo africano, com ênfase na percepção *yorùbá*. Também fiz uma breve análise sobre suas origens e natureza, assim como o que concerne o problema do mal.

Também apresentei a orixalogia, ou seja, o estudo sistemático dos Òrìṣà de acordo com a mesma base afroteológica. Nesta parte do trabalho, vimos cada um dos Òrìṣà e suas manifestações a partir da revelação que se dá pela análise dos Ọgbọ́n Mẹ́fà, citados no capítulo anterior. Por fim, dissertei sobre a visão de saúde oriunda dessas tradições. Esta parte do trabalho se propôs a apresentar esta percepção de mundo a partir do ponto de vista afroteológico. Inscreve-se na perspectiva da pesquisa interdisciplinarizada, afrocentrada e exuneutizada, que dá voz a uma tradição milenar de concepção de saúde e doença.

Entendo que devemos nos aprofundar mais nos estudos dos campos aqui apresentados para dominar o tema, de forma que este trabalho requererá aprofundamentos posteriores. As comunidades tradicionais de matriz africana têm o conhecimento e comprometimento com a saúde de seu povo, o entende não apenas como uma máquina biológica como a medicina ocidental, mas sim como um ser integral, um ser-força, que é importantíssimo para a própria comunidade e, portanto, a sua busca pela manutenção da vida é seu objetivo primordial.

Esse é o nosso mundo
Somos povo do axé
Esse é o nosso mundo
É nossa cultura
É nossa fé.[495]

---

[495] Estrofe do R.A.P. *Povo do axé*, composição e intérprete Raggamano Koya. Disponível em: <https://youtu.be/kumAiYsVsJ0>.

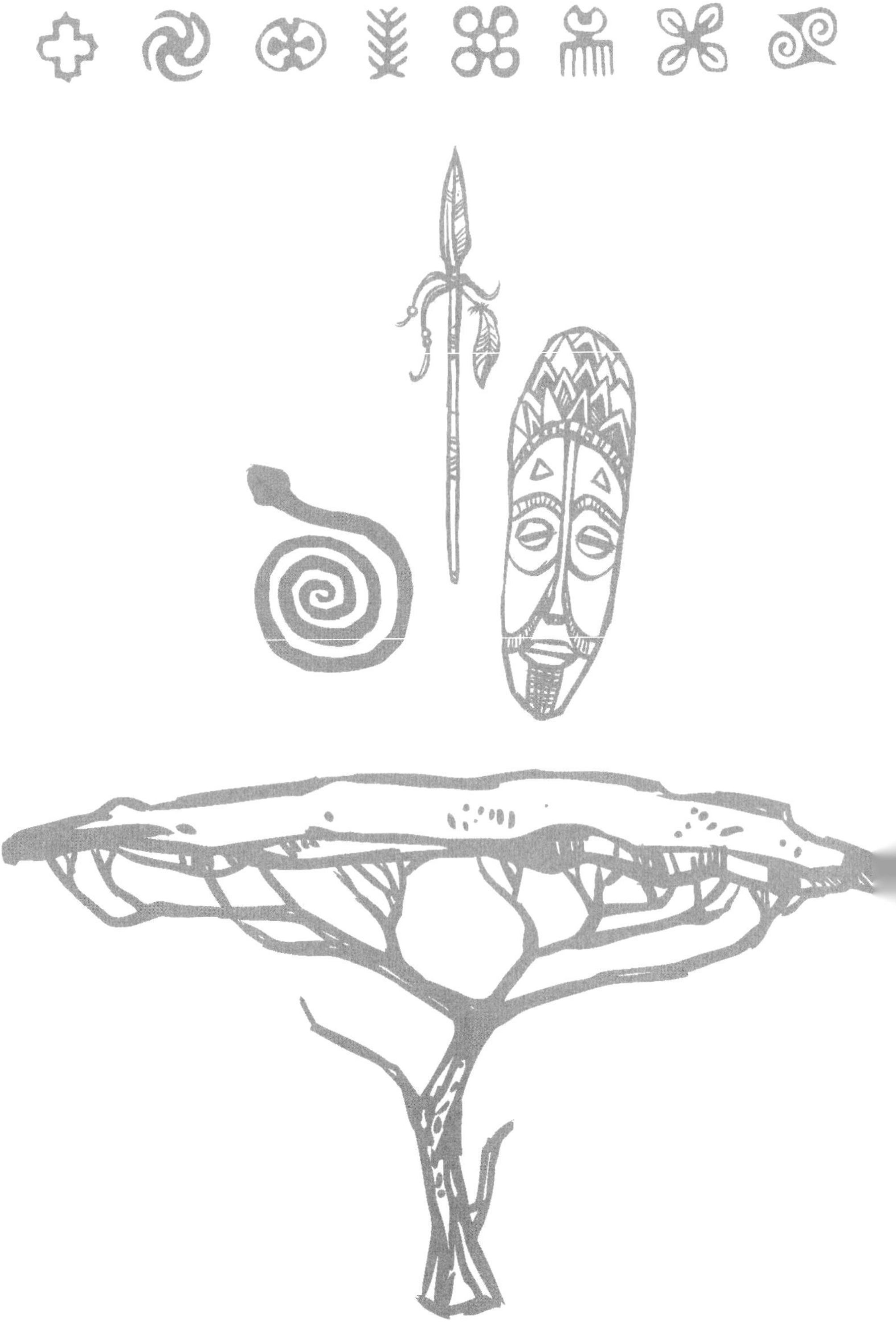

CONCLUSÃO

O desenvolvimento deste trabalho foi bastante complicado. Teve reviravoltas, ajustes, reescritas, reinterpretações. A dinâmica das Tradições de Matriz Africana apresenta essas características, vez que são tradições vivas que se reinventam constantemente e que, por não ter uma organização ou instituição que centralize as ideias, práticas e discursos, acaba por gerá-las. Este trabalho é fruto de pesquisa árdua, e não foi possível contemplar todas as ideias iniciais do projeto de pesquisa, como, por exemplo, conhecer as práticas religiosas *in loco*, na Nigéria e em Cuba. Devido à falta de fôlego, me concentrei nas práticas comuns ao Batuque de forma geral e ao Candomblé de origem Ketu, bem como o que pude acessar em termos de práticas africanas. Enquanto pesquisava, desenvolvi uma série de atividades de aplicação dessas ideias, não apenas no âmbito acadêmico como seminários e congressos, mas também nos terreiros, com o povo de terreiro, em virtude de que ela representa uma das possíveis sistematizações das cosmopercepções africanas.

Meus objetivos foram plenamente alcançados nesta proposta, pois organizei o trabalho de forma a conhecer os elementos constitutivos das Tradições de Matriz Africana segundo a lógica do *Òrun* e do *Ayé*, da Teologia e da Religião, daqueles que buscam o sagrado africano como valor moral, ético e espiritual para suas vidas, e daqueles que se revelam para nós a partir dos *Ogbọ́n Mẹ́fà* como seres que se importam com a humanidade, com a vida, e que buscam ensinar a nós como vivê-la plenamente.

Posso dizer que o trabalho, então, foi dividido em duas grandes partes: a primeira parte poderia chamar de *Ayé*, onde apresento os elementos concretos das comunidades tradicionais de matriz africana ou comunidades tradicionais de terreiro, suas práticas e entendimentos, além da Filosofia africana e sua reminiscência nestes espaços; a segunda chamaria de *Òrun*, onde trato dos instrumentos de revelação divina e das próprias divindades.

Desta forma, a primeira parte foi dividida em dois capítulos. No primeiro pude apresentar um pouco das Tradições de Matriz Africana e de seus espaços de reprodução civilizatória, as comunidades tradicionais de terreiro. Pude avaliar brevemente que a visão dessas tradições com relação à sua classificação pelos intelectuais da antropologia e demais áreas está equivocado e que, sob o ponto de vista da fenomenologia da religião, os conceitos apresentados por Rudolf Otto e Mircea Eliade podem as enquadrar completamente. Verifiquei que a estrutura do terreiro possui uma complexa forma de hierarquia e de espaços para a aprendizagem. Com a intenção de situar o terreiro como centro da vivência dos iniciados, o terreiro se tornou o espaço por excelência de reminiscência e preservação do modo de vida africano, incluído aí sua afroteologia e filosofia, que são reproduzidas na prática.

No segundo capítulo sobrevoei os estudos sobre a tradição filosófica africana e sua permanência nos terreiros. Esta parte do trabalho serve como primeiro passo para a compreensão da filosofia africana e de como ela é reproduzida e perpetuada nas comunidades tradicionais de matriz africana como valores civilizatórios. Com esse estudo, percebe-se que a vida coletiva é o aspecto central do modo de ser africano e embasa toda a sua filosofia de vida, incluindo a religião. O que posso concluir, por enquanto, é que os terreiros têm apresentado todos os valores apresentados como típicos do pensamento africano. A reprodução desses valores como uma espécie de doutrina faz com que os vivenciadores dessas tradições não se deem conta de que se apropriam da dinâmica civilizacional africana em suas vidas. A filosofia africana no espaço do terreiro se inscreve como promotora de uma proposta de humanidade.

A segunda parte, o Ọ̀run, trata mais especificamente dos aspectos teológicos, ou seja, da revelação divina. Desta forma, o terceiro capítulo trata dos Ọgbọ́n Mẹ́fà que se tornara, importantes instrumentos para a compreensão da Afroteologia, uma episteme tradicional que tem origem e se dimensiona na cosmopercepção dos sábios africanos. Estes elementos são importantes e se relacionam dialogicamente com a filosofia africana, fomentando comportamentos, e com a Afroteologia, proporcionando conhecimentos a respeito da ordem cósmica do universo, das divindades e do próprio ser humano.

Já no quarto capítulo, a proposta foi conhecer um pouco sobre a visão africana de Deus e suas relações com o mundo e com as demais divindades sobre a ótica da Afroteologia, com bases epistemológicas da percepção de mundo africana e afro-brasileira. Assim, apresentei nossa afroteontologia como uma proposta de conhecimento sobre o Ser Supremo, com ênfase na percepção yorùbá. Também fiz uma análise sobre Suas origens e natureza, assim como o que concerne o problema do mal. Apresentei a orixalogia, ou seja, o estudo sistemático dos Òrìṣà de acordo com a mesma base afroteológica. Nesta parte, conhecemos cada um dos Òrìṣà e suas manifestações a partir da revelação que se dá pela análise dos Ọgbọ́n Mẹ́fà, além de tratar da visão de saúde oriunda dessas tradições. Esta parte do trabalho se propôs a apresentar esta percepção de mundo a partir do ponto de vista afroteológico. Inscreve-se na perspectiva da pesquisa interdisciplinarizada, afrocentrada e exunêutizada, que dá voz a uma tradição milenar de concepção de saúde e doença.

Acredito que os objetivos foram alcançados com êxito. A atribuição de sentidos aos ritos e liturgias das Tradições de Matriz Africana só foi possível devido ao método da exunêutica, que construí a partir de minhas experiências e a de outros autores. Também percebi a sutil relação entre a afroteologia e a filosofia africana. Acredito, ainda, que este trabalho pode servir de auxílio àqueles que procuram um saber de forma mais sistematizada pelo olhar teológico das Tradições de Matriz Africana, ajudando na compreensão dos "porquês" e não sobre os "comos" tipicamente descritos por outras áreas do conhecimento. Mas o que mais me apraza é que este trabalho sirva para abastecer os vivenciadores dessas tradições de informações, dados e sentidos em suas práticas, para que assim o combate à *afroteofobia* seja no mesmo nível daqueles que nos distinguem por experienciarmos uma espiritualidade negro-africana.

O conjunto desse trabalho mostra a coerência de elementos que se confluem na construção da Afroteologia, o que corrobora este estudo. A defesa da existência dessa teologia é plenamente respondida por este trabalho. Da mesma forma, apresento elementos que proporcionam a compreensão de que esta teologia pode ser aplicada em qualquer das tradições afrodiaspóricas. Que a vida humana tem grande importância nessa cosmopercepção, incluindo aí sua visão escatológica e soteriológica através do processo de ancestralização.

Mais de quatro anos se passaram desde meu ingresso no doutorado. De lá pra cá embarquei numa profunda construção de mim mesmo e do nosso entorno, certo de que esse era o caminho. Espero que este trabalho, assim como me serviu, também sirva para outros que anseiam pelo conhecimento e saberes ancestrais que nos foram epistemologicamente obliterados pelos saberes ocidentais, pois, como diz o provérbio:[496] *wọ́n b'ọmọdé ba juba àgbà - dizem que quando a criança saúda os velhos, terá longa vida.* Ainda saúdo a sabedoria ancestral neste trabalho sem ter a pretensão de que esta se encerre totalmente nestas linhas. Busco apresentar um conteúdo que nos sirva para o despertar da Afroteologia como disciplina e como modo de vida:[497] *ti omi ẹni ò bá ti ì tó'ni wẹ̀ á máa fi n bọ́jú ni,* ou seja, *se nossa água não é o suficiente para tomar um banho, a use para lavar o rosto.*

Àṣẹ!

---

[496] OXÓSSI, 2007, p. 46.
[497] ÌDÒWÚ, 2019.

POSFÁCIO

Por onde começar um posfácio que vai além do papel atribuído a um orientador segundo as exigências acadêmicas num período de seis anos, considerando o mestrado e o doutorado? Com esta pergunta de encruzilhada, que pretende fugir de uma cosmovisão eurocêntrica para uma cosmopercepção africana, a nova leitura da tese que se tornou livro me faz lembrar da ave *Sankofa*, cujo olhar se volta para atrás e que desconstrói um imaginário movido pela noção de progresso para poucos e de ordem para muitos.

Foram aproximadamente seis anos de encontros, desencontros, dúvidas, percalços, debates e cenas inusitadas das quais lembro uma. Numa sala com quase dez doutorandos e mestrandos em Teologia Prática, onde os protestantes ou evangélicas eram maioria, a presença de um sacerdote das Religiões de Matriz Africana deixava o ambiente impertinente, oscilando entre o respeito do politicamente correto e o interesse em conhecer uma fé, no mínimo, estranha. Talvez um ou outro de tradição mais conversionista pudesse apostar em segredo numa mudança da tradição para o Babalorixá, por ser da identidade de confissões cristãs a conversão a sua organização eclesiástica.

Foi neste clima de diálogo oportunizada pelo nosso PPG que aconteceu algo que parece anedótico. Os estudantes falavam de seus trabalhos sociais em suas igrejas para com as pessoas marginalizadas. Cada um contou o engajamento social de sua congregação. E, por fim, alguém ousou perguntar ao Hendrix se a sua instituição religiosa também fazia trabalho assistencial.

Não, respondeu Hendrix, nós somos os pobres que vocês atendem. Foi uma resposta que trouxe um silêncio e, talvez, uma mudança de perspectiva para muitos daquela sala de aula.

Numa linguagem bíblica não eurocêntrica entendemos o Babalorixá Hendrix ocupando dois lugares ao mesmo tempo: o samaritano desqualificado pelos sacerdotes e levitas do templo/tempo histórico de Jesus e a vítima dos salteadores. A co-extensão de lugares permitiu a Hendrix olhar para o mundo cristão que o cercava com respeito e com questionamentos argutos sobre um Cristianismo que colonizou os sentidos de forma eurocêntrica. Assim, a convivência dos diferentes no PPG em Teologia, majoritariamente cristão protestante, foi sustentada por um espaço cujas fronteiras possibilitavam ir para além de discursos algumas vezes destituídos de alteridade, que se encarnou na convivência em vários espaços do campus da EST, mesmo com dificuldades.

Logo, o terreiro como espaço civilizatório se expandiu para um ambiente acadêmico que já se pautava por um processo teológico de decolonialidade. Por isto o historiador Hendrix conseguiu sustentar que Rudolf Otto e Mircea Eliade, como tantos outros europeus, "baixaram"' no terreiro do Babalorixá que se tornou doutor em teologia, quando poderia seguir uma pós-graduação em ciências seculares. Hendrix foi ousado em se doutorar em Teologia, mesmo que questionado por especialistas de outros saberes nos estudos das Religiões de Matriz Africana. Assim, sua tese que ora se transforma em livro, evidenciou que o Método Teológico, tantas vezes acusado de ser normativo, não é propriedade das Igrejas cristãs e de seus institutos de teologia.

Seu olhar teológico se sustenta ao atribuir sentidos aos rituais das religiões de matriz africanas numa perspectiva afrocentrada, conceito entendido não como inversão do eurocentrismo com marcas patriarcais e colonialistas. A afrocentricidade, portanto, é uma versão africana que se pauta pelo distanciamento de uma afroteofobia, termo criado por Jayro Pereira de Jesus, a quem Hendrix atribui impulsos para a problemática de sua tese.

Faz-se necessário destacar, entre tantos eixos temáticos que constituem uma arquitetura nada linear ou hierárquica de seu trabalho acadêmico, a noção bem fundamentada pela relação da experiência de fé e teoria. O trabalho parte da cosmopercepção que se sustenta nas comunidades tradicionais de terreiro como espaços de aprendizagem afroteológica e filosófica. Em outras palavras, o terreiro é um pedaço da África numa situação diaspórica.

Nesta perspectiva, cabe realçar a permanência da Filosofia Africana na diáspora com um conjunto de características que resistiram e resistem ao epistemicídio promovido pela modernidade ocidental centrada num eurocentrismo eivado de um Cristianismo aliado ao colonialismo, patriarcalismo e capitalismo. A cosmopercepção africana pauta-se na resistência a partir da ancestralidade e da memória, senioridade e transgeracionalidade, circularidade, complementariedade e integração; corporeidade, musicalidade e ludicidade; oralidade, religiosidade e axé, como também pelo comunitarismo/cooperativismo e ética *ubuntu*. Certamente, esta filosofia poderá influenciar a sociedade e as religiões para a desconstrução dos laços entre patriarcalismo e colonialismos entrelaçados pelo capitalismo.

A crítica à "trindade" que conjuga capitalismo, patriarcalismo e colonialismo – estes dois últimos anteriores ao primeiro – está sustentada numa compreensão de Deus monoteísta. Com isto, Hendrix lança mais uma provocação para futuros trabalhos, como tantas outras instigantes percepções de sua pesquisa que chegam ao público maior. Entre elas é citado Beniste, no rastro de que os Orixás são manifestações de Deus: "*Deus é Um, não muitos: a terra e toda a sua plenitude pertencem a este único Deus: é o criador do universo: abaixo dEle está a hierarquia dos Òrìṣà, os quais recebem a incumbência de dirigir os seres humanos, administrar os vários setores da natureza, servindo de intermediários entre os humanos e Ele.*"

Com esta obra instigante, o Babalorixá e doutor em Teologia nos situa nas encruzilhadas das reflexões teológicas, das Ciências da Religião e do Ensino Religioso, nas quais a divindade não se prende, como na experiência pessoal carregada de sentido profundo, aos conceitos universalizantes e à instrumentalidade técnica dominante e superficial. Como o historiador Hendrix disse que Rudolf Otto baixou no terreiro, para dizer que um deus compreendido não é um Deus. Por fim, mas não menos importante, não podemos esquecer que Otto, entre muitas viagens, visitou a África, donde auriu uma das fontes do Sagrado ou do Santo.

Dr. Oneide Bobsin
Professor de Ciências da Religião das Faculdades EST
Pastor protestante
Ex-Secretário de Educação do Município de São Leopoldo

REFERÊNCIAS

A CANÇÃO dos homens. Música: Ladysmith Black Mambazo | Joseph Shabalala. [s.l], [s.d]. (3 min.), son., color. Legendado. Disponível em: <https://youtu.be/5D9ZOaOArj0>. Acesso em: 12 ago. 2019.

A CARTA de Willie Linch. Geledés. 10 nov. 2012. Disponível em: <https://bit.ly/2BkE0Jp>. Acesso em: 19 nov. 2018.

ABÍMBỌ́LÁ, Wándé. A concepção iorubá da personalidade humana. In: A CONCEPÇÃO IORUBÁ DA PERSONALIDADE HUMANA, 1971, Paris. **Anais...**. Paris: Centre National de La Recherche Scientifique, 1981. p. 1 - 22. Disponível em: <https://filosofia-africana.weebly.com/>. Acesso em: 4 out. 2019.

ABÍMBỌ́LÁ, Wándé. Ìwàpèlè: O conceito de bom caráter no corpo literário de Ifá. In: SEMINÁRIO SOBRE TRADIÇÃO ORAL IORUBA: POESIA, MÚSICA, DANÇA E DRAMA. 1975, Nigéria. Ile Ifé. **Anais...** Ile Ifé: Universidade de Ile Ifé, 1975. p. 1-15. Disponível em: <https://bit.ly/3593ffq>. Acesso em: 13 set. 2013. Tradução para uso didático por Rodrigo Ifáyódé Sinoti.

ADÉKỌ̀YÀ, Olúmúyiwá Anthony. *Yorùbá*: tradição oral e história. São Paulo: Terceira Imagem, 1999.

ADÉWÁLE, Fáróunbí Àìná Mosúnmọlá. **Fundamentals of the Yorùbà Religion.** San Bernardino: Ilé Ọ̀rúnmìlà Communications, 1993. 244 p. Tradução para uso didático por Luiz L. Marins.

ADICHIE, Chimamanda, Ngozi. O perigo de uma história única. In: **CONFERÊNCIA ANUAL – TED GLOBAL.** 2009. Oxford, Reino Unido. Tradução Erika

Barbosa. Disponível em: <https://youtu.be/ZUtLR1ZWtEY>. Acesso em: 5 mai. 2019.

AGNOLIN, Adone. O debate entre história e religião em uma breve história da história das religiões: origens, endereço italiano e perspectivas de investigação. **Projeto História**: Revista do programa de estudos pós-graduados de história, São Paulo, v. 37, p.13-39, dez. 2008. Disponível em: <https://bit.ly/2W9e7Wg>. Acesso em: 23 out. 2019.

AIRHART, Arnold E. Teologia sistemática. In: TAYLOR, Richard S.; GRIDER, J. Kenneth; TAYLOR, Willard H. (Ed.). **Dicionário Beacon Teológico.** Lanexa, Kansas: Casa Nazarena de Publicações, 1984. p. 795-796.

ALMEIDA, Antonio Charles Santiago. **Filosofia política.** Curitiba: Intersaberes, 2015. 334 p.

ALTUNA, Raul Ruiz de Asúa. **Cultura tradicional banto.** Luanda: Secretariado Arquidiocesano de Pastoral, 1985. 638 p.

ALVES, Miriam Cristiane. **Desde dentro:** processos de produção de saúde em uma comunidade tradicional de terreiro de matriz africana. 2012. 306 f. Tese (Doutorado) - Curso de Psicologia Social, Faculdade de Psicologia, Pontifícia Universidade Católica do Rio Grande do Sul, Porto Alegre, 2012.

ALVES, Miriam Cristiane; SEMINOTTI, Nedio. Atenção à saúde em uma comunidade tradicional de terreiro. **Revista de Saúde Pública**, São Paulo, v. 43, n. 1, p.85-91, ago. 2009. Disponível em: <https://bit.ly/2WbrSXh>. Acesso em: 22 out. 2018.

AMISTAD. Direção de Steven Spielberg. Produção de Steven Spielberg e Colin Wilson. Intérpretes: Anthony Hopkins e Djimon Hounsou. Roteiro: David Franzoni. Música: John Williams. [s.l.]: Dreamworks, 1997. 1 DVD (155 min.), son., color.

ANDERSON, Perry. **Passagens da antigüidade ao feudalismo.** 5. ed. São Paulo: Brasiliense, 1995. 293 p.

APPIAH, Kwame Anthony. **Na casa de meu pai:** a África na filosofia da cultura. Rio de Janeiro: Contraponto, 1997. 302 p.

ARENS, Eduardo. **A Bíblia sem mitos:** uma introdução crítica. São Paulo: Paulus, 2007.

ASANTE, Molefi Kete. Afrocentricidade: notas sobre uma posição disciplinar. In: NASCIMENTO, Elisa Larkin (Org.). **Afrocentricidade:** uma abordagem epistemológica inovadora. São Paulo: Selo Negro, 2009. Cap. 3. p. 93-110. (Sankofa IV). Tradução de Carlos Alberto Medeiros.

ASANTE, Molefi Kete. Hunting. In: ASANTE, Molefi Kete; MAZAMA, Ama (Ed.). **Encyclopedia of african religion.** Thousand Oaks: Sage Publications, Inc., 2009. p. 321-322.

ASANTE, Molefi Kete; MAZAMA, Ama. **Encyclopedia of african religion.** Thousand Oaks: Sage Publications, Inc., 2009. 866 p.

ASSUMPÇÃO, Jorge Euzébio. Época das charqueadas (1780-1888). In: CARELI, Sandra da Silva; KNIERIM, Luiz Claudio (org.). **Releituras da história do Rio Grande do Sul**. Fundação Instituto Gaúcho de Tradição e Folclore. Porto Alegre: CORAG, 2011. p. 139-158.

ATSMA, Aaron J. **Theoi greek mythology:** Kronos. [entre 2000 e 2019]. Theoi Project © Copyright 2000 - 2019 Aaron J. Atsma, Netherlands & New Zealand. Disponível em: <https://www.theoi.com/Titan/TitanKronos.html>. Acesso em: 23 set. 2019.

AWOLALU, J. Ọmọṣade. *Yorùbá* **beliefs and sacrificial rites.** New York: Athelia Henrietta Press, 1996. 230 p.

AYEGBOYIN, Deji; JEGEDE, Charles. Divinities. In: ASANTE, Molefi Kete; MAZAMA, Ama (Ed.). **Encyclopedia of african religion.** Thousand Oaks: Sage Publications, Inc., 2009. p. 209-212.

AYEGBOYIN, Deji; JEGEDE, Charles. Evil. In: ASANTE, Molefi Kete; MAZAMA, Ama (Ed.). **Encyclopedia of african religion.** Thousand Oaks: Sage Publications, Inc., 2009. p. 249-250.

BÂ, Amadou Hampaté. A tradição viva. In: KI-ZERBO, Joseph (Ed.). **História Geral da África, I:** Metodologia e pré-história da África. 2. ed. Brasília: Unesco, 2010. Cap. 8. p. 167-212.

BÂ, Amadou Hampaté. **Amkoullel, o menino fula**. São Paulo: Pallas Athena, 2003.

BALLESTRIN, Luciana. América Latina e o giro decolonial. **Revista Brasileira de Ciência Política**, Brasília, n. 11, p.89-117, maio/ago. 2013. Disponível em: <http://www.scielo.br/pdf/rbcpol/n11/04.pdf>. Acesso em: 29 jan. 2019.

BALLESTRIN, Luciana. Colonialismo e democracia. **Estudos Políticos**, Niterói, v. 5, n. 1, p.191-209, 2014. Semestral. Disponível em: <http://bit.ly/2JrDNZF>. Acesso em: 10 jul. 2018.

BANKOLE, Katherine Olukemi. Goddesses. In: ASANTE, Molefi Kete; MAZAMA, Ama (Ed.). **Encyclopedia of african religion**. Thousand Oaks: Sage Publications, Inc., 2009. p. 293-295.

BARBOSA, Daniela dos Santos. Rituais e práticas cotidianas para a manutenção da saúde em uma comunidade de matriz africana. In: CONGRESSO INTERNACIONAL DA SOTER, 26., 2013, Belo Horizonte. **Anais...** . Belo Horizonte: Puc Minas, 2103. p. 1097 - 1110. Disponível em: <https://bit.ly/2NcrbpN>. Acesso em: 24 out. 2019.

BARROS, José Flávio Pessoa de. **A fogueira de Xangô... O Orixá do fogo:** uma introdução à música sacra afro-brasileira. Rio de Janeiro: Uerj, 1999. 247 p.

BARROS, José Flávio Pessoa de. **O banquete do rei - Olubajé:** uma introdução à música sacra afro-brasileira. Rio de Janeiro: Pallas, 2006. 184 p.

BARROS, José Flávio Pessoa de. Organização social e transmissão do conhecimento. In: BARROS, José Flávio Pessoa de. **O segredo das folhas:** sistema de classificação de vegetais no Candomblé jeje-nagô do Brasil. Rio de Janeiro: Pallas - Uerj, 1993. p. 45-58.

BASCOM, William. Concepção iorubá da alma. In: CONGRESSO INTERNACIONAL DE CIÊNCIAS ANTROPOLÓGICAS E ETNOLÓGICAS, 5º, 1960. Filadélfia. **Anais...** Filadélfia: Universidade da Pensilvânia. 1960. p. 1-19. Disponível em: <https://bit.ly/2MkxMOS>. Acesso em: 4 out. 2019. Tradução para uso didático por Aulo Barretti Filho e Luiz L. Marins.

BASCOM, William. **Ifa divination:** communication between gods and men in West Africa. Bloomington: Indiana University Press, 1969.

BASCOM, William. **Sixteen cowris:** yoruba divination from Africa to the New World. Bloomington: Indiana University Press, 1980. Tradução para fins pedagógicos (tradutor não identificado).

BAUMAN, Zygmunt. **Ensaios sobre o conceito de cultura**. Trad. Carlos Alberto Medeiros. Rio de Janeiro: Zahar, 2012.

BENISTE, José. **Dicionário *yorùbá*-português**. Rio de Janeiro: Bertrand Brasil, 2011. 820p.

BENISTE, José. **As águas de Oxalá:** (àwon omi Ósàlá). 3. ed. Rio de Janeiro: Bertrand Brasil, 2005. 336 p.

BENISTE, José. **Jogo de búzios:** um encontro com o desconhecido. 5. ed. Rio de Janeiro: Bertrand Brasil, 2008. 294 p.

BENISTE, José. **Mitos yorubás:** o outro lado do conhecimento. Rio de Janeiro: Bertrand Brasil, 2006.

BENISTE, José. **Òrun-Àiyé, o encontro de dois mundos:** o sistema de relacionamento nagô-yorubá entre o céu e a Terra. 6. ed. Rio de Janeiro: Bertrand Brasil, 2008. 336 p.

BERKENBROCK, Volney J. **A experiência dos orixás:** um estudo sobre a experiência religiosa no Candomblé. 3. ed. Petrópolis: Vozes, 2007. 470 p.

BHABHA, Homi K. **O local da cultura.** 2. ed. Belo Horizonte: Editora Ufmg, 2013. Trad. Myriam Ávila, Eliana Lourenço de Lima Reis e Gláucia Renata Gonçalves.

BOFF, Clodovis. **Teoria do Método Teológico.** 5. ed. Petrópolis: Vozes, 2012.

BRANDON, George. Shango. In: ASANTE, Molefi Kete; MAZAMA, Ama (Ed.). **Encyclopedia of african religion.** Thousand Oaks: Sage Publications, Inc., 2009. p. 612-614.

BRANDT, Hermann. Apresentação. In: OTTO, Rudolf. **O sagrado:** os aspectos irracionais na noção do divino e sua relação com o racional. 2. ed. São Leopoldo: Sinodal, 2011. p. 10-15. Tradução de Walter O. Schlupp.

BRASIL. Decreto nº 6.040, de 7 de fevereiro de 2007. Institui a Política Nacional de Desenvolvimento Sustentável dos Povos e Comunidades Tradicionais. **Decreto Nº 6.040.** Brasília, DF, 7 fev. 2007. Contém anexos. Disponível em:

<https://bit.ly/2nNYhjK>. Acesso em: 10 jan. 2019.

BRASIL. Lei nº 10.639, de 9 de janeiro de 2003. Altera a Lei no 9.394, de 20 de dezembro de 1996, que estabelece as diretrizes e bases da educação nacional, para incluir no currículo oficial da Rede de Ensino a obrigatoriedade da temática "História e Cultura Afro-Brasileira". **Lei Nº 10.639**. Brasília, DF, 9 jan. 2003. Disponível em: <https://bit.ly/2r9pIpj>. Acesso em: 10 jan. 2019.

BRASIL. Lei nº 10.639, de 9 de janeiro de 2003. Altera a Lei no 9.394, de 20 de dezembro de 1996, que estabelece as diretrizes e bases da educação nacional, para incluir no currículo oficial da Rede de Ensino a obrigatoriedade da temática "História e Cultura Afro-Brasileira", e dá outras providências.. . Brasilia, DF, Disponível em: <https://bit.ly/2r9pIpj>. Acesso em: 10 jan. 2019.

BRASIL. Ministério do Meio Ambiente. Governo Federal. **Comissão Nacional de Desenvolvimento Sustentável de Povos e Comunidades Tradicionais.** [S.d.]. Disponível em: <https://bit.ly/2Fdwxke>. Acesso em: 10 jan. 2019.

CAMINHOS da Religiosidade Afro-Riograndense. Direção de Rafael Derois Santos. Produção de José Francisco da S. S. da Silva. Porto Alegre: Infinite Filmes, 2015. (47 min.), son., color. Disponível em: <https://youtu.be/_ao-lrP8TOo>. Acesso em: 21 out. 2019.

CAMPBELL, Joseph; MOYERS, Bill. **O poder do mito.** São Paulo: Palas Athena, 1990. 242 p.

CARDOSO, Ciro Flamarion. Mesa redonda História das religiões: um balanço. I **Simpósio do GT Regional Rio de História das Religiões e das Religiosidades da Associação Nacional de História** (ANPUH). Disponível em: <https://youtu.be/3EG_Z7iI4x8>. Acesso em: 25 jan. 2019.

CARVALHO, Talita de. **O crescimento da extrema direita na Europa.** 2018. Disponível em: <https://www.politize.com.br/extrema-direita-na-europa>. Acesso em: 13 ago. 2019.

CAUTHRON, Hal A. Escatologia. In: TAYLOR, Richard S.; GRIDER, J. Kenneth; TAYLOR, Willard H. (Ed.). **Dicionário Beacon Teológico.** Lanexa, Kansas: Casa Nazarena de Publicações, 1984

CAUVIN, Jacques. **Nascimento das divindades, nascimento da agricultura**. Lisboa: Instituto Piaget, 1997. 344 p.

CETICISMO. Produção e direção: J. P. Peach. In: **HISTÓRIA das religiões**. [S.I.]: Europa Filmes, 2003. 1 DVD, v. 3, cap. 4 (47 min), NTSC, Son. Color. Título original: Religions of the world: skepticism & religious relativism.

CHINAZZO, Susana Salete Raymundo. **Epistemologia das ciências sociais**. Curitiba: InterSaberes, 2013.

CINTRA, Raimundo. **Candomblé e Umbanda**: o desafio brasileiro. São Paulo: Paulinas, 1985.

COETZEE, Peter H; ROUX, Abraham P. J. (Ed.). The African Philosophy Reader. New York: Routledge, 2002. p. 297-312. Tradu-ção para uso didático por Thiago Augusto de Araújo Faria. Disponível em: <https://filosofia-africana.weebly.com/>. Acesso em: 12 ago. 2018. p. 5.

COQUERY-VIDROVITCH, Catherine (org). **A descoberta de África**. Lisboa: Edições 70, 1981.

CORRÊA, Norton F. **O Batuque do Rio Grande do Sul**: antropologia de uma religião afro-rio-grandense. 2. ed. São Luis: Cultura & Arte, 2006. 296 p.

CROATTO, José Severino. **As Linguagens da Experiência Religiosa:** uma introdução à fenomenologia da religião. São Paulo: Paulinas, 2001.

CRUZ NETO, Otávio. O trabalho de campo como descoberta e ação. In: MINAYO, Maria Cecília de Souza (Org.). **Pesquisa social:** teoria, método e criatividade. 21. ed. Petrópolis: Vozes, 2002. Cap. 3. p. 51-66.

DAMASCENO, Walmir (Tata Katuvanjesi). **Inzo Tubansi**: Ngombo. [200-]. Disponível em: <http://bit.ly/2lbzQPy>. Acesso em: 25 set. 2019.

DAVIDSON, Basil. **À descoberta do passado de África**. Lisboa: Sá da Costa, 1981.

DESCOLONIZAÇÃO também é um trabalho linguístico. Disponível em: <https://bit.ly/2rkVrYp>. Acesso em: 7 nov. 2019.

DILTHEY, Wilhelm. Os tipos de concepção do mundo e o seu desenvolvimento nos sistemas metafísicos. Lisboa: Edições 70, 1992. Tradução de Artur Morão.

DIOP, Cheikh Anta. **A Unidade Cultural da África Negra**: Esferas do patriarcado e do matriarcado na antiguidade clássica. Luanda (Angola): Edições Mulemba; Mangualde (Portugal): Edições Pedago, 2014.

DOMINGOS, Luis Tomás. A dimensão religiosa da medicina tradicional. In: CONGRESSO INTERNACIONAL DA SOTER, 26., 2013, Belo Horizonte. **Anais...**. Belo Horizonte: Puc Minas, 2013. p. 1145 - 1161. Disponível em: <https://bit.ly/2NcrbpN>. Acesso em: 24 out. 2019.

DUSSEL, Enrique. Europa, modernidade e eurocentrismo. In: LANDER, Edgardo (Org.). **A colonialidade do saber:** eurocentrismo e ciências sociais: perspectivas latino-americanas. Buenos Aires: Clacso, 2005. Cap. 2. p. 24-32.

DUSSEL, Enrique. Oito ensaios sobre cultura Latino-Americana e libertação. São Paulo: Paulinas, 1997.

ELIADE, Mircea. **O mito do eterno retorno.** São Paulo: Mercuryo, 1992. 175 p.

ELIADE, Mircea. **O sagrado e o profano:** a essência das religiões. 3. ed. São Paulo: Martins Fontes, 2010.

ELIADE, Mircea. **Tratado de história das religiões.** 3. ed. São Paulo: Martim Fontes, 2008.

ENGLER, Steven; GARDINER, Mark Q.. A filosofia semântica e o problema insider/outsider. **Rever:** Revista de Estudos da Religião, São Paulo, v. 10, n. 2, p.89-105, set. 2010. Disponível em: <https://bit.ly/2CJJJZj>. Acesso em: 23 set. 2018.

EPEGA, Afolabi A.; NEIMARK, Philip John. **The sacred Ifa oracle.** San Francisco: Harper Collins, 1995. Tradução para uso didático por Ọṣunlékè.

FELICI, Antônio Ilário. **O educando como protagonista na filosofia da educação de Tomás de Aquino.** Maríia, SP, 2007, 146 p. Dissertação (Mestrado) – Universidade Estadual Paulista, Programa de Pós-Graduação em Educação, Marília, 2007.

FINCH III, Charles S.; NASCIMENTO, Elisa Larkin. Abordagem afrocentrada: história e evolução. In: NASCIMENTO, Elisa Larkin (Org.). **Afrocentricidade:** uma abordagem epistemológica inovadora. São Paulo: Selo Negro, 2009. Cap. 1. p. 37-70. (Sankofa IV).

FOLI. Direção de Thomas Roebers e Floris Leeuwenberg. Baro, Guiné: A Moving Company, 2010. (11 min.), son., color. Legendado. Disponível em: <https://youtu.be/lVPLIuBy9CY>. Acesso em: 18 jul. 2019.

FONSECA, Edilberto José de Macedo. Olubajé: música e ritual numa festa pública do Candomblé ketu-nagô do Rio de Janeiro. **Cadernos do Colóquio**, Rio de Janeiro, v. 4, n. 1, p.33-44, 2001. Disponível em: <https://bit.ly/365OLgC>. Acesso em: 25 out. 2019.

GALEANO, Eduardo. **O livro dos abraços**. 9. ed. Porto Alegre: L&pm, 2002. 270 p. Tradução de Eric Nepomuceno.

GIORDANI, Mário Curtis. **História da África**: anterior aos descobrimentos. Petrópolis: Vozes, 1985.

GLISSANT, Édouard. **Introdução a uma poética da diversidade**. Rio de Janeiro: Editora da UFRJ, 2005.

GOMES, Arilson dos Santos. **A formação de oásis**: dos movimentos frentenegrinos ao primeiro congresso nacional do negro em Porto Alegre -RS (1931-1958). Dissertação (Mestrado) - Curso de História, Faculdade de Filosofia e Ciências Humanas, Pontifícia Universidade Católica do Rs, Porto Alegre, 2008. Disponível em: <http://tede2.pucrs.br/tede2/handle/tede/2259>. Acesso em: 27 jan. 2019.

GONÇALVES, Humberto Eugenio Maiztegui. **Amor plural**: unidade e diversidade nas tradições do Cântico dos Cânticos. 2005. 312 f. Tese (Doutorado) - Curso de Teologia, Programa de Pós-graduação em Teologia, Faculdades Est, São Leopoldo, 2005. Disponível em: <http://bit.ly/2narfgR>. Acesso em: 30 set. 2019.

GRONDIN, Jean. **Introdução à hermenêutica filosófica**. São Leopoldo: Unisinos, 1999. 336 p. Tradução de Benno Dischinger.

GROSS, Eduardo. Considerações sobre teologia entre os estudos da religião. In: TEIXEIRA, Faustino (Org.). **A(s) ciência(s) da religião no Brasil**: afirmação de uma área acadêmica. 2. ed. São Paulo: Paulinas, 2008. Cap. 10. p. 323-346.

GRZEBIELUKA, Douglas. Por uma tipologia das comunidades tradicionais brasileiras. **Geografar**, Curitiba, v. 7, n. 1, p.116-137, jun. 2012. Disponível em: <https://bit.ly/2CcBp4j>. Acesso em: 10 jan. 2019.

GUERREIRO, Silas (Org.). **O estudo das religiões:** desafios contemporâneos. 2. ed. São Paulo: Paulinas, 2004.

GYEKYE, Kwame. Pessoa e comunidade no pensamento africano. In: COETZEE, Peter H; ROUX, Abraham P. J. (Ed.). **The African Philosophy Reader.** New York: Routledge, 2002. p. 297-312. Tradução para uso didático por Thiago Augusto de Araújo Faria. Disponível em: <https://filosofia-africana.weebly.com/>. Acesso em: 12 ago. 2018.

HAMPATÉ-BÂ, Amadeu. A Tradição Viva. *In*: KI-ZERBO, Joseph (Org.). **História Geral da África, I:** Metodologia e Pré-História da África. Brasília: UNESCO, 2010. p.167-212.

HERMANN, Jacqueline. História das religiões e religiosidades. In: CARDOSO, Ciro Flamarion; VAINFAS, Ronaldo (Org.). **Domínios da história:** ensaios de teoria e metodologia. Rio de Janeiro: Campus, 1997. Cap. 3. p. 329-354.

HUNTER, Preston. **Adherents.com.** 1998. Site em inglês. Disponível em: <https://www.adherents.com/>. Acesso em: 17 jun. 2018.

ÌDÒWÙ, Gideon Babalọlá. **Uma abordagem moderna ao *yorùbá* (nagô):** gramática, exercícios, minidicionário. 2. ed. Porto Alegre: do Autor, 2011. 256 p. Com CD.

ÌDÒWÚ, Gideon Babalọlá. **Escrita *yorùbá* e tradução de canção sobre Olodumare.** [mensagem pessoal] Mensagem recebida por: <hendrixsilveira@yahoo.com.br>. em: 4 nov. 2019.

ÌDÒWÚ, Gideon Babalọlá. **Ilé Èdè Yorùbá.** Disponível em: <http://edeyoruba.com/index.html>. Acesso em: 17 jul. 2019.

ISHOLA, Olajiire. Esqueça o Cristianismo e o Islã: somente Ifá pode combater a corrupção na Nigéria. **The Sun Nigeria.** Tradução para uso didático por Mário Filho. Disponível em: <http://bit.ly/2km5sSh>. Acesso em: 6 set. 2019.

JAY, Nancy. **Com toda a tua descendência para sempre:** sacrifício, religião e paternidade. São Paulo: Paulus, 1997. 300 p.

JEFFRIES, Bayyinah S. Oshun. In: ASANTE, Molefi Kete; MAZAMA, Ama (Ed.). **Encyclopedia of african religion.** Thousand Oaks: Sage Publications, Inc., 2009. p. 509-510.

KANT, Immanuel. **Crítica da razão pura.** Petrópolis e Bragança Paulista: Vozes e Editora Universitária São Francisco, 2012. 621 p.

KAPHAGAWANI, Didier N.; MALHERBE, Jeanette G.. Epistemologia africana. In: COETZEE, Peter H.; ROUX, Abraham P.j. (Org.). **The African Philosophy Reader.** New York: Routledge, 2002. p. 219-229. Tradução para uso didático por Marcos Rodrigues. Disponível em: <https://filosofia-africana.weebly.com/textos-africanos.html>. Acesso em: 22 out. 2018.

KARENGA, Maulana. **Kwanzaa:** a celebration of family, community, and culture. Los Angeles: Sankore Press, 1997.

KARENGA, Maulana. Odu Ifa. In: ASANTE, Molefi Kete; MAZAMA, Ama (Ed.). **Encyclopedia of african religion.** Thousand Oaks: Sage Publications, Inc., 2009. p. 475.

KARENGA, Maulana. Oduduwa. In: ASANTE, Molefi Kete; MAZAMA, Ama (Ed.). **Encyclopedia of african religion.** Thousand Oaks: Sage Publications, Inc., 2009. p. 474-475.

KIRIKU e a feiticeira. Direção de Michel Ocelot. Roteiro: Michel Ocelot. Música: Youssou N'dour. [s.l.]: Trans Europe Film / Les Armateurs / Odec Kid Cartoons / Exposure / Monipoly / Studio O / France 3 Cinéma / Radio-televísion Belge, 1998. 1 DVD (71 min.), son., color. Título original: Kirikou et la Sorcière. Disponível em: <https://youtu.be/TgRu8WLzLX0>. Acesso em: 14 nov. 2019.

KNAUTH, Daniela Riva. A doença e a cura nas religiões afro-brasileiras do Rio Grande do Sul. In: ORO, Ari Pedro (Org.). **As religiões afro-brasileiras do Rio Grande do Sul.** Porto Alegre: Ed. Universidade/UFRGS, 1994.

KUHN, Fábio. **Breve história do Rio Grande do Sul.** 4. ed. Porto Alegre: Leitura XXI, 2011.

LOPES, Nei. **Kitabu:** o livro do saber e do espírito negro-africanos. Rio de Janeiro: Senac Rio, 2005. 336 p.

LOUW, Dirk. Ser por meio dos outros: o ubuntu como cuidado e partilha. **Ihu On-line:** Revista do Instituto Humanitas Unisinos, São Leopoldo, n. 353, p.5-7, 6 dez. 2010. Disponível em: <http://bit.ly/2TwIqFm>. Acesso em: 10 jul. 2018.

LUGIRA, Aloysius M. Africism. In: ASANTE, Molefi Kete; MAZAMA, Ama (Org.). **Encyclopedia of african religion**. Thousand Oaks: Sage Publications, Inc., 2009. p. 11-14.

LUZ, Marco Aurélio. **AGADÁ**: dinâmica da civilização Africano-Brasileira. Salvador: EDUFBA, 2000.

MACHADO, Adilbênia Freire. Filosofia africana para descolonizar olhares:: perspectivas para o ensino das relações étnico-raciais. **Tear**: Revista de Educação Ciência e Tecnologia, Canoas, v. 3, n. 1, p.1-20, 20 jun. 2014. Disponível em: <http://bit.ly/2JEuTXs>. Acesso em: 10 out. 2018.

MACHADO, Vanda. O que está no "Orun" e no "Aiyê" não está na educação sistêmica. In: MACHADO, Vanda. **Ilê Axé: vivências e invenção pedagógica**: as crianças do Opô Afonjá. 2. ed. Salvador: Editora da Universidade Federal da Bahia, 2002. Cap. 2. p. 43-63.

MAESTRI FILHO, Mário. **Deus é grande, o mato é maior!**: história, trabalho e resistência dos trabalhadores escravizados no Rio Grande do Sul. Passo Fundo: UPF Ed., 2002. 232 p.

MAJARỌ, Adébayọ̀ Abìdemí. **Girama ni ede yorùbá – sísọ, kíkọ ati ni kíkà**: gramática da língua yorùbá – falando, escrevendo e lendo. Polígrafo. 18 p.

MALOMALO, Bas'Ilele. "Eu só existo porque nós existimos": a ética Ubuntu. **Ihu Online**: Revista do Instituto Humanitas Unisinos, São Leopoldo, n. 353, p.19-21, 6 dez. 2010. Disponível em: <http://bit.ly/2TwIqFm>. Acesso em: 10 jul. 2018.

MARINS, Luiz L. **Ọbàtálá e a criação do mundo iorubá**. São Paulo: Ed. do Autor, 2013. 120 p.

MARTIN, Denise. Agricultural rites. In: ASANTE, Molefi Kete; MAZAMA, Ama (Ed.). **Encyclopedia of african religion**. Thousand Oaks: Sage Publications, Inc., 2009. p. 17-19. Tradução do autor.

MARTIN, Denise. Calamities. In: ASANTE, Molefi Kete; MAZAMA, Ama (Ed.). **Encyclopedia of african religion**. Thousand Oaks: Sage Publications, Inc., 2009. p. 149-150.

MARTINS, Leda. **Performances do Tempo espiralar**: poéticas do corpo-tela. Rio de Janeiro: Cobogó, 2021

MATTOSO, Katia M. de Queirós. **Ser escravo no Brasil**. 3. ed. São Paulo: Brasiliense, 1990.

MAZAMA, Ama. A Afrocentricidade como um Paradigma. *In*: NASCIMENTO, Elisa Larkin (Org.). **Afrocentricidade**: uma abordagem epistemológica inovadora. São Paulo: Selo Negro, 2009. p. 111-128.

MBITI, John. O mal no pensamento africano. **Revista Portuguesa de Filosofia**, [s.l.], v. 57, n. 4, p.847-858, 2001. Tradução de Deolinda Miranda. Disponível em: <https://bit.ly/2QeyUHj>. Acesso em: 14 nov. 2019.

MOORE, Carlos. Abdias Nascimento e o surgimento de um pan-africanismo contemporâneo global. In: NASCIMENTO, Elisa Larkin (Org.). **A matriz africana no mundo**. São Paulo: Selo Negro, 2008. Cap. 10. p. 233-248. (Sankofa I).

MOORE, Carlos. **Racismo e sociedade:** novas bases epistemológicas para entender o racismo. Belo Horizonte: Mazza Edições, 2007. 320 p.

MORIN, Edgar. **Cultura e barbárie europeias.** Rio de Janeiro: Bertrand Brasil, 2009. Tradução de Daniela Cerdeira.

MOURÃO JÚNIOR, Carlos Alberto; FARIA, Nicole Costa. Memória. **Psicologia**: reflexão e crítica, Porto Alegre, v. 28, n. 4, p.780-788, dez. 2015. Disponível em: <http://www.scielo.br/scielo.php?script=sci_arttext&pid=S0102-79722015000400017>. Acesso em: 29 ago. 2019.

MULHERES faraós. Direção de Gary Glassman. Intérpretes: Kyra Sedgwick. Roteiro: Nelson Walker Iii. [s.l.]: Providence Picture, 2001. (47 min.), son., color. Dublado. Disponível em: <https://youtu.be/qCIWriMT3R0>. Acesso em: 12 set. 2019.

MÜLLER, Liane Susan. **As contas do meu rosário são balas de artilharia:** irmandade, jornal e associações negras em Porto Alegre: 1889-1920. 1999. 252 f. Dissertação (Mestrado) - Curso de História, Programa de Pós-graduação em História, Pontifícia Universidade Católica do Rio Grande do Sul, Porto Alegre, 1999.

MULUNDWE, Banza Mwepu; TSHAHWA, Muhota. Mito, mitologia e filosofia africana. **Mitunda:** Revue des Cultures Africaines., Lubumbashi, v. 4, p.17-24, out. 2007. Tradução para uso didático de Kathya Barbosa Fernandes e Aurélio Oliveira Marques. Disponível em: <https://filosofia-africana.weebly.com/textos-africanos.html>. Acesso em: 22 out. 2018.

NAPOLII, Ricardo Bins de. A hermenêutica de W. Dilthey. **Síntese:** revista de filosofia, Belo Horizonte, v. 26, n. 85, p.187-204, 1999. Disponível em: <https://bit.ly/2SozeVu>. Acesso em: 10 jan. 2019.

NASCIMENTO, Abdias do. **Axés do sangue e da esperança:** orikis. Rio de Janeiro: Rioarte e Achiamé, 1983. 139 p. Disponível em: <https://bit.ly/2JeaJED>. Acesso em: 18 out. 2019.

NASCIMENTO, Elisa Larkin. Introdução: corpos e conhecimentos. In: NASCIMENTO, Elisa Larkin (Org.). **Afrocentricidade:** uma abordagem epistemológica inovadora. São Paulo: Selo Negro, 2009. p. 27-32. (Sankofa IV).

NASCIMENTO, Elisa Larkin. Sanfoka: significado e intenções. In: NASCIMENTO, Elisa Larkin (Org.). **A matriz africana no mundo.** São Paulo: Selo Negro, 2008. Cap. 1. p. 29-54. (Sankofa I).

NASCIMENTO, Wanderson Flôr do. Temporalidade, memória e ancestralidade: enredamentos africanos entre infância e formação. In: RODRIGUES, Allan de Carvalho; BERLE, Simone; KOHAN, Walter Omar (Org.). **Filosofia e educação em errância:** inventar escola, infâncias do pensar. Rio de Janeiro: Nefi, 2018. p. 583-595.

NKULU-N'SENGHA, Mutombo. Divination systems. In: ASANTE, Molefi Kete; MAZAMA, Ama (Ed.). **Encyclopedia of african religion.** Thousand Oaks: Sage Publications, Inc., 2009. p. 206-209.

NOGUEIRA, Sidnei Barreto. **Não é importante, mas decidi perguntar sobre dança no Candomblé.** 2019. Disponível em: <http://bit.ly/2KTWSDn>. Acesso em: 20 ago. 2019.

NOGUEIRA, Sidnei Barreto. **O Candomblé também é lugar da ancestralização.** 2019. Disponível em: <http://bit.ly/33oVnFy>. Acesso em: 14 abr. 2019.

O CUIDAR no terreiro. Direção de Neto Borges. Rio de Janeiro: Olho Filmes, 2013. (28 min.), son., color. Disponível em: <http://youtu.be/VyR5jVYohA8>. Acesso em: 27 out. 2019.

OKAFOR, Fidelis U. African philosophy in comparison with Western philosophy. **The Journal of Value Inquiry**, Londres (Reino Unido), v. 31, n. 2, p. 251-267, 1997

OLIVEIRA, Altair B. de. **Cantando para os orixás.** 2. ed. Rio de Janeiro: Pallas, 1997. 168 p.

OLIVEIRA, Eduardo David. **Epistemologia da ancestralidade.** Disponível em: <https://filosofia-africana.weebly.com>. Acesso em: 17 jul. 2019.

ORUKA, H. Odera. Quatro tendências da atual Filosofia Africana. In: COETZEE, Peter H; ROUX, Abraham P. J (Ed.). **The African Philosophy Reader.** New York: Routledge, 2002. p. 120-124. Tradução para uso didático por Sally Barcelos Melo. Disponível em: <https://filosofia-africana.weebly.com/>. Acesso em: 22 out. 2018.

OTTO, Rudolf. **O sagrado:** os aspectos irracionais na noção do divino e sua relação com o racional. 2. ed. São Leopoldo: Sinodal, 2011. Tradução de Walter O. Schlupp.

OXÓSSI, Mãe Stella de. **Òwe.** Salvador: África, 2007.

OYĚWÙMÍ, Oyèrónkẹ́. A invenção das mulheres: construindo um sentido africano para os discursos ocidentais de gênero. Tradução Wanderson Flor do Nascimento. 1. ed. Rio de Janeiro: Bazar do Tempo, 2021.

OYĚWÙMÍ, Oyèrónkẹ́. **The Invention of Women:** making an african sense of western gender discourses. Minneapolis: University Of Minnesota Press, 1997.

PIERUCCI, A. F. Apêndice: as religiões no Brasil. In: GAARDER, J.; HELLERN, V.; NOTAKER, H. **O livro das religiões.** Trad. Isa Mara Lando. São Paulo: Companhia das Letras, 2000.

PONTES, Katiúscia Ribeiro. **Kemet, escolas e arcádeas:** a importância da filosofia africana no combate ao racismo epistêmico e a lei 10639/03. 2017. 93 f. Dissertação (Mestrado) - Curso de Filosofia e Ensino, Programa de Pós- Graduação em

Filosofia e Ensino, Centro Federal de Educação Tecnológica Celso Suckow da Fonseca, Rio de Janeiro, 2017. Disponível em: <https://filosofia-africana.weebly.com/>. Acesso em: 22 ago. 2019.

PORTO-GONÇALVES, Carlos Walter. Apresentação da edição em português. In: LANDER, Edgardo. **A colonialidade do saber:** eurocentrismo e ciências sociais: perspectivas latino-americanas. Buenos Aires: Clacso, 2005. p. 3-5.

PORTUGAL FILHO, Fernandes. **Ifá, o senhor do destino.** São Paulo: Madras, 2010. 198 p.

PRANDI, Reginaldo. **Mitologia dos Orixás.** São Paulo: Companhia das Letras, 2001.

QUIJANO, Aníbal. Colonialidade do poder, eurocentrismo e América Latina. In: LANDER, Edgardo (Org.). **A colonialidade do saber:** eurocentrismo e ciências sociais: perspectivas latino-americanas. Buenos Aires: Clacso, 2005.

RAMOSE, Mogobe. A filosofia do ubuntu e ubuntu como uma filosofia. In: RAMOSE, Mogobe. **African Philosophy through Ubuntu.** Harare: Mond Books, 1999. p. 49-66. Tradução para uso didático por Arnaldo Vasconcellos. Disponível em: <https://filosofia-africana.weebly.com/>. Acesso em: 7 jun. 2017.

RAMOSE, Mogobe. A importância vital do "Nós". **Ihu Online:** Revista do Instituto Humanitas Unisinos, São Leopoldo, n. 353, p.5-7, 6 dez. 2010. Disponível em: <http://bit.ly/2TwIqFm>. Acesso em: 10 jul. 2018.

RAMOSE, Mogobe. Globalização e ubuntu. In: SANTOS, Boaventura de Sousa; MENESES, Maria Paula. **Epistemologias do sul.** São Paulo: Cortez, 2010.

REBELO apud BARBOSA, Daniela dos Santos. Rituais e práticas cotidianas para a manutenção da saúde em uma comunidade de matriz africana. In: CONGRESSO INTERNACIONAL DA SOTER, 26., 2013, Belo Horizonte. Anais... . Belo Horizonte: PUC Minas, 2103. p. 1097-1110. Disponível em: <https://bit.ly/2NcrbpN>. Acesso em: 24 out. 2019. p. 1099.

REHBEIN, Franziska C. **Candomblé e salvação:** a salvação na religião nagô à luz da teologia cristã. São Paulo: Loyola, 1985. 320 p.

RELIGIÕES africanas e afro-americanas. Direção de Coley Coleman. Intérpretes: Ben Kingsley. [s.l.]: Europa Filmes, 1999. 1 DVD (47 min.), NTSC, son., color. Legendado. Série História das Religiões.

RIBEIRO, Djamila. Lugar de fala. São Paulo: Sueli Carneiro; Pólen, 2019.

RIBEIRO, Ronilda Iyakẹmi. **A alma africana no Brasil:** os iorubás. São Paulo: Oduduwa, 1996. 148 p.

ROCHA, Agenor Miranda. Caminhos de odu: os odus do jogo de búzios, com seus caminhos, ebós, mitos e significados, conforme ensinamentos escritos por Agenor Miranda Rocha em 1928 e por ele mesmo revistos em 1998. 2. ed. Rio de Janeiro: Pallas, 1999.

SÀLÁMÌ, Síkírù. **Mitologia dos orixás africanos.** São Paulo: Oduduwa, 1990.

SÀLÁMÌ, Síkírù. **Poemas de Ifá e valores de conduta social entre os *yorùbá* da Nigéria (África do Oeste).** 1999. 375 f. Tese (Doutorado) - Curso de Sociologia, Sociologia, Universidade de São Paulo, São Paulo, 1999.

SÀLÁMÌ, Síkírù; RIBEIRO, Ronilda Iyakemi. **Exu e a ordem do universo.** São Paulo: Oduduwa, 2011.

SALES, Eric de. Cronos, Mnemosine, Clio e a defesa do patrimônio. **Historiæ**, Rio Grande, v. 6, n. 2, p.155-166, 2015. Semestral. Disponível em: <https://periodicos.furg.br/hist/article/view/5589/3500>. Acesso em: 23 set. 2019.

SANTOS JÚNIOR, Renato Nogueira dos. Afrocentricidade e educação: os princípios gerais para um currículo afrocentrado. **Revista África e Africanidades**, [s.l], v. 2, n. 11, p.1-16, nov. 2010. Disponível em: <http://bit.ly/2Y86Iu2>. Acesso em: 8 jul. 2014.

SANTOS, Boaventura de Sousa. **Fim do império cognitivo:** a afirmação das epistemologias do sul. Coimbra: Almedina, 2018.

SANTOS, Juana Elbein dos. **Os nàgó e a morte:** pàdé, àṣẹṣẹ e o culto égún na Bahia. 11. ed. Petrópolis: Vozes, 2002. 264 p.

SANTOS, Juana Elbein dos. Pierre Verger e os resíduos coloniais: o outro fragmentado. **Religião e Sociedade**. n. 8, Julho de 1982. Disponível em: <https://bit.ly/2PDn6Og>. Acesso em: 11 set. 2014.

SANTOS, Milton. **Por uma outra globalização:** do pensamento único à consciência universal. 6. ed. Rio de Janeiro e São Paulo: Record, 2001. 85 p.

SCHLUPP, Walter O. Glossário. In: OTTO, Rudolf. **O sagrado:** os aspectos irracionais na noção do divino e sua relação com o racional. 2. ed. São Leopoldo: Sinodal, 2011. p. 21-23. Tradução de Walter O. Schlupp.

SILVA, Anaxsuel Fernando da. Mircea Eliade e a questão da autonomia dos estudos da religião. **Inter-legere:** Revista da pós-graduação em ciências sociais da UFRN, Natal, v. 1, n. 2, p.1-10, 13 dez. 2013. Disponível em: <https://bit.ly/2p6NyoM>. Acesso em: 23 out. 2019.

SILVA, Marlize Vinagre. Gênero e religião: o exercício do poder feminino na tradição étnico-religiosa ioruba no Brasil. **Revista de Psicologia da Unesp**, [s.l.], v. 9, n. 2, p.128-137, set. 2010. Disponível em: <http://bit.ly/2OWqKEz>. Acesso em: 5 ago. 2019.

SILVEIRA, Hendrix. Combatendo a afroteofobia: argumentos jurídicos e teológicos para a defesa da sacralização de animais em ritos de matriz africana. In: SIMPÓSIO INTERNACIONAL DA ABHR, 2., 2016, Florianópolis. **Anais...** . Florianópolis: Abhr, 2016. p. 1 - 13.

SILVEIRA, Hendrix. *Gbobo ohun ti a bà se ni ayé l'a o kunlẹ̀ rò ni Ọrun*: processo escatológico no Batuque do Rio Grande do Sul. **Identidade!** vol. 17, nº 02, 2012. p. 247-258. Disponível em: <https://goo.gl/C9er6C>. Acesso em: 15 mar. 2018.

SILVEIRA, Hendrix. **Não somos filhos sem pais:** história e teologia do Batuque do Rio Grande do Sul. São Paulo, SP: Arole Cultural, 2020. 192 p.

SILVEIRA, Hendrix. **Ọ̀rúnmìlà.** 2017. Disponível em: <http://orumilaia.blogspot.com/search?q=diop>. Acesso em: 17 out. 2018.

SILVEIRA, Hendrix. Tradições de matriz africana e saúde: o cuidar no terreiro. **Identidade!**, São Leopoldo, v. 19, n. 2, p.75-88, 2015. Disponível em: <https://bit.ly/2p4Kg5t>. Acesso em: 21 out. 2019.

SMITH, Wilfred Cantwell. **O sentido e o fim da religião.** São Leopoldo: Sinodal, 2006. 304 p. Tradução de Geraldo Korndörfer.

SODRÉ, Muniz. **O Terreiro e a Cidade**. Petrópolis: Vozes, 1988.

SOMÉ, Sobonfu. **O espírito da intimidade:** ensinamentos ancestrais africanos sobre maneiras de se relacionar. São Paulo: Odysseus, 2003. 146 p.

SUSIN, Luiz Carlos. **O homem messiânico:** uma introdução ao pensamento de Emmanuel Levinas. Petrópolis: Vozes, 1984. 488 p.

THE Best Way To Wake An African Up!!!. Direção de Clifford Owusu. Música: Awilo Longomba - Karolina. [s.l.], 2013. (2 min.), son., color. Disponível em: <https://youtu.be/xifzzsSnPUA>. Acesso em: 18 jul. 2019.

TILLICH, Paul. **Teologia da cultura**. São Paulo: Fonte Editorial, 2009. 272 p.

TORRES, Adelino. **Filosofia africana e desenvolvimento:** reflexões preliminares. Disponível em: <https://goo.gl/AkRjRB>. Acesso em: 12 ago. 2017.

TSHIBANGU, Tshishiku; AJAYI, J. F. Ade; SANNEH, Lemim. Religião e evolução social. In: MAZRUI, Ali A.; WONDJI, Christophe (Ed.). **História geral da África, VIII:** África desde 1935. Brasília: Unesco, 2010. Cap. 17. p. 605-630.

VALORES civilizatórios afrodescendentes na construção de um mundo melhor (Projeto Ori Inu). **Caderno pedagógico**. V 1. Porto Alegre: Áfricanamente, 2006.

VANSINA, Jan. A tradição oral e sua metodologia. In: KI-ZERBO, Joseph (Ed.). **História Geral da África, I:** Metodologia e pré-história da África. 2. ed. Brasília: Unesco, 2010. Cap. 7. p. 139-166.

VERGER, Pierre. Etnografia Religiosa Iorubá e Probidade Científica. **Religião e Sociedade**, n. 8, Julho de 1982. Disponível em: <https://bit.ly/36qz6ss>. Acesso em: 11 set. 2014.

VERGER, Pierre. **Lendas africanas dos Orixás**. 4. ed. Salvador: Corrupio, 1997. 96 p. Tradução de Maria Aparecida da Nóbrega.

VERGER, Pierre. **Orixás:** deuses iorubás na África e Novo Mundo. 5. ed. Salvador: Corrupio, 1997.

WACHHOLZ, Wilhelm. Por uma Teologia como ciência e pela ecumene das ciências. In: CRUZ, Eduardo R. da; MORI, Geraldo de (Orgs.). **Teologia e ciências da religião**: a caminho da maioridade acadêmica no Brasil. São Paulo: Paulinas; Belo Horizonte: Editora PUC Minas, 2011.

WAMALA, Edward. Government by Consensus: An Analysis of a Traditional Form of Democracy. In: WIREDU, Kwasi (ed.). **A Companion to African Philosophy.** Malden, Oxord, Victoria: Blackwell, 2004, p. 435-442. Tradução para uso didático por Luan William Strieder. Disponível em: <https://filosofia-africana.weebly.com>. Acesso em: 8 jun. 2017.

WRIGHT, Tyrene K. Oya. In: ASANTE, Molefi Kete; MAZAMA, Ama (Ed.). **Encyclopedia of african religion.** Thousand Oaks: Sage Publications, Inc., 2009. p. 514-516.

ZIEGLER, Jean. A imortalidade iorubá. In: ZIEGLER, Jean. **Os vivos e a morte.** Rio de Janeiro: Zahar Editores, 1975. Cap. 3. p. 1-19. Extrato disponibilizado por Luiz L. Marins, com notas. Disponível em: <https://bit.ly/2OdfbF9>. Acesso em: 25 jan. 2019.

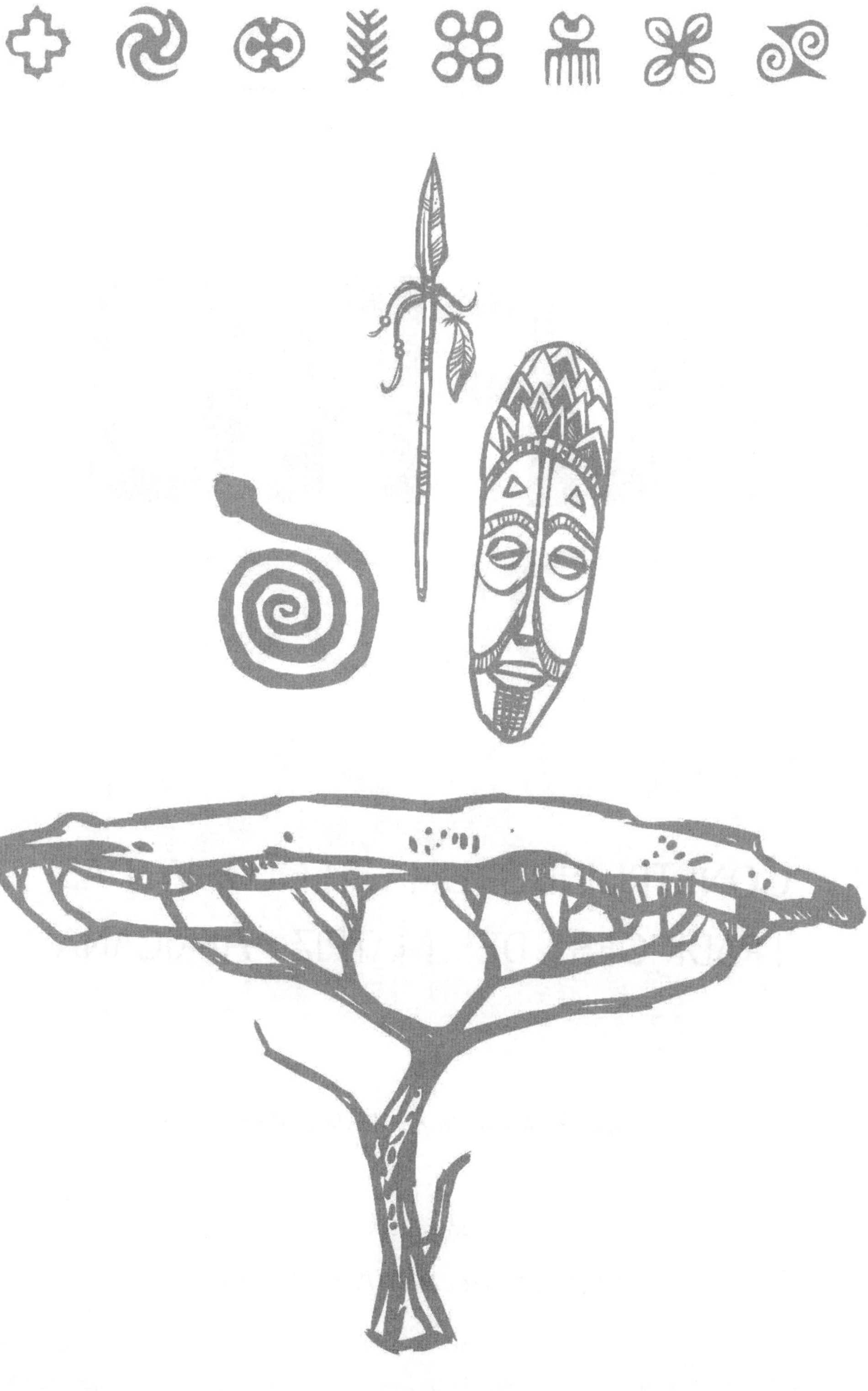

AFRO
TEOLOGIA

Construindo uma Teologia das Tradições de Matriz Africana

Uma publicação da Arole Cultural.

Acesse o site
www.arolecultural.com.br